2015
北京市经济社会统计报告

Beijing Economic-Social Statistical Profile

北京市统计局　国家统计局北京调查总队
北京市经济社会数据分析与监测评价研究基地　编

北京日报报业集团
同心出版社

图书在版编目（CIP）数据

北京市经济社会统计报告.2015 / 北京市统计局，国家统计局北京调查总队，北京市经济社会数据分析与监测评价研究基地编.-- 北京：同心出版社，2014.12

ISBN 978-7-5477-1428-7

Ⅰ.①北… Ⅱ.①北… ②国… ③北… Ⅲ.①社会经济统计—研究报告-北京市-2015 Ⅳ.①C832.1

中国版本图书馆 CIP 数据核字(2014)第 307507 号

北京市经济社会统计报告

出版发行：同心出版社
地　　址：北京市东城区东单三条 8-16 号东方广场东配楼四层
邮　　编：100005
电　　话：发行部：（010）65255876　总编室：（010）65252135-8015
印　　刷：北京鑫正大印刷有限公司
经　　销：各地新华书店
版　　次：2015 年 1 月第 1 版
　　　　　2015 年 1 月第 1 次印刷
开　　本：787×1092　1/16
印　　张：30
字　　数：430 千字
定　　价：60.00 元

《北京市经济社会统计报告（2015）》

编辑委员会

序　言

2014 年，是首都经济社会发展史上不平凡的一年，习近平总书记视察北京，对首都城市功能战略定位和经济社会发展提出了更高要求，市委市政府积极部署并落实全面深化改革任务，着力推动产业疏解、人口调控、环境保护及民生改善等方面的工作。为适应新形势、反映新变化，全市政府统计系统按照加强统筹献计，提高统计服务水平的要求，全力加强统计监测工作，围绕“稳增长、促改革、调结构、惠民生”撰写了大量统计分析报告，受到市领导的关注和社会好评。

《北京市经济社会统计报告》（以下简称《报告》），是全市政府统计系统的年度公开出版物。2015 年的《报告》在内容、版面方面进行了调整：一是本着突出实用性、时效性的原则，注重收录形势类分析报告，以帮助读者加强对当前经济社会发展形势的分析、判断和把握；二是本着重点突出、强化效能的原则，较大幅度地压缩了报告的数量和篇幅，将往年的上下两册整合为一册。

从本年度《报告》内容看，呈现如下几个特点：

一、监测运行状况，把握发展动向。2014 年，全市经济总体运行平稳，但在经济发展进入新常态的背景下，一直面临着较大的下行压力。《报告》对 2014 年全市经济总体形势、财政金融、物价变化、可持续发展等方面的情况进行了客观的分析，并就未来发展提出对策建议。

二、聚焦热点问题，透视首都发展。当前，首都经济社会进入全面深化改革的重要时期，京津冀协同发展已成为重大国家发展战略，北京如何构建高精尖经济结构？如何发挥科技创新引领作用？资源环境是否有所改善？《报告》围绕这些热点问题，对京津冀产业协同发展、高技术服务业发展、中关村示范区技术创新、全市能源消费等重点领域发展状况进行了监测评估，以突出体现首都的发展特色。

三、贴近百姓生活，关注民生动态。建设国际一流的和谐宜居之都，是中央对北京市提出的明确要求，也是人民群众的普遍期盼。报告收录了反映就业、消费者信心、居民收支情况等方面的调查报告，以如实反映我市促改革、惠民生方面取得的进步和存在的问题，并为继续推进和谐宜居之都建设提供统计服务。

《报告》出版之际，衷心感谢各稿源单位的大力支持，感谢稿件作者的辛勤劳动。受篇幅所限，所收稿件不能全部编入，谨致歉意。另外受时间和水平所限，书中难免存在错误和不足，请广大读者批评指正。

编　者

2014 年 12 月

目　录

高精尖经济结构探视

科技文化双驱管窥

资源环境持续关注

京津冀协同发展研究

首都民生状况调查

区域经济形势观察

北京市经济社会统计报告

宏观经济形势综述

2015

2014 年北京市经济形势分析及 2015 年走势展望

◆◇仲长远　杨　爽　楚文杰

内容提要：2014 年以来，北京市经济运行总体平稳，结构调整稳中有进，经济增长质量稳步提高。但生活性服务业品质不高，固定资产投资结构有待优化，城市运营和环境改善压力较大等问题需要引起关注。2015 年，全市经济面临的形势仍然复杂严峻，全市经济仍将保持平稳中速增长，但增速将在 2014 年的基础上有所放缓。

2014 年以来，面对错综复杂的国际国内形势，市委市政府紧紧围绕首都城市战略定位，着力统筹稳增长、促改革、调结构、惠民生等各项工作，全市经济保持了总体平稳、稳中向好的发展态势。

一、经济运行的主要特点

2014 年以来，全市经济表现出“总体平稳、稳中有进、稳中提质”三个特点：

（一）经济运行总体平稳

地区生产总值增速逐季提高。一季度增长 7.1%，上半年增长 7.2%，1–3 季度增长 7.3%。占比超过四分之三的服务业稳步增长，一季度、上半年、1–3 季度增加值分别增长 7.5%、7.3%和 7.4%。工业生产保持稳定。1–11 月，全市规模以上工业增加值同比增长 6.1%（见图 1）。

图 1　规模以上工业增加值累计增速

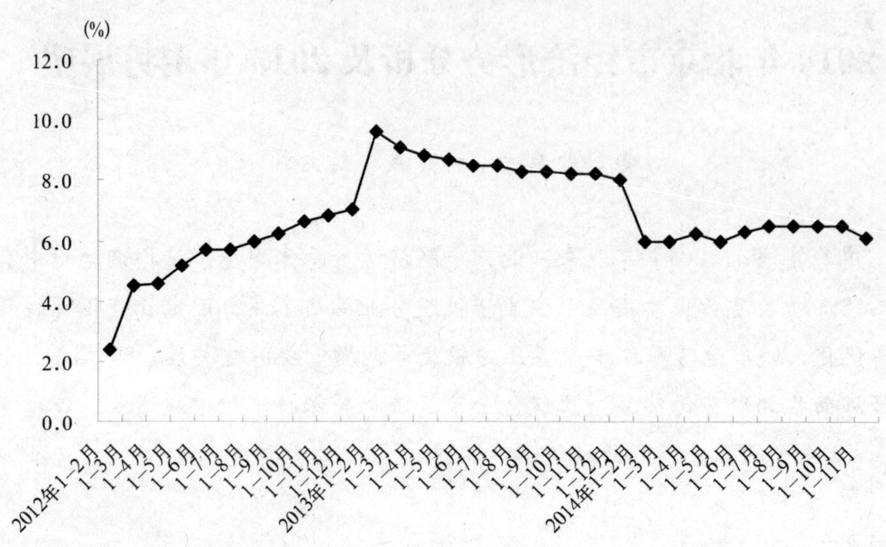

消费增速逐月提高。1-11 月，全市实现社会消费品零售额 8206.9 亿元，同比增长 8.6%（见图 2）。

图 2　社会消费品零售总额累计增速

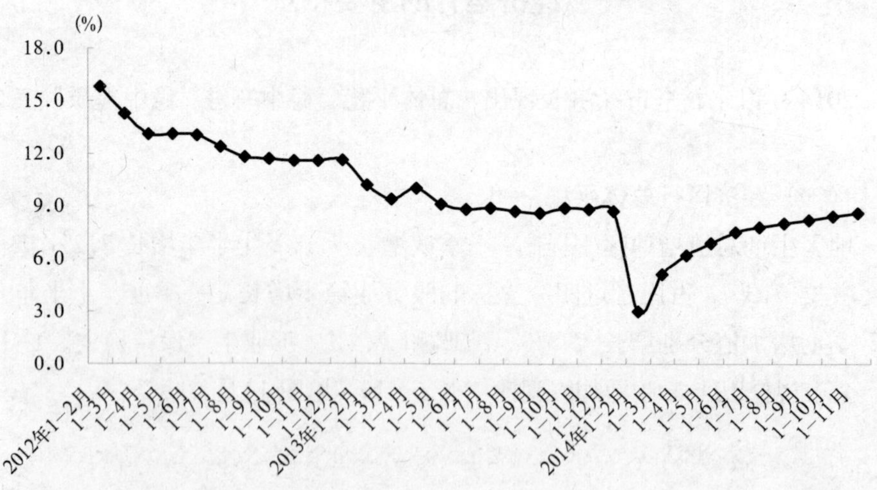

投资规模持续扩张。1-11 月，全市完成全社会固定资产投资 6645.7 亿元，同比增长 4.3%（见图 3）。

图 3　全社会固定资产投资累计增速

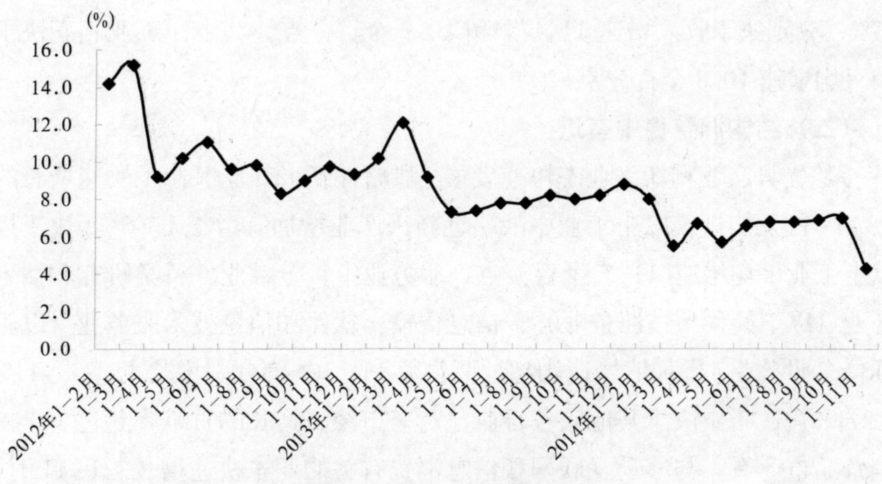

就业形势和消费价格涨幅保持稳定。城镇登记失业率保持在 1.4%左右的较低水平。居民消费价格涨幅低位运行，1-11 月平均上涨 1.7%（见图 4）。

图 4　居民消费价格累计同比涨跌幅度

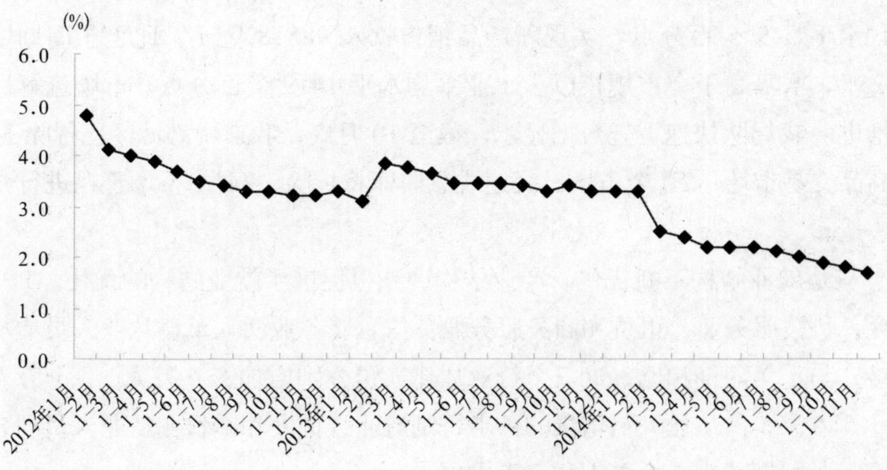

政府、企业和居民三方收益稳步增长。1–11 月，地方公共财政预算收入增长 10%。城镇居民人均可支配收入 40115 元，增长 9.2%；农村居民人均现金收入 21878 元，增长 10.3%。扣除价格因素，实际分别增长 7.4%和 8.5%。1–10 月，规模以上工业和服务业企业利润总额分别增长 17.5%和 15.7%，分别快于收入增速 11.1 个和 10.9 个百分点，其中，工业利润快于全国平均增速 10.8 个百分点。

（二）结构调整稳中有进

一是优势产业和新兴业态快速发展。战略性新兴产业保持了快速增长的势头。1–11 月，规模以上工业中战略性新兴产业增加值增长 17.6%，快于规模以上工业平均增速 11.5 个百分点；服务业中，金融业、科学研究和技术服务业（以下简称科技服务业）、信息传输、软件和信息技术服务业（以下简称信息服务业）增加值增速均超过两位数（1–3 季度分别增长 11.9%、11%和 12.1%），明显快于其他服务行业，对全市经济增长的贡献率超过一半。从消费品市场看，与移动互联网和信息消费有关的业态快速增长。1–11 月，网上零售额增长 68.3%，拉动全市零售额增长 6.3 个百分点。

二是禁限产业转型升级取得进展。2014 年发布的《北京市新增产业的禁止和限制目录(2014 年版)》（以下简称目录）对全市产业结构调整、转型升级起到了积极的导向作用。据测算，1–3 季度目录所列产业中的工业企业 R&D 支出 48.4 亿元，比上年同期增长 17.4%，增幅高于全市规模以上工业平均水平 5.9 个百分点；实现新产品销售收入 985.8 亿元，比上年同期增长 23%，增幅高于全市规模以上工业平均水平 14.9 个百分点。市场疏解稳步推进。我局队快速调查数据显示，截至 10 月底，我市中心城区已拆除 36 个商品交易市场，27 个市场已经达成意向即将拆除，34 个市场正在进行升级改造。

三是就业结构不断优化。产业结构调整也促进了就业结构的优化。1–3 季度，科技服务业、租赁和商务服务业、信息服务业法人单位从业人员增加较多，与上年同期相比，这三个行业从业人员分别增加 5.6 万人、5.1 万人和 3.5 万人，占从业人员增量的一半；制造业、批发和零售业从业人员则分别比上年同期减少 4.5 万人和 2 万人。

（三）经济增长质量稳步提高

一是企业技术创新活跃。企业积极提高技术和管理水平，劳动生产率显著提高。1–10 月，规模以上工业企业劳动生产率达到 31.9 万元/人，比上年同期提高了 10%。中关村企业实现总收入 2.57 万亿，增长 19%，其中，技术收入增长 22.3%，快于收入平均增速；技术收入占总收入的比重为 12.6%，比上年同期提高 0.4 个百分点；近 70%的企业开展技术活动，其中，科技投入强度超过 10%的企业占 47%。

二是经济增长更加绿色、低碳。1–11 月，规模以上工业万元增加值能耗同比下降 10.5%，降幅比上月扩大 0.6 个百分点。能源消费结构进一步优化，煤炭所占比重下降 5.2 个百分点。能源加工转换效率提高，能源利用更加集约，规模以上工业火力发电效率和供热效率同比分别提高 1.6 个和 0.6 个百分点。

二、需要关注的问题

（一）生活性服务业品质仍需提升

一是组织规模偏小。目前，我市生活性服务业单位中有 80%左右从业人员在 7 人及以下，这部分单位年户均营业收入在 81 万左右。二是组织方式松散。零售业和餐饮业中，连锁店的比重仅为 5%左右。三是规范性不足。居民服务业和修理业内部 15 个行业中，只有洗染、理发及美容服务等六个行业建立了质量标准；家政服务、家用电子产品修理等行业质量标准尚不完备；代驾服务、家具和相关物品修理等行业尚无质量标准。

（二）固定资产投资结构有待优化

一是房地产开发投资占比仍较高。目前，房地产开发投资占全社会固定资产投资的比重仍在一半左右（1–11 月为 52.3%），占比明显高于 20%左右的全国平均水平。二是民间投资潜力仍未释放。一般来说，民间投资效率较高，但 2014 年以来，民间投资增速总体呈放缓态势，1–11 月，民间投资增长 8.8%，与上半年相比回落 18.7 个百分点；占全社会固定资产投资的比重为 36.1%，明显低于 60%左右的全国平均水平。80%左右的民间投资投向房地产业，交通运输、水电气热、教育、卫生、金融等领域，民间投资占比仍然很低，仅为1.4%、2.3%、3.9%、6.1%和8.4%。

（三）城市运营和环境改善压力较大

一是污水处理能力存在一定缺口。2013 年全市污水排放 15.5 亿立方米，处理量 13.1 亿立方米，排放与处理之间有 2.4 亿立方米缺口，目前缺口仍然存在。

二是垃圾清运压力增大。垃圾清运量在快速增长，1–11 月全市生活垃圾清运量达到 671.8 万吨，比上年同期增加 45.5 万吨，增长 7.3%。2014 年垃圾日均清运量在 2 万吨左右，超过前两年日均 1.8 万吨的平均水平。

三是空气质量仍不容乐观。2014 年前 11 个月中有 6 个月 PM2.5 月均浓度高于上年同月。

三、走势展望及下一步工作建议

2015 年，全市经济面临的形势仍然复杂严峻。一方面，全国经济面临较大下行压力，增速将有所放缓。需求不足的环境使得北京经济增长面临一定压力。从中长期看，北京潜在经济增速也有所降低。此外，产业疏解、治理污染、人口调控等工作继续推进短期内也将对经济增速产生一定影响。另一方面，中央近期加大预调、微调力度，政策效果将在明年有所显现；北京加大调结构、转方式、促改革工作力度，生产和需求领域出现了一些积极变化，新的增长动力正在形成，有利于经济平稳增长的积极因素在增加。综合分析，我市经济明年仍将保持平稳中速增长，但增速将在 2014 年的基础上有所放缓。

下一步，建议在以下方面加大工作力度：

（一）培育增量、优化存量，提升产业品质

一方面，积极引入金融业、科技服务业、信息服务业、生态环境治理、生物医药、互联网等符合首都战略定位产业项目和投资。加大对科技创新的支持力度，支持企业利用新技术改造旧有的生产环节，淘汰落后产能，做优做强高端产业和高附加值环节。另一方面，通过提高进入门槛、加强行业监管、提升信息化水平、规范市场运营秩序等方式，提升批发零售、住宿餐饮、居民服务等生活性服务业品质，促进传统行业优化升级。建立重点企业和市场疏解的市区两级联动机制，结合总规修改和“十三五”规划的制定，统筹解决产业疏解过程中土地、资产和人员的处置问题，清除产业疏解的障碍。

（二）优化结构、提高效率，发挥投资关键作用

一方面，尽快提出落实国务院近期出台的《关于创新重点领域投融资机制鼓励社会投资的指导意见》，以及财政部发布的《政府和社会资本合作模式操作指南》的具体意见和措施。积极推进投融资机制创新，灵活运用各种PPP模式，尽快征集、遴选一批符合首都经济社会发展实际的政府和社会资本合作项目，推进政府和社会资本的合作。另一方面，抓紧破解关键性制约因素，切实推进新机场、京台高速、京张客专等一批在建项目和储备项目的投资和建设，增加投资实际工作量。

（三）完善硬件、强化管理，提高城市建设水平

一是提升城市基础设施建设水平。加快水电气热、通信、污水处理、垃圾资源化处理、再生能源利用、中心路网、地下管网等基础设施建设；二是全面实施压减燃煤、控车减油、清洁降尘等措施，完善预报预警、科技治污、空气重污染应急联动机制，持续治理大气污染；三是综合运用法律、市场、行政等手段，做好人口调控和管理工作；四是深化城市管理体制改革，推进城市服务管理标准化、信息化，抓好痼疾顽症的专项整治，提高管理的精细化水平。

2014 年北京市经济社会发展指标监测情况

◆◇束映川

2014 年 1–3 季度，全市经济社会发展总体平稳，24 项监测指标中，有 20 项指标达到或接近年度目标要求（见表 1）。

表 1　2014 年 1–3 季度全市经济社会发展指标监测完成情况

领　域	指　标	2014 年目标值	2014 年 1–3 季度
经济转型	1.地区生产总值增速	7.5%左右	7.3%
	2.高技术产业增加值比重	7%左右	6.8%
	3.文化创意产业增加值比重	13%左右	12.6%
	4.居民消费率	35%左右	37.4%
	5.民间投资占全社会固定资产投资比重	34%左右	37.4%
民生改善	6.城乡居民收入实际增速	7.5%左右	城镇 7.1%，农村 8.3%
	7.保障性住房建设筹集套数	7 万套	6.23 万套
	8.城镇登记失业率*	控制在 2%左右	1.45%
	9.养老机构养老床位数	增设 1 万张	10.4 万张，其中，新开工建设 0.9 万张
社会管理	10.人口增速*	下降 1.8%	增长 3.73%
	11.基本公共服务支出占财政支出比重	60%以上	69%
	12.社会安全指数	110 以上	121.2
	13.食品、药品监测抽检合格率	重点食品 98%，65 大类食品 97%，药品 99%	重点食品 97.28%，65 大类食品 97.16%，药品 99.82%
	14.交通指数*	5.5 左右	5.3

（续表）

领　域	指　标	2014 年目标值	2014 年 1–3 季度
生态建设	15.万元地区生产总值能耗下降率*	下降 2%以上	下降 5.79%
	16.万元地区生产总值水耗下降率*	下降 4%以上	下降 3.89%
	17.大气细颗粒物(PM2.5)浓度下降率*	年均浓度下降 5%左右	下降 6.3%
	18.城市生活垃圾无害化处理率	城区 100%，郊区 94%	全市 99.54%，城区 100%，郊区 98.68%
	19.污水处理率	全市 85%；中心城区 97%；远郊区县 65%	——
	20.规划绿地实现率	42.50%	42.47%
科技文化	21.重点企业研发经费投入占主营业务收入比重	1.5%左右	1.51%
	22.技术合同成交总额	3000 亿元	2076.8 亿元
	23.教育、文化财政支出增长率	教育 8.6%，文化体育与传媒 0.6%	教育 24.3%，文化体育与传媒 23.1%
	24.城镇居民人均教育文化娱乐服务支出增长率	8%左右	4.7%

注：*为逆指标。

一、主要指标完成情况

（一）经济稳中向好，结构调整稳步推进

1–3 季度，北京市地区生产总值比上年同期增长 7.3%，比上半年提高 0.1 个百分点。高技术产业增加值占全市经济比重为 6.8%，比上半年提高 0.4 个百分点；文化创意产业增加值比重为 12.6%，比上半年提高 0.9 个百分点。

从需求看，1–3 季度，居民消费率为 37.4%，比上半年降低 0.2 个百分点。投融资体制改革深入推进，民间资本活力增强，民间投资占全社会固定资产投资比重为 37.4%，比上半年下降 0.6 个百分点，高于年度目标 3.4 个百分点。

（二）民生持续改善，居民收入稳步增长

就业形势保持稳定，9 月末，城镇登记失业率为 1.45%，控制在 2%的年度目标以内。

政府加大了民生保障力度，1–3 季度，基本公共服务支出占财政支出比重为 69%，比上半年提升 1.5 个百分点；保障性住房建设 6.23 万套，完成全年目标的 89%；养老机构养老床位数达到 10.4 万张，其中，新增设 9000 张，完成全年目标的 90%。

1–3 季度，城镇居民收入实际增速为 7.1%，比上半年提高 0.5 个百分点，但仍与 7.5%的年度目标相差 0.4 个百分点；农村居民收入增长 8.3%，比上半年提高 0.4 个百分点。

（三）社会安全稳定，人口调控任务艰巨

1–3 季度，社会安全指数为 121.2，同比提升 5.2。从社会安全事故看，交通事故死亡 575 人，同比减少 6 人；火灾事故死亡 24 人，同比增加 2 人；生产安全死亡 71 人，同比增加 2 人。食品、药品安全情况良好，重点食品监测抽检合格率为 97.28%，65 大类食品监测抽检合格率为 97.16%，药品抽检合格率为 99.82%，均达到或接近年度目标要求。

人口调控措施初见成效。据公安局统计，9 月末，全市实有人口同比增长 3.73%，增速比 6 月末下降 2.75 个百分点。其中，户籍人口增长 1.38%，比 6 月末下降 0.02 个百分点，流动人口增长 7.87%，比 6 月末降低 7.77 个百分点。

全市交通指数为 5.3，达到年度目标要求，但仍处于“轻度拥堵”状态，后期需关注公交票价调整对交通可能产生的影响。

（四）资源利用效率提高，环境质量依然严峻

1–3 季度，万元 GDP 能耗同比下降 5.79%，提前一年实现“十二五”规划目标；万元 GDP 水耗同比下降 3.89%，与上半年下降 2.42%相比，情况有所好转，预计全年能够达到目标要求。全市生活垃圾无害化处理率达到 99.54%，其中，城区为 100%，郊区为 98.68%。规划绿地实现率为 42.47%，比上半年提升 0.4 个百分点。大气细颗粒物（PM2.5）浓度同比下降 6.3%，达到年度目标要求。考虑到冬季供暖、扩散条件不利以及周边环境污染等因

素，完成年度目标依然严峻。

（五）创新投入增强，文化消费不足

1–3季度，重点企业研发经费投入占主营业务收入比重为1.51%，达到年度目标要求。全市技术合同成交总额达到2076.8亿元，完成年度目标的69.2%。教育、文化体育传媒财政支出分别增长24.3%和23.1%，高于年度目标要求。从文化消费看，城镇居民人均教育文化娱乐支出增长4.7%，同比回落0.8个百分点，与年度目标差距较大。

二、需要关注的问题和建议

一是与6月末相比，全市实有人口增速有所放缓，但考虑到年底户籍人口集中增长等因素，完成全年任务依然艰巨。建议发改委、公安局等部门加强人口调控联动工作机制，配合禁限产业政策，利用流动人口信息平台，继续加大人口调控力度。

二是北京市环境质量依然严峻，建议以APEC会议为契机，加快落实清洁空气行动计划84项重点工作任务，提高环保违法成本，推进区域大气污染联防联控，逐步改善环境质量。

三是虽然城乡居民收入逐季加快，但面对经济下行压力增大的状况，居民增收的难度依然较大。建议尽快统筹研究促进居民收入增长的政策措施，努力实现居民收入增长和经济发展基本同步。

2014 年北京市财政金融运行状况分析

◆◇严　彦

内容提要：2014 年，北京市经济延续了平稳运行的态势。财政收入保持着两位数增长，财政支出保障有力；金融机构存贷款总体运行平稳，信贷支持重点领域和实体经济发展的力度不断加大。

一、财政收入保持两位数增长

（一）公共财政预算收入呈现“高开稳走，小幅回落”态势

2014 年 1–11 月，北京市地方公共财政预算收入累计完成 3803.5 亿元，同比增长 10%，完成年度预算的 95.3%。今年以来财政收入一直保持着两位数增长，从走势上看，呈现出“相对稳定”和“小幅回落”的特征，与当前经济总体运行平稳同时整体经济下行压力较大的背景基本吻合，与全国的收入走势基本一致，三季度以来北京的增速明显高于全国（见图 1）。

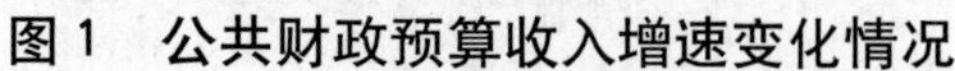
图 1　公共财政预算收入增速变化情况

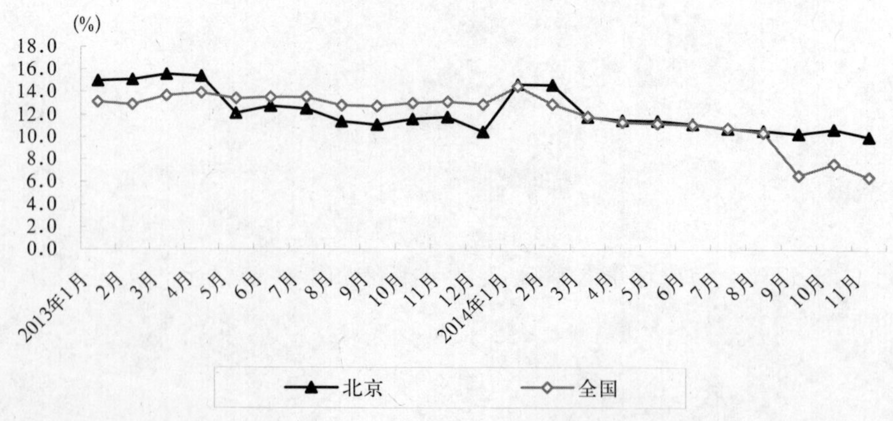

（二）四大主体税种运行总体稳定

2014 年 1–11 月，营业税、增值税、企业所得税、个人所得税四大主体税种合计完成收入 2815.6 亿元，同比增长 9.9%，占公共财政预算收入的比重为 74%，对财政收入的贡献率为 72.9%。其中，营业税完成 995.9 亿元，同比增长 3%；增值税完成 585.1 亿元，同比增长 14.9%；企业所得税完成 879.5 亿元，同比增长 12.9%；个人所得税完成 355.1 亿元，同比增长 15.1%。

随着“营改增”试点范围的不断扩大，营业税占我市财政收入的比重明显降低，由“营改增”之前 35%左右的占比降到目前的 26%左右，今年以来维持着 3%左右的低速增长。增值税占比则相应提升，由“营改增”之前的 8%左右上升到目前的 15%左右，并保持着 15%左右的增长。

（三）重点领域和行业对财政收入的支撑作用稳定

2014 年 1–11 月，总部企业实现财政收入 1455.4 亿元，占全市财政收入的比重为 38.3%，今年以来占比稳定在 40%左右。六大高端功能区中，中关村国家自主创新示范区实现财政收入 453.9 亿元，金融街实现财政收入 336.2 亿元，二者财政收入占全市财政收入的比重达到 20.7%。金融业、租赁和商务服务业、信息服务业、科技服务业合计增收贡献率达到 70.8%，发挥了行业支柱作用。

（四）财政支出完成良好，重点领域保障有力

在财政支出方面，我市大力支持推进经济结构调整和产业转型升级，加大“城市病”治理力度，改善城市环境，加大民生投入，不断增加公共产品有效供给。1–11 月，全市地方公共财政预算支出完成 3673.1 亿元，同比增长 15.1%，完成年度预算的 89.7%，支出进度高于去年同期 1.4 个百分点。其中，教育支出 617.7 亿元，增长 11.5%，完成预算的 87.5%；科学技术支出 253.2 亿元，增长 37.6%，完成预算的 108.2%；社会保障和就业支出 431.9 亿元，增长 15.8%，完成预算的 101.7%；医疗卫生与计划生育支出 284.8 亿元，增长 23%，完成预算的 102%；住房保障支出 44.3 亿元，增长 66.4%，完成预算的 238.4%。

二、金融机构存贷款总体运行平稳

（一）人民币存款增长呈现季节性波动，个人储蓄存款持续低速增长

截至 2014 年 11 月末，北京市金融机构（含外资，下同）人民币各项存款余额 95423.7 亿元，同比增长 9.9%；比年初增加 7433.1 亿元，同比多增 2219.1 亿元。从存款的走势看，呈现出“季初回落、季末回升”的波动，3 月、6 月和 9 月的增速均为当季的高点。今年以来存款增速维持在 8%－10%之间，低于全国增速，但走势与全国基本一致。11 月末，全市人民币存款余额占全国的比重为 8.4%（见图 2）。

图 2　人民币存款增速变化情况

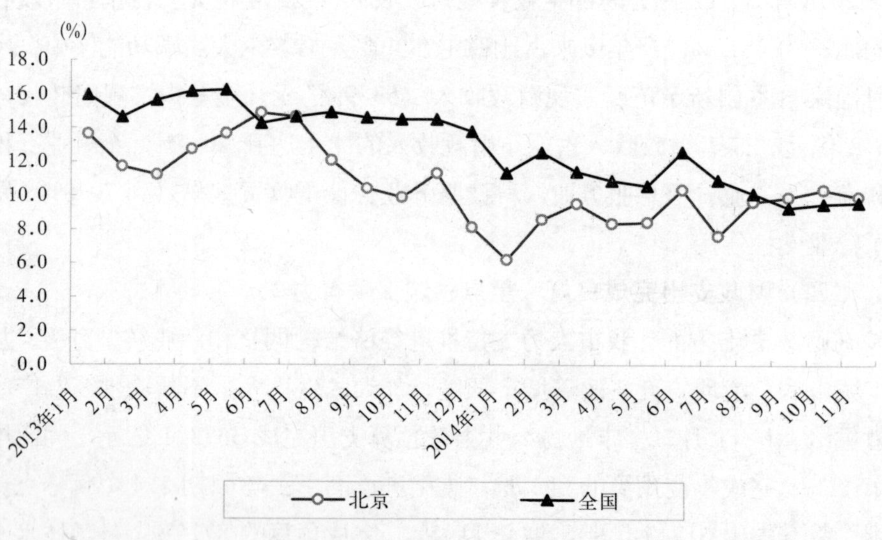

截至 2014 年 11 月末，人民币个人存款余额 24717.9 亿元，同比增长 3.6%；比年初减少 114.8 亿元。其中，储蓄存款余额 23222 亿元，同比增长 4.3%；比年初增加 135.6 亿元，同比少增 534.6 亿元。随着互联网金融的快速发展，越来越多的理财渠道对银行储蓄存款起到了一定的分流作用，2013 年下半年以来储蓄存款持续着个位数增长且呈下行态势。

（二）人民币贷款保持平稳增长，新增贷款以中长期为主

截至 2014 年 11 月末，人民币各项贷款余额 45116.3 亿元，同比增长 12.1%；比年初增加 4502.2 亿元，同比多增 811.2 亿元。从贷款的走势看，全年以来保持在 11%–12%之间，走势非常平稳，低于全国的增速。11 月末，全市人民币贷款余额占全国的比重为 5.6%（见图 3）。

图 3　人民币贷款增速变化情况

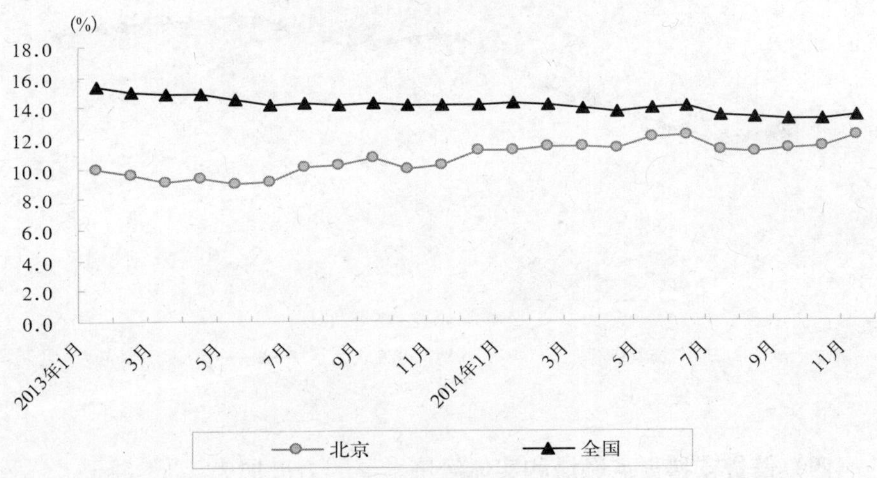

从贷款期限结构看，新增贷款以中长期为主。2014 年 11 月末，人民币中长期贷款余额 28142.2 亿元，同比增长 10%，增速比去年同期提高 2.6 个百分点；比年初增加 2491.1 亿元，同比多增 714.6 亿元。人民币短期贷款余额 14949.1 亿元，同比增长 11.7%，增速比去年同期下降 7.1 个百分点；比年初增加 1215.6 亿元，同比少增 720.9 亿元。票据融资余额 1833.9 亿元，同比增长 54.8%；比年初增加 696.7 亿元，同比多增 714.7 亿元。

（三）房地产开发贷款同比下降，个人购房贷款增长稳定

截至 2014 年 11 月末，中资金融机构房地产贷款余额 9639.2 亿元，同比增长 5.7%，增速比去年同期提高 1.7 个百分点。从结构变化看，由于房地产市场逐步进入调整区间，为控制经营风险，商业银行总行普遍上收房地产开发贷款审批权限，房地产开发贷款受到严格限制。而商业银行对个人住

房贷款仍保持较大的支持力度，加上“9 · 30”新政和央行降息的政策刺激，个人购房贷款增长比较稳定。从数据上看，今年以来房地产开发贷款持续负增长，11 月末增速为−2.3%；个人购房贷款增速保持在 10%以上，11 月末增速为 11.7%（见图 4）。

图 4　房地产贷款增速变化情况

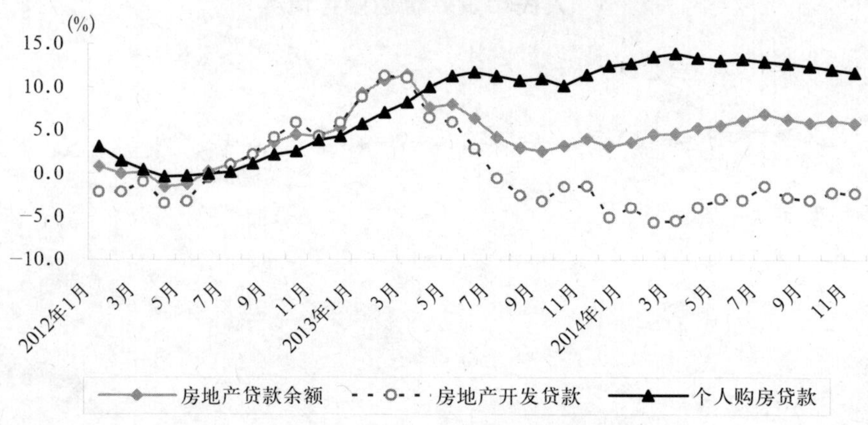

（四）信贷支持重点领域和实体经济发展的力度加大

2014 年 1—11 月，金融机构新增人民币贷款主要投向交通运输、仓储和邮政业（668.4 亿元）、房地产业（397.5 亿元）、租赁和商务服务业（361.9 亿元）、制造业（319.8 亿元）、建筑业（282.1 亿元）。截至 11 月末，北京市中资银行（不含村镇银行）小微企业人民币贷款余额 4075.2 亿元，同比增长 13.6%，比大中型企业贷款高出 1.5 个百分点；比人民币各项贷款增速高 1.5 个百分点。

村镇银行、小额贷款公司、融资租赁公司等金融机构，主要为“三农”和小微企业服务，为支持中小企业发展也做出了积极贡献，成为中资银行贷款的有效补充。截至 11 月末，北京市的 10 家村镇银行发放各项贷款余额 60.5 亿元，同比增长 24.8%；累计发放贷款 80.8 亿元，同比增长 15.7%。小额贷款公司各项贷款余额 101.6 亿元，同比增长 2.6%；累计发放贷款 154 亿元，同比下降 2.5%；融资租赁公司融资租赁余额 1056.4 亿元，同比增长

2.9%；融资租赁额1399.7亿元，同比增长2.5%，其中，中小微企业融资租赁额377亿元，同比增长72.9%。

三、政策走势及未来展望

（一）未来货币政策仍以稳健为主

2014年12月召开的中央经济工作会议指出，要保持宏观政策连续性和稳定性，继续实施积极的财政政策和稳健的货币政策，积极的财政政策要有力度，货币政策要更加注重松紧适度。在稳健的货币政策和定向调控措施的作用下，以及“存款偏离度”新规等严格监管措施的出台，预期今后人民币存款增速的波动性将会逐渐减弱，人民币贷款增长将继续保持稳定，在信贷结构上将继续倾向于小微、三农等薄弱环节。

（二）新政策陆续推出，实施效果需密切跟踪监测

“9·30新政”推出，“认贷不认房”，积极支持居民合理的住房需求；央行下调金融机构人民币存贷款基准利率，有针对性地引导市场利率和社会融资成本下行，缓解企业融资成本高问题；存款保险制度即将正式推出，利率市场化进一步推进。新政策的陆续推出将对银行、企业、个人等市场各个层面产生巨大的影响。随着政策效应的不断释放，需要我们及时跟踪，继续加强对政策实施效果的监测分析。

（三）“营改增”扩围对相关行业生产经营的影响需继续关注

2014年1月1日起，在全国范围内开展铁路运输和邮政业“营改增”试点，6月1日起电信业正式纳入“营改增”范围。调研情况显示，除邮政企业在“营改增”后税负下降以外，电信业和铁路运输业企业税负均较“营改增”前提高，企业经营成本上升，利润下降。2015年起，生活性服务业、建筑业、房地产业也即将纳入“营改增”范围，这些行业都是支撑我市经济增长的重点行业，对于“营改增”后其生产经营的变化情况，需要继续进行统计跟踪监测。

2014 年北京市固定资产投资及房地产市场运行情况分析

◆◇张　皓　任全璐

内容提要：2014 年，全市固定资产投资增势总体较为平稳，房地产市场供给放缓、销售降幅收窄，房价涨幅回落。需关注房地产开发投资比重较高、实体投资走低及民间投资高度集中于房地产业等问题，进一步优化投资结构、提高投资效益，加大吸引民间投资力度以提升投资活力，同时监测楼市新政效果，确保房地产市场健康平稳的发展。

一、全社会固定资产投资运行情况

（一）总体情况

2014 年以来，全市投资低位开局，一季度增长 5.5%，随着各项工作加快推进，下半年投资增速趋稳，从 1—5 月的 5.7%提高到 1—10 月的 7%。11 月份受经济大环境、APEC 期间施工项目停工等因素影响，投资增速出现回落，1—11 月全市完成全社会固定资产投资 6645.7 亿元，比上年同期增长 4.3%。其中城镇投资完成 6082.2 亿元，同比增长 6%；农村投资完成 563.5 亿元，同比下降 11.6%（见图 1）。

（二）重点领域投资完成情况

1. 基础设施投资向交通、公共服务和能源领域倾斜

1—11 月，全市基础设施投资完成 1682.1 亿元，增长 8.6%。其中，交通领域完成投资 568.8 亿元，增长 2.8%，所占比重为 33.8%；公共服务业完成投资 445.8 亿元，增长 8.2%，占比 26.5%；能源领域完成投资 302.9 亿元，增长 33.5%，占比 18%。

图 1　全社会固定资产投资累计增速情况

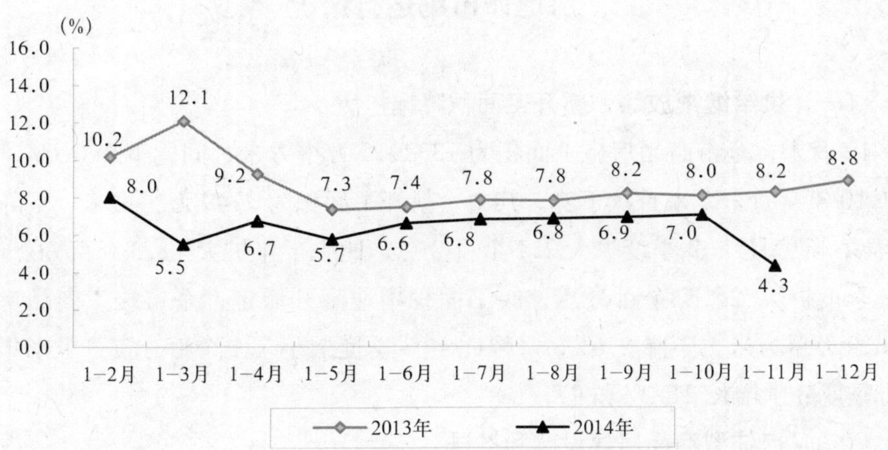

2. *房地产开发投资基本平稳*

1–11 月，全市完成房地产开发投资 3478.9 亿元，增长 9.9%，增速比 1–3 季度回落 5.3 个百分点，比上半年提高 0.8 个百分点，比一季度提高 1 个百分点，占全社会固定资产投资的比重为 52.3%。

3. *民间投资增长快于全市平均水平*

2014 年以来，全市民间投资保持较快增长，增速持续高于全市投资平均水平。1–11 月，民间投资完成 2398.2 亿元，增长 8.8%，增速比全市投资快 4.5 个百分点；占全社会投资的比重为 36.1%。其中，占比 80%的房地产业投资增长 13.9%。

4. *产业投资表现乏力*

受经济调整、产业疏解、APEC 期间停工等因素影响，1–11 月全市工业投资完成 611.7 亿元，由 1–3 季度同比增长 6.1%转为下降 4.2%，其中，制造业投资完成 301.9 亿元，下降 22.5%。第三产业投资完成 5872.5 亿元，增长 5.7%，回落 1.9 个百分点；扣除房地产业后仅增长 0.7%。

二、房地产市场运行情况

（一）供给继续放缓，新开工面积降幅扩大

11 月末，全市商品房施工面积为 13329.5 万平方米，同比下降 0.6%，为 2010 年 9 月末以来首次下降。其中，新开工面积为 2149 万平方米，下降 31.7%，降幅比 1–3 季度扩大 2.1 个百分点，比上半年扩大 11.3 个百分点，比一季度扩大 25.3 个百分点。竣工面积增速高开低走，全市竣工商品房 1646.9 万平方米，下降 2.6%，降幅比 1–3 季度缩小 7.1 个百分点（上半年和 1 季度分别增长 21.2%和 97.7%）。

（二）自住型商品房建设顺利推进

截至目前，全市已相继推出 53 宗自住型商品房用地，31 个项目处于公示、网上申请、联网审核以及摇号配售阶段，22 个自住房项目已开工建设，1–11 月完成投资 329.7 亿元，新开工面积为 289.1 万平方米（见图 2）。

图 2　全市商品房供给增速情况

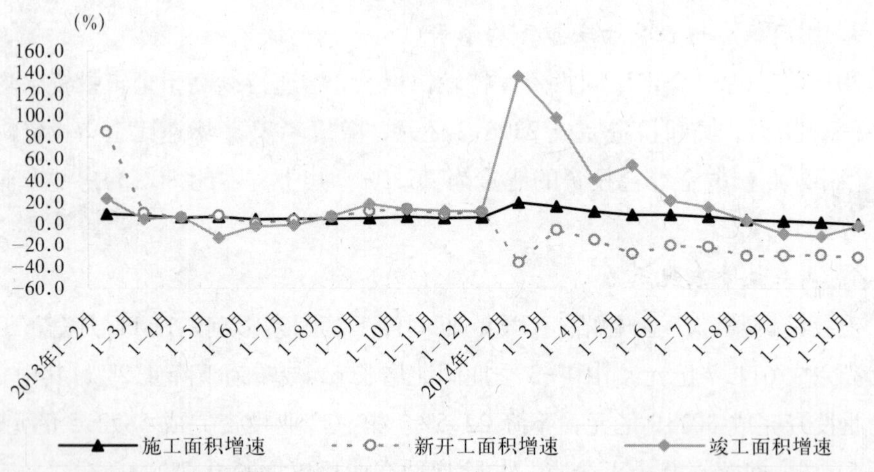

（三）新房销售降幅逐步收窄，存量房交易有所回暖

1–11 月，全市商品房销售面积为 1173.5 万平方米，下降 28.2%，降幅

比1–3季度缩小4.1个百分点，比上半年缩小6.6个百分点，比一季度缩小6.1个百分点。其中，住宅销售面积为921.8万平方米，下降21.6%，降幅分别缩小6.4个、13.6个和21.6个百分点。

从住宅销售结构看，1–11月，纯商品住宅销售576.3万平方米，下降31.2%，降幅比1–3季度收窄9.6个百分点，比上半年和一季度分别收窄14个和23.9个百分点；其中自住房自7月份开始销售以来，7–11月销售面积为127.6万平方米。保障性住宅销售345.5万平方米，增长1.9%，加上自住房，合计占全市住宅销售的51.3%，对于稳定市场销售发挥了重要作用。

从存量房交易看，市住建委签约数据显示，1–11月，全市存量住宅网签88215套，同比下降39.6%，比1–3季度收窄5.6个百分点，比上半年和一季度分别收窄13个和28.5个百分点。自9月底相关政策出台后，10月下旬存量房日均成交量环比增长较快，11月销售存量房11120套，同比增长1.2%，止跌回升，环比增长26.6%（见图3）。

图3　全市新建商品住宅销售面积增速情况

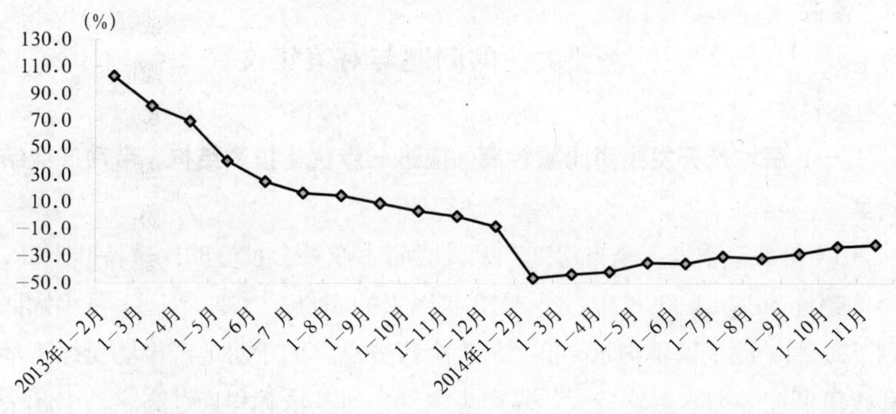

（四）新建商品住宅同比价格由升转降，二手住宅环比价格止跌回升

11月份，全市新建商品住宅价格同比下降2.6%，继10月由升转降后，降幅比10月扩大0.9个百分点。从环比看，在连续22个月上涨后，7月开始呈下跌趋势，11月下降0.3%。

二手住宅同比价格在持续上涨 21 个月后，9 月首次下降，11 月下降 3.7%；环比价格在连续 6 个月下跌后，10 月止跌回升，11 月上涨 0.7%，涨幅比 10 月提高 0.4 个百分点（见图 4）。

图 4　新建商品住宅和二手住宅价格同比和环比指数

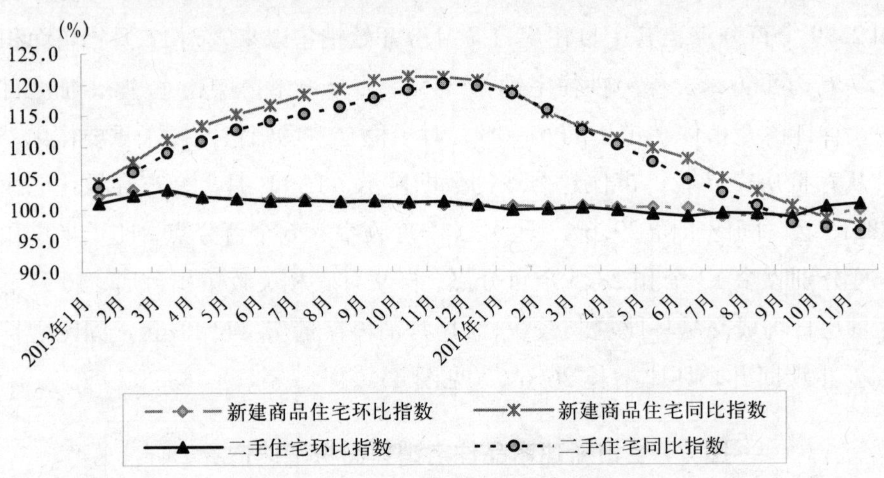

三、需要关注的问题与对策建议

（一）房地产开发投资比重较高，应进一步优化投资结构，带动产业结构转型

2014 年前三季度，全市房地产开发投资占全社会投资的比重持续走高，上半年超过 50%，1–3 季度达到 2012 年以来的高点 53.3%，1–11 月小幅回落到 52.3%，比全国平均水平高 35.4 个百分点。由于房地产市场受经济环境和政策调控等因素影响较大，易产生波动，对其依赖程度过高容易引起全社会投资的波动，也难以对产业结构调整发挥先行支撑作用。因此，需进一步优化投资结构，加强和带动对高技术产业、新兴产业的投入，促进产业结构转型、稳定全市投资增长。

（二）实体投资走低，投资效益下降，应以提高投资效益与效率为重

一方面，2008 年以来反映实际工作量的建安投资比重降到 50%以下，

2014 年 1–11 月只有 45.4%，且增速下滑；而费用比重已达到 43.5%，增长快于全市投资平均水平。另一方面，投资的经济效益也呈下降趋势，2012 年固定资产投资效果系数[1]已不足 0.3，2013 年又降到 0.23，2014 年 1–11 月全市固定资产交付使用率为 29.1%，同比下降 0.9 个百分点。因此，在稳定投资增长的同时，更应通过优化投资环境，努力增加实际投资，并提高投资效益与效率，发挥投资对稳增长的关键作用。

（三）民间投资以房地产为主，应加强相关政策的针对性与执行落实力度，提升投资活力

2014 年全市民间投资增长较快，所占比重提高，但主要依靠房地产业带动，房地产业投资占比保持在 80%。2010 年以来，中央和北京市出台了一系列鼓励和引导民间投资健康发展的意见、措施，但从目前情况看，效果尚不够理想。1–11 月，与引进民间投资的重点领域相关的水利、环境和公共设施管理业（占比 7.9%），电力、燃气及水的生产和供应业（2.3%），交通运输、仓储和邮政业（1.4%），教育业（3.9%），文化、体育和娱乐业（31.9%）等行业的民间投资占相关行业投资的比重较低且均呈降势。11 月下旬，国务院发布了《关于创新重点领域投融资机制鼓励社会投资的指导意见》，全市应以此为契机，一方面加大落实相关鼓励政策的力度，另一方面确定突破重点，通过改革机制体制，为民间投资逐步进入公益性、垄断经营性行业创造条件，提升投资活力，发挥民间投资对城市建设和提高公共服务水平的积极作用。

（四）监测楼市新政效果，促进房地产市场平稳健康发展

目前，楼市新政的影响在新房和二手房市场均有所显现，二手房市场表现更为灵敏。全市自 2009 年开始存量房已成为市场供给的主要来源，因此应密切关注新政对市场的影响，进一步盘活存量房市场，加大市场监管力度，规范市场秩序，以成交量和价格作为监测重点，避免市场出现大幅波动，促进楼市平稳健康发展。

1 投资效果系数=地区生产总值增量／固定资产投资完成额。该系数反映了单位固定资产投资额所增加的地区生产总值。

对北京市经济可持续发展的认识与思考

◆◇李晓敏 吕艳芹

内容提要：新世纪以来，北京市经济在结构调整、发展方式转变等方面取得了显著成绩，但发展仍然面临着资源能源环境约束加剧、劳动力资源优势减弱、投入产出效率下降、创新驱动尚未充分发挥等挑战。未来全市经济应在保持适度增长的基础上，更好地为可持续发展创造良好的宏观环境；在人口调控方面，对外来人口要有保有控；在产业结构优化方面，要进退并举；在科技创新中心建设上，要更加注重发挥企业主体作用。

新世纪以来，北京经济在结构调整、发展方式转变等方面取得了一定成就，但在当前日趋强化的资源能源环境约束下，如何实现首都经济可持续发展是北京市亟待解决的问题。

一、北京市经济发展面临的风险与挑战

（一）资源能源较为缺乏，环境约束不断加剧

1. 水资源总量与用水需求之间缺口较大

2001年以来，北京水资源总量年均为24亿立方米，而年用水量一般在36亿立方米左右。二者之间的缺口主要通过超采地下水、加大再生水利用及外调水解决。近年来，虽然再生水用量占比持续提升，目前已达到20%以上，但地下水超采仍较严重，用水量的一半左右要靠地下水。从用水结构看，农业用水（包括水浇地、露地菜田、林果、设施农业等用水）、工业用水占比虽然持续下降，但目前仍占约40%。

2. 可利用的土地资源有限

北京平原较少，仅占土地面积的40%左右。按常住人口计算，人均平原

土地资源略超 300 平方米，不足全国人均水平的一半（全国人均水平超过 850 平方米）。

3. 能源对外依存度较高

北京的一次能源中，仅有煤炭和极少量的水电，所有的原油和天然气均靠外省调入或进口，近 70%电力依靠外部输入。2013 年，全市能源供应中净调入量占供应总量的 93%左右 。

4. 污水及生活垃圾处理压力大

随着人口持续增长，北京的污水排放和生活垃圾日益增加。虽然污水处理率逐年上升，但每年污水处理量与排放量之间的缺口仍然较大。2013 年，污水排放量为 15.5 亿立方米，是 2005 年的 1.4 倍，处理量为 13.1 亿立方米，缺口为 2.4 亿立方米，相当于每天有 66 万立方米的污水直排入河。2013 年生活垃圾清运量达到 671.7 万吨，是 2001 年的 2.2 倍，相当于每天要清运 1.8 万吨垃圾。新建生活垃圾无害化处理设施面临选址难等问题，垃圾处理已成为城市管理难题。

5. 空气质量不容乐观

虽然北京二氧化硫年平均浓度自 2004 年起已经达标，但可吸入颗粒物、二氧化氮年平均浓度目前仍然超过国家环境空气质量二级标准。根据 2013 年环境空气质量监测数据，二氧化氮平均浓度超过国家标准 30%左右，可吸入细颗粒物（PM2.5）年均浓度（89.5 微克/立方米）超过国家标准 1.5 倍。PM2.5 及污染物主要来自于燃煤消耗、机动车尾气及其他污染叠加。目前北京煤炭消耗总量虽呈下降趋势，2012 年煤炭占一次能源消费总量的比重为 25.4%，比 2005 年降低 17.5 个百分点，但与发达城市相比，北京能源消费结构中煤炭的比重仍然较大。此外，机动车持续增加，目前保有量已超过 540 万辆，再加上交通拥堵严重，进一步加大了污染物的排放。

（二）劳动力资源对外依赖度高，部分领域供求矛盾突出

北京的劳动力资源较为丰富。2000 年以来，15–59 岁劳动年龄人口占比一直在 70%–80%之间变化，高于全国 7–8 个百分点。

丰富的劳动力资源与大量外来人口的流入有关，据第六次人口普查数据显示，15–59 岁的外来劳动年龄人口占全市劳动年龄人口的 40.9%，比 2000

年提高 18.7 个百分点。近年随着外来人口流入速度的放缓，北京劳动年龄人口占比开始下降，劳动力资源优势有所减弱，2013 年，15–59 岁常住劳动年龄人口比重为 76.6%，比 2010 年下降 2.2 个百分点，其中，户籍人口中 15–59 岁的劳动年龄人口占比从 2007 年的 73.6%下降到 2013 年的 68.2%。部分外来人口占比较高的行业（超过 60%），如居民服务、住宿餐饮、批发零售和建筑业等，与百姓生活、城市建设密切相关，仍有发展需求，但随着产业结构优化升级力度加大，以及劳动力成本的上升，这些行业面临着招工难的问题。2014 年 6 月下旬，我局队对全市制造业、建筑业、批发零售、住宿餐饮业四个劳动密集型行业的 455 家企业开展了企业用工情况快速调查，结果显示，超过 80%的企业遇到招工难问题，比去年同期上升了 15 个百分点。

（三）投入产出效率降低，增长仍未摆脱速度效益型特征

1. 反映劳动力要素产出效率的劳动生产率增速低于地区生产总值增速，且呈放缓态势

2004–2012 年社会劳动生产率年均实际增速为 7.3%，低于同期地区生产总值增速 3.7 个百分点。从占比接近 80%的服务业看，2000 年以来劳动生产率与上海的差距呈扩大趋势，由 2000 年相当于上海的 91.4%变为 2012 年的 86.1%。特别是 2009 年以来，我市金融、信息、商务等高端行业劳动生产率提升放缓。这几个高端行业规模及在经济中的占比均高于上海，但劳动生产率仅相当于上海的 70%–80%。劳动生产率增速放缓既有近年来经济放缓、产业内部结构不够优化等因素影响，也受到科技进步与人才优势发挥不足的影响，部分企业仍主要依靠传统服务发展。从工信部发布的 2014 年第十三届中国软件业务收入前 100 家的企业看，尽管北京上榜的企业数最多(33 家），但排名居首的企业仍是以传统的电子产品分销为主（商品分销收入占总收入的 90%左右），技术、咨询等服务收入比重只有 10%左右。

2. 反映附加值含量的增加值率呈下降趋势

以工业增加值率为例，2012 年全市规模以上工业增加值率为 19.4%，比 2000 年下降 7.9 个百分点，近年来一直低于全国 5–6 个百分点。39 个行业大类中 16 个行业的增加值率低于全市平均水平，这些行业增加值共占规模

以上工业的45.5%，其中，计算机、通信和其他电子设备制造业增加值率比全市平均水平低7.6个百分点。

3. 反映投资效率的逆指标增量资本产出率走高，表明投资效率下降

增量资本产出率（ICOR）是用来反映投资效率的指标，计算公式为ICOR=资本形成总额/总产出增量，反映增加一个单位的GDP需要几个单位的投资，增量资本产出率越大，表明投资效率越低。2000–2012年，北京平均增量资本产出率（ICOR）为3.63元，即每增加1元的GDP，平均需要增加3.63元的投资，比全国平均水平高出0.09元，也远高于发达国家水平（发达国家的增量资本产出率一般为1–2元），其中，2009–2012年平均增量资本产出率达3.91元，表明投资效率呈下降趋势。

（四）科技资源优势减弱，创新驱动尚未充分发挥

1. 北京拥有较强的科技资源优势，但从相关指标占全国比重看，近年来呈下降趋势

如两院院士占比由2010年的55.8%下降为2013年的46.5%；研发人员占全国比重由2004年的13.2%降为2012年的7.3%；大中型工业企业R&D人员折合全时当量占比由2000年的4.8%下降至2012年2.8%，其R&D支出占比由9.6%下降为5.2%，而广东、江苏、浙江、山东、福建等东部沿海省份占比近年来则呈上升趋势。

2. 企业尚未成为创新主体

从R&D经费来源看，政府资金投入占了一半多，企业资金投入仅占约1/3，而美国技术开发经费的80%由企业投入。此外，开展研发活动的企业比重也不高，如有R&D活动的规模以上工业企业所占比重从2006年的30.2%降为2013年的29.1%。企业未成为创新主体的原因，一方面是由于北京作为首都，集中了大量科研机构和高等院校，以自然科学、社会科学为主的基础研究活动非常丰富，并占有较多经费支出，且这些经费多来自于政府资金；另一方面，也反映出企业的创新意识、创新主动性不够强。

3. 技术成果转化能力较弱

从工业企业看，2012年北京高技术制造业R&D经费相当于工业总产值的3.04%，分别高于上海和广东1.75个和0.76个百分点；而产出成果却不

及两省市，2012 年，北京高技术制造业产值占规模以上工业总产值的比重分别低于上海、广东 2.7 个和 7 个百分点。此外，虽然科研机构与高校 R&D 经费支出占全市的近 60%，但由于研发成果与生产结合不紧密，造成其研发成果转化率较低，2012 年，科研机构和高校技术合同成交额仅占全市技术合同成交额的 3.9%。

4. 科技成果本地转化率降低

我市技术合同成交量在全国领先，但从流向看，流向本地的技术合同成交额占总成交额的比重呈下行趋势，由2000年的52.1%降为2013年的20.4%，反映出科技成果本地转化率下降，科技资源优势对经济的驱动作用难以充分发挥。造成这一现象的主要原因，一方面，是科技成果多集中于制造业领域，与北京技术需求存在一定差异，从而造成技术成果落地较少。2012 年，北京技术合同成交额主要集中在电子信息、现代交通、新能源、环境保护、航空航天、先进制造、生物医药和新材料等领域，成交额达 1880.7 亿元，占比为 76.5%；落地的技术成果主要集中在电子信息、现代交通、城市建设与社会发展领域，共占落地技术合同成交额的 75.7%，其他领域对技术成果的吸收较少。另一方面，是由于中央单位科技成果落地比例较低。2012 年，中央在京单位落地技术合同成交额为 226.3 亿元，占全市落地技术交易的 34.5%，比重虽较上年有所提升，但与中央单位在科技领域的优势地位相比仍较低。

二、对未来北京经济发展的几点认识

（一）保持经济适度增长，为可持续发展创造良好的宏观环境

以往的经验表明，要推动结构调整、发展方式转变，以及实现可持续增长需要经济保持适度的增长。增长过快，总需求大于总供给，各种资源处于一个“紧平衡”状态，人口快速增长，“大城病”频发，同时市场压力较小，不利于调动企业推进结构调整的积极性。增长过慢，总需求小于总供给，产能和生产要素使用效率下降，带来闲置和浪费，推高结构调整的成本。同时市场压力过大，企业转型升级能力减弱，甚至破产倒闭，带来失业。当前7%–8%的增速有利于调结构、转方式，既保持了调整转型的压力，有利于形

成资源节约的社会意识，也为推进改革留有空间，有利于可持续发展。

（二）在人口调控方面，对外来人口要有保有控

在看到人口快速膨胀带来弊端的同时，也要客观分析，理性认识外来人口对北京经济社会发展作出的重要贡献，以及北京这样的特大型城市对外来人口的高度依赖性。

在人口调控工作中，一方面应通过产业结构调整疏解非首都核心功能以调控人口总量，实现人口调控目标。另一方面，要综合考虑城市功能定位、人民生活需求等因素，对部分领域外来就业人员给予保障，以免产生用工荒，从而降低一般性社会服务的质量。对低端制造业中不符合首都城市战略定位的行业，应逐步淘汰和退出，并限制其增量；对与首都特性、与百姓生活密不可分的行业，如批发零售业等，要通过提高信息化程度、连锁经营、合理布局等手段提高运营效率。对与百姓生活密切相关，本地人不愿从事、而外来人员较多的行业，如住宿餐饮和居民服务业，要将重点放在加强监管，提质增效上，以提高规模化、规范化发展水平。

（三）在产业结构优化方面，要进退并举

当前北京正处于调整转型的关键时期，经济下行压力较大，符合首都核心功能和发展方向的增长动力能否顺利接续十分重要。在让市场发挥决定性作用的背景下，北京产业退出标准，如对“三高”企业的淘汰政策相对明确，而高精尖等产业引进的方式方法还处于摸索阶段，“退”的速度要比“进”的速度快。因此，在做好“退”的功课的同时，更要为“进”做好准备，下好先手棋。一方面，逐步退出高耗能、高耗水、高污水，占地多，聚人多的产业和环节；优化产业和功能空间布局，使城市功能的重心向外迁移。另一方面，尽快培育、做强符合首都战略定位的产业，积极寻找新的增长点。

加强对金融业、科技服务业、信息服务业等优势产业的支持力度。对生态环境治理、生物医药、互联网等有发展前景的行业要积极培育。做优做强高端产业高附加值环节，培育和引进战略性新兴产业等。同时，加快推进传统行业和生活性服务业提质增效，通过提高行业进入门槛、加强行业监管、提升信息化水平、规范市场运营秩序等方式促进传统行业向现代行业转变，推动其精细化发展。

（四）在科技创新中心建设上，要发挥企业主体作用

目前，北京产业整体素质还处于较低水平，科技对产业优化升级的支撑作用还有待提高。同时，资源禀赋特点也使得北京要走依托于技术的集约型、内涵式发展道路。在科技创新中心的建设上，要注重发挥企业主体作用，包括本地企业和外地企业，提高研发经费来自于企业的比重，使得科技创新能更多地以市场为导向，形成产学研良性互动链条。要积极搭建平台，促进科技成果转化和市场化，同时，要注重提升科技辐射力，延伸科技服务范围，不仅要服务北京，也要服务京津冀乃至全国，以科技服务促发展。

北京市经济增长的要素分析及预测

◆◇刘立功

2014年，北京市面临稳定增长、调控人口、优化产业结构、推动京津冀协同发展等多项任务，要确保完成全年目标，推动经济可持续发展，就必须分析各种要素对经济增长的贡献率和拉动力，在此基础上，制定宏观调控政策，长短兼顾，在短期内保持平稳增长，在中长期内做好人口调控、产业疏解、构建“高精尖”经济结构、推动区域经济协同发展等各项工作。

一、“三驾马车”对经济增长的贡献率和拉动作用

宏观经济学的一个基本原理是总需求决定总收入，从而决定经济的增长。总需求又可以分为投资、消费和净出口[1]，即经济增长的“三驾马车”。2001年以来，全市投资和消费对经济增长的年均贡献率超过98%，是拉动经济增长的主要动力（见图1）。

（一）投资：年均贡献率接近四成，但效率有所降低

2001−2012年，全市投资对经济增长的年均贡献率为37.7%，年均拉动经济增长6.5个百分点。其中，2001−2008年，投资对经济增长的贡献率和拉动作用在连续两年小幅上升后波动下降。其中，贡献率由2001年的43.2%下降至2008年的9%，拉动作用由5.1个百分点下降至0.8个百分点。从2009年开始，随着经济刺激政策出台，投资对经济增长的贡献率和拉动作用开始回升，2012年达到43.8%和3.4个百分点。

1 这里的投资和消费指GDP三大需求支出中的资本形成总额和最终消费。

图 1 北京市投资、消费和净出口对经济增长的贡献率

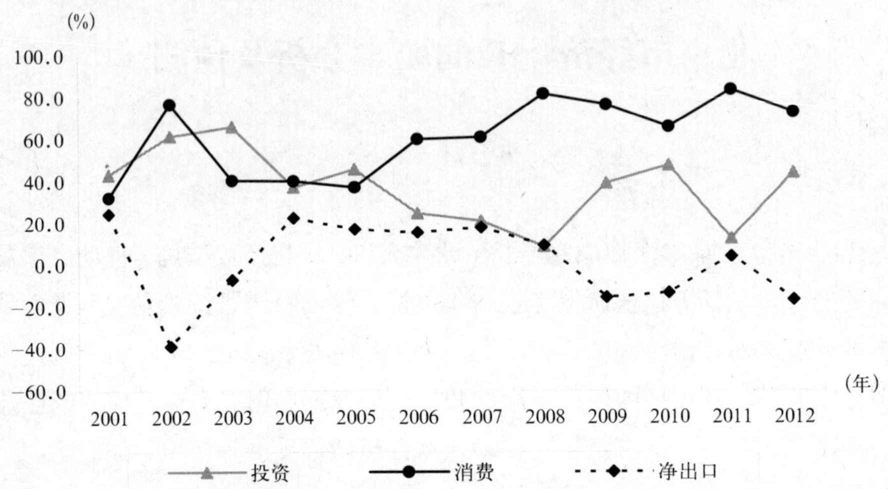

投资对经济增长的贡献率和拉动作用虽然有所回升，但投资效率呈下降趋势。2001−2014 年上半年，全市增量资本产出率（ICOR），即年度投资与当年 GDP 增量之比，由 2.8 升至 4.6，表明单位 GDP 的增长需要更多投资拉动，投资的效率有所降低（见图 2）。

图 2 北京市 ICOR 走势图

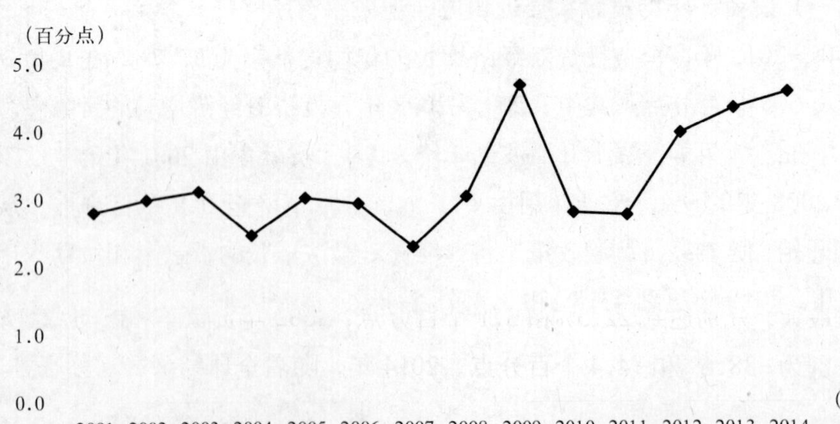

2014 年，预计全社会固定资产投资额增长 8%左右，投资对全市经济增长拉动约 2.7 个百分点[2]。

（二）消费：贡献率最大，对经济增长拉动作用最强

2001–2012 年，消费对经济增长的贡献率由 32.4%上升至 73%，年均 60.7%，贡献率最大，对经济增长拉动点数在 2007 年达到最高，为 8.9 个百分点。随后波动下行，2012 年降至 5.6 个百分点，但依然是“三驾马车”中拉动作用最强的因素。

2014 年，受小客车摇号配额减少、集团消费下降等因素影响，预计全市社会消费品零售总额同比增长 8%左右，消费拉动经济增长约 4.5 个百分点[3]（见图 3）。

图 3　北京市消费对经济增长的拉动点数

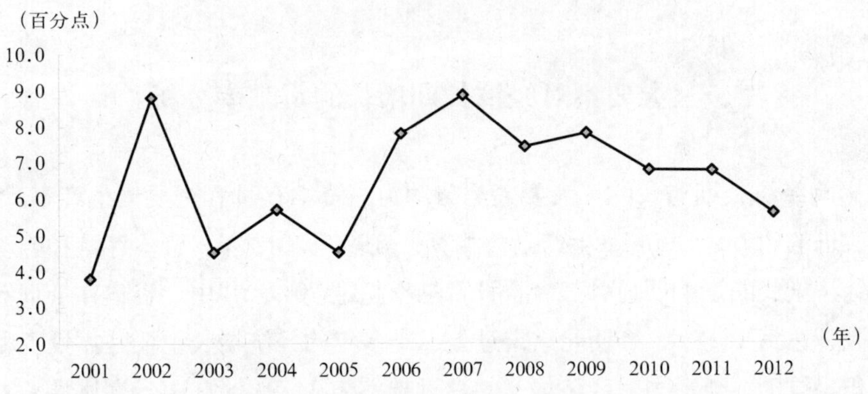

（三）净出口：贡献率波动较大，对经济增长拉动作用不明显

2001–2012 年，北京市货物和贸易净流出正负值年份各占一半，对经济增长的贡献率和拉动点数也有正有负，波动较大。其中，2004 年贡献率和拉动点数最大，分别达到 22.5%和 3.1 个百分点；2002 年贡献率和拉动点数最小，分别为–38.6%和–4.4 个百分点。2014 年，随着全球经济弱复苏态势，

2 假设全社会固定资产投资增速与资本形成总额拉动点数之比与上年持平。

3 假设社会消费品零售额增速与最终消费拉动点数之比与上年持平。

北京地区进出口规模有望保持平稳增长，但净出口对经济增长的拉动作用不明显，预计为 0.1 个百分点左右（见图 4）。

图 4　北京市最终消费对经济增长的贡献率和拉动点数

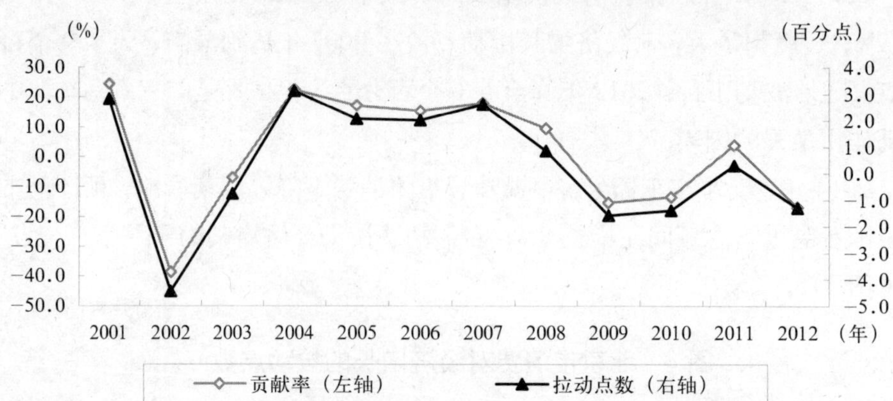

二、三大要素对经济长期增长的贡献率分析

影响经济长期增长的三大要素是劳动力、资本存量和全要素生产率[4]。根据改进的Cobb-Douglas生产函数测算， 1990-2012 年，资本存量和劳动力对经济增长的影响明显，二者合计贡献率超过 70%。其中，资本存量贡献率最大，达到 35.8%，表明北京市过去二十多年的经济增长主要是靠投资和资本积累拉动。劳动力对经济增长的总贡献率为 34.9%，其中，高质量人力资本，即受教育水平和受教育水平结构优化[5]贡献率分别为 24.2%和 6.4%，普通劳动力数量增加的贡献率为 4.3%。衡量技术进步的全要素生产率贡献率为 29.3%，在三大因素中贡献率最低（见图 5）。

4 这里的劳动力及资本存量为有效劳动力及资本存量，具体定义见《中国国民经济生产函数研究》，朱彦元，同济大学出版社，2013 年 12 月第 1 版；北京市哲学社科重点项目《北京市“升级版”人口红利统计测算及兑现途径》，项目编号：13JDJGA031。

5 这里的受教育结构优化是指受教育水平离散度缩小，劳动力教育水平呈“中间大，两头小”的橄榄形结构。

图 5　1990–2012 年北京市经济增长要素贡献率分析

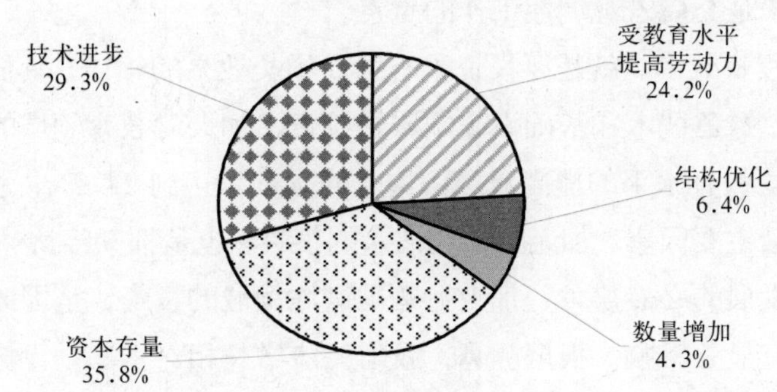

过去二十多年，北京普通劳动力数量的增加对经济长期增长的贡献并不明显，普通劳动力数量增长对经济增长的贡献率只有 4.3%，仅为受教育水平提高和受教育结构优化贡献率的 14%。据此测算，每减少 10 万初中及以下学历的劳动力，对经济增长贡献率的影响不超过 0.1 个百分点。

三、北京经济增长预测

根据预测，2014 年北京市投资、消费各增长 8%左右，净出口增速平稳，“三驾马车”分别拉动经济增长约 2.7 个、4.5 个和 0.1 个百分点左右，全年经济增长区间为[7.1%,7.5%]。如果全要素生产率对经济增长的贡献率没有明显提高，在人口调控、产业疏解、经济转型等因素的影响下，2014–2017 年，北京潜在经济增速区间为[6.5%,7.5%]，2017–2020 年为[5%,7%]。

四、政策建议

（一）提高投资效率

长期看，由投资引起的资本存量增加对北京经济增长贡献率为 35.8%，在三大要素中贡献率最大。短期看，无论技术创新、产业升级还是基础设施完善都依靠投资，因此稳投资是稳增长的关键因素。但是，自 2008 年以来，北京单位投资额对经济增长的拉动作用减弱，投资效率有所降低，因此，提高投资效率是今后宏观调控工作的重点。

提高投资效率，就是要投资于有强劲增长效果的领域。具体而言，要加大对教育、绿色技术和基础设施领域的投资，加大对教育领域的投资。过去 20 多年，受教育水平的提高对经济增长的贡献率达到 24.2%，是影响劳动力贡献率的最主要因素；加大对绿色技术的投资，也是推动经济、人口、资源、环境协调发展的必然要求；加大对基础设施领域的投资，是因为基础设施对经济增长有显著影响。根据测算，我国经济增长相对于基础设施投资的弹性为 0.2−0.4%[6]。如果北京和全国的弹性一致，那么基础设施投资每增长 1 个百分点，就有望拉动经济增长 0.2 个百分点以上。

（二）充分发挥价格在产业疏解和人口调控中的作用

产业疏解和人口调控，其本质是更合理的配置资源，提高资源使用效率和全要素生产率对经济增长的贡献率，实现经济、人口、资源、环境和谐发展。要合理的配置资源，就必须充分发挥价格的传导作用，更多的通过市场作用实现资源合理流动。

北京产业疏解和人口调控主要集中在从业人员受教育水平低、收入低、劳动密集型和高耗能行业。因此，可以提高居民收入和劳动者报酬在国民经济中的占比，在此基础上合理提高公共服务品的价格，分类提高资源类产品价格，发挥价格的传导作用和对资源的配置作用。这样一方面增加劳动密集型和高耗能产业的运行成本，通过成本提高疏解北京不适宜发展的产业和低端劳动力。另一方面提高居民收入，可以提高居民消费品质，减少对低端产品的需求，通过市场需求的减少疏解低端产业。同时，合理提高公共服务品的价格，既可以疏解外来低端劳动力，又可以减轻政府财政负担，提高公共服务品质，提升城市经济和社会发展质量。根据测算，提高居民收入 1/3，可以提高全要素生产率增速 0.43−1.1 个百分点[7]。

（三）京、津、冀协同发展，形成雁行模式

京、津、冀协同发展，不是要三地同步发展，而是要根据各自的发展阶

6 见《从西潮到东风》，林毅夫，中信出版社，2012 年 9 月第一版。

7 见《人力资本、要素价格与配置效率》，钱雪亚，缪仁余，《统计研究》2014 年第 8 期。

段和要素禀赋，有选择性的发展优势产业，形成梯度结构和雁行模式，从而推动区域经济整体发展。

当前，河北和天津分别处于工业化和工业化后期阶段，北京已进入后工业化阶段，又是全国教育、科研和创新中心，应不断提高全要素生产率对经济增长的贡献率，通过构建“高精尖”经济结构，在京津冀协同发展过程中扮演领头雁。同时，通过人口调控和产业疏解将低端劳动力和不适宜发展的产业依次传递给天津、河北，不仅能给天津、河北释放发展空间，还能通过后者的发展扩大“高精尖”产品市场，拓展北京自身发展腹地和空间，形成雁行模式，实现区域经济协同发展。

北京市城乡经济社会发展一体化监测报告

◆◇张　群　常　鹏

内容提要：2013 年监测结果显示，北京市城乡经济社会发展一体化进程综合实现程度达到 88.3%，整体处于较高水平。农村居民收入实现较快增长，生活质量明显提高，社会事业持续发展，公共服务统筹推进，环境建设成效显著，社会管理水平稳步提高。需要关注的是，城乡二元结构体制没有根本改变，农业农村发展仍存在一些薄弱环节，农村居民增收后劲略显不足，农业生产质量效益偏低，城乡社会保障差距有待改善。

按照北京市“十二五”规划要求，北京提出了到 2015 年率先形成城乡一体化新格局的目标。根据北京市统计局、国家统计局北京调查总队建立的北京市城乡经济社会发展一体化进程监测评价体系，对 2013 年城乡一体化进程开展了监测并进行评价。

一、城乡一体化总体评价

2013 年，北京市城乡一体化进程综合实现程度达到 88.3%，比上年提高 0.2 个百分点，城乡经济社会发展一体化处于较高水平。从监测的 6 个方面看，生活质量、公共服务、环境与设施实现程度达到或接近 90%，分别为 94.5%、89%、95.9%；社会发展和社会管理实现程度分别为 87.9%和 85.5%。与上年相比四个方面实现提升，社会发展、生活质量、环境与设施和社会管理实现程度分别比上年提高 2.2 个、3.9 个、10.1 个和 1.1 个百分点。公共服务和经济发展实现程度与上年相比有所下降（见表 1）。

表 1　2013 年北京市城乡经济社会发展一体化监测评价情况

一级指标	二级指标	代码	单位	权重	目标值	实际值	得分	实现程度(%)
综合				100			88.34	88.3
经济发展				14			10.21	72.9
	农民增收指数	1	—	4		—	3.87	96.8
	第一产业比较劳动生产率	2	—	3	0.25	0.17	2.04	68.0
	农村与全社会人均固定资产投资比	3	%	4	65	70.5	4.00	100.0
	都市型现代农业生态服务价值年值增速	4	%	3	3	0.3	0.30	10.0
社会发展				24			21.09	87.9
	郊区城镇人口占比重	5	%	3	80	67.5	2.53	84.4
	社会保障指数	6	—	2		—	2.00	100.0
	新型农村合作医疗报销水平指数	7	—	2		—	1.93	96.5
	城乡居民人均养老金、退休金水平比	8	倍	3	3	5.2	1.73	57.7
	农村居民工资性收入占比重	9	%	3	70	65.6	2.81	93.8
	农村从业人员人均受教育年限	10	年	3	12	10.8	2.70	90.0
	远郊区县基础教育阶段教师素质指数	11	—	3		—	2.77	92.3
	有图书室、文化站的村占比重	12	%	2	100	98.5	1.97	98.5
	有幼儿园、托儿所的村占比重	13	%	3	30	26.5	2.65	88.3
生活质量				20			18.89	94.5
	农村居民人均教育、文化、娱乐支出占比重	14	%	4	10	9.8	3.93	98.2
	农村居民家庭清洁能源普及率	15	%	4	90	95.8	4.00	100.0
	农村居民家用电脑普及率	16	%	4	70	66.9	3.82	95.6
	农村卫生厕所普及率	17	%	4	85	78.8	3.71	92.7
	农村居民人均药品、医疗费支出占比重	18	%	4	7	8.2	3.44	85.9

（续表）

一级指标	二级指标	代码	单位	权重	目标值	实际值	得分	实现程度(%)
公共服务				16			14.24	89.0
	财政用于社会保障和就业人均支出城郊比	19	倍	4	1	1.2	3.42	85.5
	财政用于医疗卫生人均支出城郊比	20	倍	4	1	0.7	4.00	100.0
	城乡低保标准比	21	倍	4	1	1.3	3.17	79.4
	基础教育阶段生均占有预算内教育经费城郊比	22	—	4	1	0.9	3.65	91.2
环境与设施				16			15.34	95.9
	远郊区县垃圾无害化处理率	23	%	3	92	97.8	3.00	100.0
	远郊区县污水处理率	24	%	3	75	63.1	2.52	84.1
	远郊区县万人拥有服务性网点	25	个	3	2	2.1	3.00	100.0
	远郊区县道路密度	26	km/km^2	3	1.5	1.4	2.83	94.2
	全市林木绿化率	27	%	4	57	57.4	4.00	100.0
社会管理				10			8.55	85.5
	居民对社会管理的满意度	28	%	4	80	70.1	3.51	87.6
	村务公开满意度	29	%	3	85	57.8	2.04	68.0
	居民对社会安全的满意度	30	%	3	85	91.7	3.00	100.0

二、城乡一体化发展特点

（一）农村居民收入较快增长

2013 年，各项社会保障福利稳步提高，平原造林工程提供绿色就业岗位，农村居民收入不断增长，生活质量进一步提高。全年农村居民人均纯收入 18337 元，同比增加 1861 元，增长 11.3%，扣除物价因素后，实际增长 7.7%。从 2009 年起，农村居民人均纯收入增速连续五年高于城镇居民收入增速。20%低收入户人均纯收入比上年同期增长 14.7%，高于农村居民平均增速

3.4 个百分点。城乡居民人均收入比由 2012 年的 2.21 下降到 2013 年的 2.2，呈现缩小趋势。

（二）社会事业持续发展

社会发展方面实现程度为 87.9%，比上年提升 2.2 个百分点。郊区基础教育阶段教师素质指数综合实现程度提升较快，比上年提高 6.8 个百分点，教师学历提升明显。其中，高中和初中专任教师研究生以上学历比重分别达到 14.7%和 3.9%，分别比上年提高 2.2 个和 1 个百分点；小学专任教师本科以上学历所占比重为 79.3%，比上年提高 1 个百分点。教师学历的提升，对学生文化素质提高有积极促进作用。全市农村中，98.5%的村有图书室、文化站，比上年提高 1.9 个百分点；26.5%的村有幼儿园、托儿所，比上年提高 1.1 个百分点。农村教育条件和资源配置与城市的差距进一步缩小，农村教育资源进一步优化。

（三）居民生活质量明显提高

生活质量方面实现程度达到 94.5%，比上年提高 3.9 个百分点。随着《大气清洁行动计划》的实施，更多农村居民用上了清洁能源。2013 年，在农村地区开展的“减煤换煤、清洁空气”行动共减煤 65.8 万吨，换煤 28.7 万吨，对改善首都空气质量、优化农村地区能源结构具有重要作用，农村居民家庭清洁能源普及率为 95.8%，比上年提高 4.1 个百分点。目前，农村基层医疗机构能够满足农村居民的日常医疗卫生需求，医疗保险报销比例向基层卫生机构倾斜，农村居民人均药品、医疗费支出占人均消费支出的比重为 8.2%，比上年降低 0.9 个百分点。

（四）公共服务统筹推进

公共服务方面实现程度达到 89%，与上年基本持平。财政用于郊区公共服务的人均支出保持了较高水平，其中远郊区县财政用于医疗卫生的人均支出超过城六区，实现程度达到 100%。远郊区县财政用于社会保障和就业的支出 134.2 亿元，比上年增长 8.7%，人均支出与城六区相比略有差距，实现程度为 85.5%，比上年降低 4.7 个百分点，主要原因是城市发展新区常住人口增长较快，导致远郊区县财政用于社会保障和就业的人均支出相对于城六区有所下降。2013 年，北京市农村低保标准为 460 元，比上年增长 21.1%，高于城镇低保标准增速9.5个百分点，城乡低保标准差距进一步缩小。

（五）环境建设成效显著

环境与设施方面实现程度达到95.9%，比上年提高10.1个百分点。市委、市政府做出了在“十二五”时期在平原地区实施百万亩造林的重大决策，2013年全市林木绿化率达到57.4%。远郊区县垃圾无害化处理率为97.8%，比上年提高0.6个百分点。污水处理率为63.1%，比上年提高4.5个百分点，农村生活环境继续改善。各区县积极推进沟域经济建设，形成了门头沟妙峰山玫瑰谷、顺义舞彩浅山、怀柔满韵汤河、平谷九里山桃花谷、延庆四季花海和百里画廊等一批环境优美、设施齐全、独具特色的沟域景观，环境建设成效显著。

（六）社会管理水平稳步提高

社会管理方面实现程度达到90.9%，比上年提高0.8个百分点。居民对社会安全的满意度达到91.7%。农村基层民主建设调查显示，57.8%的被访者对村务公开情况表示非常满意和比较满意，比上年提高1.2个百分点。75.6%的被访者认为本村村务公开状况与过去一年相比有所好转。各区县加大社会建设力度，社会服务体系更加完善，社会参与更加广泛，社会环境更加文明，社会关系更加和谐，社会管理水平总体上稳步提高。社会管理满意度调查显示，居民对社会管理的满意度为70.1%，比上年提高1.2个百分点，92.8%的被访者认为近三年来本市的社会管理总体状况有所好转。

三、存在的问题及建议

（一）农村居民增收后劲略显不足

农村居民增收仍然存在一定难度，主要表现在四项收入方面：第一，农村居民从事的行业主要是工资水平相对较低的农业、制造业、批发与零售业、交通运输业等传统的劳动密集型行业。第二，随着人口老龄化程度的加深，保持转移性收入持续快速增长存在压力。第三，财产性收入占比仍然较低。2013年北京农村居民财产性收入占总收入的比重为11%，与发达国家相比差距较大。第四，家庭经营收入受到农业政策及气候条件因素影响较大。建议多渠道增加农民收入，特别是财产性收入的比重。建立农民对集体资产股份占有、收益、有偿退出及抵押、担保、继承的配套政策，保障农民集体经济组织成员的权利。针对农村居民实施精细化就业服务，稳定就业数量，提高就业质量。

（二）农业生产质量效益偏低

北京都市型现代农业一直保持着平稳增长的势头，但农业综合生产能力还有待进一步提高。我市农业劳动生产率相对较高，但土地产出率低于上海，第一产业万元地区生产总值能耗高于全国平均水平，主要原因是农业生产经营规模小，组织化程度低，没有规模效益。在当前资源有限、空间有限的条件下，都市型现代农业发展应在“提质增效”上下工夫。建议大力发展循环农业、会展农业、籽种农业、观光休闲农业，积极培育家庭经营、集体经营、合作经营、企业经营等新型农业经营主体，向农业输入现代生产要素。以节水富民、提质增效为目标，着力构建与首都功能定位相一致、与二、三产业发展相融合、与京津冀协同发展相衔接的农业产业结构。

（三）城乡社会保障差距有待改善

城乡居民在收入水平、教育、医疗、社会保障等方面的差距依然明显。2013年，我市城镇居民人均收入中养老金、退休金达到11928元，比上年同期增加1826元，农村居民人均养老金、退休金仅为2314元，比上年同期增加574元。农村居民人均养老金、退休金与城镇居民绝对额差距由上年的8362元增加到 9614 元，差距显著。农村居民人均医药费支出占生活消费支出的比重为 8.2%，高于城镇居民人均医药费支出比重 3.2 个百分点。部分农村居民在农业、批发零售等镇村企业工作，保障水平相对较低，农民医药负担仍然较重。建议逐步提高基础养老金和福利养老金保障水平；推进新型农村合作医疗市级统筹，逐步实现新农合即时结算，加快完善城乡一体化的居民基本医疗保险制度；进一步加大城乡低保标准的统筹力度。

北京市经济社会发展成就综述

◆◇单智慧

伴随着共和国前进的步伐，首都各族人民在中国共产党的领导下，坚定不移地走中国特色社会主义道路，依靠解放思想、坚持改革开放，书写了经济社会发展的华章，经济发展水平大幅跃升，科教文卫体等各项社会事业蓬勃发展，城市建设日新月异，城乡居民生活更加殷实。党的十八大以来，首都各项建设紧紧围绕新时期首都城市战略定位，深入实施人文北京、科技北京、绿色北京战略，正朝着把北京建设成为国际一流和谐宜居之都的目标迈进。

一、经济建设成就斐然，城市综合实力大幅跃升

（一）经济总量和政府财力连续跃级，经济发展水平位居前列

1952 年，全市地区生产总值仅为 7.9 亿元，占全国经济总量的 1.2%，到 1978 年首次突破百亿元（108.8 亿元）。进入改革开放新时期以来，随着社会主义市场经济的逐步确立和完善，国民经济快速增长，总量连续跃级，1994 年首次超千亿元，达到 1145.3 亿元，2008 年首次超万亿元，达到 11115 亿元，至 2013 年已达 19500.6 亿元，占全国经济总量的比重达到 3.4%。2013 年一天创造的财富量超过了新中国成立前五年创造财富的总量。从衡量地区经济发展水平的人均 GDP 指标看，1952 年全市人均 GDP 只有 165 元，到 2013 年已达 93213 元，按可比价格计算，相当于 1952 年的 111.7 倍，年均增长 8%。以美元计，人均 GDP 在 2010 年首次突破 1 万美元大关，2013 年达到 15052 美元，在 31 个省区市中位居第二位。

随着经济总量的持续扩张，政府财力也不断增强。1951 年全市地方财政收入只有 1.4 亿元，1995 年首次达到三位数，为 115.3 亿元，此后进入加速

增长通道，2005 年地方财政收入上升到四位数，为 1007.4 亿元。2013 年全市实现地方财政收入达到 5566.1 亿元，其中地方公共财政预算收入 3661.1 亿元。收入的增多提高了财政支出的能力，1978 年，全市地方财政支出 20.4 亿元，2013 年地方财政支出达到 6039.4 亿元，其中，公共财政预算支出 4173.7 亿元，为经济社会发展和民生改善提供了强有力的支持。

（二）产业结构不断调整优化，服务经济主导的产业格局日趋稳固

新中国成立后，在生产能力低下、经济基础十分薄弱的背景下，北京开始朝着“把消费城市变为生产城市”的方向，大力推进工业化建设，三次产业比重由 1952 年的 22.2∶38.7∶39.1 调整为 1978 年的 5.2∶71.1∶23.7。改革开放以来，随着首都经济发展战略的演进，全市产业结构不断优化升级，符合国际大都市发展特点的产业体系初步形成。第三产业占地区生产总值的比重自 1995 年超过第二产业比重后稳步提高，2013 年三次产业比重调整为 0.8∶22.3∶76.9，服务型经济特征十分明显。

工业实现由传统重工业向现代制造业、高技术制造业的转变。全市工业增加值由 1952 年的 2.7 亿元增加到 2013 年的 3536.9 亿元，按可比价格计算，年均增长 11%。其中，改革开放以前，受“大工业、大城市”建设思路的影响，北京市在着力发展重工业的基础上，构建了门类齐全的工业生产体系。1970 年，规模以上重工业产值占到规模以上工业总产值的 65.6%，超过了上海和天津，仅次于老工业基地沈阳。这一阶段，重工业产品产量大幅增加。改革开放以来，工业发展战略几经调整，钢铁、石化等“三高”行业发展受到限制，现代制造业和高技术制造业逐步成为工业的主导力量，汽车、电力、电子、医药、装备行业成为新的支柱行业，2013 年占工业增加值的比重合计接近 70%。

服务业在计划经济时期，主要是以商业和运输邮电业等传统服务业为主，发展相对滞后。改革开放后，随着对首都资源禀赋认识的不断深化，第三产业发展明显加快，年均增速由改革开放前（1953–1978 年）的 8.8%，提高到改革开放后（1979–2013 年）的 12.5%，2010 年第三产业规模在全国城市中率先突破万亿元大关，2013 年达到 14986.5 亿元。在第三产业内部，现代服务业取代传统服务业成为第三产业的中坚力量。金融业成为全市第三产业中的第一大行业，增加值由 1978 年的 1.9 亿元增加到 2013 年的 2822.1 亿元，按可比价格计算，增长 245.5 倍，年均增长 17%；房地产业增加值由 1978 的 0.9 亿元增加到 2013 年的 1339.5 亿元，按可比价格计算，增长 70.3 倍，年均增长 13%。进入新世纪以来，信息服务、商务服务、科技服务等生产性服务业态蓬勃发展，按可比价格计算，年均增速分别达到 14.4%、14.7%、15.6%，与金融、批发零售和房地产业共同构成三产的主要行业，2013 年这六个行业占第三产业增加值比重合计超过 70%。

（三）“三驾马车”持续发力，内部结构不断优化

投资规模快速扩大，结构明显改善。1950–2013 年，全社会固定资产投资规模累计达到 6.1 万亿元，有力地拉动了国民经济增长。投资结构与经济结构同步调整。2013 年，三次产业投资比重为 2.5∶10.7∶86.8，第三产业投资（含房地产开发投资）对全社会投资增长的贡献率达 88.5%。与此同时，基础设施投资快速增长，为经济的持续发展奠定了坚实基础。1978–2013 年，累计完成基础设施投资 1.5 万亿元，占全社会固定资产投资的比重为 25.4%，有效地提高了城市承载能力，使城乡面貌焕然一新。

改革开放前，消费品市场发展相对缓慢，物资商品较为匮乏。随着党的十三大报告明确提出建立和培育社会主义市场体系，各类商品市场得以蓬勃发展，市场规模快速扩大。全市社会消费品零售总额从 1978 年的 44.2 亿元扩大到 2013 年的 8375.1 亿元，增长了 188.5 倍，年均增长 16.2%。全市各类商业机构大量增加，超级市场、专卖店、大型购物中心、网络购物等商业业态极大地满足了人民生产生活需求，对首都经济的贡献也日益增强。

对外贸易快速增长，实现从封闭型经济向开放型经济的跨越。1978 年，党的十一届三中全会将对外开放确立为基本国策，北京对外贸易乘势而上，规模迅速扩张。2013 年海关进出口总值 4299.4 亿美元，是 1983 年的 14 倍，年均增长 9.2%。1979 年全国第一家中外合资企业在北京诞生，拉开了全市利用外资的序幕。2013 年全市实际利用外资 85.2 亿美元，是 1988 年的 89.4 倍。据《财富》“2014 世界 500 强排行榜”统计，上榜的 100 家中国企业中，有 52 家总部设在北京，北京在全球经贸格局中的地位明显提升。

二、科教文卫体蓬勃发展，城市软实力显著提升

（一）科技资源优势明显，支撑首都向创新驱动发展转型

北京是全国科学技术研究中心，具有得天独厚的科技优势。新中国成立65年来，特别是改革开放以来，北京在科技投入、科技人员、科技成果等方面取得了长足的发展。2013年，全市研究与试验发展（R&D）经费支出1185亿元，相当于地区生产总值的6.08%，比1996年提高3.74个百分点；全市从事科技活动人员68.1万人，是1991年的3倍；专利申请量与授权量分别为12.3万件和6.3万件，分别相当于1986年的72.9倍和127.6倍；全年技术合同成交总额2851.2亿元，相当于1990的140.5倍，稳居全国榜首。中关村这样的具有国际影响力的高新技术产业集聚区在北京诞生，并蓬勃发展。2013年，中关村国家自主创新示范区共有高新技术企业1.5万家，实现总收入30497.4亿元，其高新技术企业数量、经济总量、创新实力等稳居全国105个高新区之首。

（二）受教育程度全国领先，教育现代化水平全面提升

北京在教育方面有着深厚的历史积淀。新中国成立以来，从全面落实科教兴国战略到大力实施人才强国战略，首都教育事业得以快速发展，逐步构建了以高等教育为优势特色的完备的教育体系，教育质量不断提高，为经济社会发展提供了强大的智力支持。北京在全国率先普及了九年义务教育和高中阶段教育，2003年18-22岁人口高等教育毛入学率首次突破50%，达到52%，成为全国率先迈入高等教育普及化阶段的地区。平均受教育年限由1964年的5.3年提高到2010年的11.5年。2013年，全市各类学校共3439所，其中，民办教育学校762所；各类教育在校生达到373.6万人，教职工35.5万人；还有4.3万名高校留学生在京学习，是外国留学生最集中的地区之一。

（三）公共文化服务体系不断完善，文化中心功能显著增强

北京作为历史文化名城，文化资源十分丰富。新中国的成立，特别是改革开放以来，首都文化建设实力不断增强、影响日益扩大。公共文化服务体系不断完善，较好地满足了市民的精神文化需求。2013年，全市共有博物馆

及其他文物保护机构 167 个，文物藏件 430 万件，分别比 2008 年增加 19 个和 99 万件；全市共有 25 个公共图书馆，总藏量达到 5316 万册，比 1978 年增加 3893 万册；电视、广播基本实现全覆盖，平均每日播出时间为 347.89 小时和 472.32 小时，分别比 1980 年增加 343.64 小时和 416.24 小时；电影放映 137.8 万场次，是 1978 年的 4.3 倍。文化体制改革不断深入，文化创意产业已成为首都经济的支柱型产业。初步核算，2013 年全市文化创意产业实现增加值 2406.7 亿元，占全市 GDP 的 12.3%，比 2004 年提高 2.8 个百分点，文化创意产业的发展水平和竞争力进一步提升。

（四）公共卫生服务能力全面提升，居民健康水平显著改善

1949 年，全市仅有卫生机构 61 个，病床 3001 张，市民的健康水平低下。今天，全市卫生资源总量大幅增加，公共卫生服务能力显著增强，市民健康水平不断改善。截至 2013 年底，全市共有卫生机构 10141 个，数量比 1949 年增长 165 倍；卫生机构床位数 12.3 万张，增长 40 倍。卫生技术人员 23 万人，比 1949 年增长 53 倍；其中，执业（助理）医师 8.6 万人，增长 40 倍；注册护士 10.1 万人，增长 77 倍。每千人（户籍）拥有执业（助理）医师、注册护士、床位数分别为 6.5 人、7.7 人和 8.8 张，分别比 1978 年提高 3.2 人、5.8 人和 5.7 张。2013 年，北京甲乙类传染病的发病率为 155.87/10 万，远低于 1979 年 1584.25/10 万的水平；新生儿死亡率 1.52‰；孕产妇死亡率 9.45/10 万，分别低于 1978 年 10.69 个千分点和 21.55/10 万。第六次全国人口普查数据显示，2010 年全市常住人口平均预期寿命为 80.2 岁，比 1950 年提高 27.4 岁。

（五）竞技体育提升北京国际影响力，群众体育蓬勃发展

北京体育事业走过了不平凡的发展历程。1990 年亚运会、2008 年奥运会的成功举办，使北京载入国际竞技体育的史册，也为首都体育事业发展赢得了重要的历史机遇。体育设施建设实现跨越式发展，国际赛事影响力不断增强。2013 年，全市体育场馆达到 6156 个，数量是 2000 年的 2.2 倍、1990 年的 7.9 倍、1950 年的 324 倍。众多国际体育赛事的举办，使北京向国际体育之都不断迈进。近年来，北京马拉松赛、中国网球公开赛、世界斯诺克中国公开赛等品牌赛事的国际影响力日益提高。2014 年 7 月，北京正式成为

2022年冬奥会候选城市。同时，群众体育也得以广泛开展。从1998年开始，全市开始广泛实施“全民健身工程”，大量兴建社区公共体育配套设施，为群众提供方便经济的健身活动条件。截至2013年末，全市共有晨晚练辅导站6360个，社会体育指导员38915人，体育生活化社区1453个。

三、城市功能日趋完善，朝着和谐宜居之都目标迈进

（一）城市交通四通八达，成为全国重要的交通枢纽城市

65年来，北京交通发展日新月异，成为全国重要的航空和陆上交通枢纽城市。道路是城市发展的血脉，截至2013年末，全市城市道路里程由建国初的200多公里增加到6295公里；公路里程达到21673公里，是1957年的18.8倍，其中，高速公路从无到有，由1990年的35公里增加到923公里。与此同时，公共交通大力发展，为经济腾飞和百姓出行提供了重要保障。新中国成立初期，市内交通以人力车和人力三轮车为主，全市仅有公共电汽车运营线路11条，公共电汽车164辆。此后60余年间，伴随着由公路、轨道、民航等组成的综合运输网络大规模兴建，市民出行选择日益多样化，交通运输能力大幅提升。2013年末，全市公共电汽车运营线路813条，运营线路长度19688公里，运营车辆23592辆，全年客运总量48.4亿人次。全市轨道交通运营线路17条，运营线路长度465公里，运营车辆3998辆，全年客运总量32亿人次。市辖范围内铁路里程1116公里、客运量1.2亿人次，分别是1978年的1.6倍和5.1倍；民航客运量6988万人次、货运量136万吨，分别是1978年的148.7倍和136倍。

（二）邮电通信业突飞猛进，信息化水平步入全国领先行列

改革开放以来，北京市着力推进通信基础设施建设，网络规模、技术水平突飞猛进，对首都发展和民生改善有着广泛深入的影响。全年实现邮电业务总量由1949年的1721.8万元发展到2013年的652.5亿元（2010年不变价），年均增长13.7%。随着通信技术的发展，市民的通信方式不断更迭，传统的电报、寄信、电子寻呼，逐渐被电话、电子邮件、互联网等新型通信手段所取代，人际沟通方式更为便捷与经济。如固定电话主线普及率由1978

年的 0.8 线/百人发展到 2005 年的 61.3 线/百人，近年来有所下降，2013 年为 41 线/百人。移动电话用户则迅速扩张，由 1990 年的 0.3 万户发展到 2013 年的 3373.8 万户，移动电话普及率达到 159.5 部/百人。2013 年末固定互联网宽带接入用户数达到 534.7 万户。《第 33 次中国互联网络发展状况统计报告》显示，截至 2013 年，北京的网民人数已达 1556 万人，互联网普及率达到 75.2%，居全国首位。

（三）资源能源供应保障大幅提升，城市服务功能显著改善

经过 65 年发展，北京水、电、气、热等资源能源供应保障能力不断增强，有效地提升了城市的承载力。2013 年，日供水能力达到 997 万立方米，是 1949 年的 116 倍。1949 年，全市用电量仅为 0.8 亿千瓦时，2013 年，用电量达到 913.1 亿千瓦时。1958 年北京第一热电厂建成，当年全市集中供热面积为 3 万平方米；2013 年，全市 10 万平方米以上的集中供热面积达到 5.5 亿平方米。为减少大气污染，改善首都环境，全市坚持优化能源消费品种，大力引进和发展清洁能源，天然气家庭用户由 1988 年的 6.1 万户增加到 2013 年的 546.9 万户。

（四）着力推进绿色北京建设，生态环境质量稳步提升

伴随着经济的快速增长，市委市政府对于经济增长与环境保护、资源能源利用关系的认识也逐步深入，强力推进节能减排、环境保护和生态建设，全面提升城市的绿色发展水平。“十一五”时期，全市单位 GDP 能耗累计下降 26.59%，降幅居全国首位。“十二五”以来，北京单位 GDP 能耗仍保持下降趋势。2013 年，全市污水处理率为 84.6%，其中城六区污水处理率达到 96.5%；生活垃圾无害化处理率（根据垃圾清运量计算）为 99.3%；万元 GDP 水耗为 18.66 立方米，节能减排工作走在全国前列。同时，下大力气治理大气污染，可吸入颗粒物等主要污染物浓度明显下降。2013 年，全市可吸入颗粒物、二氧化硫、二氧化氮年日均值分别为 108 微克/立方米、27 微克/立方米、56 微克/立方米，分别比 2000 年下降 33.3%、62.7%、21.1%。在一系列绿化美化工程带动下，2013 年全市绿化覆盖率达到 46.8%，比 1978 年提高 24.5 个百分点；森林面积达到 71.6 万公顷、森林覆盖率由 2006 年的 35.9%提高到 40.1%，绿色生态建设成效显著。

四、城乡居民生活水平实现飞跃，基本进入全面小康社会

（一）就业规模不断扩大，结构不断优化

政府努力通过完善就业政策和就业公共服务，积极扩大就业。城镇单位从业人员从1949年的43.3万人增加到2013年的1073万人。同时，市民就业选择日益多元化，就业结构不断优化。1992年起，第三产业就业人数开始超过第二产业，逐渐成为吸纳就业的主体。随着多种所有制经济共同发展的格局逐步确立，城镇国有和集体单位从业人员占全部城镇从业人员的比重下降到不足两成。

（二）收入水平显著提升，收入来源多样化

1956–1978年，城镇居民人均可支配收入、农村居民人均纯收入年均增速均仅为2.3%（名义增速）。1978年后，随着经济的腾飞，城乡居民增收也明显提速，生活水平大大改善。2013年城镇居民人均可支配收入40321元，农村居民人均纯收入18337元，扣除价格因素，分别是1978年的15.1倍和20.3倍，年均分别增长8.1%和9%（年均名义增速分别为14.7%和13.5%）。增收渠道也不断增加，越来越多的农民进入非农产业，工资性收入占总收入比重超过六成。随着政府转移支付、股息、集体分红、租金收入等走入寻常百姓家，城乡居民的收入来源也日益多样化。

（三）社会保障从无到有，基本做到全覆盖

随着经济发展和政府财力的不断增强，北京市从上世纪90年代中期开始大力推进社会保障事业，保险种类和参保人数不断增加。2013年末全市参加基本养老、基本医疗、失业、工伤和生育保险人数分别为1311.3万人、1354.8万人、1025.1万人、920.3万人和883.2万人，分别比2005年增加791.3万人、780万人、630.5万人、591.4万人和657.1万人。保险覆盖面由城镇职工逐步扩大到城乡居民，2003年起建立了新型农村合作医疗制度，参合率由2004年的71.9%提高到2013年的98%；从2007年起，逐步为“一老一小”和无业居民建立了城镇居民基本医疗保险制度，参保率超过90%；并在全国率先建立了城乡统一、标准一致的城乡无保障老年居民养老保障制

度。同时，与经济社会发展同步，连年提高社会保障待遇水平，2014 年北京市职工最低工资标准为 1560 元，较 2007 年翻了一番；自 1994 年建立企业退休人员基本养老金调整制度以来，已连续 22 次调整基本养老金水平，2014 年月人均养老金水平达到 3050 元。

（四）居民消费结构不断升级，生活水平显著改善

从满足衣食温饱向发展与享受型消费过渡，再到追逐时尚与品质，65 年间居民消费结构的变化，见证了京城百姓生活的变迁。特别是改革开放以来，居民消费结构明显优化，吃穿住行用水平全面提升。2013 年，城乡居民人均消费性支出分别为 26275 元和 13553 元，均比 1978 年实际增长 9.1 倍。伴随着生活走向小康，食品消费比重持续下降，发展型、享受型消费比重开始上升，城乡居民恩格尔系数分别由 1978 年的 58.7%和 63.2%，下降到 2013 年的 31.1%和 34.6%；城乡居民家庭人均教育文化娱乐服务支出分别由 1978 年的 29 元和 6 元，增长到 2013 年的 3985 元和 1331 元。家庭消费热点经历了由“老三件”（自行车、缝纫机、手表）到冰箱彩电等家用电器，再到汽车、住房、数码产品等高档消费的转变，生活品质不断提升。2013 年，每百户城乡居民家庭拥有汽车分别达到 43 辆和 34 辆，拥有计算机分别达到 110 台和 74 台，拥有移动电话分别达到 225 部和 221 部。城镇居民人均住房面积由 1978 年的 6.7 平方米（使用面积）增加到 2013 年的 31.3 平方米（建筑面积）；农村居民人均住房面积由 1978 年的 9.2 平方米增加到 2013 年的 51.4 平方米。

回望过去的 65 年，北京经济社会发展取得了丰硕成果。今后一段时期，国际经济环境依然错综复杂，国内改革发展稳定任务艰巨，人口、资源、环境压力，以及区域发展不平衡等制约城市发展的问题仍然存在。北京经济社会发展既有压力，也有动力。全市上下将以习近平总书记视察北京重要讲话精神为统领，把握机遇，应对挑战，迎接更加美好的未来。

北京市经济社会统计报告

产业经济运行监测

2015

2014年北京市农业在调整转型中平稳运行

◆◇张　群　杨小琮　常　鹏

内容提要：2014年前三季度，全市主要农产品生产价格持续低迷，造林占地和气候异常造成主要农产品减产；在平原造林和都市型现代农业的带动下，北京市的农业产值实现微增长。受功能疏解、人口调控、加强生态环境建设等政策的叠加影响，农业“调结构、转方式”的步伐加快，生态高效将成为未来农业发展的主流。建议下一步要提高农业发展的质量和效益，关注都市型现代农业的核心竞争力，加快乡村旅游提档升级。

一、北京市农业运行情况

2014年前三季度，全市农业实现平稳增长，但增速明显回落（见表1）。农林牧渔业总产值280.7亿元，同比增长0.3%，扣除价格因素实际增长

表1　2014年1–3季度农林牧渔业总产值（亿元）

指标名称	按现价计算			按可比价计算	
	本　期	上年同期	增　长(%)	本　期	增　长(%)
农林牧渔业总产值	280.7	280.0	0.3	280.2	0.1
其中：种植业	160.7	162.4	−1.1	161.3	−0.7
农　业	92.2	104.5	−11.8	92.8	−11.2
林　业	68.5	58.0	18.2	68.5	18.2
养殖业	113.8	111.7	1.9	112.9	1.1
牧　业	107.1	106.3	0.7	106.2	−0.1
渔　业	6.8	5.4	25.5	6.7	23.5
第一产业增加值	112.2	111.9	0.3	112.1	0.2

0.1%，实际增速同比回落 2.2 个百分点。第一产业增加值 112.2 亿元，同比增长 0.3%，扣除价格因素实际增长 0.2%。受政策、市场、气候等多因素影响，除禽蛋产量增长外，粮食、蔬菜、水果、花卉、盆栽植物、家禽、牛奶、生猪等其他主要农产品产量均呈下降趋势（见表 2）。

表 2　2014 年 1–3 季度主要农产品生产情况

	产量/出栏			产　值	
	单　位	本　年	增　长(%)	本　年(亿元)	增　长（现价)(%)
农业：					
其中：蔬菜	万吨	136.8	−15.6	47.8	−15.5
鲜切花	万枝	2592.6	−1.5	0.5	−12.5
盆栽植物	万盆	8047.2	−18.3	5.3	10.1
水果	万吨	57.9	−11.3	34.6	−2.4
畜牧业：					
其中：生猪	万头	231.8	−1.3	31.7	−9.7
牛奶	万吨	43.2	−3.2	19.1	20.6
家禽	万只	5619.9	−6.8	16.4	−2.6
禽蛋	万吨	14.2	13.7	18.9	22.1

二、农业运行特点

（一）平原造林继续带动农业增长

2014 年前三季度，林业实现产值 68.5 亿元，同比增长 18.2%，增速同比回落 35.2 个百分点，林业产值占农林牧渔业总产值的比重为 24.4%，比上年提高 3.7 个百分点。平原造林工程分别拉动农林牧渔业产值、增加值名义增长 3.8 个、4.5 个百分点，扣除林业，农牧渔业总产值同比下降 4.4%。

（二）造林占地和气候异常是农产品减产的主要因素

1. 造林占地使粮食和蔬菜面积大幅下降

2014 年全年粮食播种面积 180.3 万亩，同比下降 24.4%。其中，因平原造林减少夏粮面积11.9万亩，减少秋粮面积23万亩。1–9月，全市蔬菜播种面积69.3万亩，同比下降9.6%，其中，因平原造林占地减少蔬菜播种面积2.5万亩。

2. 气候异常造成主要农产品减产

前三季度，全市遭遇了多年罕见的干旱天气，平均降水量较常年减少30%，全市13个种植秋粮的区县预计亩产全部下降，降幅超过10%。西北部山区受旱灾影响尤为严重，门头沟、昌平、怀柔、密云、延庆5个区县预计亩产降幅超过30%。受倒春寒、干旱、雹灾的影响，门头沟、通州、大兴、怀柔、平谷、密云等区县瓜果及干鲜果品大幅减产，全市园林水果（含果用瓜）减产11.3%，干果减产68%。

（三）养殖业退出加速，禽蛋价格走高带动生产增加

在京津冀协同发展和环境建设的大背景下，全市出台了《北京市新增产业的禁止和限制目录》，养殖业被列为限制发展的产业。前三季度，全市生猪出栏231.8万头，同比下降1.3%，存栏180.7万头，同比下降4.8%。家禽以规模养殖为主，近年来生产较为稳定，但受水源保护政策影响，密云水库周边家禽养殖将逐步退出，密云县家禽出栏下降33.3%，全市家禽存栏同比下降1.2%，出栏同比下降6.8%。随着禽蛋价格走高，生产者积极性较高，禽蛋产量增长较快，前三季度，在平谷区龙头企业带动下，全市禽蛋产量14.2万吨，同比增长13.7%。

三、农业发展亮点

（一）农业产业项目建设加快

在农业生产空间不断收缩的大背景下，各郊区县农业向“规模化发展、园区化建设、标准化生产”发展，积极推动农业产业项目建设。房山区的农业生态谷项目进展顺利、国际葡萄酒庄成效初显、食用菌产业链基本形成。顺义区万亩示范区建设完成并取得明显效果，渔业高产高效生产基地和渔业工厂化养殖生产基地建设加快推进。大兴区庞各庄高科技农业产业园、西瓜文化创意博览园、月季产业园区等项目进展顺利；平谷区扎实推进高效现代

果品产业园区建设项目，打造高产高效产业园区 10 个，加快高效高密植现代果园建设，形成高效现代化果园 3690 亩，建成 2.8 万亩大桃重点增甜园。房山、顺义、大兴、平谷四个区农林牧渔业总产值增速均高于全市平均水平，四个区总产值占全市比重达 58.1%，同比提高 2.6 个百分点。

（二）会展农业蓬勃发展

前三季度，全市共举办 3 个农业会展活动和 21 个农事节庆活动，接待游客 311.8 万人次，总收入超过 2 亿元。世界种子大会的成功举办充分展示了我国种业发展成就和北京建设“种业之都”的巨大前景；世界葡萄大会初步形成了种业—种植—加工—销售的葡萄与红酒全产业链，发布了延怀河谷产区规划，促进了京津冀产业协同发展；第二届农业嘉年华活动带动了周边草莓采摘园快速发展，达到了以会兴业的目的。农业会展及农事节庆活动已成为都市型现代农业的重要组成部分，成为郊区农业文明和农村文化的展示窗口，推动京郊农业全面升级和结构优化。

（三）山区休闲农业发展良好

前三季度，农业观光园总收入 16.9 亿元，同比下降 10.9%；民俗旅游总收入 8.3 亿元，同比增长 10.4%。在全市休闲农业总体发展较为低迷的情况下，山区区县积极提升观光民俗服务品质，休闲农业发展较好。平谷区大庙峪民俗村统一民俗户接待及住宿标准，组织培训提升接待能力及水平；密云县溪翁庄镇落实“一村一品”理念，古北口镇严格按照“一个民俗村就是一个乡村酒店”的要求，提高硬件设施和服务质量；平谷、密云和怀柔三个区县的观光园、民俗旅游接待游客 1391.4 万人次，同比增加 90.2 万人，收入为 10.9 亿元，同比增加 1.1 亿元，接待人次和收入占全市的比重分别达到 51.3%和 43.2%，较上年同期分别提高 1.9 个百分点和 6.2 个百分点。

（四）景观农业作用凸显

以美化首都环境为目的的景观农业不断涌现，海淀区打造了农业主体鲜明的上庄京西稻生态苑、苏家坨薰衣草庄园、四季青“一河十园”；房山区深度挖掘梯田景观能力，不断扩大林下景观面积，打造出长沟“水岸花田”、韩村河“上方花海”等 7 个景观农业项目。各区县积极推进沟域经济建设，形成了门头沟妙峰山玫瑰谷、顺义舞彩浅山、怀柔满韵汤河、平谷九里山桃花谷、延庆四季花海和百里画廊等一批环境优美、设施齐全、独具特色的沟域景观，吸引大批游客前往，取得了良好的生态效益、经济效益和社会效益。

四、政策建议

（一）推动传统农业向生态高效农业转型

近期全市出台了《关于调结构转方式发展高效节水农业的意见》，提出“调粮、保菜、做精畜牧水产业”的农业结构调整思路。在资源和空间有限的情况下，应加快都市型现代农业“提质增效”的步伐。一是要创新农业服务方式，全面覆盖产前、产中和产后服务，提升农业服务社会化、专业化水平；二是要创新农产品营销方式，通过开拓优质品牌农产品专卖市场、开办网上商城等方式拓展市场空间，取得更好的经济效益和社会效益；三是要加快农业科技成果转化及生产结构调整，提高农业土地产出率、劳动生产率和资源利用率。

（二）加快乡村旅游提档升级

乡村旅游增加了农民收入，增强了城乡互动，促进了城乡融合。但是近年来乡村旅游质量参差不齐，全市对乡村旅游的培育力度有待加强。前三季度，农业观光园人均消费129.2元，比上年下降10.8%；民俗旅游人均消费自2011年以来一直维持在50元左右的水平。一是要加强政策支持力度，强化对乡村旅游从业人员的职业培训，提升乡村旅游的规模档次和经营、服务水平；二是要加大环境设施配套建设及改善力度，吸引社会资本共同开发乡村旅游项目，突出特色、打造品牌、规范经营，提升乡村旅游整体发展水平。

2014 年北京市工业经济形势分析及 2015 年展望

◆◇唐　蜜

内容提要：2014 年，北京市规模以上工业在合理区间内实现平稳增长，工业运行呈现出战略性新兴产业保持较高增速、产业疏解推动工业转型升级、企业效益质量持续向好、工业耗能水平全面下降和科技创新表现活跃的亮点。但在复杂的外部环境和深化结构调整的任务压力下，有效需求矛盾突出、单一行业拉动利润增长和工业投资持续下降的问题仍需关注。本文从紧抓产能疏解契机、深入调整北京工业结构、促进科技成果转化和发展工业新增点等方面提出优化工业发展的建议。展望 2015 年，北京市的工业经济有望继续保持稳定增长，但增幅将继续回落。

2014 年，工业经济运行呈现增速平稳增长，结构持续优化，效益持续向好、运行质量稳步提升的良好态势。展望 2015 年，北京工业经济受经济转型面临挑战、产业疏解工作推进等多重因素叠加影响，全市工业经济下行压力较大，增加值增速或将低于 2014 年。

一、全市工业运行的三个特点

（一）工业生产在合理区间内平稳回落

2014 年，全市工业经济保持平稳增长。1−11 月，全年规模以上工业增加值比上年同期增长 6.1%（按可比价计算），增幅比 1−3 季度回落 0.4 个百分点，比上年同期回落 2.1 个百分点。从各月增速看，除 5 月和 11 月外，其他月增加值增速均在 6%以上，工业生产总体运行在合理区间（见图 1）。

图 1　2013—2014 年工业增加值增速

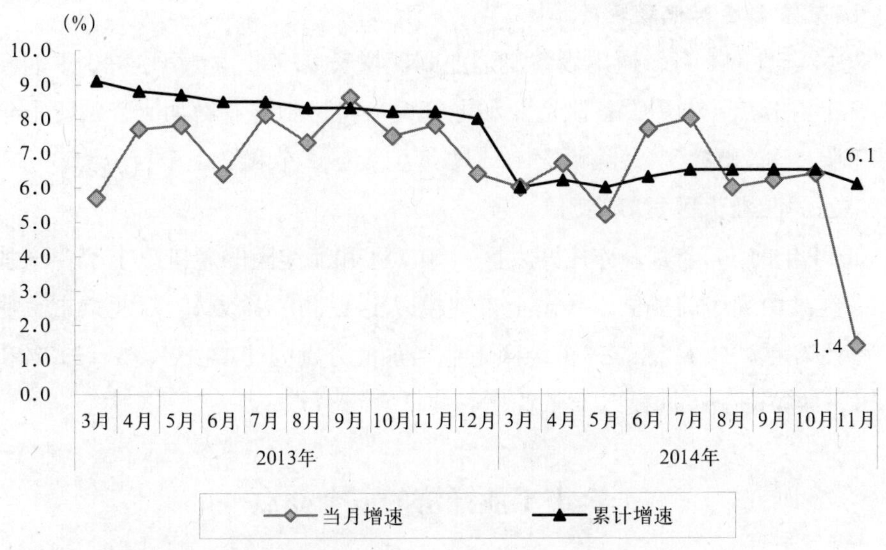

（二）支柱行业“两快、一稳、一低缓”

1. 汽车制造业保持两位数增长

2014 年 1—11 月，该行业增加值比上年同期增长 11.8%，由于上年基数较高，增幅同比下降 12.6 个百分点，但比今年 1—3 季度提高 1.6 个百分点，拉动规模以上工业增长 2.1 个百分点。1—11 月，全市生产汽车 194 万辆，增长 5.7%（上年同期为增长 22%）。

2. 电子行业快速增长

2014 年 1—11 月，计算机、通信和其他电子设备制造业增加值比上年同期增长 16.1%，增幅同比提高 3.2 个百分点，比今年 1—3 季度提高 3.4 个百分点，拉动规模以上工业增加值增长 1.5 个百分点。从主要产品看，全市生产集成电路 47.8 亿块，增长 28.4%；光电子器件 10.9 亿只，增长 9.9%；移动通信手机 16934.5 万部，下降 2.1%；微型计算机 882.7 万部，下降 14%。

3. 医药行业平稳发展

2014 年 1—11 月，医药制造业增加值比上年同期增长 8.7%，增幅同比回落 0.4 个百分点，与今年三季度持平，拉动规模以上工业增加值增长 0.6

个百分点。

4. 装备制造业低缓运行

2014 年 1–11 月，通用设备制造业同比增长 9.5%，增幅比 1–3 季度回落 1.7 个百分点；专用设备制造业和电气机械器材制造业增加值分别比上年同期下降 5.8%和 0.3%，降幅比 1–3 季度扩大 5.2 个和 2.1 个百分点。

（三）工业大区贡献突出

2014 年前 11 个月，亦庄开发区、顺义区和海淀区的规模以上工业增加值在各区县中列居前三位，共占全市规模以上工业的 43.6%，对北京市工业影响举足轻重，1–11 月，三个地区工业增加值分别同比增长 9.9%、3.2%和 23.2%，共拉动全市规模以上工业增长 4.2 个百分点。

二、全市工业经济的五个亮点

（一）战略性新兴产业成为全市工业发展的新引擎

2014 年以来，全市战略性新兴产业发展始终向好，1–11 月，在北京工业总体回落的背景下仍然持续上行，战略性新兴产业增长 17.6%，比 1–10 月提高 1.1 个百分点，高于全市规模以上工业平均水平 11.5 个百分点，拉动规模以上工业增长 3.8 个百分点。1–10 月，战略性新兴产业实现利润总额 220.8 亿元，增长 13.3%，高于全市规模以上制造业 5.1 个百分点。

（二）企业效益质量持续向好

2014 年 1–10 月，全市规模以上工业企业实现利润总额 1085.2 亿元，比上年同期增长 17.5%，增幅比 1–3 季度提高 1.2 个百分点。规模以上工业企业劳动生产率明显提升，1–10 月全员劳动生产率为 318629 元/人，同比增长 11.6%，增幅比上年提高 4.7 个百分点。实现利税总额 1786 亿元，同比增长 13.1%，增幅比上年提高 12.8 个百分点，人均利税增长 17.7%。

（三）工业用能继续降低

2014 年，北京市规模以上工业企业的耗能水平全面下降，1–11 月，综合能源消费量 1502.8 万吨标准煤，同比下降 5%。万元产值能耗 0.0928 吨标准煤，同比下降 10.4%。其中，石油加工、炼焦和核燃料加工业，化学原料和化学制品制造业，非金属矿物制品业，黑色金属冶炼和压延加工业，有色金属冶炼和压延加工业，电力、热力生产和供应业六大高耗能行业万元产值能耗 0.2105 吨标准煤，同比下降 11.8%，降幅比全市规模以上工业扩大 1.4 个百分点。

（四）科技创新表现活跃

2014 年 1–3 季度，北京市规模以上工业科技活动经费支出总额为 104.1 亿元，同比增长 11.5%，增幅比工业主营业务收入（6.3%）高 5.2 个百分点，企业科技创新意识较为明显。在创新驱动下，前三季度全市规模以上工业新产品销售收入为 1926.7 亿元，同比增长 8.1%，占主营业务收入总额的 13.8%，比上年提高 6.7 个百分点。

（五）产业疏解推动工业转型升级

2014 年发布的《北京市新增产业的禁止和限制目录(2014 年版)》（以下简称目录）对全市工业的结构调整、转型升级和发展布局起到了积极的导向作用。目录所列产业在技改升级、科技创新上的表现明显好于工业平均水平。截至 11 月末，全市关停 51 家规模以上工业企业，其万元产值能耗为 0.11 吨标准煤，高于全市规模以上工业平均水平 0.02 吨标准煤。1–11 月，目录所列产业中工业技改投资 55.6 亿元，同比增长 18.4%，与全市工业技改投资同比下降 8.6%形成反差。从科技投入看，1–3 季度，目录所列产业中的工业企业 R&D 支出 48.4 亿元，比上年同期增长 17.4%，增幅高于全市规模以上工业平均水平 5.9 个百分点。

三、全市工业运行的三个关注点

（一）有效需求矛盾仍然突出

2014 年 1–11 月，工业生产者出厂价格持续下降，降幅为 0.9%。制造业采购经理指数（PMI）为 50.1%，为今年最低值，其中，生产指数、新订单指数分别环比回落 0.9 个和 0.2 个百分点。全国规模以上工业增加值比上年同期增长 8.3%，增幅为今年以来的新低。全市规模以上工业实现内销产值 14690.1 亿元，增长 7.1%，增幅比 1–10 月回落 1.1 个百分点；实现出口交货值 1293.5 亿元，同比下降 7.1%。多指标反映当前国内外工业品需求不足，市场回升乏力。

（二）单一行业拉动利润增长

2014 年 1–10 月，全市规模以上工业企业利润总额同比增长 17.5%，增幅比上年同期提高了 17.2 个百分点。虽然增势喜人，但从行业来看，电力、热力生产和供应业单一行业贡献突出，实现利润总额 361.8 亿元，比上年同期增长 35%，增幅比上年同期提高 30.5 个百分点，贡献率达到 45.2%；制造业中的支柱行业利润增速不容乐观，汽车制造业增速回落，电子和医药负增长；汽车制造业实现利润总额 214.7 亿元，增长 5.4%，增幅比上年同期回落 9.4 个百分点；医药制造业实现利润总额 94 亿元，同比下降 0.5%（上年同期为增长 29.5%）；计算机、通信和其他电子设备制造业利润总额 56.1 亿元，同比下降 3.3%（上年同期为增长 33.3%）。

（三）工业投资持续下降

2014 年 1–11 月，全市工业投资 611.7 亿元，比上年同期下降 4.2%，其中，高技术制造业投资 96.4 亿元，下降 22.6%，降幅高于规模以上工业 18.4 个百分点。高技术制造业投资连续三年下降，从技改投资看，规模以上工业技改投资 80.1 亿元，下降 8.6%，降幅高于工业投资 4.4 个百分点，占工业投资的比重仅为 13.1%。

四、优化发展三个建议

2015 年，北京工业经济发展将面对更加复杂的形势和困难挑战，工业经济运行将进入深入调整的关键时期。在此时期，保持北京工业的稳定增长，重视促进优势产业，提高支柱产业可持续发展能力尤为重要。

（一）紧抓产能疏解契机，深入调整北京工业结构

随着首都非核心功能产业疏解的深入推进，看似对北京工业增长产生巨大影响，实际上是北京工业调整产业结构的良好契机。疏解将从增量上为“高精尖”产业腾出发展空间，对此，应提早培育高精尖产业，以避免因疏解导致工业经济出现较大的波动。应尽快出台“高精尖”产业标准和相关扶植政策，培育和发展新的增长点，疏解与发展同步推进。与此同时，工业投资的重心要从扩张向技改倾斜，加大技改投资力度，引导存量中涉及目录的产业进行技改升级或调整转型，激发内生动力，向符合首都城市战略定位的方向发展。

（二）推进京津冀协同发展，对接平台拓市场

积极把握好京津冀协同发展的机遇，开展区域合作，实现区域优势互补，推动区域可持续发展。应积极为本市工业企业搭建项目对接平台，发现商机，推动合作，实现共赢，利用共享机制实现重大任务、重大项目的突破及重大科技成果转化。从而更充分地发挥北京优势，更深入地激活北京要素资源，更广泛地延伸高端产业链。

（三）促进科技成果转化，发展工业新增点

应充分依托北京的科技、人才优势，鼓励企业、高校积极参与产学研合作，促进科技创新成果转化，推动产业向“高精尖”结构升级。如同方威视技术股份有限公司与清华大学合作建立的产学研合作模式，企业在市场与科研之间做双向传导，能够迅速完成市场需求与科研产品的转化，使企业在开拓经济新增长点上独占先机。

五、2015 年展望

（一）宏观层面

从国外看，2015 年，全球经济将有所回升，但总体复苏疲弱态势难有明显改观。世界经合组织预测，美国经济复苏将加速，欧元区未来也将呈现复苏态势，全球的经济复苏将支持亚太地区的出口。

从国内看，在保持宏观政策稳定的同时加大改革力度。刚刚结束的中央经济工作会指出坚持稳中求进的总基调，继续实施积极的财政政策和稳健的货币政策。从北京看，北京正处于结构调整关键期，各项改革攻坚期，伴随着首都非核心功能疏解工作的推进，一方面，北京的工业将出现积极变化，使不适于北京发展的产业得以控制，同时积极引导企业积极创新经营模式，适应北京新常态下的发展环境。另一方面，2015 年，产业疏解对北京工业生产阶段性影响，主要表现在工业存量疏解的同时，新兴产业、新增长点的发展规模较小，难以弥补产业疏解和结构调整所产生的缺口。

（二）中观层面

2014 年支撑工业增长的主要行业，2015 年的拉动力或将减弱。

1. 汽车制造业产能扩张受限

2014 年，汽车制造业已经由前两年的高速增长回归稳步增长。2015 年，汽车制造业将由产能扩张后的生产高峰期进入到成熟稳定期，同时，新增产能扩张的限制，汽车制造业的增速或将出现明显回落。

2. 计算机、通信和其他电子设备制造业将面临结构深度调整，行业内部分化发展加剧

如诺基亚通信有限公司重组后的减员减产影响将在明年体现得更加明显；北京索爱普天移动通信有限公司、富泰京精密电子（北京）有限公司等传统电子企业的经营战略调整逐步展开，生产向外地及外国转移，预计明年上述企业减产将更加明显。而北京小米通讯技术有限公司扩大市场及开发新产品势头不减。行业重点企业增量减量相抵后，发展仍存在较大的不确定性。

3. 铁路、船舶、航空航天和其他运输设备制造业受基数高的影响，2015 年对工业的拉动力将减弱

在国家投资政策的刺激下，2014 年该行业发展迅速（7 月增速达 143.6%），但从 8 月开始回落，11 月已回落至 24.2%。2015 年受高基数影响，该行业增速将进一步放缓。

综上所述，2014 年规模以上工业增加值增长 6.2%左右，伴随着经济转型调整的深入以及首都工业疏解工作力度的加大，预计 2015 年全市工业经济将进一步回落。

2014年北京市工业生产者价格形势简析

◆◇李力红　曹继东

内容提要：受市场需求不足、输入型价格因素、政策性调价等共同影响，2014 年 1—11 月北京市工业生产者价格持续低位运行，出厂价格同比下降 0.9%，购进价格下降 1%；生产资料价格拉降作用明显，生活资料价格小幅上涨，能源类产品价格涨幅较大。结合国内外市场环境、经济形势因素综合判断，2015 年北京市工业生产者价格将低位运行，全年呈现前高后低走势。

2014 年 1—11 月，北京市工业生产者出厂价格指数同比累计下降 0.9%。其中，11 月份同比下降 0.8%。工业生产者购进价格累计下降 1%。其中，11 月份同比下降 2.8%。

一、价格变动基本情况

（一）出厂价格指数持续低位运行

2014 年 1—11 月，北京市出厂价格指数低位运行， 1—7 月同比降幅持续收窄，7 月当月降幅为年内最低；8—11 月降幅呈现小幅扩大走势，1—11 同比累计下降 0.9%。其中,11 月同比下降 0.8%，降幅与上月持平。截止 11 月份，北京市工业生产者出厂价格已连续 31 个月负增长(见图 1)。

1—11 月，全市调查的 37 个工业行业大类中，22 个行业出厂价格同比下降，14 个行业上涨，1 个行业持平。计算机、通信和其他电子设备制造业，煤炭开采和洗选业、石油加工、炼焦和核燃料加工业是拉动出厂价格总水平下降最为主要的行业。1—11 月，三个行业出厂价格同比累计分别下降 6.5%、15.3%和 1.7%，共影响出厂价格总指数下降 1.8 个百分点（见表 1）。

图 1　2014 年 1–11 月工业生产者出厂价格月度同比涨跌走势

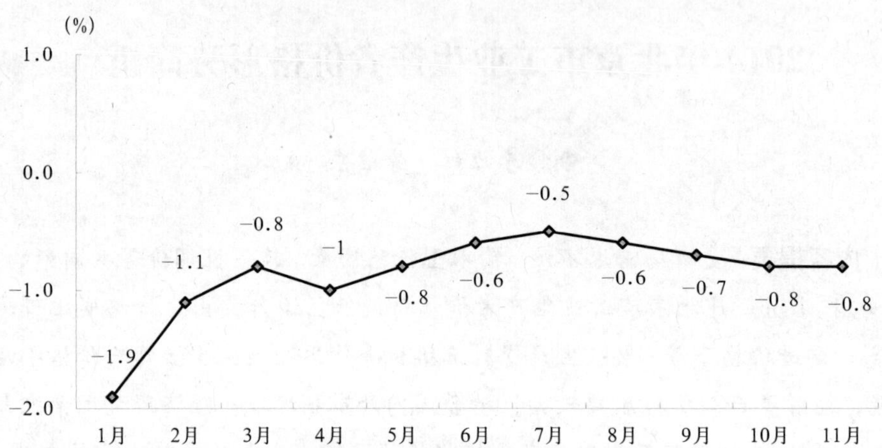

表 1　主要行业出厂价格指数及影响程度

行　业	1–11 月出厂价格指数（%）	影响总指数涨跌百分点
合　计	—	−0.7
计算机、通信和其他电子设备制造业	93.5	−1.3
煤炭开采和洗选业产品	84.7	−0.4
石油加工、炼焦和核燃料加工业	98.3	−0.1
黑色金属冶炼和压延加工业	94.3	−0.1
金属制品业	96	−0.1
电力、热力生产和供应业	108.9	1.2
燃气生产和供应业	108.8	0.1

（二）购进价格指数起伏较大

2014 年 1–11 月，北京市购进价格指数震荡运行，起伏较大。同比降幅在 2 月见底后逐月收窄，并于 7 月转为上涨 0.4%，8 月起，指数重新进入下行通道，降幅逐步加深，11 月下降 2.8%，降幅为年内最大(见图 2)。

图 2　2014 年工业生产者购进价格月度同比涨跌走势

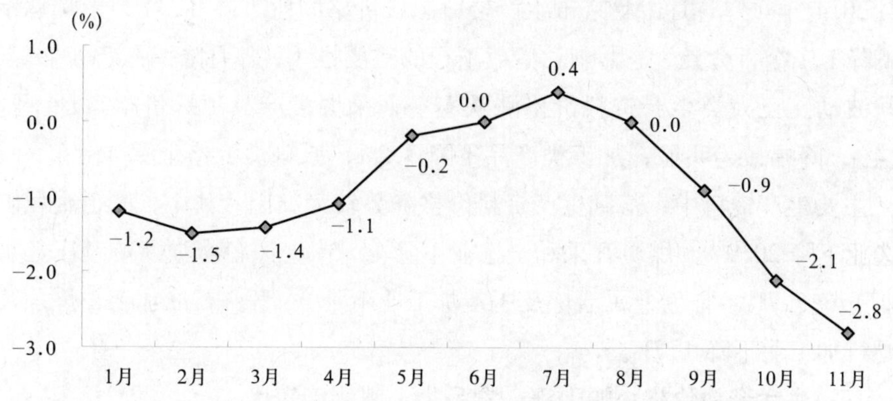

购进价格中，九大类原材料、燃料、动力产品购进价格指数“七降一升一平”。其他工业原材料及半成品和黑色金属材料类产品是影响购进价格下降的主要产品。1–11 月，其他工业原材料及半成品、黑色金属材料类产品价格同比累计分别下降 1%和 4.7%，共带动总指数下降 0.7 个百分点（见表 2）。

表 2　九大类原材料、燃料、动力产品购进价格指数及影响程度

行　业	1–11 月购进价格同比指数(%)	影响总指数涨跌百分点
合　计	—	1.0
其他工业原材料及半成品类	99.0	−0.5
黑色金属材料类	95.3	−0.2
有色金属材料和电线类	95.1	−0.1
建筑材料及非金属类	96.9	−0.1
农副产品类	97.9	−0.1
化工原料类	99.4	0.0
木材及纸浆类	99.9	0.0
燃料、动力类	100.0	0.0
纺织原料类	100.7	0.0

（三）生产资料价格拉降总指数，采掘类降幅明显

2014年1-11月，北京市生产资料出厂价格同比下降1.3%，影响总指数下降1.1个百分点，是影响总指数下行的重要推手，各月降幅在2.4%-1%之间波动。三大类生产资料价格涨跌不一，采掘类产品出厂价格累计下降15.4%，降幅最为明显，加工类产品下降3.2%，原料类价格上涨4.8%。

主要生产资料中，基础生产资料价格降势较为突出。其中，黑色金属矿采选业下降20.9%，煤炭开采和洗选业下降15.3%，黑色金属冶炼及压延加工业下降5.7%，有色金属冶炼及压延加工业下降3.2%，石油加工、炼焦及核燃料加工业下降1.7%。

（四）生活资料价格小幅上涨，食品类上涨幅度较大

2014年1-11月，生活资料出厂价格累计上涨1%，影响总指数上涨0.2个百分点，年内各月价格小幅波动上行。11月上涨1.3%，涨幅比上月提高0.1个百分点。生活资料中，食品类出厂价格上涨幅度较大，累计上涨3.8%，11月上涨4.1%，涨幅比上月回落0.2个百分点，是推动全年生活资料价格上行的主要力量。一般日用品累计上涨0.3%，耐用消费品和衣着分别下降0.7%和1.9%。

（五）电力、燃气、水等能源类产品价格涨幅较大

2014年1-11月，电力、燃气、热力和水等能源类产品价格保持上涨走势。主要行业中，电力、热力生产和供应业价格累计上涨8.9%，涨幅比上年提高8.7个百分点，影响总指数上涨1.2个百分点；燃气生产和供应业上涨8.8%，比上年提高4个百分点，影响总指数上涨0.1个百分点；水的生产和供应业上涨9.2%。

二、价格变动原因简析

（一）市场需求不足，部分行业产能过剩尚未改变

一是在经济周期和结构性因素重合效应影响下，国内宏观经济步入转型调整期，企业生产投资意愿不强，市场需求较为乏力；二是由于现阶段长期积累的产业结构失衡问题难以化解，加之世界主要经济体经济增长乏力，出

口需求不断萎缩，导致国内部分资源性产品行业产能过剩问题严重，并且呈现出行业面广、绝对过剩程度高、持续时间长的特点，影响部分行业产品价格下降。

（二）输入型因素影响相关产品价格下行

随着国内市场融入国际市场程度的不断提高，国际市场商品价格对国内价格的影响愈加明显，1–11 月，受美元走强、国际地缘政治及全球经济复苏不稳定等因素影响，原油、煤、铁矿石和有色金属等国际大宗商品震荡下行，带动下半年国内及北京地区相关生产资料价格下行。

（三）政策性调价带动资源产品价格走高

1–11 月，国家和北京市为进一步理顺资源性产品价格关系，促进资源节约和结构转型，分别对本市水、电、气等资源类产品价格进行调整，带动了相关产品价格上涨。

三、需要关注问题

（一）高科技产业低端化生产问题仍然明显

随着北京市产业结构调整和优化升级，高科技产业在工业中的比重不断提高，但长期以来存在的产品科技含量高而企业低附加值的问题依然没有得到改观，大多数通信和计算机生产企业的自主创新和技术改造能力较弱，新产品和新技术储备不足，生产模式还是以零件制造和成品组装为主，多数处于产业链下游，产业附加值不高，在外部需求不足、竞争加剧及人工成本高企的情况下，企业生产经营压力进一步增加。

（二）能源类产品价格上涨对下游行业产品的影响

2014 年 1–11 月，与电力、燃气、水等能源类产品密切相关的食品制造业和酒、饮料和精制茶制造业分别同比上涨 4.7%和 3.4%，涨幅比上年提高 3.1 和 2 个百分点，下游行业成本上涨推动价格上涨效应已初步显现，明年国家将稳步推进能源类价格改革步伐，水电气等价格可能继续上调，相关下游行业的调价预期也将不断提高，对居民消费价格水平的影响应密切关注。

（三）关注 PPI 走低对投资和消费的影响

PPI 持续低位运行，将影响企业的盈利能力，减弱企业投资需求增长的动力，进一步加剧经济下行。同时，企业经济效益下滑和盈利能力的减弱，反过来又制约了职工收入的增长，影响居民的收入预期和消费信心，抑制了居民消费需求，减弱了消费对经济的拉动作用。

四、2015 年工业生产者价格形势展望

从国际形势看，国际经济仍将处于调整期，欧美国家经济复苏进程较为缓慢，大宗商品价格可能继续波动，相关产品价格回暖的可能性较小。从国内情况看，下游需求不振，部分行业产能过剩的情况在短期内不会明显改变，但从近期陆续出台的微刺激和点调控政策效果来看，在宏观经济运行中也出现很多积极变化，政策效应明年将进一步显现。综合以上因素，预计 2015 年北京市工业生产者价格将低位运行，全年呈现前高后低走势。

2014年北京市第三产业总体运行平稳

◆◇李鹏亮　左　敏　姜　峰

内容摘要：2014年，全市第三产业总体运行平稳，规模以上法人单位收入增长呈现缓中趋稳的态势，从业人员增速保持稳定，企业利润平稳增长，金融、信息等高端服务业依然是拉动服务业增长的主要动力，但受国内市场需求增长减缓等因素影响，第三产业增速仍然存在下行压力。

一、总体运行情况

（一）收入增速低位运行

2014年1-10月，规模以上第三产业法人单位实现收入7.6万亿元，按现价计算（下同）比上年同期增长4.8%，增速回落5.6个百分点（见图1）。收入增速回落主要受批发和零售业收入下降影响。

图1　规模以上第三产业收入情况

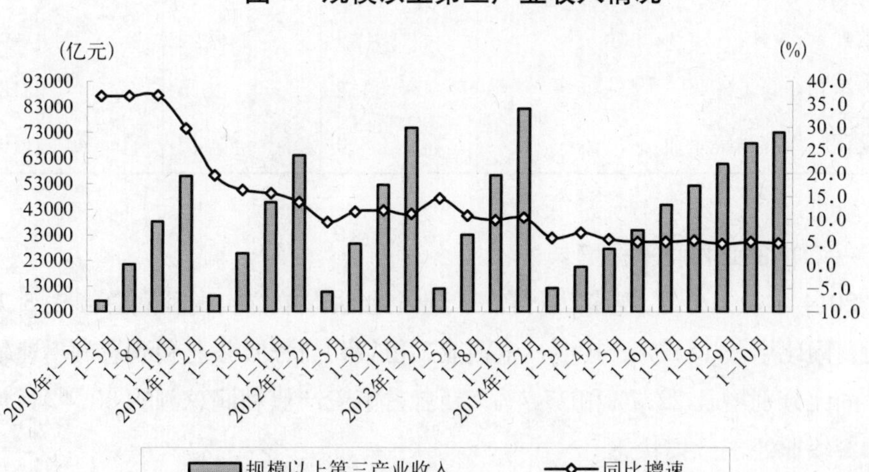

分行业门类看，金融业，信息传输、软件信息技术服务业等优势行业平稳较快发展，对第三产业收入增长发挥着重要的支撑作用；批发和零售业、住宿和餐饮业、房地产业较为低迷，影响第三产业的收入增长（见表1）。

表1 规模以上第三产业分行业收入利润及从业人员增速情况

行 业	收入增速 (%)	利润增速 (%)	从业人员增速 (%)
第三产业	4.8	15.7	2.4
批发和零售业	−0.1	−7.8	3.1
交通运输、仓储和邮政业	1.9	40.2	0.4
住宿和餐饮业	−3.3	—	−3.2
信息传输、软件和信息技术服务业	10.4	−9.4	2.8
金融业	21.0	22.7	4.3
房地产业	−11.7	−38.2	2.3
租赁和商务服务业	7.6	27.4	3.8
科学研究和技术服务业	9.6	33.4	4.9
水利、环境和公共设施管理业	10.6	40.9	3.1
居民服务、修理和其他服务业	16.4	−35.5	0.8
教育	10.4	40.3	1.6
卫生和社会工作	11.2	20.6	3.8
文化、体育与娱乐业	3.4	−3.7	−1.0

（二）企业利润平稳增长

2014 年 1–10 月,规模以上第三产业企业法人单位实现利润总额 1.5 万亿元，同比增长 15.7%。其中，金融业、租赁和商务服务业利润总额增速较高，同比分别增长 22.7%和 27.4%，两者占第三产业利润总额的 80.4%；住宿和餐饮业处于亏损状态。

（三）从业人员总体稳定

2014年1–10月，规模以上第三产业法人单位从业人员平均人数为485.9万人，同比增长2.4%。其中，科学研究和技术服务业、金融业、租赁和商务服务业等从业人员增长相对较快，分别增长4.9%、4.3%和3.8%；住宿和餐饮业，文化、娱乐与体育业等传统服务业，从业人员同比分别下降3.2%和1%。

二、重点行业运行情况

（一）金融业支撑带动作用显著

2014年，全市金融业保持较快增长态势，对第三产业乃至整体经济的带动作用明显。1–10月，规模以上金融业法人单位收入同比增长21%。其中，货币金融服务营业收入增长27.6%，业务创新步伐不断加快，非利息收入比重不断提高。证券市场回暖带动资本市场服务业快速增长，收入增速高达35.6%。

（二）信息传输、软件和信息技术服务业稳定发展

2014年1–10月，规模以上信息传输、软件和信息技术服务业法人单位实现收入4033.4亿元，同比增长10.4%。其中，电信广播电视和卫星传输服务业收入增长4.7%；软件和信息技术服务业收入增长8.8%。受互联网广告市场容量快速扩张及手机网络游戏的迅猛发展影响，互联网和相关服务业的收入大幅增长，1–10月收入同比增长26.5%，比2013年全年提高9.4个百分点。

（三）租赁和商务服务业增速平稳

2014年1–10月，规模以上租赁和商务服务业法人单位收入同比增长7.6%。其中，社会资本的积极进入带动以汽车租赁、机械设备租赁为代表的租赁业增长较快，规模以上法人单位实现收入69.7亿元，同比增长28.5%；法律服务、咨询调查服务快速增长带动商务服务业收入同比增长7.4%。

（四）交通运输、仓储和邮政业低位运行

2014年1–10月，规模以上交通运输、仓储和邮政业法人单位实现收入

3699 亿元，同比增长 1.9%；受国家调控政策影响，仓储业收入大幅下降，导致该行业增速较低。铁路、道路、航空运输业平稳运行，收入同比分别增长 9.2%、5.0%和 8.9%；铁路旅客发送量、货物发送量同比分别增长 6.5%和 6.5%；航空客运量和货运量分别增长 5.3%和 10.1%。

（五）批发和零售业呈现负增长

2014 年 1–10 月，规模以上批发零售业法人单位实现收入 3.8 万亿元，比上年同期下降 0.1%。2014 年以来，央企销售状况较差，周边省市受结构调整等因素影响，工业生产企业能源类商品及金属类商品需求下降，导致全市批发业整体增速下降。零售业中，手机等信息类商品销量大幅增长，基于互联网的消费持续走高，1–10 月，规模以上零售业法人单位收入增长 9.2%。

三、存在的问题

（一）内资企业竞争力有待增强

2014 年 1–10 月，规模以上第三产业内资企业法人单位收入 6.2 万亿元，同比增长 4%，港澳台商投资企业同比增速为 10.7%，外商投资企业同比增速为 7.5%。除少数收入靠前的银行、能源和通信等大型垄断企业外，体量庞大的内资企业处于产业链的低端环节，缺乏市场竞争力。

（二）民生领域比重较低

全市居民服务、文娱服务领域等收入比重较低。2014 年 1–10 月，全市规模以上生活性服务业中居民服务、文娱服务领域的收入分别为 172.3 亿元和 939.1 亿元，占第三产业收入的比重仅为 0.2%和 1.2%，与上年同期基本持平。面对居民旺盛的消费需求，市场潜力急需挖掘，供给水平有待提升。

（三）非公经济单位收入增速呈现持续走低态势

2014 年 1–10 月，全市规模以上第三产业非公经济与混合所有制经济单位实现收入 5.5 万亿元，同比增长 6.3%，增速低于 1–9 月的 6.6%、1–8 月的 7.0%和 1–7 月的 7.5%。因非公经济单位对市场的反映较为敏感，受市场需求不足的影响较大，收入增速不断下滑反映出非公经济单位经营困难局面尚未得到根本扭转。

四、政策建议

（一）支持内资企业向产业链高端发展

产业链分工中的低端化影响着产业升级的实现，建议加大对内资企业向产业链高端发展的支持力度，一是财政上支持内资企业的自主创新活动，引导其开发拥有自主知识产权的产品；二是大力发展风险投资市场，进一步提升内资企业的科技研发和成果转化的金融服务水平。

（二）支持民生相关领域的发展

一是继续加大政府在民生方面的投入力度，优化收入分配结构；二是在支持公益性单位发展的同时，将教育培训、文体娱乐、医疗保健等行业更多地交给市场，通过财税政策等吸引社会投入；三是进一步清除政策障碍，建立公开、平等、规范的准入制度。

（三）促进非公服务业企业的发展

一是优化非公企业发展环境，鼓励银行等金融部门加大对有资金困难的非公企业的信贷支持力度，拓宽其融资渠道、降低贷款利息；二是积极发挥各类行业协会的作用，加大对企业的引导和监管，促进企业健康发展。

2014年北京市商贸流通领域运行情况分析

◆◇黄玉翠

内容提要：2014年，在复杂多变的世界经济环境，以及国内稳增长、调结构、促改革的大环境下，北京市消费品市场增长平稳，在小米、京东的拉动下，网上零售、信息消费表现突出；批发业在原油价格大幅下降、钢铁煤炭需求不足等因素影响下，增速有所回落。

一、总体情况

消费品市场基本保持平稳，2014年1-11月，全市实现社会消费品零售额8206.9亿元，同比增长8.6%，增速比上年同期回落0.2个百分点，基本保持平稳。批发业销售增速回落，全市批发业实现商品销售额4.6万亿元，同比增长6.4%，增速比上年同期下降3.2个百分点（见图1）。

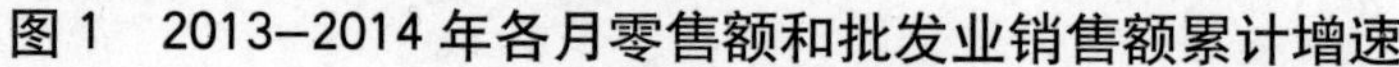
图1　2013-2014年各月零售额和批发业销售额累计增速

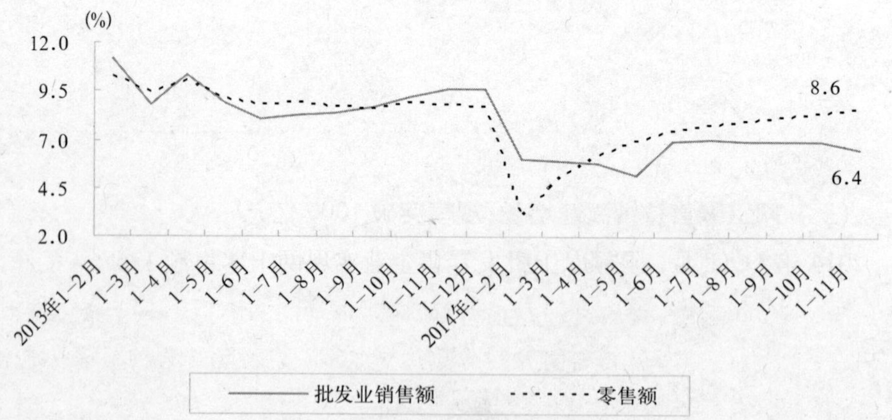

二、运行特点

（一）信息消费保持高速增长

2014 年 1–11 月，全市信息相关商品实现零售额 1111.6 亿元，同比增长 54.9%，商品性信息消费是今年我市消费增长的主要拉动力量，其中，手机类实现零售额 776.3 亿元，同比增长 87.4%，拉动全市零售额增长 4.8 个百分点。

（二）基本生活和便民消费均平稳增长

2014 年 1–11 月，基本生活类商品平稳增长，基本生活类商品实现零售额 2838.8 亿元（占比 34.6%），同比增长 4.1%，其中，吃类商品增长 3.6%，穿类商品增长 1.3%。便民消费保持稳定，便民消费实现零售额 1739 亿元，增长 6.3%，增长保持稳定，但增速低于全市零售额 2.3 个百分点，仍需大力发展（见表 1）。

表 1　1–11 月便民消费零售额及增速

	零售额（亿元）	增　速（%）
合　计	1739.0	6.3
其中：超市	625.9	1.6
大众餐饮	158.1	6.1
便利店	64.0	6.2
食杂店	3.8	–18.2

（三）网上零售持续高速增长，规模突破 1000 亿元

2014 年 1–11 月，限额以上批发零售企业实现网上零售额 1267.4 亿元，同比增长 68.3%，规模于 10 月份已突破 1000 亿元，高于 2013 年全年网上零售额，占北京社会消费品零售额的比重达 15.4%，拉动全市零售额增长 6.8 个百分点，是北京市零售额增长的主要带动力。

受“双十一”电商促销、小米、苹果新产品上市等的带动，11 月，限额

以上批发零售企业实现网上零售额 197.4 亿元，同比增长 87.9%，拉动全市零售额增长 12.4 个百分点，占全市零售额的比重达到 24.1%。

（四）中西药品和文化办公类合计拉动 1.5 个百分点

2014 年 1–11 月，中西药品和文化办公类分别增长 10.2%和 13.1%，合计拉动全市零售额增长 1.5 个百分点。11 月，日用品类和家用电器类受“双十一”促销拉动分别增长 16.1%和 15.4%,高于全年平均水平（见表 2）。

表 2　2014 年 1–11 月拉动力前三类商品零售额情况

类　别	零售额（亿元）	增速（%）	拉动力（百分点）
通信器材类	776.3	87.4	4.8
中西药品类	701.3	10.2	0.9
文化办公用品类	428.4	13.1	0.6

（五）汽车等商品销售出现负增长

在汽车限购指标减少的影响下，汽车增速持续下滑，2014 年 1–11 月，汽车类商品实现零售额 1529.8 亿元，占全市零售额比重为 18.6%，同比下降 2.4%，下拉全市零售额 0.5 个百分点；金银珠宝类受价格下降影响，实现零售额同比下降 8.7%，下拉全市零售额 0.4 个百分点；石油及制品类同比增长 0.5%，与上年基本持平。11 月份，受成品油价格连续下跌因素的影响，当月石油及制品类同比下降 14.5%。

三、商业结构调整初见成效

（一）集团消费实现理性增长

2014 年 1–11 月，全市限额以上商业企业实现集团零售额 1528.6 亿元，同比增长 1.2%，3 月以来连续保持微增长；占全市零售额 18.6%，所占比重低于 2012 年的 21%和 2013 年的 20.6%，集团零售额实现理性增长（见图 2）。

图 2 2010—2014 年累计集团零售额占比和增速

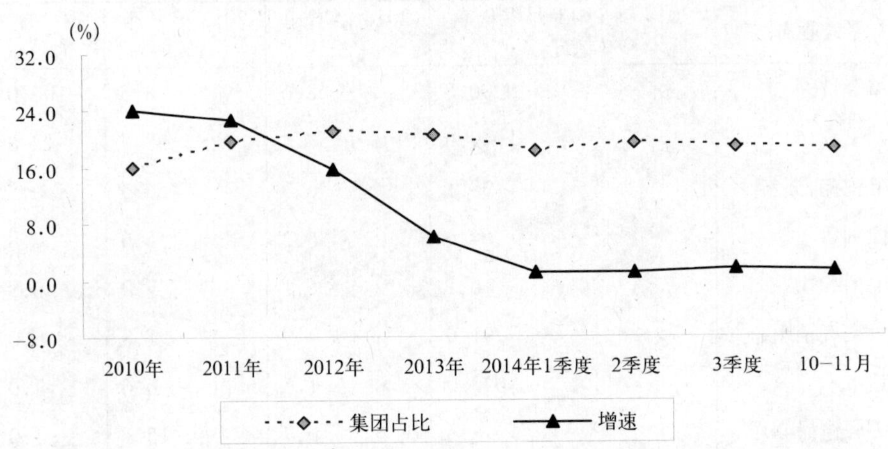

（二）新型业态快速增长，逐步挤占传统业态份额

从零售业态看，传统零售业态呈下降趋势，比重减少；便民消费基本稳定；网上零售增长迅猛，逐渐挤占传统业态份额。

2014 年 1—11 月，专卖店、专业店和百货店等传统零售业态分别下降 2.8%、2.4%和 7%，合计占全市零售额的比重为 48%，比重比 2013 年下降 4.7 个百分点；超市、便利店等与人民生活息息相关的业态保持平稳增长，分别增长 1.6%和 6.2%；网上商店、电视购物等新型业态保持较高增速，分别增长 57.4%和 36.3%，比重比 2013 年提高 3.3 个百分点（见表 3）。

（三）高端餐饮向大众化转型

高端餐饮业纷纷调整转型，转向大众市场，大众消费得到充分发展。从餐饮业态看，大众餐饮增长良好，比重增加。1—11 月，限额以上餐饮企业中，快餐类大众餐饮企业营业额增长 4.7%，占比达到 28.7%，比重比 2013 年提高 2.3 个百分点；正餐同比下降 7.3%，比重降低 3.1 个百分点。

表 3 2014 年 1–11 月分业态零售额

零售业态	2014 年 1–11 月零售额（亿元）	2014 年增速（%）	2013 年增速（%）	占 比（%）
全市合计	8206.9	8.6	8.5	100.0
网上商店	1049.0	57.4	38.7	12.8
电视购物	38.1	36.3	158.3	0.5
便利店	64.0	6.2	5.6	0.8
电话购物	66.1	6.1	7.2	0.8
厂家直销中心	91.6	4.9	–1.8	5.0
超市	625.9	1.6	6.6	7.0
家居建材商店	78.3	0.7	15.7	1.0
专业店	1718.8	–2.4	7.5	21.0
专卖店	1561.4	–2.8	7.0	19.0
百货店	657.9	–7.0	1.6	8.0

四、关注存在的问题

（一）多重因素影响批发业增速下滑

2014 年 1–11 月，全市限额以上批发企业实现商品销售额中，与生产相关商品占 61.6%，同比增长 1%，增速低于 2013 年全年 9.1 个百分点。其中，11 月的生产相关商品销售额同比下降 5%，时隔 5 个月再次进入下降区间（见图 3）。

从影响因素看，主要有以下两个方面：

1. 需求不足，价格下降

压缩过剩产能，使钢铁、煤炭等原材料销售明显放缓，价格波动下行。1–11 月，全市限额以上批发企业实现商品销售额中，金属材料类销售额同比下降 5.4%（2013 年全年为增长 10.1%），煤炭类销售额下降 6.4%，合计影响限上批发业销售额下降 1.7 个百分点。

图 3　2013—2014 年生产类、生活类商品销售额各月增速

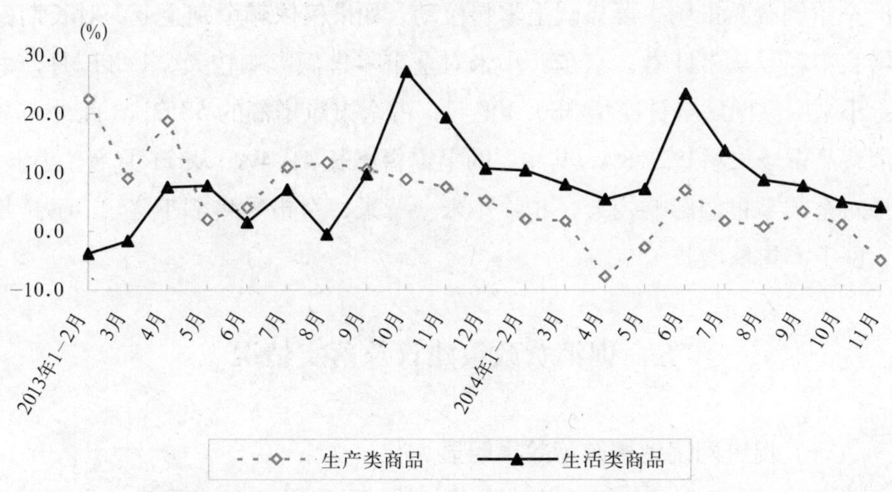

2. 中央企业销售下降明显

以经营煤炭、钢铁为主的中央批发企业销售额连续 8 个月增速低于地方企业，而且自 7 月起连续 5 个月负增长。1-11 月，全市限额以上批发企业中，中央批发企业实现销售额 19124.2 亿元，占 41.6%；同比下降 5.2%，2013 年全年为增长 12.9%；影响限上批发业销售额下降 2.4 个百分点（见图 4）。

图 4　2014 年中央、地方批发企业销售额各月增速

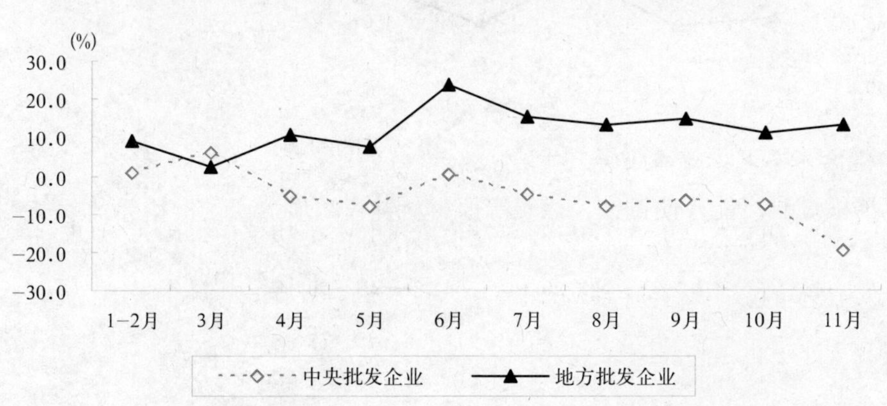

（二）消费品市场增长，支撑力单一

全市消费品市场主要靠网上零售拉动，如果仅依赖个别企业，对长期稳定增长不利。从累计看，京东、小米对全市零售额影响较大，1-11 月，京东、小米两家网站合计净增 380.3 亿元，占全市净增额的 58.7%；此外，全市消费品市场仅增长 3.8%，其中，网上零售增长 41.4%。从 11 月看，小米、苹果对全市零售额影响较大，扣除小米、苹果，全市零售额下降 1.4%，其中，网上零售仅增长 15.2%。

五、促消费政策建议及落实情况

（一）促进网络消费政策效果明显

自 2014 年 5 月底，政府出台政策促进网络零售健康发展后，全市商业企业网络零售业务规模扩大，增速稳步提升，6-11 月份各月实现网上零售额增速均高于 5 月，且明显高于同期水平，政策实施效果明显（见图 5）。

图 5　全市限上批零企业网上零售额增速

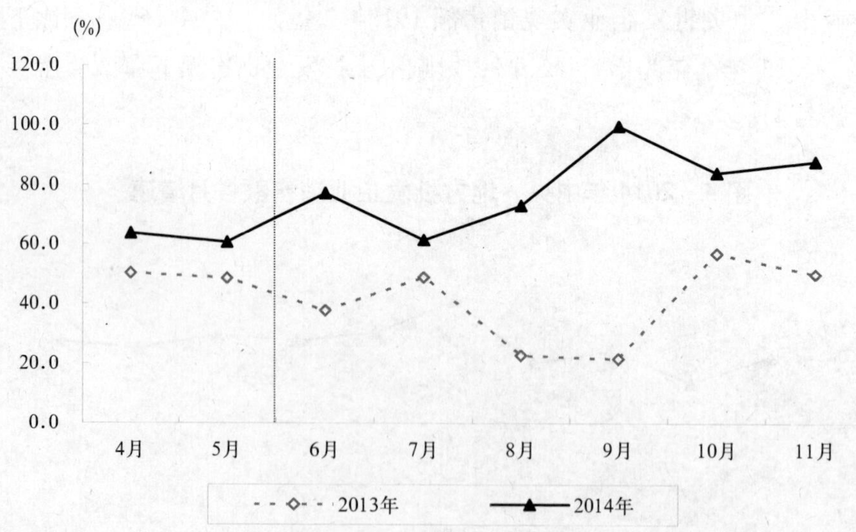

（二）汽车以旧换新增速高于新增车辆 35.6 个百分点

1–11 月，汽车类零售额下降 2.4%，降幅比 1–3 季度扩大 1.8 个百分点。

汽车以旧换新同比增长 16.5%，占全市汽车零售额的 49.4%，汽车以旧换新是未来汽车增长的主要带动力。新增车辆同比下降 19.1%，降幅比 1–3 季度降低 4.2 个百分点，占全市汽车零售额的 24.7%，小客车摇号减少对汽车销售的影响进一步显现（见表 4）。

表 4　全市限额以上批发零售企业汽车类零售额增速

	1–11 月增速（%）	1–3 季度增速（%）
合　计	–2.4	–0.6
销往外埠	–14.4	–13.0
销往本市	1.6	3.0
其中：新增车辆	–19.1	–14.9
以旧换新	16.5	16.8

六、2015 年形势展望

2015 年，国内外经济环境仍然复杂，世界经济主体复苏不均衡，外部需求对我国的拉动作用难以大幅提升，居民信息消费仍将保持高速增长，网上零售等新型业态继续保持良好发展状态，北京消费品市场将持续保持平稳增长，同时支撑力过于单一等问题依然存在；批发业生产需求不足、原材料价格下降等压力仍将持续。

2014 年北京市小微企业运行分析

◆◇朱一菊

内容摘要：2014 年以来，北京市小微企业总体运行平稳。行业发展、人员疏解、融资贷款情况、税负优惠等方面均有积极变化。但是收入持续低速增长、部分行业税负不降反增等因素，影响了小微企业的稳定运行，建议扩大税收优惠范围，建立小微企业创业基地，加大小微企业扶持力度。

2014 年，北京市小微企业总体运行平稳。行业发展、人员疏解、融资贷款情况、税负优惠等方面均有积极变化，但是收入持续低速增长、部分行业税负不降反增等因素，影响了小微企业的稳定运行。

一、总体运行情况

2014 年，北京市小微企业总体运行平稳，各项主要经济指标中，资产继续保持两位数增长，反映经营效益的收入和利润指标增速均有所放慢，从业人员增速平稳。1–9 月，北京市共有小微企业 2 万家，资产总计 91220.3 亿元，实现收入 11674.5 亿元，创造利润 2298.1 亿元，吸纳就业 118.9 万人。与上年同期相比，分别增长 13.5%、2.1%、15.3%和 2.5%（见表 1）。

表 1　2014 年 1–9 月小微企业运行情况

指标名称	1–9 月	同比增速（%）	增速比全市±百分点	增速比 1–6 月±百分点
资产总计（亿元）	91220.3	13.5	0.1	0.5
营业收入（亿元）	11674.5	2.1	–3.5	–2.0
利润总额（亿元）	2298.1	15.3	2.0	–1.0
从业人员（万人）	118.9	2.5	1.3	0.0

二、小微企业发展特点

（一）顺应产业结构调整，小微现代服务业发展加快

与全市产业结构调整和功能疏解相适应，小微企业在现代服务业领域发展加快。1–9月，小微企业中现代服务业实现收入4989亿元，同比增长10.4%，高于小微企业平均增速8.3个百分点。从占比看，现代服务业是小微企业发展的主要力量，资产、收入、利润和人员等主要指标占小微企业的比重分别为87.6%、42.7%、93%和52.6%（见表2）。

表2 2014年1–9月小微企业现代服务业发展情况

指标名称	合　计		
		同比增速（%）	占小微企业比重（%）
资产总计（亿元）	79942.9	14.0	87.6
营业收入（亿元）	4989.0	10.4	42.7
利润总额（亿元）	2136.3	18.3	93.0
从业人员（万人）	62.6	6.1	52.6

分行业看，金融业，法律服务业，知识产权服务业，专业技术服务业，生态保护和环境治理业等新兴行业发展势头良好，收入增速持续两位数以上。1–9月，五个行业营业收入同比增长32.6%、18.3%、11.5%、19.9%和16.7%，增速均高于小微企业平均增速，发展势头良好（见表3）。

（二）市场调节作用显现，小微企业人员疏解贡献突出

随着首都城市功能定位的清晰和不宜发展产业目录公布，小微企业从业人员结构发生了相应变化，高端领域人才快速上升。1–9月，小微企业吸纳就业118.9万人，同比增长2.5%，高于全市1.3个百分点。其中法律服务业、专业技术服务业、生态保护和环境治理业等行业从业人员增长较快，增速分别为8.7%、10.4%和17.5%；信息传输、软件和信息技术服务业扭转了上年从业人员下降的态势，2014年增速持续高于小微企业平均增速，1–9月

为 7.5%；部分劳动密集型行业在功能疏解和八项规定影响下，从业人员加速转移；住宿和餐饮业，居民服务、修理和其他服务业从业人员分别为 3.4 万人和 1 万人，同比下降 6.7%和 3.2%，降幅比 1–3 月增加了 0.7 个和 2.1 个百分点。

表 3　2014 年小微企业营业收入增速分行业情况

行　业	1–3 月（%）	1–6 月（%）	1–9 月（%）
小微企业	7.2	4.1	2.1
现代服务业	21.2	13.3	10.4
#金融业	51.8	33.4	32.6
法律服务	16.5	20.7	18.3
知识产权服务	10.1	11.6	11.5
专业技术服务业	26.6	23.8	19.9
生态保护和环境治理业	22.9	18.9	16.7

（三）减税效果显现，部分行业税负水平趋降

“营改增”试点改革以来，试点行业减税效果显现，总体税负水平下降。1–9 月，小微企业应交营业税和增值税之和为 223.3 亿元，同比下降 3.4%，其占收入的比重为 1.9%，低于上年同期 0.2 个百分点（见表 4）。2014 年企业发展状况问卷调查结果显示，在影响企业经营的首要因素选择中，判断税费负担重的企业比重从 2012 年的 23%持续下降到 2014 年的 12.6%，低于资金紧张（34%）、经营成本上升（24.1%）和市场需求不足（17.6%）。

（四）政策环境有所改善，小微企业信贷规模扩大

2014 年企业发展状况问卷调查结果显示，小微企业发展的政策环境有所改善。29.4%的企业认为，“近年来，国家和北京市密集出台的一系列促进中小微企业和非公经济发展的相关政策”得到了很好落实，比重高于上年 8.7 个百分点。从企业融资情况看，81.2%的企业认为获得融资额比去年增加或持平。截至 2014 年 9 月末，北京市小微企业贷款余额 4037.1 亿元[1]，同比增长 14.8%，增速分别比大型和中型企业高 1.4 个和 2.9 个百分点。

表 4　2014 年 1–9 月试点行业应交营业税和增值税变化情况

行业分布	营业税和增值税之和（亿元）	同比增速（%）	占收入比重（%）	比上年±百分点
小微企业合计	223.3	−3.4	1.9	−0.2
试点行业合计	82.6	−10.4	2.5	−0.4
交通运输、仓储和邮政业	6.6	22.8	1.7	0.3
信息传输、软件和信息技术服务业	17.6	1.4	3.7	−0.2
租赁和商务服务业	36.0	−20.9	2.2	−0.7
科学研究和技术服务业	15.2	−15.0	2.3	−0.4
文化、体育和娱乐业	7.2	18.6	5.0	0.9

三、值得关注的问题

（一）需求上升动力不足，低增长态势依然延续

受市场需求不足影响，小微企业发展速度趋缓，低增长态势延续。2009–2011 年三年间，小微企业营业收入增速在 14%–20%之间，持续两位数增长。2012–2013 年，小微企业收入增速放缓，2012 年下降 7.6%，2013 年小幅增长 0.3%。2014 年以来，小微企业收入增速持续低位运行，企业增收动能不足，1–9 月增速为 2.1%。PMI 调查结果也显示，企业反映的问题中，“市场需求减少，订单不足”认同率持续最高，9 月份为 44%。

（二）行业差异明显，部分行业税负上升

总体上，小微企业税负水平下降，但行业间试点效果差异明显，部分行业税负上升。从“营改增”试点行业看，1–9 月，租赁和商务服务业，科学

1 分规模贷款数据来源于中国人民银行营业管理部。

研究、技术服务业的营业税和增值税之和同比分别下降 20.9%和 15%。信息传输、软件和信息技术服务业两税之和同比增长 1.4%，但其占收入比重下降 0.2 个百分点，税负有所减轻。交通运输、仓储和邮政业，文化、体育和娱乐业由于人力成本高，抵扣项不足，税负反而加重，1–9 月，两个行业的营业税和增值税之和同比增长 22.8%和 18.6%，占收入比重分别提升了 0.3 个和 0.9 个百分点。

四、对策和建议

（一）扩大税收优惠范围，进一步细化政策实施细则

三季度新设立小微企业跟踪调查结果显示，各项扶助小微企业的优惠政策中，仅税费减免政策惠及面较广。在“本季度享受优惠政策情况”（可多选）问题中， 79.3%的企业选择没有享受任何优惠政策，10.5%的企业选择享受了税费减免优惠，0.9%的企业选择享受了政府资金支持，0.5%的企业选择享受了贷款优惠。为了更好的扶持小微企业发展，一是建议适当扩大税收优惠范围，将“营改增”从试点推向全面；二是细化政策实施细则，实现增值税更全面、更充分的进项抵扣，让政策优惠落到实处。

（二）建立企业创业基地，加大小微企业扶持力度

中小微企业尤其小微企业大多处于创业期或行业生命周期中的起步期，企业流动资金较少，缺乏自有厂房或办公用房，而不断攀升的经营要素成本尤其是厂房、办公楼租金成本，导致小微企业经营压力较大。根据 2014 年企业发展状况问卷调查结果显示，24.6%的小微企业认为存在用地难问题，其中，56.5%的企业认为，“出让地价高，企业难以承受”，占比提升 2.8 个百分点，微型企业认同率更高。建议仿照廉租房等保障房申请制度，建立小微企业创业基地，为符合一定条件的小微企业提供初始成长空间。

北京都市农业现代化进程监测报告

◆◇张　群　杨小琼

内容提要：在服务首都核心功能、服务国际一流和谐宜居之都建设过程中，北京农业正在不断向都市型现代农业方向发展。市统计局、国家统计局北京调查总队从产出水平、集约程度、科技保障、产业融合和可持续发展5个方面研究建立了都市农业现代化进程监测评价指标体系，综合反映北京都市农业现代化发展状况。结果显示，我市农业生产效率领先全国，机械化水平与科技支撑优势突出，农业新业态快速兴起，农业生态功能凸显。然而，在资源有限和环境约束条件下，提升北京都市农业现代化水平，需更加注重发挥农民专业合作组织作用，提高农民组织化程度；提升农业现代化水平，加强农产品质量安全体系建设；进一步挖掘农业发展潜力，加快农业新业态发展，更好地发挥首都农业生态引领作用。

按照首都核心功能定位，在促进生态文明，建设国际一流和谐宜居之都的目标要求下，北京市农业调结构、转方式的步伐加快。北京市农业在生产水平、机械化程度、科技投入等方面具有明显优势，加快发展具有首都特色的都市型现代农业，提高农业现代化水平，引导首都农业向生态文明、节能降耗、优质高效转型是未来北京农业发展的重要任务和方向。为了客观反映首都农业的先进性、示范性和在国民经济中的基础性地位，并为首都农业的健康发展起到导向作用，为市委市政府制定农业发展政策提供决策依据，市统计局、国家统计局北京调查总队本着科学性、系统性、前瞻性、可比性、可操作性原则，研究建立了都市农业现代化进程监测评价指标体系，并进行了实证分析。

一、北京都市农业现代化总体进程达 76.4%

2013 年,北京都市农业现代化综合实现程度为 76.4%。监测的五个方面中，科技保障能力最强，实现程度达到 95.8%,集约程度、可持续发展、产出水平和产业融合实现程度分别为 77.4%、73.3%、69.2%和 66%。从监测的 14 项指标来看，发展差异较大。其中,2 项指标实现程度达到 100%,2 项指标实现程度在 90%－100%之间，2 项指标实现程度在 80%－90%之间，5 项指标实现程度在 70%－80%之间，1 项指标实现程度在 60%－70%之间，2 项指标实现程度在 60%以下（见表 1）。

表 1　2013 年北京都市农业现代化进程监测结果

指标名称	单位	权重	目标值[1]	实际值	得分	实现程度[2] (%)
北京都市农业现代化进程综合实现程度		100			76.4	76.4
产出水平		20			13.8	69.2
第一产业劳动产出率	元/人	7	100000	77516	5.4	77.5
第一产业土地产出率	元/亩	7	3000	2435	5.7	81.2
农产品质量安全认证率	%	6	60	27.4	2.7	45.7
集约程度		20			15.5	77.4
规模经营比重	%	7	60	42.2	4.9	70.3

1 本监测中各指标目标值的确定，主要考虑了以下五个方面：一是参照有关政府的规划，如果相关文件或规划中已设定发展目标，取既定目标作为目标值；二是参考已有相关监测指标体系的目标值，结合北京现状加以考虑；三是参考国际标准或国际惯例；四是参考国内外发展水平相近的国家或地区的发展水平；五是参照历史数据规律，根据历史发展速度，结合后期规划，取 2020 末应达到的状态为目标值。

2 都市农业现代化发展监测评价指标体系采用综合指数法，用每项指标的实际值与阶段性目标值相比计算出各项指标的实现程度，再根据各项指标权重，加权计算，汇总得出都市农业现代化发展的综合实现程度。各项指标的权数是采用主观赋权法，指标体系五个方面重要性基本等同，核心内容权重适当给予增加。指标体系的架构、各项指标的目标值及权数都通过了专家的鉴定。$X=\Sigma((Ai/Bi)\times pi)$ $(i=1\cdots n)$ 逆指标计算方法为：$X=\Sigma((Bi/Ai)\times pi)$ $(i=1\cdots n)$ 其中：X 表示都市农业现代化发展综合得分，即综合实现程度；Ai 表示第 i 个指标的实际值；Bi 表示第 i 个指标的目标值；Pi 表示第 i 个指标的权重。

（续表）

指标名称	单位	权重	目标值	实际值	得分	实现程度(%)
农业机械化水平	%	6	80	70.3	5.3	87.9
农民组织化程度	%	7	60	45.4	5.3	75.7
科技保障		20			19.2	95.8
农民劳均受教育年限	年	7	12	10.8	6.3	90.0
参加就业技能培训人员占户籍从业人员比重	%	7	5	4.9	6.9	98.0
万人拥有农业技术人员	人	6	6	6.1	6.0	100
产业融合	%	20			13.2	66.0
农林牧渔总产值可比价增速	%	5	0	2.1	5.0	100
农业新业态收入占比重	%	7	50	20.2	2.8	40.4
农产品加工产值与农业总产值比值	%	8	3	2.01	5.4	67.1
可持续发展		20			14.7	73.3
第一产业万元增加值能耗	吨标煤	10	0.5	0.663	7.5	75.4
第一产业万元增加值水耗	立方米	10	400	561.5	7.1	71.2

二、北京都市农业现代化发展现状及不足

（一）生产效率领先全国，质量体系建设有待加快

随着北京城镇化水平的不断提高，农业生产空间逐步收缩，第一产业从业人员不断转移。在都市型现代农业蓬勃发展的带动下，随着新技术、新品种、新设备的广泛运用，北京农业生产效率一直处于全国领先水平。2013年，我市第一产业土地产出率为2435元/亩，大大高于全国平均水平；第一产业劳动产出率达到7.8万元/人，在全国31个省及直辖市中排第二位，远高于全国平均水平。

随着社会各界对食品安全关注度的提升，广大消费者对农产品质量安全认证的需求不断增强。近年来，北京农业在标准化建设方面做了很多努力，

但农产品质量安全认证率一直处在较低水平，仅为 30%左右，与都市农业现代化要求存在一定差距。主要原因，一是我市农业仍以传统生产方式为主，尤其种植业生产多数为分散式、小规模生产，据 2013 年统计，我市蔬菜、粮食、果品的规模化率[3]不到 10%；二是农产品质量水平普遍不高，优质农产品市场竞争力优势不突出，农业企业对农产品质量安全认证积极性不高。因此，北京农业在生产效率提高的同时，农产品质量安全体系建设还需加快。

（二）科技支撑优势突出，规模化组织化程度仍有空间

北京市农业服务体系建设较为完备，农业科技推广服务机构和服务人员不断增加，注重培训提升农民素质，科技支撑优势较为明显。2013 年，农业综合机械化水平为 70.3%，高于全国平均水平 11.3 个百分点；自国家统计局开展农村全面小康监测以来，北京市农业技术力量及农民素质均处于全国前列，2013 年，我市乡村人口中万人拥有农业技术人员数 6.1 人，农民人均受教育年限 10.8 年；同时，我市加大对农民的培训力度，以促进农村剩余劳动力转移，2013 年农业技能培训人员占户籍从业人员的比重达到 4.9%。但北京农业所拥有的科技资源并没有充分转化为生产力，科技优势未充分显现。农业大多数仍采用传统生产经营方式，加入各类农民专业合作组织的农户占比不到 50%，真正发挥产前提供信息、产中给予指导、产后统一营销等功能的合作组织更少，而发达国家几乎所有农民都参加了各种合作组织或专业协会。从规模经营情况来看，我市规模经营比重仅为 42.2%，其中养殖业规模化发展水平相对较高，种植业仍以散户为主，规模生产仍有较大提升空间。

（三）农业新业态快速兴起，产业融合步伐需加快

在北京农业生产空间不断收缩的大背景下，以观光园、民俗旅游、籽种农业和设施农业为主的农业新业态成为近几年北京农业的主要增长点。2013 年，农业新业态实现收入 108.9 亿元，比 2009 年增长 59.9%。随着会展农业、景观农业等新型农业逐渐进入大众视野，生产效益和拉动力将逐步显现。北京市目前已建成 15 个国家级农产品加工业示范基地，13 家农产品加工创

3 种植业规模化率指全市农业企业及规模户（粮食播种面积 50 亩及以上，蔬菜播种面积 10 亩及以上，果园面积 50 亩及以上）生产的农产品产值占全市比重。

业基地。2013 年，北京市规模以上农产品加工企业 304 家，实现工业总产值 849 亿元，较 2009 年增长 50.2%。农业新业态对稳定农业增长发挥了重要支撑作用，但近年来发展后劲略显不足。一方面设施农业、观光农业、民俗旅游、籽种农业相继出现发展瓶颈，另一方面，会展农业、景观农业等尚未形成规模，对农业的带动力有待进一步提升。在全市“调结构、转方式”的大背景下，农业整体转型力度将进一步加大，农业与二、三产业的融合需要进一步拓展和延伸。

（四）农业生态功能凸显，节能降耗仍是农业发展的重点

近年来，以建设绿色北京和中国特色世界城市为目标，市委市政府对生态环境建设的投入力度不断加大，积极开展了京津风沙源治理、三北防护林工程、太行山绿化工程、湿地保护和恢复建设等各项工程，启动了百万亩平原造林工程，农业生态功能明显增强。2009 年以来，北京都市型现代农业生态服务价值以年均 3.8%的速度逐年提升。

我市一直大力发展节水农业，2013 年，全市万元农业增加值用水量仅 562 立方米，较 2009 年下降 44.7%。在围绕首都核心功能，加快农业结构调整、转变农业发展方式的总体要求下，基于北京水资源极度缺乏的现状，近期全市出台了《关于调结构转方式发展高效节水农业的意见》，提出了“以水定地、以水定业”的方针，对北京农业用水效率提出了更高要求。

从能耗情况来看，2013 年，我市万元农业增加值能耗 0.663 吨标煤，与上年相比降幅较大，但仍比全市其他行业万元地区生产总值能耗高，也高于全国平均水平及上海、天津等地区水平。农业节能降耗仍需重点加大力度。

三、加快都市农业现代化发展的建议

新形势下，如何在资源有限和环境约束的前提下，提升首都农业发展质量及综合生产能力，加快农业“调、转、节”步伐，实现农业现代化新突破值得关注。为此，提出以下建议：

（一）加强农民专业合作组织建设，提高农民组织化程度

农民专业合作组织对集中人力资源和技术优势，指导农业生产，将生产者和市场实现有效对接具有重要桥梁和纽带作用，也是提高资源利用率和农户抗风险能力的最有效途径。建议进一步规范管理我市农民专业合作组织建设，针对当前存在问题出台有效政策措施，鼓励和扶持合作组织发展；推广农民专业合作组织经营、管理和发展的成功经验及模式，增强信息、指导和营销服务功能，加强农商对接。通过农业专业合作组织保障农户利益，提高集聚能力、创新能力和市场竞争能力，进一步推进我市都市农业现代化发展。

（二）提升农业现代化水平，加强农产品质量安全体系建设

积极转变传统农业生产方式为现代农业生产方式，加快推进土地制度改革，健全土地确权和土地流转服务体系，引导农村土地有序流转，推动多种形式的规模经营。引导新型经营主体发展无公害、绿色和有机食品生产，完善农产品质量安全标准体系，加大农产品质量安全认证工作的宣传力度，规范农产品质量安全认证管理部门工作职能，适时地给予生产者申报指导，争取在农产品质量认证方面取得突破性进展。

（三）进一步挖掘发展潜力，加快农业新业态发展速度

加强农业设施利用监管力度，建立长效机制，提升现有农业资源利用效率；了解农民需求，有针对性地为农民开展生产培训和技术指导；加快乡村旅游提档升级，强化对乡村旅游从业人员的职业培训，提升乡村旅游硬件水平和软实力，促进城乡互动；鼓励和扶持农业新业态自身发展，促进精品农业生产以及农产品的产业化和市场化，逐步探索激发农业新业态影响力和持续性的有效做法，增强对农业产业发展的带动力，推动首都都市农业结构转型升级。

（四）发挥生态引领作用，更加注重农业可持续发展

根据首都功能定位，以及《北京市新增产业的禁止和限制目录》和《关于调结构转方式发展高效节水农业的意见》等文件精神，北京农业已进入战略性结构调整期。今后首都农业发展应更加重视农业的生态功能，更加重视探索低碳、循环、可持续的现代农业发展之路。因此，在全市农业结构调整的过程中，要充分发挥首都农业生态引领作用，发挥科技支撑重要作用，有效治理农业污染，鼓励符合可持续发展的农业新业态加快发展，提高农业管理的精细化程度，全面提升都市农业现代化水平。

北京都市型现代农业生态服务价值监测报告

◆◇张　群　杨小琼

内容提要：为客观反映和评价都市型现代农业多功能服务首都经济社会发展，特别是都市农业的生活、生态功能在首都经济社会可持续发展中的重要地位和作用，对北京农业生态资源产生的直接经济价值、间接经济价值和生态环境服务价值开展了持续监测[1]。结果显示，北京在绿化、水环境改善、湿地生态恢复等方面取得重要成果，生态资源总量持续增加，环境质量不断提升。在北京水资源紧缺和土地资源稀缺等条件的制约下，北京市农业发展要更加注重发挥生态功能作用，在首都巨大的旅游市场空间中，加快休闲、观光、体验、度假等农业生活功能的建设，挖掘优势资源，使都市农业的生活功能成为生态服务价值的主要增长点。

为服务首都生态环境建设、服务国际一流和谐宜居之都建设，发挥都市型现代农业生态服务价值监测评价工作在农业“调结构、转方式”中的导向作用，我市连续多年对森林、农田、草地、湿地四大生态系统的生态服务价值进行测算。监测结果显示，2009 年以来，北京都市型现代农业生态服务价值以年均 3.8%的速度增长。

1 2006 年，北京市统计局、国家统计局北京调查总队以第二次全国农业普查为契机，开展了包含森林、农田、草地三大生态系统的北京都市型现代农业生态服务价值研究；2008 年，与市园林绿化局就北京森林生态服务价值研究的“指标体系、指标名称、统计范围、统计内容、统计方法、参数选用”等内容实现了“六统一”，完善了都市型现代农业生态服务价值监测指标体系；2009 年开始，与北京市园林绿化局、北京市水务局等部门，以及中国科学院、中国林业科学院、北京师范大学、北京天合数维科技有限公司等研究机构、高等院校共同研究建立了涵盖农田、草地、森林、湿地四大农业生态系统的生态服务价值监测指标体系及测算方法。

一、都市型现代农业生态服务价值稳步增长

近年来，市委市政府对首都生态环境建设力度不断加大，北京农业生态建设取得了丰硕成果，农业生态资源总量不断增加，生态服务价值显著提升。2009–2013 年，我市都市型现代农业生态服务价值年均增速达到 3.8%，2013 年年值为 3449.8 亿元，贴现值为 9431 亿元。其中，直接经济价值在平原造林和农业结构优化调整带动下，年均增速达到了 7.2%，2013 年年值为 443 亿元，占总价值的比重为 12.8%；间接经济价值在乡村旅游业快速发展的拉动下实现了 6.4%的年均增长，2013 年年值为 1197.4 亿元，占总价值的比重为 34.7%；生态环境服务价值实现了 1.5%的年均增速，2013 年年值为 1809.5 亿元，占总价值比重为 52.5%（见表 1）。

表 1　2009–2013 年北京都市型现代农业生态服务价值年值

指标名称	2013 年（亿元）	2009 年（亿元）	年均增速（%）
农业生态服务价值合计：	3449.8	2974.8	3.8
一、直接经济价值	443.0	335.2	7.2
1．农林牧渔业总产值	421.8	315.0	7.6
2．供水价值	21.2	20.2	1.2
二、间接经济价值	1197.4	935.0	6.4
1．文化旅游服务价值	598.3	379.3	12.1
2．水电蓄能价值	3.6	3.3	1.8
3．景观增值价值	595.5	552.5	1.9
三、生态与环境价值	1809.5	1704.6	1.5
其中：气候调节价值	647.7	558.0	3.8
水源涵养价值	187.3	223.7	–4.4
环境净化价值	122.1	135.6	–2.6
生物多样性价值	636.1	631.2	0.2
防护与减灾价值	202.0	143.1	9.0
土壤保持价值	1.6	1.1	9.9
土壤形成价值	12.6	11.9	1.6

二、都市型现代农业生态服务价值增长因素分析

（一）多方联动，生态资源总量不断增加

在2008年成功举办奥运会以后，北京市进一步明确了“绿色北京”和中国特色世界城市的定位，生态环境的改善和建设进一步全面展开，继续开展京津风沙源治理、三北防护林建设、太行山绿化等重点生态建设工程，实施了百万亩平原造林工程，积极推进城市第一道、第二道绿化隔离地区建设；大力推进北运河、永定河、潮白河等三大流域综合治理，完成了六环以内400公里城市主干河道治理任务，水质基本还清，大力推进郊区中小河道治理和平原水网建设，不断创新并深化水源地“生态修复、生态治理、生态保护”三道防线建设。在社会各界共同努力下，全市生态资源总量不断增加，生态环境极大改善，直接带动了生态环境价值的增长。2013年，我市四大生态系统的生态环境服务价值达到1809.5亿元，比2009年增长6.2%，对整个生态服务价值增长的贡献率为22.1%。

1. 平原造林实施，森林资源不断增长

2009年以来，在各项绿化工程尤其是平原造林建设的带动下，全市森林资源逐年增加，2013年全市森林资源面积达到71.6万公顷，新增5.8万公顷，年均增长2.1%；全市森林覆盖率和林木绿化率分别达到40.1%和57.4%，分别比2009年提高3.4个和4.8个百分点；城市绿地面积达6.7万公顷，比2009年新增5353公顷，年均增长2.1%。到2013年末，全市共完成平原造林4.1万公顷，农业内部结构向生态型转变，林业产值占农林牧渔业总产值比重比平原造林前的2011年上升12.8个百分点，农业的生态功能进一步增强。随着平原造林林木的成长，预计今后森林生态系统将会对北京生态服务价值总量的提升发挥更加重要的作用。

2. 郊野公园加快建设，湿地恢复成效显著

自2007年起，我市陆续新建（含续建）郊野公园59个，到2011年为止，本市一道隔离范围内共有郊野公园81个，总面积8.1万亩，“郊野公园环”基本形成。2012年起，对部分郊野公园进行了改造升级，郊野公园的全面开

放大大满足了市民休闲游憩需求。湿地恢复工作稳步开展，按照《北京市湿地公园发展规划》，到 2020 年，本市将依托现有湿地资源，新增建设湿地公园 40 处，总规划面积 15576 公顷；百万亩平原造林工程也将湿地恢复计划纳入其中。2012 年以来，全市共恢复湿地约 2 万亩。截至目前，全市已建成野鸭湖、汉石桥等 6 个湿地自然保护区，总面积 2.11 万公顷；建立了翠湖国家城市湿地公园和野鸭湖国家湿地公园，已建和在建市级湿地公园有 5 个；除湿地公园外，本市还将再建 10 个湿地保护小区。全市以自然保护区为基础，湿地公园为主体，自然保护区小区为补充的湿地保护体系正逐渐形成。

从自然条件来看，近几年我市降水量不断恢复增长，2009–2013 年均降水量为 593.1 毫米，较常年[2]高 47.2 毫米，特别是 2011 年和 2012 年降水量分别达到 720.6 毫米和 733.2 毫米，是近 20 年来的最高水平。遥感测量结果显示，2009 年以来我市水面面积逐年增加。据水务局测算，北京水生态系统服务价值[3]呈现不断上升态势，2013 年达到 3977 亿元，比上年增长 6.6%，比 2009 年增长 37.7%。

（二）环境不断改善，生活功能凸显

在全社会共同努力下，北京生态环境建设取得显著成效。2009–2013 年，全市生态环境质量指数（EI）[4]基本在 66 左右，生态环境质量持续为良，在全国处于中上水平；可吸入颗粒物(PM10) 年日均值由 2009 年的 0.121 毫克/立方米下降到 2013 年的 0.108 毫克/立方米。北京生态建设和环境改善力度不断加大，一方面带动了乡村旅游蓬勃发展，另一方面，由景观带来了房地产价格的快速上升。2013 年，北京市实现国内外旅游收入 3963 亿元，来京旅游人数为 25189 万人次，分别比上年增长 9.3%和 8.9%，比 2009 年

---

2 常年指 1981–2010 年。

3 “水生态系统服务价值”与本文四大生态系统之一的“湿地生态服务价值”在测算范围、指标体系和测算方法上均有区别。根据水务局研究，水生态系统服务价值测算范围包括地表水和地下水在内的整个水生态系统，评价指标体系包括提供产品、调节、支持和文化四大类 20 项指标，测算方法也有不同。

4 生态环境质量指数（EI）是根据国家环保总局发布的《生态环境状况评价技术规范》，制定的反映被评价区域生态环境质量状况的指标，数值范围为 0–100，根据指数得分将生态环境分为五级，75 分以上为优，55–75 为良，以下分别为一般、较差和差。

增长62.3%和51.1%；远郊区县旅游综合收入439.7亿元，接待总人数8318万人次，分别比上年增长8.6%和2.1%，比2010年增长44.7%和13.6%；农业观光园和民俗旅游共实现收入37.6亿元，接待游客3750.9万人次，分别比上年增长4.5%和3.2%，比2009年增长76.1%和25.4%。

北京都市型现代农业的文化旅游服务价值、景观增值价值等反映农业生活功能的间接经济价值不断增长。2013年，北京四大生态系统带来的郊区旅游、城市旅游以及文化休闲价值为598.3亿元，比上年增长6.8%，比2009年增长57.8%；景观增值价值595.5亿元，比上年增长1.7%，比2009年增长7.8%。间接经济价值对整个生态服务价值年值增长的贡献率达到55.2%。

（三）农业健康发展，新业态露出生机

"十一五"期间，政府各项支农惠农政策支撑了首都农业的稳定发展。"十二五"期间，传统农业生产空间进一步收缩，生态功能进一步凸显。平原造林实施工程以来，粮食、蔬菜等农作物种植面积快速减少。2013年，农作物占耕地面积为14.6万公顷，比2009年减少4.5万公顷，下降23.4%；其中粮食占地面积减少4万公顷，占减少总量的89.6%。在传统农业收缩的同时，以观光休闲、设施农业、籽种农业为代表的都市型现代农业快速发展，2013年实现收入108.9亿元，比2009年增长59.9%。会展农业异军突起，近年来成功举办了世界花卉博览会、第七届世界草莓大会、第十八届国际食用菌大会、世界种子大会和世界葡萄大会等，在成功展示首都农业特色的同时达到了以会兴业的目的。

在都市型现代农业蓬勃发展的带动下，2013年，北京四大生态系统带来的直接经济价值达443亿元（指农林牧渔业总产值和供水价值之和），比上年增长5.6%，比2009年增长32.2%。对整个生态服务价值年值增长的贡献率为22.7%。

三、农业生态环境建设存在的问题和建议

（一）加强统筹协调，健全生态管护机制

生态环境建设是一项复杂的系统工程，更是一项长期的战略任务。近年

来，我市生态环境建设虽然取得显著成就，但也应看到，受人为和自然资源制约影响，仍有个别地区生态环境堪忧，土壤和水资源污染依然存在。因此，一是要加强顶层设计，在京津冀协同发展的国家战略中，研究环境综合治理问题；二是要健全生态林管护机制，建立生态涵养区生态补偿机制，促进区域经济发展利益的平衡；三是加大生态文明宣传力度，增强社会公众的生态保护意识。

（二）提高农业资源利用率，进一步提升生活、生态功能

从提高农业资源利用效率出发，进一步提升农业整体效益。一是要在节水农业的大背景下，加强发展绿色产业，提升都市型现代农业的直接经济价值；二是目前郊区观光休闲和民俗旅游同质化发展问题突出，服务质量、配套设施建设有待改进。需要加强对乡村旅游经营者的专业服务技能、接待礼仪服务、经营管理能力等方面的培训，提升乡村旅游软实力；加大公共交通、基础设施、环境改善等周边配套建设，为乡村旅游发展提供更好的外部条件；加强旅游产品设计，整合区域旅游资源，吸引社会资本共同参与乡村旅游项目开发，突出特色、打造名牌，提升乡村旅游业的整体发展水平。要充分利用农业生态资源优势和环境建设成果，充分利用乡村旅游的广阔空间，加快乡村旅游设施的配套建设，规范乡村旅游市场，促进乡村旅游业快速、健康、可持续发展，使间接经济价值成为都市型现代农业生态服务价值的主要增长点。

从工业增加值率看北京市工业投入产出效率

◆◇张红阳　王　玚　唐　蜜　李珊珊

内容提要：本文从工业增加值率的角度分析北京工业投入产出效率的现状和主要特征。深入分析了影响工业增加值率的主要因素，分别是生产特征不同带来行业差异、产业结构不同带来地区差异和内生动力强弱带来发展差异。我们认为，当前北京工业投入产出效率还存在四个方面问题：一是较低的增加值率与发展阶段不匹配；二是重点领域产出效率与发展定位不对称；三是较高的物料消耗与发展要求不适应；四是产业链分工与参与国际竞争的发展方向不协调。

工业增加值率是衡量工业发展质量的重要指标之一，是工业生产活动过程中新创造的价值占工业总产值的比重，比重越高说明工业企业产品附加值越高、盈利能力越强、投入产出效率越佳。只有实现投入产出效率的提高才能够真正实现有质量、有效益和可持续发展。

一、北京市工业增加值率基本特征

（一）工业增加值率降势趋缓

1993–2012 年，全市工业增加值率总体呈平稳降低的趋势，“九五”时期为 29.5%，“十五”时期为 25.7%，“十一五”时期降至 20.9%。金融危机后（2009–2012 年），全市工业增加值率变化相对平稳，基本保持在 20%左右。2012 年，工业增加值率为 19.4%，比 2011 年降低 0.6 个百分点。

（二）电力、汽车行业对全市工业增加值率贡献最大

2012 年，全市工业 11 个重点行业中，电力、热力生产和供应业，汽车制造业对全市工业增加值率的拉动力最大，分别为 3.4 个和 3.3 个百分点；

其次是计算机、通信和其他电子设备制造业，为 1.6 个百分点；医药制造业拉动全市工业增加值率 1.4 个百分点（见表 1）。

表 1　2004—2012 年全市工业及重点行业工业增加值率（%）

	2004 年	2005 年	2006 年	2007 年	2008 年	2009 年	2010 年	2011 年	2012 年
全市工业	26.6	22.3	22.4	22.4	19.6	20.7	20.1	20.0	19.4
石油加工、炼焦和核燃料加工业	7.2	9.3	9.2	9.5	-0.3	25.3	22.4	13.6	14.2
化学原料和化学制品制造业	35.5	27.7	22.1	22.8	19.7	22.3	23.5	20.9	16.2
医药制造业	37.3	38.8	38.0	40.3	43.7	43.4	41.1	40.7	40.9
非金属矿物制品业	28.2	25.5	22.8	20.4	18.6	24.9	22.0	18.1	17.2
黑色金属冶炼和压延加工业	42.0	43.0	43.9	38.5	18.6	15.2	6.8	0.9	4.5
通用设备制造业	30.2	24.5	24.8	24.4	24.2	25.8	25.8	25.6	24.8
专用设备制造业	35.6	27.0	28.8	25.5	25.8	26.6	26.1	24.7	25.6
汽车制造业	19.3	16.5	15.5	18.4	18.3	18.7	21.0	22.5	20.3
电气机械和器材制造业	32.9	29.0	23.1	25.7	24.0	21.2	19.3	17.7	18.6
计算机、通信和其他电子设备制造业	16.0	15.2	14.8	13.7	12.1	9.6	10.8	10.1	11.9
电力、热力生产和供应业	35.4	33.1	30.0	33.3	28.8	22.8	19.3	19.7	17.8

二、产生增加值率差异的因素分析

（一）生产特征不同带来行业差异

不同的行业之间生产方式、制造工艺、技术水平及市场竞争程度等方面的差异，是影响增加值率的主要原因之一。北京工业行业突出表现为两种类型：

一是不完全竞争型行业。这类行业市场开放程度低，由相对垄断带来较高的增值。如 2012 年全市烟草制品业增加值率高达 76.1%，持续 8 年在 70%

以上；石油和天然气开采业、开采辅助活动增加值率分别为73.8%和52%。

二是充分竞争型行业。此类行业市场开放程度高，竞争激烈，其增加值率受技术水平、装备水平、原材料价格、劳动力成本等综合因素影响，增加值率差异较大。如食品加工业、纺织业、化学原料和化学制品制造业等行业受原材料成本、劳动力成本的制约较大，增加值率普遍偏低；计算机通信和其他电子设备制造业、汽车制造业由于缺乏核心技术，组装、装配的主流生产模式使得其增加值率较低；医药制造业在技术不断创新的引导和市场刚性需求的作用下增加值率持续处于高位，近10年一直维持在37%以上的较高水平。

（二）产业结构不同带来地区差异

北京市工业增加值率于1999年开始低于全国平均水平，并延续至今。上海和广东于2001年超越北京，天津于2004年超越北京。北京市工业增加值率与全国的差异逐年扩大，而与产业结构相似的上海、广东等地区较为接近。

表2　2011年我国工业总产值各行业门类比重（%）

行　业	东部地区	中部地区	西部地区	东北地区
采矿业	3.4	10.3	15.3	10.2
制造业	91.1	83.5	75.4	84.9
电力燃气的生产和供应业	5.5	6.2	9.3	4.9

由表2看出，我国工业产业链从上游到下游的分布呈现由西部地区到东部地区逐步延伸的格局，增加值率则呈现中西部地区高于东部地区的特征。尤其是部分资源大省如山西、陕西，其采矿业增加值占本地区工业增加值的50%左右，该地区工业增加值率均高达37%左右。

虽然北京工业增加值率与上海、天津、广东等东部沿海地区较为接近，但行业结构也存在一定差异。行业结构既有共性行业，也有本地区的特色行业（见表3）。

表 3　2012 年北京、天津、上海、广东工业增加值结构（%）

序号	北京		天津		上海		广东	
	行业名称	比重	行业名称	比重	行业名称	比重	行业名称	比重
	排名前五的行业比重	52.2	排名前五的行业比重	51.1	排名前五的行业比重	53.1	排名前五的行业比重	47.0
1	电力、热力生产和供应业	18.3	石油和天然气开采业	21.1	汽车制造业	19.1	计算机、通信和其他电子设备制造业	20.6
2	汽车制造业	15.4	黑色金属冶炼和压延加工业	10.7	烟草制品业	12.0	电气机械和器材制造业	8.5
3	计算机、通信和其他电子设备制造业	7.5	计算机、通信和其他电子设备制造业	8.2	通用设备制造业	8.3	电力、热力生产和供应业	7.4
4	医药制造业	6.6	汽车制造业	6.2	计算机、通信和其他电子设备制造业	8.0	化学原料和化学制品制造业	5.6
5	通用设备制造业	4.4	食品制造业	5.0	化学原料和化学制品制造业	5.8	汽车制造业	4.9

注：以上为 2012 年初步数据。

可以看出，各地区工业增加值率存在差异，主要受地区间行业结构不同和本地区主导行业的行业特性叠加影响。如天津的石油和天然气开采业，上海的烟草制品业均属于不完全竞争型行业，具有高增加值率的特征，同时占本地区工业增加值的份额又较大，必然会有效带动本地区整体工业增加值率的提高。

（三）内生动力强弱带来发展差异

内生动力是工业经济可持续发展的源泉，也是影响产业附加值高低的核心因素。具体表现为：

一是以持续的自主创新和技术进步来推动工业转型升级。国际经验表明，高投入产出效率的国家，研发投入活跃。2005−2011 年，美国、日本、德国研发投入年平均增速分别为 4.1%、2.2%和 6.4%，均高于本国增加值年平均增速。

二是企业组织结构的不断优化，形成具有国内外市场竞争力的品牌企业。优化的组织结构不但能使资源得到最佳配置，提高生产要素效能，有效规避经营风险，提升综合竞争力从而提高投入产出效率，还可以对产业链上的其他企业发挥有效的引领作用，因此具有竞争力的品牌企业往往可以影响一个地区甚至一个国家的经济实力。目前，我市具有一定影响力的工业企业仍然较少，2012 年在《财富》世界 500 强的榜单上仅占两席（分别为首钢集团、国家电网）。

三是高端产业对经济发展的贡献不断提高。2009 年，美国高技术产业增加值占该国制造业的比重为 21.2%，比 2001 年提高 4.2 个百分点；韩国 2006 年占 23%，比 2001 年提高 2.1 个百分点。

四是不断降低的能源消耗和环境污染。随着工业经济规模的不断扩大，以传统生产模式为主的经济发展方式与资源匮乏加剧，环境恶化的矛盾日益突出，降低能耗和严控污染是北京工业发展的必然要求。

三、对北京投入产出效率的几点思考

（一）较低的增加值率与发展阶段不匹配

北京经济起步较早，产业结构调整走在全国前列，成为较早进入后工业化时期的地区之一。1995 年，北京三次产业结构形成“三二一”的产业格局并延续至今，2012 年全市三次产业结构为 0.8：22.7：76.5。2010 年全市人均国内生产总值跨入万美元高收入门槛。从以上指标上看，虽然北京的产业结构与发达国家较为接近，发展阶段也领先于全国，但产出效率与发达国家相差甚远，同时低于我国东部经济发达省市（见表 4）。

（二）重点领域产出效率与发展定位不对称

1. 高技术产业产出效率偏低

上世纪 90 年代初期，高技术产业被定位于全市经济增长引擎。但近几年，高技术产业产出效率逐步降低，与之初的发展定位有所偏离。2012 年，全市高技术产业占 GDP 的比重仅为 6.9%，其中，北京高技术制造业产值占规模以上工业总产值的比重为 19.4%。高技术制造业增加值率为 19.4%，与全市工业平均水平持平。而 2004-2011 年间，高技术制造业增加值率每年低

表 4　北京与发达国家及发达省市增加值率比较

	制造业增加值率（%）	北京同时期制造业增加值率相差百分点		工业增加值率（%）	北京同时期工业增加值率相差百分点
美国（2008 年）	40	−22.3	上海（2012 年）	22.8	−3.4
日本（2007 年）	33.9	−13.3	广东（2012 年）	23.8	−4.4
德国（2009 年）	27.7	−7.6	天津（2007 年）	29.3	−6.9
韩国（2008 年）	32.7	−15	——	——	——

于全市工业平均水平 2−6 个百分点。科技引领不足是北京高技术制造业产出效率偏低的主要原因。高技术制造业 R&D 经费占工业总产值的比重一定程度反映了高技术制造业单位产出中科技投入的强度。2012 年，北京高技术制造业 R&D 经费占工业总产值的比重为 3.04%，分别低于美国（2009 年）、日本（2008 年）、德国（2007 年）16.7 个、7.46 个和 3.83 个百分点；该比重分别高于上海和广东 1.75 个和 0.76 个百分点，但产出成果不及两省市。2012 年，北京高技术制造业产值占规模以上工业总产值的比重分别低于上海、广东 2.7 个和 7 个百分点。数据反映出北京高技术产业科技投入与发达国家相差甚远，在国内虽然处于领先地位，但技术成果转化能力较弱，产出效率较低。

2. 支柱行业产出效率偏低

汽车：2004—2009 年该行业增加值率低于全市工业平均水平。近三年，随着奔驰、索纳塔 8 代、IX35、戴姆勒重型卡车等高端车上市，行业增加值率有所提升。与上海、广东相比，北京汽车制造业发展起步晚，产品结构虽然有所优化但低附加值汽车比重仍然偏大，2012 年，该行业增加值率为 20.3%，低于上海 5.7 个百分点，低于广东 7.8 个百分点。分别比美国（2007 年）、德国（2007 年）汽车产业增加值率低 11.5 个和 3.4 个百分点。

电子：2012 年，计算机、通信和其他电子设备制造业增加值率为 11.9%，低于全市工业平均水平 7.5 个百分点。该行业增加值率从 2004 年的 16%逐年下降到 2011 年的 10.1%，2012 年行业内部结构优化带动行业增加值率略有提升，但仍较大幅度低于国内电子产业发达地区。2012，北京该行业增加值率低于电子制造大省广东 9.3 个百分点。

总体来看，全市工业中两大支柱行业产出效率无论与国际发达国家比较，还是与国内相关省市比较均缺乏竞争力。其根源主要在于，一是行业产品老化，亟待升级。如北京电子行业中的微型计算机仍以台式机的生产为主，占 92.2%，手机仍有部分低端机的生产；二是技术更新缓慢。2012 年，北京汽车制造业增加值占全市工业增加值的 16.9%，但 R&D 投入强度仅为 0.99%，低于全市工业平均水平，同时比上海同行业低 0.6 个百分点。组装加工仍是电子行业的主流生产模式；三是产品结构仍待优化。2012 年北京轿车产量占汽车的 46.7%，上海为 89.3%，广东为 75.5%，而北京载货汽车增加值率约为 10%左右，轿车增加值率约为 28%左右。

（三）较高的物料消耗与发展要求不适应

2004—2012 年，全市工业增加值与工业中间投入的弹性系数为 0.9517，小于 1，表明我市工业投入多、产出少，效率偏低。2012 年，北京每 100 元工业总产值中所消耗的原材料为 70.4 元，比上海高 4.6 元，比 2004 年增加 4 元。其中，石油加工、炼焦和核燃料加工业原材料消耗 81.3 元，计算机、通信和其他电子设备制造为 78.5 元，电力、热力生产和供应业为 76.8 元，汽车制造业为 74.1 元。化学原料和化学制品制造业单位材料消耗比 2004 年增长 20.4%，通用设备制造业增长 7%，专用设备增长 10.5%，电气机械和器材制造业增长 23.4%，计算机、通信和其他电子设备制造增长 1.8%。

以上数据反映，当前全市工业经济的发展仍主要依靠物质资源的消耗，且多数重点行业单位原材料消耗增长，与现阶段北京工业发展要求不适应。

（四）产业链分工与参与国际竞争的发展方向不协调

90 年代初期以来，北京工业充分利用自身优势，紧抓世界性产业转移的机遇，加大引进外资力度，形成一批具有先进生产设备、科学管理水平的外资企业，为日后北京工业发展奠定了基础。但随着生产要素成本不断抬高，这种加工组装生产模式难以为继，出现高端产业低端化的特征。例如，2012 年，全市电子行业中的电子元件和电子器件的增加值率为 19.2%，虽然高于电子行业的平均水平，但低于美国（2007 年）半导体行业 58.6%的增加值率

39.4个百分点。主要原因在于半导体行业价值链最高的设计、研发环节几乎被美国、日本等发达国家所垄断，北京的半导体生产企业多以加工、成品组装的代工形式参与产业链分工，此环节创新要求较低，市场竞争激烈，因此其增加值率与发达国家相比差异明显。

综上所述，北京工业总量呈逐年快速上升趋势，而工业增加值率却逐年走低，表明我市工业产业层次不高、技术含量相对较低，工业可持续竞争力较弱。提高工业增加值率的途径主要有两个着力点：一是增项，以创新、质量、品牌、服务获得高附加值，由主要依靠物质资源消耗向主要依靠技术进步、高素质人力资源和管理创新转变；二是减项，减少消耗、降低成本，推进减排治污，提高资源节约和集约利用水平。做到了这“一增”“一减”，才能从根本上提高工业经济发展的质量和效益。

工业劳动生产率提高与劳动报酬增长的关系分析

◆◇李珊珊

内容提要：改革开放以来，北京市工业经济和劳动生产率年均增长速度均快于劳动报酬增长，但总体上基本实现同步。分阶段看，改革初期和近期，劳动报酬增长与工业经济增长及劳动生产率的提高基本处于同步区间，差幅在2-3个百分点；改革中期，同步程度有所减弱，劳动报酬增长明显低缓，分别低于经济增长和劳动生产率提高约4-8个百分点。剖析行业变化特征：技术密集型行业"劳动报酬高，劳动生产率低"特征明显；逾70%的行业劳动生产率提高低于报酬增长；行业间劳动生产率与报酬差距显著扩大。鉴此，应进一步推进技术创新，提高劳动生产率，为劳动报酬增长夯实基础；同时，完善各类企事业单位工资增长机制，通过"控高提低"缩小行业收入差距。

党的十八大报告指出，要深化收入分配制度改革，努力实现居民收入增长和经济发展同步，劳动报酬增长和劳动生产率提高同步（以下简称"两个同步"）。改革开放以来，北京市工业从业人员收入总体上基本实现"两个同步"，但阶段性和结构性差异较大。特别是 2000 年以来，劳动报酬增长快于工业经济增长和劳动生产率提高，行业间收入差距进一步拉大。这些问题有待通过深化改革加以解决完善。

一、工业实现"两个同步"的基本情况

（一）改革开放 30 余年间，工业经济和劳动生产率增长快于劳动报酬增长

1978—2012 年，全市工业经济增速和劳动生产率增长均快于劳动者报酬的增长。按可比价格计算，北京市工业增加值、工业劳动生产率和工业从业

人员人均工资[1]年均增长速度分别为 9.2%、9.2%和 7.9%。

（二）改革初期和近期，劳动报酬增长与工业经济增长及劳动生产率的提高基本处于同步区间；改革中期，同步程度有所减弱，劳动报酬增长明显低缓

第一阶段为 1979−1990 年，这一阶段的特点表现为工业经济增长明显快于劳动生产率和劳动报酬增长，劳动生产率的提高与劳动报酬增长基本同步。12 年间，工业增加值、工业劳动生产率和从业人员人均工资年均增长速度分别为 7.5%、4.8%和 5.2%。

第二阶段为 1991−2000 年，表现为工业经济增长提速，劳动生产率增幅明显提高，劳动报酬增速依然低缓。三者的关系表现为，劳动生产率增速明显高于工业增速和劳动报酬增速，工业增速快于劳动报酬增速。1991−2000 年，工业增加值和劳动生产率年均增长速度分别为 10.4%和 14.5%，分别高于平均工资增速 4.2 个和 8.3 个百分点，差距分别比第一阶段扩大 2.9 个和 9.7 个百分点。这一阶段劳动报酬增速由第一阶段的 5.2%提高到 6.2%，比第一阶段仅提高了 1 个百分点，增幅明显偏低，即劳动报酬的增长没有随着劳动生产率和工业生产的较快增长而同步增长。

第三阶段为 2001−2012 年，工业经济增长和劳动生产率提高的幅度均有所放缓，劳动报酬增速大幅提升，且快于经济和劳动生产率增速。与前两阶段相比，这一阶段劳动报酬的增长明显加快，在经济增长、劳动生产率提高和劳动报酬提高三者间成为增长的“领跑者”，使经济增长和劳动报酬增长的差距比前两阶段有所缩小。这期间，从业人员人均工资年均增长 12.3%，增幅比第二阶段提高 6.1 个百分点，分别快于同期增加值和劳动生产率年均增速 2.3 个和 3 个百分点（见图 1）。

从三个阶段看，前两个阶段人均工资增速均低于工业经济发展速度，而这两个阶段正值工业经济的起步和迅速发展时期，劳动报酬的提升相对缓慢。进入第三个阶段，工业经济处于结构调整阶段，市场化改革力度加大，工业增长机制逐步建立完善，劳动报酬增速开始快于工业经济增长速度。

---

1 考虑到数据的可得性，1978 −2012 年工业人均工资均采用城镇单位工业企业在岗职工平均工资计算，劳动生产率为全市工业口径。

总体上，改革初期和近期，劳动报酬增长与工业经济增长及劳动生产率的提高基本处于同步区间，差幅在 2–3 个百分点；改革中期，同步程度有所减弱，劳动报酬增长明显低缓，分别低于经济增长及劳动生产率提高约 4–8 个百分点（见表 1）。

图 1　北京市工业增加值、劳动生产率和人均工资增长情况

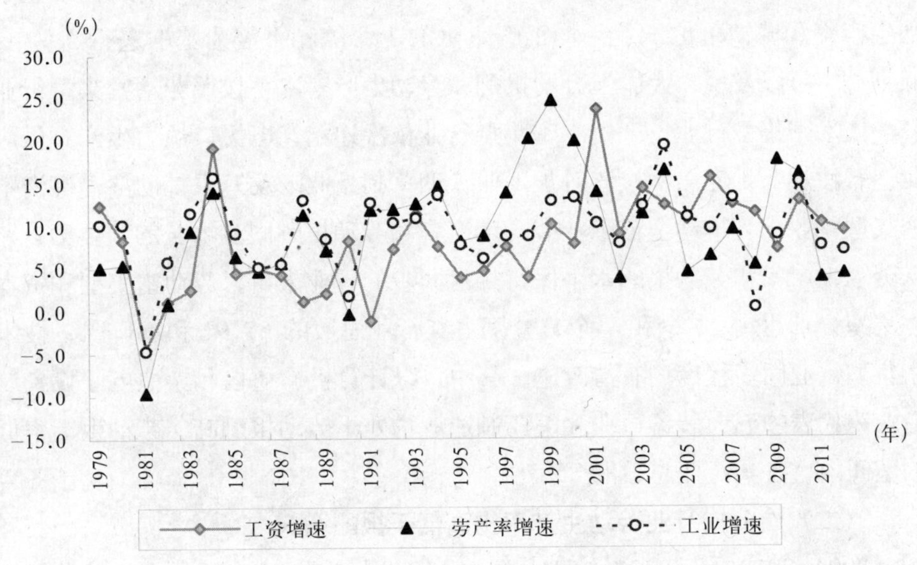

表 1　北京市工业增加值、劳动生产率和人均工资实际增速情况（%）

年　份	增加值	劳动生产率	平均工资
1979–2012 年	9.2	9.2	7.9
第一阶段：1979–1990	7.5	4.8	5.2
第二阶段：1991–2000	10.4	14.5	6.2
第三阶段：2001–2012	10.0	9.3	12.3

二、工业“两个同步”的行业特征

（一）技术密集型行业“劳动报酬高，劳动生产率低”特征明显

2012 年，北京规模以上工业 39 个行业大类的劳动生产率和劳动报酬增长关系按照要素密集程度表现出了不同的特点。按照北京规模以上工业劳动生产率和城镇单位工业平均工资水平的 1.5 倍和 1 倍为基准进行高、中、低划档，可以发现，大体上劳动报酬和劳动生产率水平按照劳动密集型行业——技术密集型行业——资本密集型行业依次递增，电力、热力生产和供应业、石油加工、炼焦和核燃料加工业、烟草制品业以及开采辅助活动等资本密集型行业成为带动全市工业劳动生产率和劳动报酬同步增长的主要力量。从劳动生产率和劳动报酬水平保持相对同步的行业来看，劳动密集型和资本密集型分别达到 11 个和 7 个，分别占其行业总数的 57.9%和 58.3%；技术密集型行业同步程度均有待改进。其中，以计算机、通信和其他电子设备制造业为代表的五大装备行业和医药制造业均处于劳动报酬高、劳动生产率低的区间内，占其行业总数的 85.7%。

（二）逾七成行业劳动生产率提高低于报酬增长

2004−2012 年，在 37 个可比的工业行业大类中 33 个行业人均劳动报酬和劳动生产率均保持增长态势，但其中 28 个行业劳动生产率年均增速慢于劳动报酬年均增速。计算机、通信和其他电子设备制造业、化学原料及化学制品制造业、黑色金属冶炼及压延加工业以及食品制造业等四个行业年均劳动生产率增速分别下降 1.6%、7.2%、17.4%和 1.8%。劳动、资本、技术三大要素密集型行业劳动生产率增速落后于人均报酬增速的差距从 2005 年相差 5.5 个、1.5 个和 2.7 个百分点分别扩大到 2012 年相差 17.8 个、2.6 个和 15.8 个百分点。

（三）行业间劳动生产率与报酬差距显著扩大

2004−2012 年，北京工业不同行业劳动报酬和劳动生产率差距不断扩大。行业报酬差距从 2004 年的 11.9 万元/人扩大到 2012 年的 30.7 万元/人，行业劳动生产率差距从 2004 年的 115.9 万元/人扩大到 2012 年的 362 万元/

人。劳动生产率和劳动报酬扩大的差距主要表现为资本密集型行业和劳动密集型行业的差距。

三、工业实现“两个同步”需关注问题及建议

（一）关注劳动生产率降速和劳动报酬刚性上涨之间的矛盾

随着经济增速的放缓，在保持就业稳定和维持现阶段产业规模的背景下，劳动生产率增速也随之减速。2012 年全市 29 个工业行业的劳动生产率低于平均水平，占比达 74.4%。18 个行业增速比 2008 年回落。从世界城市发展经验看，北京的经济发展将逐渐步入高成本时代，要素价格上涨，尤其是劳动报酬刚性增长。2012 年，规模以上工业劳动报酬比上年同期增长 14.9%，增幅比 2008 年提高 3.7 个百分点；劳动生产率增长仅 2.6%。

（二）关注不同类型企业收入差距进一步扩大

2005–2012 年，在原有高工资水平的基础上，我市规模以上工业尤其是大型企业与中小型企业、国有企业与非国有企业之间的收入差距日趋扩大。八年间，大型工业企业劳动报酬年均增速分别高于中型和小型企业 0.5 个和 1.5 个百分点；国有企业劳动报酬年均增速高于股份制企业和三资企业 5.2 个和 4.2 个百分点。

鉴此，应坚持“两个同步”的基本要求，实现工业经济增长和劳动报酬同步，注重提高效率。采用现代技术改造传统都市产业，提高都市工业的附加值，同时加大装备行业核心技术研发能力，通过技术创新提高劳动生产率，为进一步提高劳动者报酬提供经济支撑。按照“控高提低”原则，全面深化改革，规范收入分配秩序，完善以税收、社会保障、转移支付为主要手段的再分配调节机制，增加低收入者收入，扩大中等收入者比重，进一步缩小行业收入差距。

对北京市互联网金融发展现状的研究与思考

◆◇周　冲　路　兴

内容提要：北京市互联网金融快速发展，呈现出“两同两异”特点。“两同”即各类互联网金融模式“创新”和“开放融合”发展态势趋同，互联网金融使用用户属性趋同；“两异”即各类互联网金融模式的业务内容和经营模式各异；各类互联网金融模式发展阶段各异。同时，互联网金融的出现对经济社会发展产生“三个促进”作用，即促进金融普惠、促进金融创新和促进经济活力提升。值得关注的是，安全问题、征信体系共享和行业监管三个方面已成为影响互联网金融未来发展的最主要因素。

近年来，随着第三方支付的广泛使用和以“余额宝”为代表的互联网金融理财产品的快速兴起，互联网金融这一新兴业态迅速发展并对经济社会产生诸多影响。本文拟通过典型调查和专项调查方式挖掘现阶段互联网金融发展的规律和特点，发展中出现的问题及对经济社会产生的影响，为促进互联网金融行业健康可持续发展提供政策建议。

一、互联网金融的概念、产生发展及研究背景介绍

（一）互联网金融的定义

当前，对互联网金融尚无明确、广泛认同的定义，但对互联网支付、P2P网贷、众筹融资等典型业态分类有比较统一的认识。2014年，中国人民银行发布的《中国金融稳定报告》认为，互联网金融是互联网与金融的结合，是借助互联网与移动通信技术实现资金融通、支付和信息中介功能的新兴金融模式。互联网金融有广义和狭义之分，广义的互联网金融既包括非金融机构的互联网企业从事的金融业务，也包括金融机构通过互联网开展的业务；狭

义的互联网金融仅指互联网企业开展的、基于互联网技术的金融业务。本文研究的范畴是狭义上的互联网金融概念。

（二）互联网金融的产生与发展

互联网最早诞生于美国，1998 年，全球最早也是目前世界最大的第三方支付公司 PayPal 在美国成立；2001 年，全球最早的众筹网站 Artistshare 在美国建立；2005 年，全球第一家 P2P 信贷公司 Zopa 在英国创立。随后，各类互联网金融业态蓬勃发展，涌现出一批世界知名的互联网金融企业，并形成了涉及支付、理财、借贷、证券、保险等众多金融领域的较为完善的互联网金融体系。国外互联网金融主要分为六种模式，即第三方支付、P2P 网络借贷、众筹融资、互联网银行、互联网证券和互联网保险。

我国互联网金融的发展可分为三个阶段，第一阶段是 2005 年以前，互联网为金融机构提供技术支持，还没有出现真正意义的互联网金融业态；第二阶段是 2005 年以后，随着互联网的普及和现代信息科技的应用，互联网与金融的融合从技术领域渗透到金融业务领域，标志性事件是 2011 年中国人民银行开始发放第三方支付牌照，第三方支付机构开始进入规范化发展的轨道。第三阶段从 2012 年开始。2013 年被称为互联网金融元年，是互联网金融得到迅猛发展的一年，P2P网络借贷平台、众筹融资平台开始起步，第一家专业网络保险公司获批，传统银行、券商也以网络为依托对业务模式进行改造，加速建设线上创新性平台，互联网金融发展进入了新阶段[1]。

截至 2014 年末，我国共有 269 家有牌照经营权的第三方支付企业；2014 年前三季度累计完成互联网支付平台转接交易 7.1 亿元，移动支付交易 5.3 亿元[2]。截至 2014 年 11 月末，P2P网络借贷平台数量达到 1540 家，贷款余额为 896.4 亿元；前 11 个月累计成交金额达 2157.4 亿元，投资人数和借款人数分别达到 477.2 万人和 79.8 万人[3]。2014 年上半年，众筹领域发生融资事件 1432 起，募集资金总额 1.9 亿元[4]。互联网金融在促进资金融通和激发

1 三个阶段的划分摘自《中国金融稳定报告（2014）》。

2 数据来自易观智库。

3 数据来自网贷之家。

4 数据来自《中国众筹模式运行统计分析报告》。

微观主体活力上的作用日益凸现。

（三）北京地区互联网金融企业基本情况及研究介绍

北京同广东、浙江、上海等地一样是中国互联网金融的起源地，也是发展最为快速的地区之一。截至 2014 年底，北京具有牌照经营权的第三方支付企业有 51 家，占到全国的 19%，首信易支付、易宝支付、网银在线、百付宝等第三方支付企业已被公众企业广泛使用。P2P 借贷平台 170 余家，前 11 个月实现交易额 311.3 亿元，占全国的 14.4%，企业数量和交易规模均位居全国第三位，这些平台多位于朝阳区、海淀区和东城区。众筹领域，众筹网、追梦网、点名时间等一批知名的众筹平台总部均设于北京，在促进青年人创业、社会创新方面发挥重要作用。

由于目前北京地区尚未开展互联网金融方面的统计，要全面反映北京地区互联网金融发展情况较为困难，因此本研究从典型调查入手，选取了易宝支付有限公司、网银在线（北京）科技有限公司、百付宝（北京）科技有限公司、人人贷商务顾问有限公司、民生银行及创业者集聚地车库咖啡等开展相关调研。同时，在全市范围内选取了 1200 名 18–45 周岁北京常住居民开展了《北京居民互联网金融认知和使用情况》专项调查，分别从第三方支付平台、互联网金融理财产品、互联网投融资和互联网金融搜索等与普通百姓关系较为密切的四个方面来了解北京居民对互联网金融的认知和使用情况，进而反映互联网金融对经济社会的影响。

二、互联网金融发展的规律和特点

（一）各类互联网金融模式业务内容和经营模式各异

通过调研，我们了解到不同的互联网金融的发展定位、业务内容和经营模式区别较大。第三方支付平台的出现是为了解决交易过程中物流和资金流不同步而带来的信用问题，其业务内容主要包括互联网支付、移动电话支付、预付卡发行与受理、银行卡收单等。经营模式主要分为三种，即互联网型支付企业主要依附于大型电子商务网站、社交网站，以在线支付方式满足消费者的交易需求，如支付宝、财富通等；金融型支付企业主要为企业交易及发展提供全产业链的金融服务，如易宝支付；信用型支付企业，纯第三方支付平台，如拉卡拉、银联商务等。

P2P 借贷平台是随着互联网和民间借贷的兴起而产生的以解决用户中短期资金需求为目的的一种金融模式，其主要业务内容是以信用为中心为资金需求方和供给方提供金融信息服务。P2P 借贷平台运营模式可从三个角度进行划分，即纯平台模式和债权转让模式；纯线上模式和线上线下结合模式、有担保模式和无担保模式。国外 P2P 借贷平台多以纯平台模式、线上模式和无担保模式居多，而中国却恰恰相反，以债权转让、线上线下、有担保模式居多，这正是中国不完善的征信体系背景下的一种争夺客户资源的体现，而去担保化则是 P2P 行业发展的大势所趋。

众筹是指通过互联网方式发布筹款项目并募得资金的一种方式，主要用于满足初创期企业的资金需求。众筹分为四种模式，即奖励类众筹、股权众筹、债权众筹和公益众筹。其中，奖励类众筹在我国居主导模式，以单纯的实物产品为投资回报，如众筹网；股权类众筹以公司一定数量的股份作为对投资者的回报，如天使会、大家投等；债权众筹即以筹资人未来获得本金及利息收益为回报；公益类众筹投资者无需任何回报，属于纯公益类项目。

（二）各类互联网金融模式发展阶段各异

调研显示，北京各类互联网金融模式的发展阶段与全国基本一致。第三方支付起步早，发展较为成熟，居民的知晓率和使用率都较高，有明确的监管办法；P2P 借贷平台处于快速发展期，扩张势头迅猛，知晓率较高，但使用率低，尚无明确监管办法；众筹模式处起步期，受众较为狭窄，有试行监管办法（见表 1）。对于互联网银行、互联网证券和互联网保险等模式，则处于星星之火阶段，目前仅有一家上海的互联网保险公司即众安保险；部分股份制银行，如民生银行在借鉴互联网银行的理念后开始做直销银行业务，但其初衷和动力仍是为应对互联网金融理财产品的冲击的被动式改革，想要实现互联网银行的形式和本质难度很大。

表1　主要互联网金融模式发展阶段比较

模　式	发展阶段	全国首家成立时间	截至2014年底数量（家）	用户知晓率（%）	经常使用率（%）	行业监管办法
第三方支付	成熟期	1999年首信易支付/环讯支付	269	99.9	76.8	有
P2P借贷平台	成长期	2007年拍拍贷	1540	69.9	2.9	无
众筹	起步期	2011年点名时间	70–90	–	–	有
网络银行/保险/证券	萌芽期	2013年众安保险	1	–	–	无

（三）互联网金融用户个体属性趋同

互联网金融是基于互联网与金融相融合的产物，因此在互联网金融产品和服务的用户属性上体现出了相对高端化趋势。例如，金融类从业者、IT从业者、高收入群体、高学历群体在互联网金融的使用上明显高于其他同类人群（见表2）。

表2　不同类别人群互联网金融使用率比较（%）

模　式	全市平均	金融业	IT业	人均月收入1.5万元以上	大专及本科以上
第三方支付	99.4	100.0	100.0	98.6	99.4
互联网金融理财	44.6	58.7	50.0	66.2	49.4
互联网投融资	8.1	22.2	13.0	23.0	8.0
互联网金融搜索	11.0	29.8	9.7	24.3	11.1

（四）互联网金融“创新”与“开放融合”的发展态势趋同

调研中，“创新是互联网金融的命脉”已经在业界达成共识。大家纷纷表示互联网金融有创新的基因也有承担创新失败的勇气，这是传统金融所不具备的。未来互联网金融发展的关键和出路即在于如何利用个人和企业创造的海量数据不断进行产品和服务创新，满足更细分客户群体的需求，赢得市场先机，进一步降低交易成本，让利用户，赢得更多客户，这也是对传统金融最大的挑战，2013 年的“余额宝”、2014 年的京东白条、天猫分期购等产品和活动即是最好的代表。

调研中另一个明显的感受就是互联网金融开放融合的姿态。相对于传统金融，互联网金融企业更愿意将资源进行战略性共享和跨界融合。他们不保守、更主动，其开放性思维让其不断拓宽与传统金融、相关行业间的合作，在竞争中扩大合作，在合作中实现共赢。例如，易宝支付作为全国行业支付的领导者，与全国上百家金融机构签有战略协议，通过整合产品服务和双方资源共享，向特定行业用户提供更加个性化支付方案。人人贷公司为发掘优质客户，分别与传统微贷公司和大型电子商务平台等开展合作，简化审核流程，提高了产品信誉度。

三、互联网金融发展对经济社会的影响

当前，我国互联网金融整体仍处于起步阶段，虽然其在体量上很难与传统金融抗衡，但互联网金融在丰富金融生态圈、促进金融普惠、金融创新和激发微观主体经济活力上发挥了重要作用。

（一）互联网金融促进金融普惠

普惠金融是指金融体系能够有效、全方位地服务社会所有阶层和群体，让所有百姓享受金融服务，更好地支持实体产业发展，这与互联网金融的发展定位不谋而合。互联网金融主要面向个人、小微企业和初期创业者，因其快捷便利、投融资门槛低而广受用户青睐。调查中，我们实际被访者数量达到 1354 人，其中至少使用过一种互联网金融产品的被访者比重达 88.6%，使用率之高超出预期。正是互联网金融这种小额、快捷、便利的特征，使其在丰富居民理财渠道、促进小微企业融资、改善金融生态环境上发挥了重要作用，与传统金融共同组成我国多层次的金融体系。

（二）互联网金融促进金融创新

互联网金融在支付、理财、投融资、信息服务、征信渠道等方面的创新，对传统金融业产生了明显的“鲶鱼效应”，不断推动传统金融机构改进业务模式和服务方式，推动金融创新。例如，传统金融机构加快手机银行、云计

算、大数据等信息技术的应用，降低服务成本；更加注重线上业务，提升用户体验；突破传统经营模式，进行产品和业务创新，成立“直销银行”，推出“任意存”等储蓄产品。这些都是互联网金融对传统金融机构带来的促动与变革，有力地推动了我国金融业改革与发展。

（三）互联网金融促进经济活力提升

调查显示，互联网金融的出现极大地激发了微观主体的活力，居民投资、消费和创业意愿均显著提升。调查中，分别有 60.7%、38.2%和 25%的被访者表示，受互联网金融影响，其消费、投资和创业意愿有所增加。此外，众筹、P2P 借贷平台和互联网金融公司等推出的电商小贷、信用消费等服务模式，有效地缓解了小微企业和个人消费的融资需求，在促进消费和经济增长上发挥了重要作用。

四、互联网金融发展中需要关注的问题及对策建议

研究显示，互联网金融在有效促进经济社会发展的同时，也暴露出一些制约行业发展的问题。从用户层面看，“安全问题”位居首位；从行业发展层面看，“征信体系共享”、“行业监管”最为关键。

（一）从用户层面看

1. 安全问题

互联网金融的一个重要特征是建立在大数据基础上的数据分享和数据挖掘。随着社交网络、电子商务、电子银行的发展，个人交易数据等敏感信息被广泛搜集，对金融安全和消费者权益保护提出了巨大挑战。调查显示，信息安全已经成为居民使用互联网金融过程中最关心的问题之一，83.4%和 72.7%的被访者担心互联网金融使用过程中“个人信息被泄漏”和“账号被盗”。此外，随着 2014 年 6 月，北京出现首家 P2P 平台跑路事件，互联网金融欺诈风险再次升级，仅 12 月中上旬，全国新增问题平台就多达 40 余家，超过全年各月当月数量，欺诈风险不断发酵。调查显示，“欺诈问题”也是居民使用互联网金融过程中最主要顾虑之一，这对互联网金融未来可持续发展十分不利。

2.建议

管理部门应进一步修改完善现行法律法规，界定造成互联网金融风险行为应承担的法律责任；制定互联网金融公平交易规则，明晰互联网业务各交易主体的权利和义务，确保互联网金融业务有序开展；针对互联网投融资服务，明确监管机构职责、业务范围和管理要求等。同时，针对居民个人风险防范意识弱的问题(在使用互联网金融时，仔细阅读相关协议的只占16.9%)，加强对居民进行投资教育和金融知识普及，不断提高居民金融素养和风险防范意识。

（二）从行业发展层面看

1. 征信体系共享

互联网金融是现代金融的有益补充，而征信体系是现代金融的基石，征信体系的重要性不言而喻。调研中发现，目前对信贷类互联网金融企业来说，面临的最大困境即是如何有效控制信用风险。国外个人征信体系和企业征信体系较为完善，贷款人可以通过查询借款人过往征信信息大致判断出交易对手的信用风险，从而决定贷款与否，风险完全由出资人个人承担，而中国的征信体系建设与公开程度与此相距甚远。目前，中国较为完备的征信系统是央行的“金融信用信息基础数据库”，该系统仅用于传统金融机构进行信贷评估和企业个人信用查询，对互联网金融企业和第三方尚处封闭状态。互联网金融企业和交易参与者如同一个个信息“孤岛”，用户无法评判平台推荐项目的好坏；平台查询不到借款人的信用信息，只能通过线下审核、线上交易的手段开展业务，费时费力，严重影响行业发展。因此，如何建立包括互联网金融等新型借贷企业信用信息在内的征信体系，实现信用信息的全民共享是相关部门急需解决的问题。

2. 行业监管

互联网金融监管是一把双刃剑，既不能监管过度、也不能有监管真空，尤其是在我国互联网金融尚处于起步发展阶段，如何处理好互联网金融创新与行业监管之间的关系，促进互联网金融持续、健康、稳步发展尤为重要。调研中，企业普遍对出台行业监管办法表示支持，认为监管有利于规范行业行为、整治行业经营秩序，提高行业信誉度，有利于行业长期发展。12 月

18 日，证监会出台的《私募股权众筹管理办法（试行）（征求意见稿）》无疑对我国互联网金融行业健康发展再添助力，然而监管过度、门槛过高的质疑声也不绝于耳。对于 P2P 平台监管办法尚未出台，如何拿捏好监管的度，对监管部门是重大考验，对行业发展也至关重要。

3. 建议

根据实际情况，不断调整完善新出台的互联网金融领域监管办法；成立互联网金融监督管理委员会及相关行业协会，规范企业行为，加强行业自律，提高行业信誉。同时，由央行牵头加快推进全社会征信体系建设，在征信机构与互联网金融企业之间建立起完整的信息共享数据库，对信息提供和使用行为进行规范管理，实现信息的全民共享。

融资租赁业的健康发展仍需政策发力

◆◇严　彦

内容提要：近几年，北京市融资租赁业务发展迅速。融资租赁作为支持实体经济发展的有效手段之一，以其专业性强、门槛低、服务灵活等优势，为支持中小企业和国家重点产业发展做出了积极贡献，但行业目前仍处于起步阶段，行业发展仍面临着融资、监管、行业准入及“营改增”执行等方面的突出问题，对此，应从完善政策环境、融资环境、信用环境等方面入手，积极推动行业的健康有序发展。

一、北京市融资租赁企业的发展状况

近年来，北京地区的融资租赁业务获得了快速发展，业务规模快速扩张，资产不断扩大，利润快速增长。2013 年，北京市融资租赁企业[1]融资租赁余额 981.3 亿元，同比增长 31.5%；融资租赁额 951.4 亿元，同比增长 17.2%；资产规模 1892.9 亿元，同比增长 11.8%；实现营业收入 123.6 亿元，同比增长 15.1%；利润总额 31.7 亿元，同比增长 25.3%。

金融租赁企业虽然数量少，但规模大。2013 年，北京市 2 家金融租赁公司资产占比达 39%；融资租赁额占比 31.1%。外资租赁企业数量多，存量大。外资租赁企业数量占到全部的 70%，由于起步早、数量多，融资租赁余额占比较高，达 49.7%。内资租赁企业数量相对较少，但增长非常快。2013 年，内资租赁企业融资租赁余额同比增长 90.2%；实现营业收入与利润总额分别为 59.1 亿元和 10.9 亿元，同比增长 19.1%和 67%。

1 根据审批和监管部门的不同，目前我国融资租赁企业包括由银监会审批的金融租赁企业、由商务部审批的内资试点租赁企业及由各地商务委审批的外资租赁企业三种类型。截至 2014 年 6 月末，北京地区纳入统计范围的融资租赁企业有 68 家，其中，金融租赁公司 2 家，外资租赁公司 47 家，内资租赁公司 19 家。

二、融资租赁企业的发展特征

我们选取了北京地区的 22 家融资租赁企业进行了调研，重点走访了 8 家企业。调研情况显示出融资租赁行业的一些发展特征如下：

（一）为中小企业提供有效资金支持

在国家大力扶持小微企业发展的背景下，作为多层次社会融资体系中的一环，融资租赁为中小企业和个人融资提供了有效的资金支持。调研的融资租赁企业普遍反映的一个特点就是服务对象大都是中小企业和个人。例如，中恒国际租赁有限公司，提供工程机械的融资租赁服务，其 80%的客户为个人，平均每单业务合同金额在 100 万元以内。

（二）为支持国家重点产业发展做出贡献

随着国家推动城乡一体化、促进环保、民生领域发展战略的确立，相关领域的发展面临着很大的机遇，同时也需要巨大的资金支持。许多融资租赁企业围绕重点领域发展，积极开拓业务范围。例如，建信金融租赁有限公司的业务范围包括轨道交通、对河北周边高污染行业的环境整治、生物能源、风力发电等，下一步还将围绕首都发展定位，对中关村高新技术企业探索融资业务的拓展。

（三）融资租赁行业内部发展各具特点

1. 服务定位各有侧重

金融租赁公司在信贷监管体系下注重租赁规模，主要客户群还是大型国企、央企和政府基本建设上，调研的两家金融租赁公司平均每单合同金额在 2 亿–3 亿元左右。

非金融租赁公司，尤其是厂商系租赁，其主要客户群来自中小企业。调研的西门子财务租赁有限公司、中恒国际租赁有限公司、北京京城国际融资租赁有限公司等，客户均以民营企业、自然人、中小企业为主，每单合同金额最低的只有几十万元。

2. 金融租赁更具融资优势

金融租赁公司作为由银监会监管的金融机构，可以进行固定收益类证券投资业务、吸收非银行股东三个月以上定期存款、进行同业拆借、金融机构借款，还可以发行债券、进行资产证券化等，融资渠道相对较多，融资成本相对较低。而由商务部门监管的内外资融资租赁公司属于非金融机构，资金来源目前仅限于注册资金、银行借款、股东借款等，融资渠道比较狭窄，且成本较高。

3. 金融租赁的风险管控更加严格

金融租赁公司作为非银行金融机构，处于银监会的监管之下，在企业加强自身业务风险管理的同时，还必须遵照更加严格的管理规定。例如，金融租赁公司的资本充足率不得低于银监会的最低监管要求；对单一客户融资集中度不得超过资本净额的30%等。

（四）与银行等机构相比具有自身优势

1. 专业性优势

比较突出的是厂商系租赁公司，主要为自身设备销售提供融资服务，大都具有一定的行业地位和实力，专业性比较强，熟悉行业特性和需求，有特定和固定的客户群。

2. 便捷优势

主要表现在程序简单、门槛低、租约灵活。融资租赁的信用审查手续简便，对企业盈利状况和担保的要求相对较低，并可根据企业的资金实力、销售季节性等情况，为企业定做灵活的还款安排，使承租人能够根据自己的经营状况合理安排资金。

3. 服务优势

融资租赁是集金融、贸易、服务为一体的知识密集型产业，在提供融资服务的同时，还向中小企业提供资产管理、投资咨询、管理咨询、资本运作等方面的综合服务。

三、目前经营中的主要困难和问题

（一）融资难成为制约融资租赁企业发展的主要瓶颈之一

金融租赁公司虽然融资渠道相对多一些，但也存在着局限。比如建信金融租赁公司提出，公司外部融资的困难主要是目前市场上提供的融资产品多是短期资金，易受经济周期、宏观政策等因素影响，资金价格波动较大，而中长期资金来源较少且价格偏高，期限错配造成公司成本管理压力较大。

非金融系租赁公司反映更为强烈。一方面反映与金融租赁公司在融资渠道上差别太大，渠道狭窄，成本高，在行业竞争中处于劣势；另一方面，自身也呈两极分化，央企、国企背景或有集团背景的租赁公司融资相对容易一些，而注册资本较少的小规模租赁企业融资困难，成本高。

（二）“营改增”对行业产生很大影响

一是税率上升，企业税负增加，利润下滑。“营改增”后，税率由 5%调增至 17%，增加了企业的税收成本，降低了盈利水平。2014 年 1–6 月，北京市融资租赁企业利润总额同比下降 27.3%。二是政策变化造成新业务拓展停滞。售后回租业务占融资租赁业务量的 50%以上，“营改增”对这部分业务影响很大，部分企业项目出现亏损，售后回租业务一度停滞；1–6 月，北京市融资租赁企业融资租赁额同比下降 19.9%。三是大部分企业无法享受优惠政策。根据财税 106 号文件，对增值税实际税负超过 3%的部分采取即征即退优惠政策，但实际中，由于计税基础的扩大，大部分企业未能享受到这一优惠。此次调研重点走访的 8 家融资租赁企业均表示未能享受到此项优惠政策。四是各地政策解读不一致，影响实施效果。例如，关于抵扣凭证，天津把通过信托等渠道融资的成本、银行开具的利息流水单等凭证都允许抵扣，北京则严格按照政策执行，要求取得正式的增值税发票才能抵扣。

（三）特殊行业准入对融资租赁业务发展有制约作用

因医疗设备、车辆等行业领域执行医疗设备许可证、车辆运营许可证等行业管理规定，融资租赁公司在开展该类行业租赁业务时，虽然医疗设备、车辆等仅作为融资租赁的载体，租赁公司并不实际运营，也需要执行行业规定，先行取得营业许可证，这在很大程度上制约了医疗、车辆等行业领域租赁业务的发展。

（四）多头监管不利于行业规范发展

由于历史原因，目前融资租赁企业处于多头监管的状态。其中，内资租赁公司的监管机构为商务部流通发展司，外资租赁公司的监管机构为商务部外国投资管理司，而金融租赁公司的监管机构为银监会及下辖的各地银监局。由于监管主体不同，监管标准不统一，导致融资租赁业管理不统一，相关规定难以统一制定和推行，不利于行业形成良性竞争和规范发展。

（五）相关法律、政策环境亟待完善

1. 针对融资租赁业立法不够完善，司法水平各地参差不齐，出租人利益的保护受到损害

虽然最高人民法院 2014 年 2 月颁布了《关于审理融资租赁合同纠纷案件适用法律问题的解释》，但诸如租赁物登记，善意第三人等方面的问题仍未解决，亟待上位法进一步明确。

2. 征信体系亟待完善

当前我国企业及个人的信用管理体系还未建立完善，融资租赁公司在经营过程中要面临很大的信用风险。尤其是作为非金融机构的内、外资融资租赁公司，无法使用中国人民银行的征信系统，无法共享与融资租赁有关的个人及企业征信数据。

3. 相关行业政策亟须明确

一方面税收机制不完善，“开票难”问题给企业带来困扰；另一方面财税金融政策支持不够，鼓励融资租赁业发展的税收优惠政策欠明确，缺乏了对承租人的税收优惠政策，在追讨违约租金方面的具体规定有限等，都需要进一步明确和完善。

4. 人才短缺特别是中高端人才缺口较大

融资租赁业务专业性比较强，目前在人员选聘上，普遍存在专业人才缺乏、与银行等传统大型金融机构相比竞争性差、同业之间竞争加剧、人员流失等问题，制约了企业的发展。

四、对策建议

目前我国的融资租赁行业发展还处于起步阶段，国外融资租赁市场渗透率已经达到 30%左右，而我国不足 5%,还有很大的发展空间。建议从着力改善融资租赁业发展的环境入手，积极推动行业的健康有序发展。

（一）改善融资环境，解决资金难题

引导融资租赁企业增加中长期资金来源，规避资金风险。支持融资租赁企业运用保理、上市、发行债券、信托、基金等方式拓宽融资渠道，降低融资成本。鼓励企业通过资产证券化等方式盘活租赁资产，创新融资模式。

（二）改善政策环境，加强操作层面支持

在税收方面借鉴美国及其他发达国家的经验，对诸如在投资减税、加速折旧等方面给予出租方及承租方真正的优惠；在财政补贴方面，对我国重点发展战略领域的项目给予补贴，或允许融资租赁公司使用政策性基金。针对“营改增”反映的突出问题，建议及时出台相关实施细则，并在税务体系内部加强相关培训，加深对融资租赁行业特殊性的理解，使相关政策具有操作性，并在各地贯彻落实。同时，规范和统一全国各地税务部门对于售后回租业务本金增值税发票开立的操作要求，让本金差额扣除政策落到实地。

（三）完善监管环境，促进公平竞争

取消对内资融资租赁企业的试点管理机制，对内、外资融资租赁企业实行统一管理。建议统一行业监管部门，加强对整个行业发展战略和长期规划的布局，完善行业政策和竞争规则，改善多头管理、政策不一的局面，使租赁业统一置于国家宏观调控之中。调整医疗设备许可、车辆运营许可证等特殊领域的有关管理要求，改善跨行业监管带来的问题，有效拓宽融资租赁公司业务范围。

（四）推动法制环境建设，搭建完善统一的登记平台

尽快完善融资租赁业的法律法规，《融资租赁法》的立法仍是迫切之需；明确租赁物取回权的相关条件、方式、冲突解决机制；建立全国性的、统一的融资租赁登记体系，解决出租人所有权无法对抗善意第三人等问题。

（五）积极推进信用环境建设

由行业协会牵头，积极呼吁完善征信立法；尽早将非金融租赁公司纳入人行的征信系统；同时，可发起行业内部信用评价系统的搭建，全面记录各租赁公司承租人的履约情况和信用记录，实现行业内部信用信息共享。

北京市经济社会统计报告

高精尖经济结构探视

2015

对北京市产业调整和疏解的认识与思考

◆◇马俊炯　仲长远

内容提要：本文从能耗、水耗和聚人三个维度，梳理了北京市工业、建筑业和服务业的情况，对需要调整和疏解的产业形成了一些初步认识：一是工业发展要限制和调整相结合；二是建筑业仍有发展需求，建筑装饰业需加强管理；三是服务业应以提质增效和优化布局为重点。同时结合工作实际，提出在调整和疏解产业过程中要处理好五个关系：一是稳增长与调结构的关系；二是疏解与培育的关系；三是行业与企业的关系；四是高低端环节的进退关系；五是京津冀协同发展的关系。

调整和疏解非首都核心功能，明确并限制北京市不宜发展的产业，有利于落实首都城市的战略定位，缓解人口、资源、环境压力。我们从能耗、水耗和聚人三个维度，梳理了北京市工业、建筑业和服务业的情况，对需要调整和疏解的产业形成了一些初步认识。

一、北京市产业能耗、水耗、聚人的基本情况

从能耗来看，本市全年的能源消费总量已经突破 7000 万吨标准煤，其中 80%用于生产，20%用于居民生活。生产用能中，工业能耗占近 40%；服务业中除了交通运输、仓储和邮政业超过 20%，其他行业能耗相对较少。

从水耗来看，2013 年全年总用水量为 36.4 亿立方米，其中，生活用水（含服务业用水）占 44.8%；农业用水占 25%；生态环境补水占 16.2%；工业用水占 14%。

从聚人来看，全市就业人口中，外来人口接近一半。其中，服务业的就业人员和外来就业人员达到 70%以上。在外来就业人员中，工业占 18.3%，

建筑业占 9.2%。

二、对需要调整和疏解产业的梳理

（一）工业发展要限制和调整相结合

从能耗看，能耗较高的行业有五个：电力、热力生产和供应业约占规模以上工业能耗的 30%左右；石油加工、炼焦和核燃料加工业占 24.9%；非金属矿物制品业占 10%；黑色金属矿采选业占 5.3%；化学原料和化学制品制造业占 4.9%（见表 1）。

表 1　13 个能耗高、水耗高、聚人多的规模以上工业行业

行业名称	行业特征	单位数（个）	增加值占工业比重（%）	从业人员占工业比重（%）
合　计	—	1282	17.0	25.1
木材加工及木、竹、藤、棕、草制品业	聚人多	21	0.1	0.2
皮革、毛皮、羽毛(绒)及其制品业	聚人多	20	0.1	0.2
文教、工美、体育和娱乐用品制造业	聚人多	36	0.4	0.7
有色金属冶炼及压延加工业	聚人多	43	0.5	0.5
家具制造业	聚人多	66	0.6	1.3
造纸及纸制品业	聚人多	45	0.6	0.5
橡胶和塑料制品业	聚人多	126	0.7	1.8
黑色金属矿采选业	耗能/耗水	7	1.5	1.8
化学原料和化学制品制造业	耗能	220	1.9	3.1
纺织服装、服饰业	聚人多	170	1.9	4.7
金属制品业	聚人多	238	2.0	3.7
非金属矿物制品业	耗能/耗水/聚人多	266	2.6	5.1
石油加工、炼焦和核燃料加工业	耗能/耗水	24	4.2	1.4

注：上表所列数据为 2012 年数据（表 2 同）。

从水耗看，电力、热力生产和供应业及水的生产和供应业由于行业特性水耗较多，共占规模以上工业水耗的近40%。除此之外，水耗较高的行业有6个：黑色金属矿采选业占8.5%；计算机、通信和其他电子设备制造业占7.5%；汽车制造业占6%；酒、饮料和精制茶制造业占5.5%；石油加工、炼焦和核燃料加工业占4.3%；非金属矿物制品业占4.1%。

从聚人看，39个行业大类中，外来就业人口超过50%的有16个行业，全部都是制造行业。这16个行业就业人员占工业的比重达到51.3%，外来就业人员占64.9%；其中，只有计算机、通信和其他电子设备制造业的外来就业人员平均受教育年限高于制造业平均水平，其余均低于制造业平均水平。

综合工业各行业能耗、水耗、聚人等情况，我们认为：

一是对于不是我市重点发展的产业，而且能耗高、聚人多，要限制新增量发展。存量中一些能源利用效率低、投入产出效率低的企业，也应该逐步淘汰和清退。

二是对于城市发展需要，但能耗、水耗较高，聚人较多的行业，未来要调整转型，提高发展质量（见表2）。如电力、热力生产和供应业需要提高能源利用效率，优化能源品种。

表2　七个需要调整转型的工业行业

行业名称	行业特征	单位数（个）	增加值占工业比重（%）	从业人员占工业比重（%）
废弃资源综合利用业	聚人多	9	0.1	0.1
水的生产和供应业	耗能/耗水	19	0.5	0.8
农副食品加工业	聚人多	135	1.1	2.9
食品制造业	聚人多	122	1.4	4.4
印刷和记录媒介复制业	聚人多	125	1.6	2.4
酒、饮料和精制茶制造业	耗水	42	2.0	2.8
电力、热力生产和供应业	耗能/耗水	62	17.7	5.3

三是汽车制造业和计算机、通信和其他电子设备制造业两个重点行业需审慎考虑未来发展方向。这两个行业增加值约占全市工业的 25%，但伴随着快速发展，耗水量将与日俱增。计算机、通信和其他电子设备制造业吸纳的外来就业人员占工业的 10%，劳动生产率低于工业平均水平。未来应通过向外转移加工组装等低端制造环节，减少能耗水耗，减弱对外来就业人口的吸纳。

（二）建筑业仍有发展需求，建筑装饰业需加强管理

目前我市建筑业就业人员约占全市的 5%左右，创造全市 4.2%的经济量和 2.2%的税收。北京未来推进城镇化建设，提高基础设施水平对建筑业仍有较大需求。从行业内部来看，就业人员占比近 40%的建筑装饰业劳动生产率不到建筑业平均水平的 30%，且该行业内的外来就业人员超过 80%，未来应加大行业规范和管理的力度。

（三）服务业应以提质增效和优化布局为重点

服务业贡献了 77%的经济量，吸纳了 70%以上的就业人员。其中，吸纳就业特别是外来人口较多的行业是批发和零售业、交通运输、仓储和邮政业、住宿和餐饮业、居民服务和其他服务业、租赁和商务服务业、房地产业、信息传输、计算机服务和软件业，这七个行业共吸纳了全市近 50%的就业人员。其中批发和零售业、住宿和餐饮业、居民服务和其他服务业内部外来人口比重都超过 60%（见表 3）。

1. 批发和零售业要提效减人，调整空间布局

批发和零售业是吸纳就业人口最多的行业，占全市的比重近 20%，税收占比在 15%左右，行业中外来就业人口接近 70%。未来需要通过提高信息化程度、连锁经营、合理布局等手段提高行业的运营效率，达到提效减人的目的。

批发市场有聚人、聚车的特点。目前，四环以内共有各类商品交易市场 284 个，吸纳了大量就业人员。合理疏解转移这些市场，特别是首都功能核心区的批发市场，对于产业腾笼换鸟、缓解人口、交通压力都非常重要。

2. 仓储、快递业需要加强监管

近年随着电子商务的发展，仓储、快递等业务迅速扩张，也吸纳了大量的外来就业人员，这些行业中外来就业人口的比重均超过了50%，同时，物流企业规模化、集约化、专业化水平亟待提高。未来应适当提高道路货物运输业、仓储业、快递服务业等行业的资质标准，加强行业监管，规范市场运营秩序。

表3　服务业分行业门类就业人口情况（%）

行业名称	就业人口占比	外来就业人口占比	行业内外来就业人口比重
服务业合计	70.9	71.0	46.0
其中：批发和零售业	19.9	29.5	68.0
交通运输、仓储和邮政业	6.3	3.8	27.6
住宿和餐饮业	5.9	9.4	72.6
租赁和商务服务业	5.0	5.0	45.6
信息传输、计算机服务和软件业	4.1	4.2	47.8
房地产业	3.6	3.4	44.2
居民服务和其他服务业	3.0	5.0	74.9

注：所列数据为2010年第六次人口普查数据。

3. 住宿餐饮业和居民服务业需要提高品质

住宿餐饮业和居民服务业是典型的劳动密集型行业，也是居民生活必需的行业。目前，这两个行业吸纳了全市15%左右的外来就业人口。外来人口在这两个行业就业人员中的比重均超过了70%。这两个行业就业的外来人口平均受教育年限分别为10.1年和9.6年，均低于全市外来就业人员平均水平（11.1年），这在一定程度上影响了生活服务业的水平。未来发展重点要放在加强监管，提高品质上，着力推动其以连锁经营等形式，提高规模化、规范化发展水平。

4. 信息服务业中低端聚人环节需要退出

信息传输、计算机服务和软件业外来就业人口的比重也较高。但这些外来人口素质较高，平均受教育年限为15.1年，高于全市就业人员平均水平（12.2年）。因此，在调整中应根据不同的业务类型区别对待，对劳动密集的呼叫中心可有选择的迁出，而技术密集的研发中心等，更要发挥经济效益及技术辐射效应。

5. 租赁和商务服务业需提高发展质量

租赁和商务服务业吸纳了全市近 10%的就业人员(2012 年)，70%以上的就业人员集中在企业管理服务业、咨询与调查和其他商务服务业三个行业。会展服务、包装服务和保安服务等其他商务服务业吸纳的外来就业人口较多，劳动生产率较低，应重点提高这类服务的效率水平。劳动生产率较高的知识产权服务、法律服务就业人员占比仍较低，应加大这些行业的发展力度，提高商务服务业整体发展水平。

6. 房地产业发展需要进一步规范

房地产业是我市经济的重要组成部分，其中，房地产中介服务吸引了大量外来人口，外来就业人口的比重达到 63.7%。随着我市房地产市场逐步由新房市场向二手房市场过渡，物业服务、中介服务逐渐成为重要的居民服务业，这些行业的外来就业人口比重都在 40%以上。今后要加强和规范对这些行业的管理，提高行业准入门槛。

综合以上情况，我们认为，对于服务业中的行业应分类施策，主要以提质增效和调整空间布局为主。一是调整商品交易市场空间布局，分批将与居民生活关系不密切的批发市场迁出；二是提高餐饮、理发美容、物业管理、房地产中介、仓储快递等服务业准入门槛，强化监管，鼓励企业集约化发展、规范化经营；三是进一步提高信息服务等优势行业的附加值水平，逐步将呼叫中心等低端环节转移出去，增强研发等核心环节的辐射力。

三、产业调整和疏解过程中需要处理好几个关系

（一）处理好稳增长与调结构的关系

一方面，做好稳定经济增长有关工作。创新工作思路，抓紧出台并落实具体措施，努力保持经济平稳增长。另一方面，平稳推进结构调整，分批、分类、分级推动产业疏解等工作，同时加大基础设施投资力度，推进棚户区改造，保证增长动力和增长方式平稳转换。

（二）处理好疏解与培育的关系

在推进疏解不宜本市发展的产业的同时，要尽快培育、做强符合首都战略定位的产业，积极寻找新的增长点，有进有退。一是重点行业要抓紧转型发展；二是加强对金融业、科技服务业、信息服务业等优势产业的支持力度；三是对于生态环境治理、生物医药、互联网等有发展前景的行业要积极扶持和培育，使之早日成为新的增长点。

（三）处理好行业和企业的关系

针对存量产业的调整，要细化到企业。一是在要疏解的行业中，部分企业可以保留。比如，高耗能、高耗水行业中的一些企业主要是行使管理中心、财务结算中心等职能，这些企业就无须迁出。二是在要保留的行业中，部分企业需要退出。比如，一些企业虽然属于高端制造行业，但主要从事来料加工，收取加工费，产值也不高，这样的企业就可以考虑退出。三是对全市经济有举足轻重的企业要重点研究，评估各方面风险后再谨慎推进，尽量减少给经济带来的波动。

（四）处理好高低端环节的进退关系

产业疏解过程中，要统筹考虑产业类型、产业链环节、生产工艺、吸纳就业、科技创新等情况。对于制造业，要剥离低端制造环节，将那些不宜本市发展的产业疏解出北京。将那些在本产业中具有科技创新实力、处于高端制造环节、未来发展潜力大的企业留在北京。对于服务业，一方面要积极吸引跨国公司在京设立地区总部、研发中心、采购中心、财务管理中心等功能性实体机构。另一方面，对于部分不宜疏解的服务业行业，要提质增效，提高发展水平。

（五）处理好京津冀协同发展的关系

目前看，无论是人口调控还是产业疏解，都要在京津冀，甚至更大的范围内，交流、合作、细化和调整分工。京津冀的经济结构和经济运行特点各不相同，产业既有同质化竞争的成分，也有协同发展的空间，未来处理好三地发展关系是实现首都新的战略定位和核心功能的关键。应尽快从产业分工、城市布局、设施配套、综合交通体系等方面建立机制、搭建平台、落实具体措施。

“六高”引领全市经济结构向“高精尖”转型升级的思考

◆◇赵桂林　郑瑞芳

内容提要：经过多年的建设与发展，六大高端产业功能区在首都经济发展、产业集聚、国际交往和科技创新方面已取得积极成效，是引领全市经济结构朝着“高精尖”方向转型升级的重要引擎。然而，随着研发技术、产品和服务市场国际竞争的日趋激烈，经济结构向着“高精尖”升级对新兴产业的核心技术自主研发能力和商业模式创新能力提出了更高的要求，“两个能力”的不足会成为转型升级持续深化的制约瓶颈。谋划未来，六大高端产业功能区应在积极推进协同创新、不断完善政策保障机制方面着力，切实提升自主研发水平和商业模式创新能力。

按照习近平总书记在北京调研时的要求，北京需要加强和完善“四个中心”的核心功能，调整疏解非首都核心功能及产业。对照习近平总书记对北京工作的指示精神和市委、市政府的工作部署，本文就六大高端产业功能区（以下简称“六高”）发展“高精尖”产业形成了一些认识：即“六高”在经济发展、产业集聚、国际交往和科技创新方面已取得积极成效，但经济结构向“高精尖”方向深化转型也存在制约瓶颈，建议未来发展着力突破瓶颈制约，使区域经济发展更好地服务于北京城市战略功能定位。

一、看成效

（一）对全市经济发展的支撑作用显著

目前，“六高”以不足全市10%的平原面积，创造了40%左右的地区生产总值、收入和利润。2014 年 1—3 季度，“六高”规模以上法人单位实现收入 37796.9 亿元[1]，占全市的 44.4%；同比增长 11.9%，对全市收入增长的贡献达 68.2%。实现利润占全市的 37.5%；增长 13.9%。

（二）对全市高端产业集聚的带动效应明显

高端产业的集聚发展在推动资源集约利用，促进专业化分工，提高资源配置效率等方面发挥着重要的作用。从高端制造业看，1—3 季度“六高”高技术制造业实现收入、利润占全市的比重均超过 90%，现代制造业实现收入、利润占全市的比重均超过 80%。从高端服务业看，信息服务业[2]、科技服务业、商务服务业实现收入占全市的比重分别为 89.3%、66.8%和 46.5%（见图 1）。

图 1 “六高”规模以上高端产业收入合计占全市比重

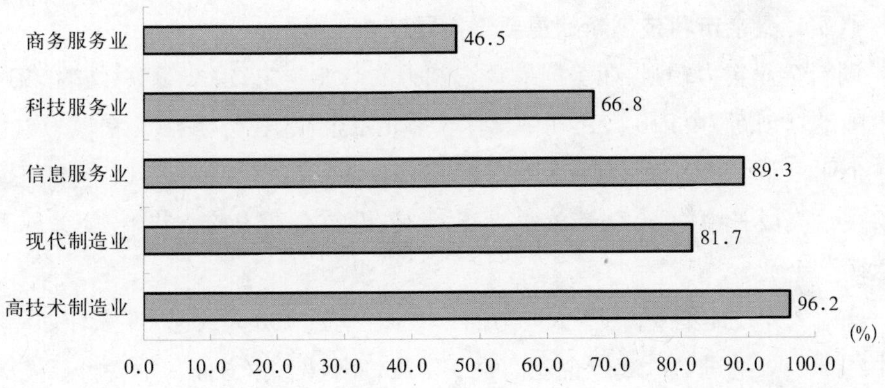

（三）是全市国际交往的重要支撑区域

国际金融机构的集聚和发展，有利于提升在国际金融界的话语权，是国际交往能力的体现。目前，“六高”已吸引欧洲最大的金融控股集团 UBS（瑞银集团）、国际领先的投资银行和证券集团高盛、全球领先的金融服务机构摩根大通、摩根士丹利、花旗银行、渣打银行等国际巨头入驻。1—3 季

1 六大高端产业功能区规模以上法人单位数据不包括农业和除中关村国家自主创新示范区以外的建筑业数据。

2 文中的信息服务业指国民经济行业分类中的信息传输、软件和信息技术服务业，科技服务业指科学研究和技术服务业，商务服务业指租赁和商务服务业。

度“六高”共有外资金融法人单位 89 家，实现收入占全市外资金融法人单位的 52%，增长 27.7%；实现利润增长 35.5%。

国际会议是国际交流的重要形式，是拓宽国际交往面和提升国际影响力的重要渠道。“六高”中的奥林匹克中心区拥有国家会议中心、北京国际会议中心、中国国际科技会展中心等会展资源。其中，国家会议中心 2013 年举办会议 846[3]场，接待“国际大会及会议协会(ICCA)”统计的会议 18 场，占北京市接待ICCA统计的会议总数的 17%。

航空旅客吞吐量是国际交通的主要指标，也是区域国际交往能力提升的重要体现。根据首都机场网站信息，位于临空经济区的首都机场年旅客吞吐量不断攀升，连续四年位居世界第二。2013 年，首都机场已联通了全世界 51 个国家和地区，共完成旅客吞吐量 8371.2 万人次，同比增长 2.2%。

（四）是全市科技创新的重要支撑区域

创新企业实力较强。在美国最具影响力的商业杂志《快公司》总结的 2014 年中国最具创新力的 10 大公司中，有 6 家北京企业上榜，其中 5 家属于“六高”企业，即小米、北京华大基因、腾讯、百度和幻腾智能。2013 年度德勤高科技、高成长中国 50 强榜单中，有 16 家[4]北京企业上榜，其中 13 家属于“六高”企业。

高端人才较为集中。领军人才方面，北京已有近 800 人入选“千人计划”[5]，其中约 80%吸纳进“六高”企业。1-3 季度，科技人才方面，中关村科技活动人员占从业人员的比重为 25.7%，较上半年提高 0.2 个百分点；高端产业从业人员方面，“六高”科技服务业、信息服务业从业人员占全市的比重分别为 52.6%和 89.3%，增长 9.4%和 6.4%。

---

3 奥林匹克中心区会展数据来源于北京奥林匹克公园管理委员会。

4 2013 年度德勤高科技、高成长中国 50 强榜单中有 18 家属于北京地区，但在全市规模以上法人单位库里有 16 家。

5 2008 年 12 月，中央人才工作协调小组制定了《关于实施海外高层次人才引进计划的意见》，主要是围绕国家发展战略目标，在未来的 5-10 年内为国家重点创新项目、重点学科和重点实验室、中央企业和国有商业金融机构等，引进 2000 名左右人才并有重点地支持一批能够突破关键技术、发展高新产业、带动新兴学科的战略科学家和领军人才来华创新创业，简称“千人计划”。

二、找瓶颈

（一）瓶颈一：核心技术自主研发水平

核心技术是企业拥有核心竞争力和绝对优势的保证，适应用户需求趋势的核心技术的缺失会压缩企业的未来发展空间，如在诺基亚、索爱等企业受到通讯产业需求升级换代的影响下，1–3 季度“六高”电子制造业实现利润下降 33.2%。1–3 季度电子制造业、医药制造业、汽车制造业、信息服务业实现收入占全市的比重分别为 98.1%、92.8%、66.1%和 89.3%，这些行业面临全球技术竞争和产业链配套体系的竞争，更加需要企业有面向未来的技术创新能力。北京由于创业成本较高，更需加强核心技术的自主研发，否则会成为“六高”引领全市向“高精尖”转型升级的制约瓶颈。

（二）瓶颈二：商业模式创新能力

随着新兴业态的不断出现，商业模式创新成为影响企业发展壮大的重要因素。1–3 季度数据显示，百度、腾讯、小米等实现了商业模式创新的企业收入实现快速或成倍增长。《科学投资》杂志调查显示，在创业企业中，因为战略原因而失败的只有 23%，因为没有找到赢利模式而失败的却高达 49%。没有较好的商业模式，技术很强的企业可能无法获得良好的经济效益，质量较好的产品可能得不到市场的认可。因此，商业模式创新能力不足也会成为影响“六高”引领全市向“高精尖”方向转型升级的制约瓶颈。

三、谋未来

（一）积极推进协同创新，提升自主研发水平

积极推进产学研协同创新，一要推进研发平台的人才集聚，加大对企业院士工作站、博士后工作站等人才载体建设的支持力度，打造形成“领军人才+团队+产业”的集聚发展态势，为提升自主研发水平提供人才保障；二要引导高校院所与企业研发平台对接，加快建立优势互补、风险共担、利益共享、共同发展的合作机制，解决好合作中的利益分配和风险分担问题，形成

产学研主体协同创新的内在动力机制；三要围绕“六高”部分行业面临的全球技术竞争和产业链配套体系竞争，聚焦产业技术创新目标，鼓励产学研各方在战略层面上进行合作，推进创新链上下游的对接和整合，打通科技成果转化的瓶颈，使协同创新成为提升区域自主研发水平的助推力。

（二）完善政策保障机制，鼓励商业模式创新

商业模式的创新不仅有利于推动技术创新成果的产业化，也有利于基于技术创新的新兴产业或业态保持竞争优势，是国际产业竞争的新趋势。如苹果、谷歌等跨国企业通过技术创新与商业模式创新的有机融合，赢得了不可复制的市场领先优势。但技术创新之后的商业缺失，则会制约企业对技术持续创新的投入，影响创新能力的再提升和产业发展的良性循环；因此，在重视自主创新能力的同时，也要注重商业模式创新。

党的十八大和十八届三中全会报告提出要“加强技术集成和商业模式创新”，“完善风险投资机制，创新商业模式，促进科技成果资本化、产业化”，将商业模式创新作为深化科技体制改革的重要组成部分；2014 年“六高”总体发展态势较好，但部分功能区部分产业受新的商业模式挑战，经济运行暂时处于低位。建议积极引入“技术创新+商业创新”的项目，同时鼓励和引导区域内存量企业开展商业模式创新活动，引领全市经济结构朝着“高精尖”方向加快转型升级。

聚焦高端产业功能区　探寻创新驱动着力点

◆◇赵桂林　郑瑞芳

内容提要：科技创新中心是中央赋予北京的新定位，科技创新是区域经济发展和产业转型的重要驱动力，但创新驱动不宜平均着力，应大力加强重点区域和重点领域的创新链部署。六大高端产业功能区是全市经济向高端、高效、高辐射发展的重要力量，也是推动全市加快构建“高精尖”经济结构的重要承载区域，因此抓好六大高端产业功能区建设，对于推动首都“科技创新中心”核心功能的建设具有重要作用。本文通过分析六大高端产业功能区创新发展的特点和需要关注的问题，建议从提升创新能力、提高产出水平和完善规划布局三个方面着力，切实让创新成为六大高端产业功能区带动全市经济转型升级的强大驱动力。

科技创新中心是中央赋予北京的新定位。六大高端产业功能区（以下简称“六高”）是全市经济向高端、高效、高辐射发展的重要力量，也是推动全市加快构建“高精尖”经济结构的重要承载区域。近年来，“六高”在科技创新发展中有所突破，但也暴露出一些发展中的问题，需要我们及时解决，破茧成蝶，使“六高”在推进首都“科技创新中心”核心功能的建设中发挥更大作用。

一、“六高”创新发展的特点

（一）创新发展基础较好

有研发活动的企业占比高。企业开展研发活动是企业重视创新的体现，也是研发投入的保证。2013年，“六高”规模以上工业企业中开展研发活动的比例[1]为 53.9%，较 2011 年提高 7 个百分点，且高于全市平均水平 24.8 个百分点。

研发投入稳步增加。2013 年，“六高”规模以上工业和重点服务业[2]企业R&D经费支出 268.2 亿元，占全市的 8 成多（80.5%）；与 2011 年相比，增加 50.8 亿元，增长 23.3%，快于全市平均水平 1.7 个百分点。R&D人员折合全时当量为7.4万人/年，与2011年相比，增加1.3万人/年，增长20.6%，快于全市平均水平 8 个百分点。

（二）高端产业支撑区域创新发展

2013 年，“六高”规模以上工业战略性新兴产业实现增加值 594.1 亿元，占全市的 84.7%。“六高”规模以上高技术制造业、科技服务业和信息服务业分别实现收入 3657.4 亿元、3910.1 亿元和 4265.6 亿元，占全市的比重分别为 96.8%、63.8%和 84.4%；增长 9.7%、24.3%和 9.9%，比全市平均增速高 2.4 个、15.8 个和 0.7 个百分点。

（三）科技智力资源较为集中

领军人才方面，入选 2014 年“科技北京”百名领军人才培养工程的 28 人中，有 11 人被吸纳进“六高”企业；北京入选“千人计划”的近 800 人中，约 80%被吸纳进“六高”企业。科技人才方面，2014 年 1–3 季度中关村科技活动人员占从业人员的比重为 25.7%，较上半年提高 0.2 个百分点；本科及以上学历人员占从业人员的比重为 51.8%，较上半年提高 0.4 个百分点。

（四）企业技术创新主体地位得到加强

企业自主创新能力不断增强。2013 年中关村形成国家或行业标准 1410 项，比 2011 年增加 553 项。典型企业如网上银行“U 盾”提供商飞天诚信科技股份公司参与了多项国际标准制定；大唐半导体牵头制定了全球两大 4G 通信标准之一的 TD–LTE 标准，北京纵横机电技术开发公司的轨道交通制动系统研发产品多次应用于北京地铁的核心项目。

企业创新实力得到认可。在美国最具影响力的商业杂志《快公司》总结

1 指规模以上工业企业中开展 R&D 活动的企业数占全部规模以上工业企业数的比重。

2 文中重点服务业指国民经济行业分类中的交通运输、仓储和邮政业；信息传输、软件和信息技术服务业；租赁和商务服务业；水利、环境和公共设施管理业；文化、体育和娱乐业。

的2014年中国最具创新力的10大公司中，有6家北京企业上榜，其中5家属于“六高”企业，即小米、北京华大基因、腾讯、百度和幻腾智能。2013年度德勤高科技、高成长中国50强榜单中，有16家[3]北京企业上榜，其中13家属于“六高”企业。

（五）创新服务体系逐渐完善

重点实验室和工程技术研究中心逐步建立。根据北京市科委统计数据，目前共有128家北京重点实验室和工程技术研究中心的依托单位为“六高”规模以上单位。

政府专项扶植科技服务见成效。2014年，北京市科委设立了“北京市科技服务业专项”，“六高”获得该专项服务支持的规模以上法人单位数占全市获该专项支持单位总量的近六成，这些单位1-3季度实现收入同比增长33.2%。

二、需要关注的问题

（一）创新能力有待加强

按照经济合作与发展组织的标准，研发投入强度低于1%为缺乏创新能力，1%-4%之间为创新能力中等，高于4%为具有国际竞争力。2013年，“六高”规模以上工业和重点服务业企业R&D经费投入强度为1.2%，比2011年下降0.5个百分点，表明区域创新能力仍显不足。创新能力不足将会影响产业的进一步升级和转型，进而影响区域经济的可持续发展。

（二）创新产出水平仍需提升

工业企业新产品销售收入占比下降，2013年，“六高”规模以上工业企业新产品销售收入占产品销售收入的比重为33.9%，比2011年下降3.5个百分点。

科技服务业效益水平仍需提升，2013年，“六高”科技服务业实现利润增长16.9%，低于全市科技服务业8.5个百分点，收入利润率为8.5%，低

3 2013年度德勤高科技、高成长中国50强榜单中有18家属于北京地区，但在全市规模以上法人单位库里有16家。

于全市 0.1 个百分点。

领军企业收入利润率偏低，2013 年，“六高”实现收入上百亿元的企业收入利润率为 12.1%，低于“六高”规模以上法人单位收入利润率平均水平 1.3 个百分点。

（三）各功能区创新发展协调性不足

从研发投入内部构成上看，研发投入主要集中在中关村，其他五个功能区企业 R&D 经费支出合计和 R&D 人员折合全时当量合计占“六高”合计的比重均不足 20%。从创新能力看，2013 年金融街、北京商务中心区和临空经济区三个功能区企业 R&D 经费投入强度均低于全市平均水平。从对所在区县的带动作用看，2013 年中关村规模以上法人单位人均实现收入和收入利润率均低于全市平均水平。其他五个功能区中，奥林匹克中心区人均实现收入低于朝阳区平均水平，北京商务中心区和奥林匹克中心区两个功能区收入利润率低于朝阳区平均水平。

三、对策建议

推动首都科技创新中心建设，应聚焦高端产业功能区，找准创新驱动着力点。

（一）着力提升创新能力

营造有利于研发主体创新的环境对于提升区域创新能力具有重要作用。一是要建立健全开展科技创新活动的标准和规范，创造研发主体能够公平竞争的环境；二是要加强对科技创新活动和科技产出成果的法律保护，为研发主体开展科技创新活动提供有力保障；三是要加强创新支持力度，在吸纳科研人才、激励自主创新和搭建产学研用协同创新平台等方面提供良好的政策环境。

（二）着力提高产出水平

近年来，“六高”研发投入稳步增加，但产出水平却不高，表明创新资源的投入和使用机制尚不完善。建议一是合理配置科技创新资源投入，特别是政府科技创新投入的配置，要注重对以企业为主体的、面向应用和市场的创新的支持；二是引导各研发主体减少重复研究，提升创新资源的投入产出效率；三是完善科技支撑产业发展机制，促进产业集群创新，提高科技转化能力和产出水平。

（三）着力完善规划布局

“六高”各功能区定位不同，发展的基础和特色不同，建议及时跟踪全球产业和科技发展新趋势，进行超前规划布局，明确各功能区当前产业发展和科技创新需要布局的重点方向和领域，谋划今后科技创新的主攻方向和优势领域，采取有针对性的差别化的科技支持政策，积极引进符合区域创新布局的项目。同时，也要注重推动区域内有一定技术基础的存量企业向产业价值链的高端进一步升级，提高各功能区对所在区县乃至全市的带动作用，切实让创新成为“六高”带动全市经济转型升级的强大驱动力。

对北京市高技术服务业发展的初步思考

◆◇高燕燕　张　超

内容提要：高技术服务业[1]作为“高精尖”[2]经济结构的重要组成部分和增长引擎，对推进首都产业结构优化升级、发挥区域一体化集群优势、提升产业竞争力具有重要支撑作用。本文结合相关产业数据，对我市高技术服务业总量和结构状况进行了初步分析，提出了促进高技术服务业发展的几点思考和建议。

高技术服务业作为“高精尖”经济结构的重要组成部分，对于推进首都产业结构优化升级、发挥区域一体化集群优势、提升产业竞争力具有重要支撑作用。目前，我市高技术服务业已初具规模，但总体发展与首都城市资源优势和战略功能定位的要求有一定距离。我们通过对北京高技术服务业问题和现状的分析，对进一步发展高技术服务业提出了初步思考和建议。

一、发展现状

（一）产业发展初具规模，结构调整稳步推进

伴随着北京经济结构的不断转型升级，社会各领域对高端服务的需求逐步增加，我市高技术服务业发展初具规模，主要经济指标实现较快增长，在全市服务业结构中所占比重有所提升。2013 年，全市共有高技术服务业[3]单位 6523 家，拥有资产 40245.9 亿元，实现利润 2436.5 亿元，缴纳税金 715.7 亿元，同比分别增长 7.3%、34.1%和 39.3%，比全市规模以上服务业增速分

1 高技术服务业分类参照国家统计局 2013 年制定的《高技术产业（服务业）分类》。

2 本文把“高精尖”经济界定为：以高技术产业为引领、以科技创新为驱动、集约高效的产业模式。

3 本文中涉及的高技术服务业经济及全市第三产业经济均是规模（限额）以上口径。

别高 0.3 个、4.9 个和 22.9 个百分点，占全市服务业相关指标的比重分别为 3.7%、13.2%和 13.2%（见表 1）。

表 1　2013 年高技术服务业主要指标

	2013 年	同比增速（%）	增速比服务业增减（百分点）	占服务业比重（%）
单位数量（户）	6523	–	–	17.9
资产总计（亿元）	40245.9	7.3	0.3	3.7
收入合计（亿元）	11718.5	8.7	–3.5	11.3
税金总额（亿元）	715.7	39.3	22.9	13.2
利润总额（亿元）	2436.5	34.1	4.9	13.2
从业人员平均人数（万人）	121.4	7.4	3.7	21.5

（二）就业规模扩大，社会稳定器作用突出

高技术服务业克服了市场需求放缓、劳动力需求减弱的困难，就业规模持续扩大。2013 年，从业人员 121.4 万人，比上年同期增长 7.4%，高于服务业平均增速 3.7 个百分点，与 2012 年相比，净增 8.3 万人，对第三产业新增就业贡献达 41.3%（见表 2）。

表 2　2013 年高技术服务业从业人员人数变动情况

	从业人员（万人）	同比增长（%）	贡献率（%）
高技术服务业合计	121.4	7.4	100.0
信息服务	64.7	7.6	54.6
电子商务服务	1.1	41.2	3.9
检验检测服务	4.0	11.0	4.7
专业技术服务业的高技术服务	22.2	4.3	10.9
研发与设计服务	16.9	7.3	13.8
科技成果转化服务	8.9	6.6	6.6
知识产权及相关法律服务	3.0	13.2	4.2
环境监测及治理服务	0.6	20.7	1.3
其他高技术服务	0.0	–	0.0

（三）盈利能力提升，增长质量有所改善

2010–2013 年，高技术服务业盈利能力稳步提升。利润总额从 2010 年的 1312.6 亿元，扩张到 2013 年的 2436.5 亿元，年均增长 22.9%；户均利润总额从 2010 年的 2032.3 万元，提升到 2013 年的 3735.3 万元，年均增长 22.5%。伴随产业价值链的不断延伸、科技驱动的逐步增强，高技术服务业的经营效率和水平有所提升。2013 年，高技术服务业收入利润率为 20.8%，比上年提高 3.9 个百分点；人均创利 20.1 万元/人，同比增长 24.9%；劳动生产率 96.6 万元/人，增长 1.2%，产业增长质量有所改善。

（四）产业能耗总量少，符合绿色低碳发展模式

作为技术密集型产业，高技术服务业发展主要依靠人才、科技、文化和教育等智力要素，对煤炭、天然气等物质资源消耗较低，符合资源集约、绿色低碳的产业发展模式。以信息服务业为例，2012 年，我市信息传输、软件和信息技术服务业实现增加值 1621.8 亿元，占第三产业的比重达到 11.9%；但能源消耗总量仅占 3.8%，远低于全市行业能耗平均水平。

二、存在问题

（一）产业规模偏小，产出效率亟待增强

近年来，随着科技的不断进步和商业模式的频繁创新，北京高技术服务业规模有所扩张，但仍存在经济总量较小、占比偏低的短板，与服务业的主导地位形成一定反差，高端引领作用不强。2013 年，高技术服务业主要指标占第三产业的比重均不足两成：单位数占比仅为 17.9%，利润总额占比为 13.2%，税收占比 13.2%，营业收入占比为 11.3%，其中，营业收入占比连续 3 年持续下行。从贡献度看，当年高技术服务业对第三产业新增收入贡献率仅为 8.3%，对服务业新增利润贡献率也只有 14.9%。从投入产出效益看，高技术服务业的劳动生产率远低于第三产业 182.9 万元/人的平均水平；人均创利也仅是第三产业平均水平的 61.6%。如何更好地提供更高附加值的服务来提质增效，破解高技术服务业产出效率不高的困境显得尤为迫切。

（二）行业集中度高，高技术服务业稳定发展有风险

从高技术服务业内部看，行业结构不均衡现象突出，产业发展相对单一。信息服务业作为北京高技术服务业中的第一大行业，2010年以来其资产、收入指标占比稳定在45%以上，而排名第二、三位的专业技术服务业、研发设计服务业占比合计低于36%，其余五个行业比重均不足一成。单个行业独大导致高技术服务业稳定性较差。如2011年受全球经济复苏步伐走弱影响，信息服务业营业利润同比增速大幅下降48.8%，下拉高技术服务业增速24.5个百分点。当年，其利润总额的同比下滑也下拉高技术服务业增速4.9个百分点至1.4%。

（三）产业融合度相对较低，行业带动作用不强

高技术服务业依托于高新技术，处于产业链高端，是改造提升传统行业、促进产业间融合的催化剂。从供给角度看，信息服务业[4]作为一种资源要素提供给其他产业，提供份额越大，说明其他产业对信息服务业需求越大，信息服务业对其他产业的推动作用越明显。2010年投入产出信息表明，信息服务业提供的相关产品服务近80%集中在综合技术服务业、金融业等三个行业，且排名前十的均是第三产业部门（见表3）。而信息服务业对第二产业的中间使用系数仅3.6%，反映该产业对以工业为主体的实体经济的技术和服务的支撑力度明显不足。

从需求角度看，信息服务业的生产经营过程需要其他产业的相互配合。感应度系数[5]越高的产业，国民经济发展对该产业的拉动作用越大。2010年投入产出表测算得出，信息服务业感应度系数仅为0.3376（见表4），远低于社会平均水平，反映出行业满足其他部门需求的能力较弱，经济发展对信息资源的利用程度不高，信息技术扩散外溢和对接融合效应亟待进一步增强。

4 考虑到数据的可获得性和信息服务业的主导地位，以信息传输、计算机服务和软件业为例进行分析。

5 感应度系数表示当国民经济各个部门的最终需求增加一个单位时，第j部门增加的总产出情况。

表 3　信息服务业排名前十的中间使用系数表

部门名称	中间使用系数（%）	中间使用系数位次
信息传输、计算机服务和软件业	32.6	1
综合技术服务业	29.6	2
金融业	13.8	3
文化、体育和娱乐业	3.2	4
租赁和商务服务业	3.2	5
公共管理和社会组织	3.0	6
交通运输及仓储业	2.1	7
研究与试验发展业	1.8	8
批发和零售业	1.8	9
卫生、社会保障和社会福利业	1.4	10

表 4　2010 年北京信息服务业感应度和感应度系数

	第一产业	第二产业	信息服务业	第三产业[6]
感应度	1.2906	6.2653	1.1277	4.8621
感应度系数	0.3864	1.8758	0.3376	1.4557

三、几点思考

经历前些年的快速发展，北京经济增速已连续 11 个季度运行在 7%–8% 之间，呈现出趋缓趋稳特征。在“三期叠加”的复杂阶段，北京经济要继续保持一定规模和增速，在继续调整产业结构，做大第三产业规模的基础上，应逐步提升第三产业内部结构，向高技术服务业发展要动力。目前，高技术服务业主要指标占第三产业比重不足两成，在打造高精尖产业影响下，高技

6 此处第三产业指扣除信息服务业后的第三产业。

术服务业发展潜力巨大。在高技术服务业发展上，我们建议，在继续做大信息服务业的同时，加快高技术服务业其他行业建设，实现内部行业的均衡发展。

（一）打造“微笑曲线”，加快高技术服务业上下游行业建设

高技术服务业是由高技术制造业延伸形成的新业态，对于加快高技术服务业上下游建设，我们建议：

第一，从中观角度，加强“微笑曲线”两端行业建设。科技成果转化和研究开发位于“微笑曲线”的两端，2013 年，本市科技成果转化业和研发设计业的劳动生产率分别为 147.5 万元/人和 119.7 万元/人，居于高技术服务业前列。但目前，两个行业的资产、收入占比不足 20%，而且相对集中在工程和技术研究及农业推广服务，而在生物技术研发、新材料技术推广等方面发展缓慢，微笑曲线尚有较大的提升空间。北京应依托丰厚的科技和人才资源优势，加强“微笑曲线”行业投入，逐步改变高技术服务业产业融合度较低，行业带动性不强的现状，提高产品的附加值。

第二，从微观角度，引导企业创新。引导企业做好产品研发和售后产品的升级维护工作。调研中，某 IT 企业反映，一方面通过创新创意为生产单位提供了信息技术支持和自动化管理等专业化服务，同时利用品牌优势为消费者提供软硬件升级维护等完整配套解决方案，通过前期创新和后期维护，企业市场价值得到不断扩散和延伸。

（二）促进京津冀产业跨区域流动，加强网络科技行业发展

推动京津冀一体化和缓解资源、环境、人口压力是一项系统工程，应从存量和增量的角度做好调整疏解工作。我们建议：

第一，通过网络科技，实现存量的对外疏解。要发挥高技术服务业网络信息优势，依托首都丰富的医疗和教育资源，发挥信息技术带来的远程服务方式，实现服务的跨地域化，为疏解非首都核心功能提供更多的空间。目前，我市互联网信息服务业规模和强辐射性有待进一步增强，2013 年，其资产和收入仅占高技术服务业的 2.1%和 5.2%，有很大的发展空间。

第二，通过对外疏道，实现增量的跨区域流动。北京可利用其技术、资金、信息等高平台，加速生产要素的跨地域流动，提升周边地区产业层次和水平，同时缓解自身人口资源压力。调研中，某环保技术公司较早地看准河北重工业比重较高、环评设施相对薄弱的商机，通过与当地科研院所合作、成立子公司等形式积极在石家庄等地进行布局，取得了较好的经济效益和社会反响。

对发挥中关村高精尖引领作用的思考

◆◇张小洁　武睿琦　侯建华　邢　军

内容提要：习近平总书记在视察北京时提出，北京要放弃大而全的发展模式，构建高精尖经济结构。中关村作为我国首个国家级自主创新示范区，我市高精尖产业的重要载体，在建设全国科技创新中心和构建高精尖经济结构中应当充分发挥创新引领作用。本报告用数据描述了中关村在我市经济结构中所处地位；用质量效益指标对高精尖产业发展现状进行再梳理；找出创新发展存在的突出问题；提出明确主导产业、开展全面创新、优化产业布局、实现京津冀对接等建议。

一、中关村是我市高精尖产业的重要载体

（一）中关村是我市经济的重要组成部分

2013 年，中关村示范区（以下简称中关村）共有高新技术企业 15455 家，实现增加值 4227.7 亿元，占全市地区生产总值的 21.7%。实现总收入 30497.4 亿元，利润总额 2264.8 亿元。中关村规模（限额）以上工业和第三产业收入、利润分别占全市的 23.8%和 10.9%。规模以上工业营业收入增速为 19.2%，高于全市 8.9 个百分点；限额以上第三产业营业收入增速为 19.5%，高于全市 7.3 个百分点。

（二）中关村在全市高端业态中地位突出

2013 年，中关村规模以上高技术制造业企业实现主营业务收入 3304.3 亿元，利润总额 281.7 亿元，分别占全市的 88.8%和 98.1%。规模以上工业战略性新兴产业实现总收入 3064.4 亿元，占全市的 78.9%。其中，生物产业、高端装备制造业和新能源产业占到全市该产业的 90%以上。2014 年上半年，中关村限额以上批发零售业企业实现网上零售额 467.6 亿元，同比增长

68.3%，增速高于全市 15.3 个百分点，占全市限额以上批发零售业网上零售额的 80.5%。

（三）中关村企业引领全市科技创新水平

2013 年，中关村高新技术企业 R&D 经费内部支出 456.3 亿元，R&D 人员 15.3 万人，分别占全市的 38.5%和 45.6%。2013 年，中关村专利申请数和专利授权数分别达到 37782 件和 20991 件，分别占全市的 30.6%和 33.5%。实现技术合同交易额 2484.1 亿元，占全市的 87.1%。中关村企业进入国际竞争最前沿，创制国际标准 93 项。

（四）中关村产业园地均产出高于所在区县

目前，中关村 488 平方公里规划面积渗透 16 个区县，从地均产出看，除首都核心区外，处于功能拓展区、城市发展新区、生态涵养发展区的中关村分园地均产出均大大高于所在区县（见表 1）。

表 1　2013 年中关村分园及分区县地均产出

分区县	中关村地均产出（亿元／平方公里）	区县地均产出（亿元／平方公里）
合　计	72.9	7.5
首都功能核心区	141.7	400.1
城市功能拓展区	95.2	49.2
城市发展新区	47.5	3.1
生态涵养发展区	14.1	0.3

二、对中关村高精尖产业发展现状的再梳理

（一）按行业平均水平分类

高精尖产业应是有创新、效益好的产业。我们综合考虑创新与经济因素，选择 2013 年中关村平均利润率 7.43%和平均 R&D 投入强度 1.5%对中关村全部行业做水平划分。区分为四类：A 象限为高研发、高效益的行业，B 象限为低研发、高效益的行业，C 象限为高研发、低效益的行业，D 象限为低研发、低效益的行业（见表 2）。

表 2　中关村分行业利润率和 R&D 投入强度水平情况

	利润率>=7.43%	利润率<7.43%
R&D 投入强度 >=1.5%	A 象限包括： 制造业 信息传输、软件和信息技术服务业 科学研究和技术服务业	C 象限包括： 农、林、牧、渔业 卫生和社会工作
R&D 投入强度 <=1.5%	B 象限包括： 电力、燃气及水的生产和供应业 交通运输、仓储和邮政业 住宿和餐饮业 金融业 房地产 租赁和商务服务业 水利、环境和公共设施管理业 教育 文化、体育和娱乐业	D 象限包括： 采矿业 建筑业 批发零售业 居民服务、修理和其他服务业 公共管理、社会保障和社会组织

A 象限作为中关村优势行业，包括制造业、软件和信息技术服务业、科学研究和技术服务业三大行业。主要特点是：(1) 利润率和研发强度均高于中关村平均水平，对全市经济形成较强支撑，三个行业规模（限额）以上企业总收入分别占全市该行业的 54.9%、78%和 77.4%，且三个行业收入合计占中关村总收入的 49%，利润占 61.4%。（2）研发投入强度高，三个行业 R&D 投入强度均高于中关村平均水平，R&D 经费合计占到中关村的 81.6%。（3) 技术领先特征，中关村近 90%的国际标准创制集中在这三个行业中（见表 3）。

表 3　2013 年中关村 A 象限行业制定国际标准占比情况

	A 象限行业中制定国际标准的企业数占中关村制定国际标准企业数的比重（%）	A 象限行业制定的国际标准数占中关村制定国际标准数的比重（%）
合　计	89.4	89.2
制造业	33.3	29.0
信息传输、软件和信息技术服务业	26.3	20.4
科学研究和技术服务业	29.8	39.8

B象限和C象限为潜力行业，这两个象限内行业的利润率和研发强度单项高于平均水平。

D象限为劣势行业，D象限中的采矿业、建筑业等行业的利润率和研发强度均低于平均水平。

（二）按企业平均水平分类

我们用2013年中关村平均利润率和平均R&D投入强度对中关村15455家企业做水平划分。把研发投入强度和利润率均高于中关村平均水平的企业，以及全部国家级高新技术企业作为中关村优势企业。这部分企业共7080家，占中关村企业总数的45.8%。R&D投入强度达到2.88%，远高于中关村1.5%的平均水平；利润率达到9.25%，远高于中关村7.43%的平均水平。

表4　2013年中关村高精尖优势企业分行业情况表

行　业	企业数（家）	总收入（亿元）	各行业总收入占比（%）	利润总额（亿元）	各行业利润占比（%）
合　计	7080	15023	100.0	1389.7	100.0
制造业	1835	5389.4	35.9	455.7	32.8
建筑业	127	978.1	6.5	32.4	2.3
批发零售业	793	1587.4	10.6	95.5	6.9
信息传输、软件和信息技术服务业	2546	3129.7	20.8	444.3	32.0
金融业	21	25.6	0.2	2.9	0.2
租赁和商务服务业	182	636.5	4.2	59.4	4.3
科学研究和技术服务业	1397	1960.1	13.0	242.4	17.4
水利、环境和公共设施管理业	56	142.5	0.9	18.6	1.3
其他	123	1173.7	7.9	38.6	2.8

把研发投入强度、利润率连续三年均低于中关村平均水平的企业作为劣势企业。这部分企业共有3836家，占中关村企业总数的24.8%，占中关村总收入的18.7%。其中，98.9%的企业无研发活动，23.1%的企业亏损。

三、高精尖产业发展中的突出问题

（一）产业发展需进一步提质增效

1. 产业发展水平优劣分化

中关村行业门类齐全，但发展质量差异大。从创新能力与经济效益的综合指标看，三大行业（A 象限行业）具有突出优势，五大行业（D 象限行业）处于劣势。高研发高效益的优势企业与低研发低效益的劣势企业各占 45.8%和 24.8%，劣势企业占比近 25%。

2. 生产效率优势不突出

2013 年，中关村规模以上制造业人均营业收入 130.8 万元/人，低于全市制造业 3.5 万元/人。第三产业重点行业信息传输、软件和信息技术服务业人均营业收入 77.7 万元/人，低于全市该行业平均水平 2.8 万元/人。

3. 高技术产业比重下降

2013 年，中关村规模以上高技术制造业占中关村规模以上工业比重为 39.3%，比 2012 年下降 2.1 个百分点。高技术服务业占中关村规模以上第三产业比重为 43.9%，比 2012 年下降 1.2 个百分点。

（二）创新链条待进一步梳理、完善

1. 企业技术创新水平待升级

2013 年，中关村 R&D 投入强度为 1.5%，按照国际通用的衡量企业创新能力标准，处中等偏下水平。目前中关村企业开展的科技项目中，近 60%项目是为了增加产品功能或提高性能、提高劳产率、节省能源原材料等一般性项目。而采用新技术原理、新设计构思研制生产全新产品的项目比例待进一步提高。

2. 产学研协作创新待突破

我市的科研院所、高等校院云集，科技人才、经费资源充足。2013 年，在京科研机构和高等院校 R&D 投入占全市的 62.4%。其中，基础研究投入占全市的 96.4%，应用研究投入占全市的 91.1%。而中关村企业承接利用这些科技成果的比例偏低。2013 年，中关村企业与境外机构、境内院校、科研

机构及其他企业合作的研发项目仅占企业研发项目总数的 16.3%，80%以上研发项目靠企业独立完成，协作创新明显不足。

3. 科技配套承接服务待加强

中关村的科学研究和技术服务业中，以研发性质为主的研究和试验发展大类的收入增长率为 16.1%，专业技术服务业大类的收入增长率 34.1%，发展优势显著。而以科技配套服务为主的科技推广和应用服务业大类收入增长率仅为 6.2%，低于中关村平均水平。配套承接服务的不足将使得创新成果缺乏转化渠道。

（三）产业布局待进一步调整

目前全市 70%的产业用地集中在中关村，存在充分利用、科学布局问题。一是产业有待进一步向园区集聚，16 个分园中，昌平、大兴、丰台、石景山、海淀 5 个分园经济总量占所在区县的 45%以上，集聚效果较强；其他 11 个分园占比均在 25%以下（其中 7 个为新扩园区），尚有吸纳空间；二是人口疏解和产业定位需要更好统筹。地处首都功能核心区的产业园地均产出低于所在区县，优势不明显，有调整空间；三是各园区产业相似度较高，需要引导错位发展。

四、发挥中关村高精尖引领作用的建议

（一）明确主导产业，提升中关村对全市高精尖产业的引领作用

一是大力发展高精尖优势行业。在中关村集中力量做精制造业、信息传输软件和信息技术服务业、科学研究和技术服务业三大高精尖优势行业，特别是有发展优势的生物产业、新一代信息技术等战略性新兴产业，延伸扩展产业链条。重点支持 7080 家优势企业，跟踪全球科技方向，研发应用核心技术，加快产业升级；二是对科技型潜力行业与企业加强引导支持，培育接续力量。第三，对劣势行业和企业助力调整转型、资源整合、优胜劣汰。

（二）推动全面创新，增强科技对产业转型升级的内在支撑力

改变单一推动技术创新局面，推动以科技创新为核心的技术创新、组织创新、营销创新等全方位创新。一是推动技术创新。政府应对中关村优势企

业给予研发政策支持，鼓励提升技术研发层次；大力发展科技中介、科技金融、创业服务等科技外围服务业，加速科技成果转化；二是推动组织创新。破除院所与企业间产学研分割体制障碍，搭建我市基础研究、应用研究以及试验发展资源互动平台，研究创新合作激励政策，争取重大科技成果在中关村落地；三是推动营销创新。小米、京东等创造了成功的商业模式，建议有关部门积极引入先进营销方式，改善科技型企业营销状况，扩大产业升级新生力量。

（三）优化产业布局，发挥中关村对区县经济的拉动作用

一是市级统筹规划，结合区县资源禀赋、地域特征，布局特色化产业集群；二是高效利用产业用地，腾笼换鸟，吸引和置换高精尖的产业，协调园区之间、园区与京外地区产业承接转移，园区内多功能用地优先考虑科技配套服务；三是疏解城市中心区聚人多的产业，缓解资源环境压力。

（四）京津冀对接，发挥中关村在三地一体化发展中的主动布局作用

京津冀地区共有 7 个国家级高新区。中关村的 R&D 经费内部支出占 7 个高新区的 69%，研发优势突出，应更多承担研发创新环节，增强技术辐射。天津滨海新区靠近空港、海港，应承担物流中转和贸易环节。河北工业总产值占三地总量的 51.3%，可利用已有产能承接制造、加工环节。三地合理分工，减少重复投入和运营成本，形成协同发展格局。

信息消费成为经济增长持续拉动力

◆◇刘　黎　黄玉翠　杜峥鸣

内容提要：本文根据商品分类标准和国民经济行业分类标准分别对商品性和服务性信息消费进行测算，依据测算数据分析了北京市信息消费发展状况和特点，指出北京信息消费市场存在的问题，并提出政策建议。

随着网络技术和信息通讯技术的高速发展，性能优越而价格亲民的信息产品不断涌现，新型信息服务不断更新，信息消费逐步成为新的消费热点，并有望成为经济持续增长拉动力。

一、信息消费的概念和统计方法

（一）概念

信息是客观存在的一切事物通过物质载体所发出的消息、情报、指令、数据和信号中所包含的一切可传递和交换的内容。信息既可以表现为存储和传递信息的工具和载体，也可以以文字、图像、声音、视频等内容为表现形式。消费是居民、政府部门用于直接满足个人需要或社会成员公共需要的产品或服务的支出总额，既可按消费主体分为居民消费和政府消费两部分，也可按消费内容分为产品消费和服务消费两部分。

信息消费可以概括为在核算期内，居民和政府部门直接或间接以信息产品或信息服务为消费对象所进行的最终支出。

（二）统计方法

当前国家统计局国际统计信息中心、工业和信息化部电信研究院以及北京市经济和信息化委员会等部门基于不同的方法，采用不同的数据测算过不同统计范围的信息消费。结合信息消费的概念和统计范围，我们博采众长，将信息消费分为商品消费和服务消费两大类，采用信息商品的零售额来测算信息商品消费；采用信息服务行业的收入与消费率乘积来测算信息服务消费，共同构成信息消费。需要强调的，一是北京信息消费额反映了北京信息消费市场规模，服务对象以北京为主，同时也辐射外地，体现北京信息服务的辐射力和影响力；二是信息消费反映的是最终服务需求，区别于服务生产环节的中间服务需求。

1. 信息商品消费测算方法

根据我国当前统计报表制度中使用的商品分类标准，我们确定四类商品为信息消费商品，分别是，“电子出版物及音像制品类”对应信息商品中的信息内容消费，简称电子出版物类；“文化办公用品类”、“通讯器材类”、“家用电器和音像器材类”三类对应信息商品中的信息载体消费，分别简称为电脑类、手机类和电视类。由于信息商品消费是最终消费，采用这四类商品的“商品零售额”这一统计指标进行测算，并采用系数法进行汇总。

2. 信息服务消费测算方法

根据我国当前统计报表制度中使用的国民经济行业分类标准，提供信息服务的行业分别为电信服务行业中类（包括固定电信服务、移动电信服务和其他电信服务三个行业小类）和互联网信息服务行业小类。对企业运用营业收入法、对事业单位运用成本费用法，参考投入产出表测算出的最终消费比率，计算信息服务消费。

二、北京信息消费发展状况和特点

（一）信息消费扩张速度快于总消费

据测算，2013 年，北京信息消费市场规模达到 1803 亿元，是 2008 年的 2.4 倍。同期北京消费市场总规模[1]达到 1.6 万亿元左右，为 2008 年的 2 倍左右。信息消费年均增速比总消费快 5.7 个百分点，已经成为北京消费市场重要组成部分和增长点（见表 1）。

1 北京消费市场总规模指在核算期内，居民和政府部门直接或间接以产品或服务为消费对象所进行的最终支出，包括商品性消费和服务性消费两部分。

表1 消费市场与信息消费规模和增速（亿元、%）

	2008 年	2009 年	2010 年	2011 年	2012 年	2013 年
消费市场总规模	8602.2	9749.7	11529.8	13034.5	14641.9	15829.9
其中：信息消费规模	767.0	827.4	1001.3	1279.9	1510.4	1803.0
消费市场增速	16.9	13.3	18.3	13.1	12.3	8.1
其中：信息消费增速	7.2	7.8	21.0	27.8	18.0	19.4

1. 信息消费进入快速增长期

2010 年以来，北京信息消费进入快速发展期，增速连续四年高于 15%，最高增速达到 27.8%，这四年信息消费增速分别高于总消费 2.7 个、14.7 个、5.7 个和 11.3 个百分点。2014 年 1—10 月北京信息消费同比增长 29.6%，增速快于 2013 年全年 10.2 个百分点。

2. 信息消费尚处在硬件更新带动阶段

商品性信息消费快速增长，成为信息消费的主要拉动力。2010 年，随着智能产品的推出和更新换代，商品性信息消费呈爆发式增长，增速保持在 30% 左右，连续四年增速高于服务性信息消费，占信息消费的比重由 2008 年的 28%提高到 2013 年的 45.9%。而服务性信息消费在 2011 年达到峰值后（增长 24.8%）连续两年回落，到 2013 年同比仅增长 4.7%。2014 年 1—10 月，北京服务性信息消费同比增长 13.2%，增速比 2013 年全年提升 8.5 个百分点。总体来看，北京信息消费目前尚处于以硬件更新带动增长的初级发展阶段，潜力巨大（见图 1）。

3. 信息消费有望成为北京经济持续增长的拉动力

2013 年，在三驾马车中，消费对 GDP 增长的贡献为 70%左右，成为拉动经济增长的主要动力。其中信息消费占总消费比重达到 11.4%，它的快速增长无疑会提高消费市场对经济增长的贡献率。

李克强总理在近期主持召开国务院常务会议，部署推进消费扩大和升级，促进经济提质增效工作。会议指出，消费是经济增长的主要引擎，是我国发展的巨大潜力，会议要求重点推进六大领域消费：扩大信息消费、促进

图 1 北京商品性和服务性信息消费增速

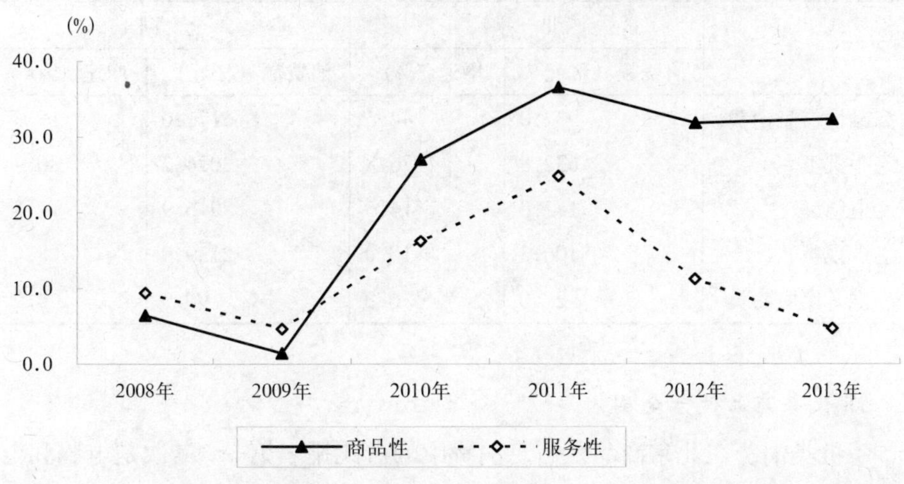

绿色消费、稳定住房消费、升级旅游休闲消费、提升教育文化消费、鼓励养老健康家政消费。信息消费位列首位，彰显了国家对信息消费的重视。北京作为全国的首都和信息中心，信息消费必将在今后很长一段时间内成为增长点。

（二）北京信息消费发展领先于全国

1. 商品性信息消费占全国的18%

运用北京商品性信息消费的计算方法和系数进行估算，2014 年 1–10 月，全国商品性信息消费规模达 5171 亿元，北京占 18%。北京市商品性信息消费起步早、增长快，发展程度高于全国；从规模看，北京市商品性信息消费占全市社会消费品零售额的比重为 12.6%，高于全国 10.2 个百分点。

2. 增速快于全国 33.3 个百分点

2014 年 1–10 月，北京市商品性信息消费同比增长 48.6%，高出全国增速 33.3 个百分点。其中，手机类增速高于全国 50.4 个百分点；电脑类高 3.1 个百分点；电视类高 1.6 个百分点（见表 2）。

表 2　2014 年 1–10 月北京和全国商品性信息消费规模和增速

	北　京		全　国	
	消费额（亿元）	增速（%）	消费额（亿元）	增速（%）
商品性信息消费	932.0	48.6	5171.0	15.3
手机类	632.8	76.8	2024.2	26.4
电脑类	172.0	14.5	916.9	11.4
电视类	106.3	10.0	2139.9	8.4
电子出版物类	21.0	–6.8	90.0	3.2

3. 代表商品优于全国

手机类消费在北京商品性信息消费中的占比排名第一，其次是电脑和电视。从全国来看，排在第一位的是电视类，其次是手机和电脑类。智能手机的普及带动北京手机消费迅猛增长。2010 年以来，手机类消费额保持高于 30%的增速，2012 年，增速达到 57.9%。2013 年，手机消费规模为 470.3 亿元，是 2008 年的 5 倍多，占商品性信息消费的比重已超过一半，达到 56.8%。

（三）电商成为信息消费的主战场

2014 年 1–10 月，北京市商品性信息消费中，线上销售占比达到 86%，远远超过线下的比重，网络成为居民购买信息消费商品的主要方式。其中，手机类商品通过网络购物的比重最大，达到 96.4%；电视和电脑类均超过 30%（见图 2）。

图 2　2014 年 1–10 月北京商品性信息消费线上和线下情况

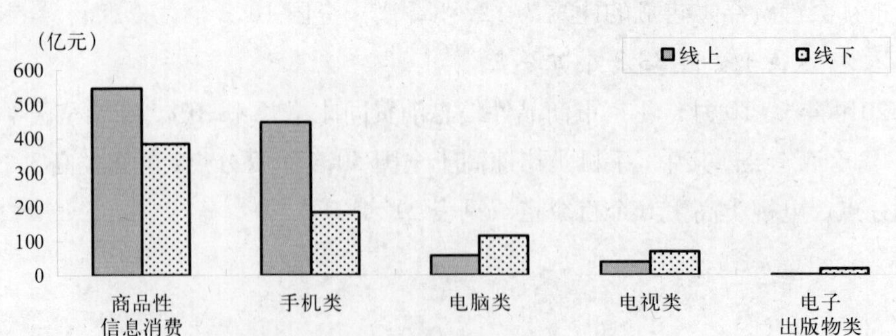

从增速看，北京市商品性信息消费中，线上销售增速远高于线下部分。2014 年 1–10 月，线上销售的信息商品同比增长 87.7%，而线下部分与上年同期基本持平。

三、信息消费存在的问题及建议

北京市信息消费发展起步早，发展水平领先于全国，市场潜力巨大，但仍然存在着一些制约发展因素，主要体现为支撑点单一、服务价格偏高、消费环境有待优化。针对这三个问题，提出相应的对策建议。

（一）制约我市信息消费发展的主要因素

1. 支撑信息消费增长点较为单一

近年来，智能手机和智能电视产品的出现带动了通讯器材类和家用电器类商品的增长，但产品种类仍显不足，企业集中度高，支撑点较为单一。手机在商品性信息消费中占比接近 70%，而其中京东、小米两家企业的手机零售占比近 70%，仅小米一家占比近 60%。而一些概念产品距离走入平常百姓家还有一定距离，信息消费市场仍需要多元化的信息产品为其进一步发展奠定更加坚实的基础。

2. 服务价格偏高

目前，北京计算机、智能手机、宽带以及无线网络普及率虽然高于全国水平，但在网速、带宽和价格等方面仍与发达国家有较大差距，据国际电联（ITU）测算的固定宽带价格指数，中国为 3.1，而美国和日本仅为 0.6 和 1.1。另外，手机 4G 网络建设尚待加强，网络覆盖率以及资费偏高仍待解决。只有将价格空间真正让利于民，才能进一步促进信息消费发展。

3. 信息消费环境有待优化

信息泄露、网络欺诈以及利用网络进行诈骗的金融案件屡屡出现，严重损害了消费者的消费信心。据调查显示，18.4%的被访者在网购过程中有过“信息被泄露”的经历，2.6%的被访者有过“因网购而使银行卡被盗刷”的经历。

（二）对策建议

1. 鼓励创新产品，丰富信息消费内容

北京市信息消费发展在全国处于领先地位，但目前支撑单薄。建议扩大信息消费产品种类，加快信息消费相关新产品上市，让智能穿戴设备、云电视、云存储等前沿产品和服务尽快成为消费市场的主力军。

2. 加快政策落实，完善基础设施建设

2013 年北京市发布了《宽带北京行动计划》，文件中提出进一步提升宽带接入能力、第四代移动通信网络建设和下一代互联网（IPV6）规模商用工作。政府方面应加快落实，进一步加强北京基础设施建设，提高宽带网的普及率和网速，降低信息消费成本，普及公共区域无线网络覆盖率，完善 4G 网络建设，提高信息消费的便捷程度。

3. 优化信息消费环境，让消费者放心消费

建议发挥政府部门、企业主体和行业中介组织的共同作用，从技术手段和法律保障两个层面加强个人隐私保护、产品质量和网络安全。

北京市经济社会统计报告

科技文化双驱管窥

2015

2014年北京市文化创意产业收入增长稳中有升

◆◇姜　峰

内容提要：2014年1—11月，北京市规模以上文化创意产业法人单位实现收入9326.6亿元，同比增长9.0%，收入增长呈现稳中有升的发展态势。软件网络及计算机服务领域稳步增长，广播、电影、电视领域止跌回升，文化娱乐消费增势较好。发展中存在的问题主要有：国有单位的市场开发能力有待进一步激活，对小型和微型企业的扶持方式亟待进一步创新，以及企业效益状况不佳值得关注等。建议引导国有文化企业强化市场主体作用，支持小型和微型文化企业市场创新行为，双管齐下提升企业效益水平。

一、文化创意产业总体运行情况

（一）收入增幅稳步扩大

2014年以来，北京市加快实施科技、文化双轮驱动战略，文化创意产业总体呈现稳中有升的良好发展态势。1—11月，北京市规模以上文化创意产业法人单位[1]实现收入9326.6亿元，同比增长9.0%，高于上半年增速1.5个百分点。

文化创意产业九大领域中，软件网络及计算机服务、艺术品交易和旅游休闲娱乐三个领域增速持续加快，有力地拉动了全市文化创意产业收入增长。1—11月，软件网络及计算机服务、艺术品交易和其他辅助服务领域分别实现收入3581.0亿元、864.5亿元和1176.6亿元，同比增速分别为11.7%、15.8%和13.9%，比上半年加快0.8个、15.1个和0.3个百分点（见表1）。

1 规模以上文化创意产业统计范围是指年营业收入500万元及以上的文化创意产业法人单位（其中，批发企业和工业企业年主营业务收入2000万元及以上）。

表 1 规模以上文化创意产业法人单位收入情况

	2014 年 1–11 月		
	绝对值（亿元）	比重（%）	增速（%）
合　计	9326.6	100.0	9.0
文化艺术	159.7	1.7	9.4
新闻出版	656.8	7.0	–2.0
广播、电视、电影	645.6	6.9	8.4
软件、网络及计算机服务	3581.0	38.4	11.7
广告会展	1045.5	11.2	2.0
艺术品交易	864.5	9.3	15.8
设计服务	357.7	3.8	5.5
旅游、休闲娱乐	839.2	9.0	7.2
其他辅助服务	1176.6	12.6	13.9

（二）从业人员稳定增长

1–11 月，规模以上文化创意产业法人单位从业人员平均人数为 109.8 万人，同比增长 3.3%，高于上半年增速 0.8 个百分点。其中，软件网络及计算机服务、旅游休闲娱乐、艺术品交易和设计服务领域从业人员同比分别增长 4.3%、4.7%、25.2%和 13.4%，高于文化创意产业从业人员平均增速。

二、文化创意产业运行特点

（一）软件网络及计算机服务领域稳步增长

下半年以来，以视频网站为代表的互联网信息服务企业根据相关政策积极调整自身内容和数据相关服务，软件网络及计算机服务领域经营状况保持稳定，财务运行较为平稳，对产业发展的稳定作用明显。1–11 月，软件网络及计算机服务领域规模以上法人单位实现收入 3581.0 亿元，占文化创意产业法人单位收入的 38.4%，拉动文化创意产业收入增长 4.5 个百分点，比上半年提高0.4个百分点。其中，互联网信息服务业实现收入669.9亿元，同比增长25.5%，比上半年增速提高2.2个百分点，发展态势稳步向好。

（二）广播、电影、电视领域止跌回升

随着国家文化产业税收优惠政策延续的明朗和电影市场的繁荣发展，广播、电影、电视领域扭转了上半年收入下降的局面。1–11月，广播、电影、电视领域规模以上法人单位实现收入645.6亿元，同比增速由上半年的下降2.3%变为增长8.4%。其中，电影和影视制作发行业受政策影响最为明显，实现收入55亿元，同比增速由上半年的下降46.2%转为增长1.6倍，对广播、电影、电视领域收入增长的贡献率达67.4%。

（三）文化娱乐消费增势较好

1–11月，北京市城镇居民家庭人均文化娱乐用品和服务支出合计2876元，同比增长5.9%。其中，文化娱乐服务消费增速保持稳定，且比重不断攀升；文化娱乐服务支出为1833元，同比增长10.5%，高于人均消费性支出增速4.1个百分点，在文化娱乐用品和服务支出中的比重由上年同期的61.1%提高到63.7%。受文化娱乐消费增势良好的带动，文化艺术领域、旅游休闲娱乐领域和艺术品交易领域规模以上法人单位分别实现收入159.7亿元、839.2亿元和864.5亿元，同比增长9.4%、7.2%和15.8%。

三、主要问题

（一）国有单位市场开发能力有待进一步激活

在文化体制改革深入推进的背景下，北京市国有文化创意产业单位受自身机制等因素影响，在竞争激烈的市场环境中面临巨大压力，亟待提高其适应市场和开发市场的能力。1–11月，北京市规模以上文化创意产业国有法人单位实现收入1332.6亿元，同比下降1.4%，低于非公有制及混合所有制法人单位11.3%的收入增速，以及港澳台、外商投资法人单位14.2%的收入增速。北京市规模以上文化创意产业国有企业法人单位实现利润67.6亿元，同比下降9.2%；同期非公有制及混合所有制法人单位实现利润524.3亿元，同比下降5.3%；港澳台及外商投资企业法人单位实现利润226.9亿元，同比增长 0.8%。国有单位的创收差距较为明显。

（二）对小型和微型企业扶持方式亟待进一步创新

小型和微型企业作为最具市场活力和创新活力的组织，对于文化创意产业的优化和升级具有至关重要的作用，其发展态势的好坏对产业整体影响深远。当前北京市规模以上文化创意产业法人单位中的小型和微型企业发展状况不容乐观，收入利润率低，与大型企业和中型企业差距较大，且较上年有所下降。1–11 月， 北京市规模以上文化创意产业法人单位中的小型和微型企业收入利润率分别为 2.9%和 5.5%，低于大型企业和中型企业 9.6%和 5.8%的水平。其中，小型企业较上年同期收入利润率下降 1.8 个百分点，微型企业与上年同期收入利润率持平。适应小型和微型文化企业特点、激发其创新活力的扶持方式有待进一步研究和制定。

（三）企业效益状况不佳值得关注

产业优化升级的重要方面表现为企业效益的稳步提高。1–11 月，北京市文化创意产业企业的效益状况不容乐观，文化创意产业从规模扩张向效益提升转变的过程仍然相对缓慢。北京市规模以上文化创意产业企业法人单位实现利润 592.7 亿元，同比下降 5.7%，比上半年降幅仅缩小 0.8 个百分点；收入利润率为 6.8%，与规模以上第三产业企业法人单位收入利润率差距大。企业成本高企是导致利润下滑的重要因素，北京市规模以上文化创意产业企业法人单位营业成本较上年同期增长 10.3%，高于营业收入增速 1.7 个百分点，其中，互联网信息服务、文艺创作与表演、电影和影视节目制作、电影和影视制作发行等行业的营业成本同比增速均超过 20%。

四、政策建议

（一）积极引导国有文化企业强化市场主体作用

建议不断以深化文化体制改革为契机，出台措施积极引导国有企业强化市场主体作用，努力通过市场来配置有关的产业资源。一是引导现有国有文化企业健全治理结构，不断完善有效的激励机制和进行相关改革；二是进一步推进经营性文化事业单位企业化的力度，让更多的文化市场主体实现自负盈亏，自主经营。

（二）大力支持小型和微型文化企业市场创新行为

建议调整以往的扶持方式，加大政策创新力度，出台一系列措施不断支持小型和微型文化企业的市场创新行为。一是加强规范性管理，建立健全服务质量的相关标准，为小型和微型文化企业长远发展夯实根基；二是对创新型企业提供专项补贴，并构建创新型文化企业信息交流平台，支持风险投资等企业帮助小型和微型文化企业进行创新成果的推广和转化。

（三）双管齐下提升文化企业效益水平

建议多措并举来提升文化创意产业企业的效益水平。一是积极推动文化企业的转型发展，支持传统媒体等行业积极创新业务模式，并与相关领域一起融合发展，谋求新的利润增长点；二是鼓励有实力的文化企业进行产业链上的纵向兼并和重组，实现规模经济，并促进北京市文化产品和服务向产业链高端发展。

中关村经济运行平稳　七成企业开展科技活动

◆◇侯建华　邢　军

内容提要：2014 年，中关村示范区经济总体运行平稳，结构、质量、效益指标向好，战略性新兴产业、国家级高新技术企业科技优势凸显，大中型重点企业研发投入强度保持较高水平，但同时存在着企业科技投入有所减弱，小微企业经营困难加大，出口增速放缓等问题。建议政策鼓励企业科技创新，以技术创新增强发展动力、以产品创新拉动消费、引导企业有效创新，提高技术创新向经济效益转化能力。

一、中关村示范区总体发展概况

（一）前三季度总收入平均增长 17.1%

2014 年 1–10 月，中关村示范区总体运行呈平稳态势，6150 家规模（限额）以上高新技术企业（以下简称中关村企业）实现总收入 2.57 万亿元，比上年同期增长 19%[1]，平均增速 17.1%。实现利润总额 1931.6 亿元，比上年同期增长 36.9%（见图 1）。

2014 年 1–10 月，中关村存量企业总收入增长 10.3%，拉动总收入增长 9.9 个百分点。新增企业 746 家，实现总收入 2809.6 亿元，占中关村总收入的 10.9%（见图 2）。

1 中关村园区增速计算按照科技部火炬中心使用的计算方法，即用今年园区企业上报的数据与去年同期园区企业上报的数据对比。园区口径可分为存量企业、新增企业和退出园区企业三部分，存量企业为本期和去年同期均统计的企业。

图 1　中关村总收入增速趋势图

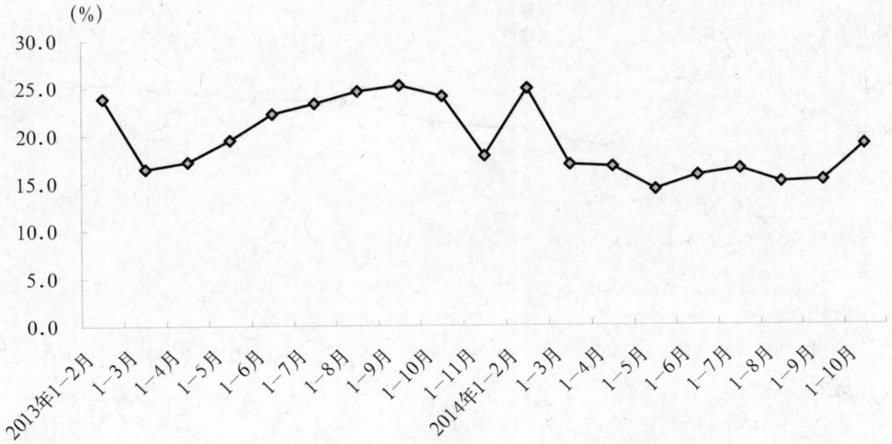

图 2　2014 年中关村存量企业总收入增速趋势图

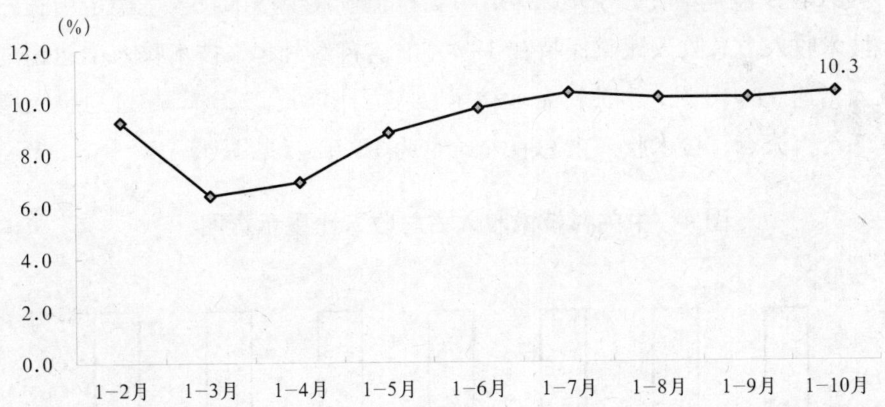

（二）近七成企业开展科技活动

2014 年 1-10 月，中关村示范区规模（限额）以上高新技术企业中，共 4245 家企业开展科技活动，开展科技活动的企业比重达到 69%。科技经费投入强度（企业科技活动经费支出占总收入的比重）为 3.1%，比上年同期下降 0.4 个百分点（见图 3）。

图 3　2014 年中关村示范区开展科技活动的企业比重

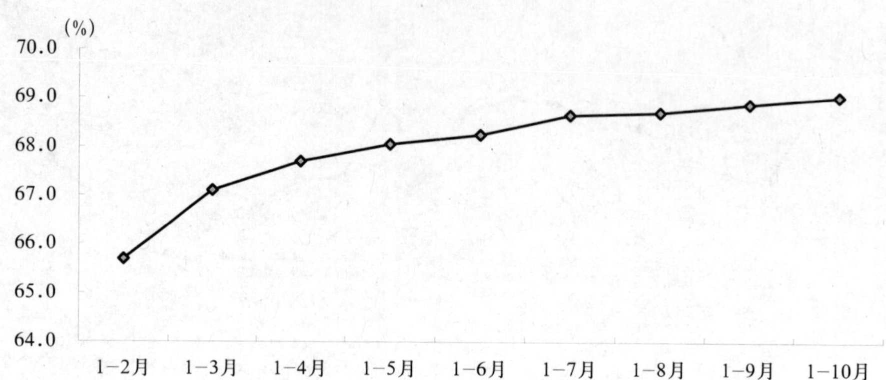

二、主要运行特点

（一）总收入结构进一步优化，企业经济效益良好

技术收入稳定增长，今年以来，中关村企业实现技术收入呈稳定增长态势，技术收入占总收入比重保持在 12%左右。自 5 月起，技术收入增速超过总收入增速。1–10 月，中关村企业技术收入同比增长 22.3%，超过总收入增速 3.3 个百分点，技术收入占总收入比重为 12.6%（见图 4）。

图 4　中关村技术收入占总收入比重示意图

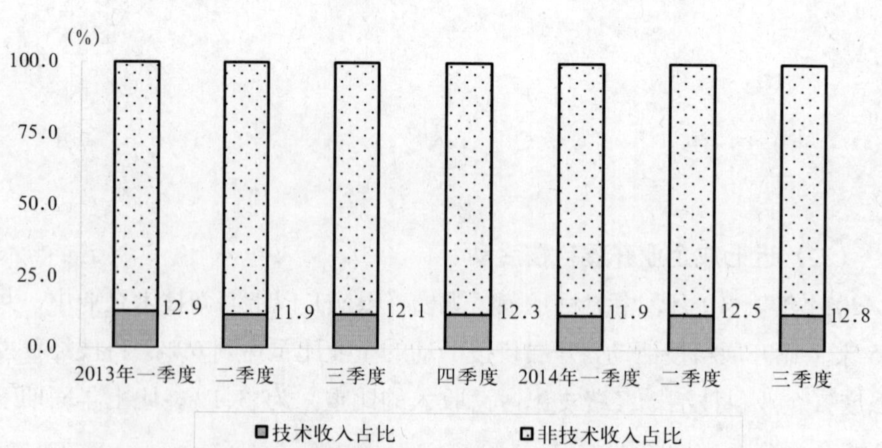

人均总收入、人均利润指标明显提高。2014 年 1–10 月，中关村企业实现利润总额 1931.6 亿元，比上年同期增长 36.9%。企业亏损面为 41.2%，比上年同期扩大 0.7 个百分点；企业人均收入 149.5 万元，同比增长 14.2%；人均利润 11.2 万元，同比增长 31.4%，其中，昌平园、丰台园、东城园人均总收入显著高于中关村平均水平；朝阳园、东城园人均利润较高，分别比中关村平均水平高 10.5 万元/人、7.4 万元/人。

（二）环境保护、电子信息等重点领域发展突出

2014 年 1–10 月，中关村环境保护、电子信息、新能源与高效节能、生物工程新医药四大重点领域总收入比上年同期分别增长 30.8%、26.3%、19.9%、7.4%；先进制造、新材料和应用技术两领域总收入比上年同期分别下降 6.0%、1.3%。

电子信息领域占中关村总收入比重为 37.8%，是中关村第一大支柱领域。受益于近期信息消费爆发性增长，移动互联网发展提速，电子产品升级换代以及网络电商发展等因素影响，特别是《关于促进信息消费扩大内需的若干意见》的发布，对该领域的发展起到较强的推动作用，小米、京东、中国移动通信集团终端等企业与市场良性互动，形成较强经济拉动力。1–10 月，电子信息领域实现总收入 9721.2 亿元，比上年同期增长 26.3%，高于中关村总收入 7.3 个百分点。

环境保护领域今年以来高速增长，前 10 个月总收入平均增速 41.1%，高于中关村平均增速 24 个百分点。1–10 月，环保领域科技经费投入比去年同期增长 25.9%，高于中关村科技经费投入 18.6 个百分点，增速在六大高新技术领域中排名第一；环保领域中大气污染防治设备、先进环保监测仪器两细分领域总收入增速最快，分别比上年同期增长 64.1%、56.4%（见表 1）。

（三）战略性新兴产业、国家级高新技术企业科技优势凸显

2014 年 1–10 月，中关村战略性新兴产业工业企业实现总收入 2760.6 亿元，同比增长 16.6%，高于中关村工业企业总收入增速 10.9 个百分点，占中关村工业企业总收入的 36.9%；高端装备制造业、新能源产业增长强劲，总收入同比分别增长 43.8%、24.8%。

表 1　中关村重点高新技术领域总收入、科技经费投入增速

分领域	总收入				科技经费支出	
	金额（亿元）	比重（%）	增速（%）	增速比上月（百分点）	增速（%）	增速比上月（百分点）
中关村	25720.7	–	19.0	3.7	7.3	−0.4
电子与信息	9721.2	37.8	26.3	0.2	10.6	−1.0
生物工程和新医药	1062.4	4.1	7.4	−1.6	23.2	−2.9
新材料及应用技术	2122.6	8.3	−1.3	7.5	−0.2	2.1
先进制造技术	3540.1	13.8	−6.0	−0.4	−8.3	−1.0
新能源与高效节能技术	2999.8	11.7	19.9	21.5	13.1	−3.7
环境保护	552.7	2.1	30.8	5.3	25.9	0.8

国家级高新技术企业实现总收入 12280.7 亿元，同比增长 11.1%[2]，呈逐季递增态势，增幅比前三个季度分别提高了 2.6、0.9 和 0.5 个百分点。实现利润总额 933.6 亿元，同比增长 10.5%；收入利润率达 7.6%，比一季度提高 3.1 个百分点；实现技术收入 2589.4 亿元，同比增长 15.4%；技术收入占总收入比重为 21.1%，高于中关村平均水平 8.5 个百分点。国高新企业技术或服务贸易出口同比增长 28.4%，其中，外商投资企业同比增长 43.7%。

（四）制造业、信息传输、科学研究三大行业科技创新活跃

2014 年 1–10 月，中关村企业科技活动人员 44.1 万人，同比增长 1.9%；企业内部开展科技活动经费支出 800.8 亿元，同比增长 7.3%。第三产业企业科技活动经费支出 549.3 亿元，同比增长 7.7%，科技投入占中关村的 68.6%。

中关村制造业、信息传输、科学研究三个行业门类科技创新活跃，三个行业专利申请合计达到中关村专利申请的 88.1%，专利授权合计达到中关村专利授权的 86.6%（见表 2）。

2 国家级高新技术企业各项统计指标增速采用两年可比口径测算方法。

表 2　重点行业总收入、利润、专利申请、专利授权占中关村比重

行　业	总收入		利润		专利申请		专利授权	
	金额（亿元）	比重（%）	金额（亿元）	比重（%）	项数（个）	比重（%）	项数（个）	比重（%）
中关村	25720.7	–	1931.6	–	19793	–	12072	–
制造业	6153.5	23.9	412.9	21.4	9579	48.4	6567	54.4
批发和零售业	7134.2	27.7	239.3	12.4	400	2.0	336	2.8
信息传输、软件和信息技术服务	3284.9	12.8	333.5	17.3	4552	23.0	1344	11.1
租赁和商务服务业	1623.4	6.3	226.5	11.7	506	2.6	266	2.2
科学研究和技术服务	2503.8	9.7	208.4	10.8	3314	16.7	2553	21.1

（五）研发经费支出占全市大中型重点企业的 78%

中关村高新技术企业是全市科技研发的主体力量。三季度，中关村 1719 家大中型重点监测企业中，开展 R&D 活动的企业有 632 家，占比 36.8%，比重较二季度提高 1.2 个百分点；大中型重点监测企业 R&D 经费支出 204 亿元，占全市大中型重点企业的 78.0%。R&D 投入强度（R&D 经费支出占总收入的比重）为 2.19%，分别比一季度和二季度提高 0.05 和 0.09 个百分点。今年二、三季度中关村企业 R&D 投入强度分别高于全市平均水平 0.66 和 0.68 个百分点（见图 5）。

图 5　2014 年中关村 R&D 投入强度与全市 R&D 对比图

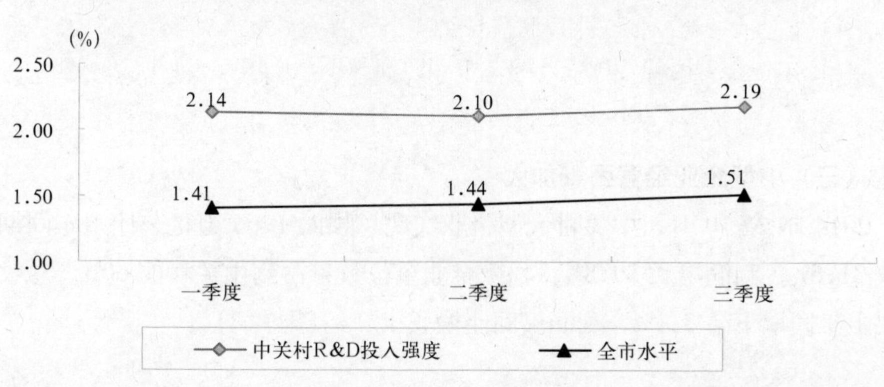

三、需关注的问题

（一）企业科技投入增速放缓

在当前市场环境严峻情况下，大量研发前期投入加重企业成本负担，企业科技投入未达到预期，积极性受到影响。自 3 月以来，中关村企业科技经费支出和科技人员增速呈现双回落。1–10 月，两指标增速比上年同期水平降低 4–6 个百分点。

（二）外需乏力，出口总额增速下调

2014 年 1–10 月，中关村企业出口呈增速放缓态势。实现出口总额 255.8 亿美元，比上年同期增长 13%，分别比前三个季度下降 15%、10.7%和 2.4%（见图 6）。

图 6　2014 年中关村示范区出口增速趋势图

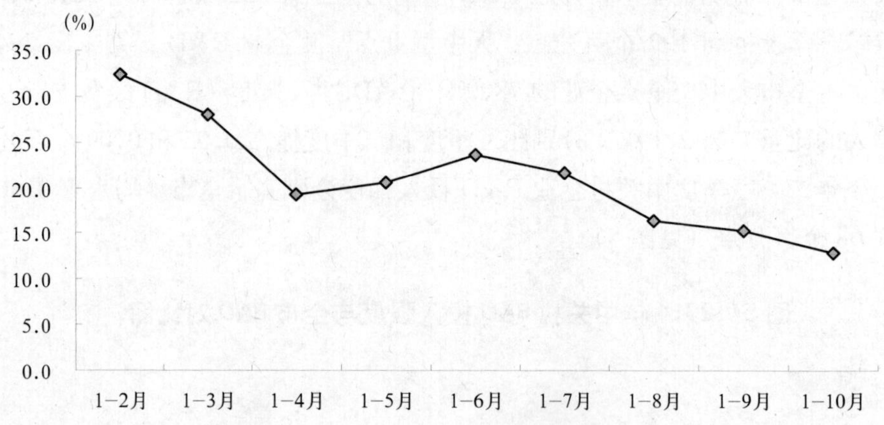

（三）小型企业经营困难加大

2014 年 1–10 月，中关村大型企业实现总收入 1.66 万亿，比上年同期增长 21.6%，利润增长 39.8%；小微企业单位数量占到中关村的 60%，总收入比上年同期下降 3.1%，利润仅同比增长 1.2%（见表 3）。

表 3　中关村示范区主要指标按大中小型分组表

分　类	总收入			利润总额		
	金　额（亿元）	增　速（%）	比　重（%）	金　额（亿元）	增　速（%）	比　重（%）
中关村合计	25720.7	19.0	–	1931.6	36.9	–
大型	16617.0	21.6	64.6	1240.4	39.8	64.2
中型	6453.0	23.6	25.1	545.9	43.4	28.3
小微	2650.7	–3.1	10.3	145.3	1.2	7.5

四、政策建议

（一）以技术创新增强发展动力，抵御经济下行压力

自年初以来，外部经济环境持续低迷，三期叠加压力对企业的影响逐步放大，示范区企业科技投入增速放缓，企业创新积极性有所保留。高端科技人才和科技经费投入是支撑创新的基础条件，建议政策鼓励和引导企业持续开展创新，依靠科技促进产业升级，创造新的经济增长点。

（二）以产品创新拉动消费，开辟新的国内外市场

全球经济增长乏力，外需低迷，中关村出口受到冲击，建议一方面加强面向发展中国家、新兴市场国家贸易平台的搭建，开辟新的国际市场。另一方面，提高企业产品竞争力和新颖度，以产品创新拉动消费，以精致化、多样化、高附加值产品扩大国内市场需求。

（三）有效创新，提高科技创新向经济效益转化能力

2014 年 1–10 月，中关村企业中，科技投入强度超过 10%的企业有 1992 家，科技活动经费支出为 476.3 亿元，企业利润率为 6.2%；而科技投入强度小于 2%的企业有 2342 家，科技活动经费支出为 30.5 亿元，企业利润率为 6.8%，出现创新投入与经济效益不相匹配问题。建议政府进一步加强鼓励创新政策的研究，引导企业有效创新，关注企业创新投入向经济效益转化问题，提高企业创新效率，发挥中关村对我市经济的创新驱动作用等。

北京市高端产业科技创新引领作用凸显

◆◇金　钊

内容提要：建设科技创新中心的核心功能是对首都城市战略定位的新认识，以创新支撑产业发展的高端化是实现战略定位的重要途径。因此，高端产业创新能力如何值得关注。企业创新调查结果显示，2012—2013年，北京市工业企业创新率大幅提升，四成企业实现产品创新和营销创新，五成企业实现工艺创新和组织创新。其中，高技术制造业更具创新性，企业家更具创新精神，创新成效更显著。但在政策支持、小微企业创新活力和产品市场竞争力等方面的问题仍有待完善。

"建立创新调查制度和创新报告制度，强化企业创新主体地位"，是党的十八届三中全会提出的新要求。《北京技术创新行动计划》也明确提出"以技术创新引领产业转型升级，形成高、精、尖产业布局"。为了推进高端产业科技创新步伐，进一步了解全市工业特别是高技术制造业企业创新发展情况，今年5月北京市统计局开展了规模以上工业企业创新调查。此次调查的创新类型由产品创新、工艺创新拓展到组织管理创新和营销创新[1]，以求更加完整地描述创新活动。

一、工业企业创新活动特点

（一）各类创新活动广泛开展，创新率大幅提升

1. 六成企业开展创新活动

2012—2013年，在全市规模以上工业企业中（以下简称工业），有61.6%

1 组织管理创新，是指企业采取了此前从未使用过的全新的组织管理方式；营销创新，是指企业采用了此前未使用过的全新的营销概念或营销策略。

的企业开展了创新活动[2]，比 2011 年提高 17.5 个百分点。其中，79%的大中型企业开展了创新活动，比小微型企业高 22 个百分点。逐年看，具有创新性的大中型企业比重始终保持在 60%以上，呈现稳步提升的态势（见图 1）。

图 1　2004–2013 年大中型工业企业开展创新活动的企业所占比重

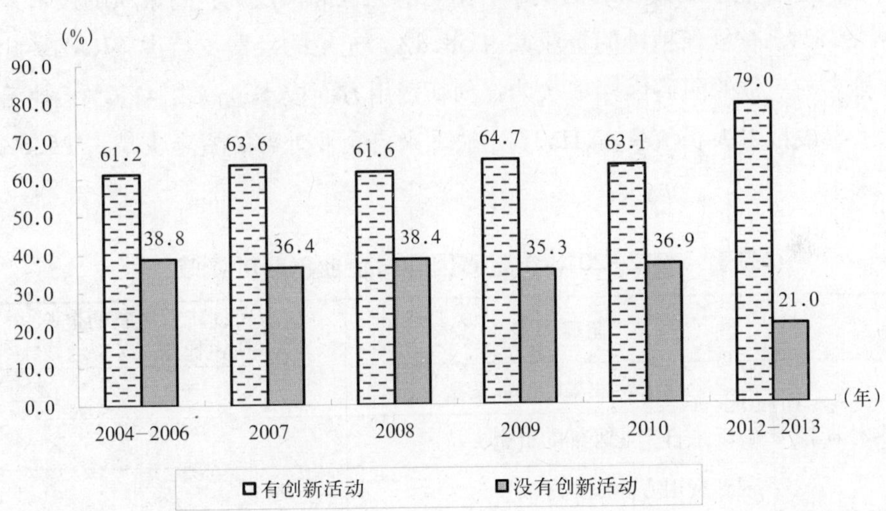

2. 工艺创新实现度显著上升

在工业中，实现产品创新、工艺创新的企业分别占 41.6%和 49.4%，比 2011 年各提高 3.5 个和 13.5 个百分点。51.4%的企业有正在进行的创新活动，23.3%的企业有中止或失败的创新活动，分别比 2011 年提高 10.5 个和 13.3 个百分点。

3. 组织创新和营销创新开展活跃

除技术层面的创新外，企业更加关注组织管理创新和营销创新等非技术层面的创新活动，以提升创新质量、实现创新效益。2012–2013 年，在工业中实现组织管理创新的企业占 48.2%，其中采用了经营模式创新、组织结构创新、处理外部关系的企业所占比重分别为 38.2%、41%和 24%。实现了营

2 为与以往年份数据保持可比口径，此处“开展创新活动的企业”仅包括实现了产品创新、工艺创新，以及正在进行或中止的创新活动的企业。不包括组织管理创新和营销创新。

销创新的企业占 39.8%，其中，采用了全新产品外观设计包装、在产品推广上采用新媒体技术、在产品销售渠道上采用新方式、在产品定价上采用新方法的企业分别占 25.8%、18.7%、19.6%和 19.4%。

（二）人才和资金是影响企业创新的关键因素

在决定企业创新成功的因素中，排名前三位的依次为：高素质的技术人才占 59.8%，有创新精神的企业家占 58.8%，充足的经费支持占 47.4%。此外，排名前三位的阻碍因素依次为：创新费用方面成本过高占 41.3%，缺乏技术人员或技术人员流失占 41.1%，缺乏来自企业外部的资金支持占 25.6%（见表 1）。

表 1　2012–2013 年阻碍因素对企业创新的影响

	阻碍因素	认为对创新有影响的企业所占比重（%）
1.成本因素	缺乏企业或企业集团内部资金支持	14.2
	缺乏来自企业外部的资金支持	25.6
	创新费用方面成本过高	41.3
2.知识因素	缺乏技术人员或技术人员流失	41.1
	缺乏技术方面的信息	20.7
	缺乏市场方面的信息	14.9
	很难找到合适的创新合作伙伴	10.7
3.市场因素	市场已被竞争对手占领	4.1
	不确定创新产品的市场需求	24.0
	缺乏配套的产业支持体系	18.6

（三）工资奖金和晋升培训的激励效果更佳

在开展创新活动的企业中，64.1%的企业为激励员工进行创新采取了措施。最为普遍的措施依次为：增加奖金或绩效工资占 88.1%，增加岗位工资占 85.4%，提供岗位调整或升职机会占 83.4%，提供培训或深造机会占 73.2%，以上激励措施也呈现了更好的实施效果（见图 2）。

图 2　2012–2013 年企业为激励员工进行创新所采取的措施及效果

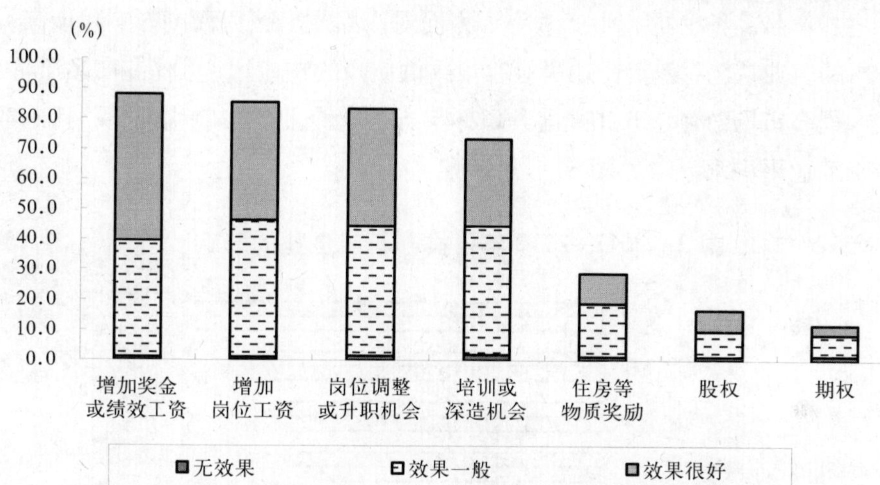

二、高技术制造业创新作用凸显

（一）高技术制造业更具创新性

2012–2013 年，高技术制造业中有创新活动的企业占 83.2%，比工业高 21.6 个百分点。分行业看，电子及通信设备制造业、医疗仪器设备及仪器仪表制造业这两个行业有创新活动的企业比重分别达到 85%和 87.3%；高技术制造业实现产品创新、工艺创新的企业占比分别为 62%和 64.4%，比全市工业高 22.8 个和 15 个百分点；实现组织创新和营销创新的企业占比分别为 61.4%和 51.5%，比工业高 13.2 个和 11.7 个百分点。

（二）企业家更具创新精神

在高技术制造业中，认为创新对企业生存、发展起重要作用的占 61.6%，比工业高 16.5 个百分点，企业家对创新重要性的认同度更高。此外，84.9%的企业为今后几年的发展设定了创新战略目标，比工业高 15.1 个百分点。

（三）企业创新成效更显著

从产品新颖度看，实现产品创新的企业中拥有国际市场、国内市场新产品的企业分别占 9.3%和 45.2%，比工业高 3.2 个和 15.7 个百分点。

从各类创新的社会经济效益看，近 50%的企业认为，创新在提高产品性能、增加产品品种、提高生产效率等方面对产品或工艺方面的影响程度高；近 40%的企业认为，创新在加快对客户或供应商的响应速度、提高产品质量、保持或提高市场份额、开拓新客户群体等方面对企业的影响程度高，且比重均高于工业平均水平（见图 3）

图 3　2012—2013 年各类创新对企业的影响

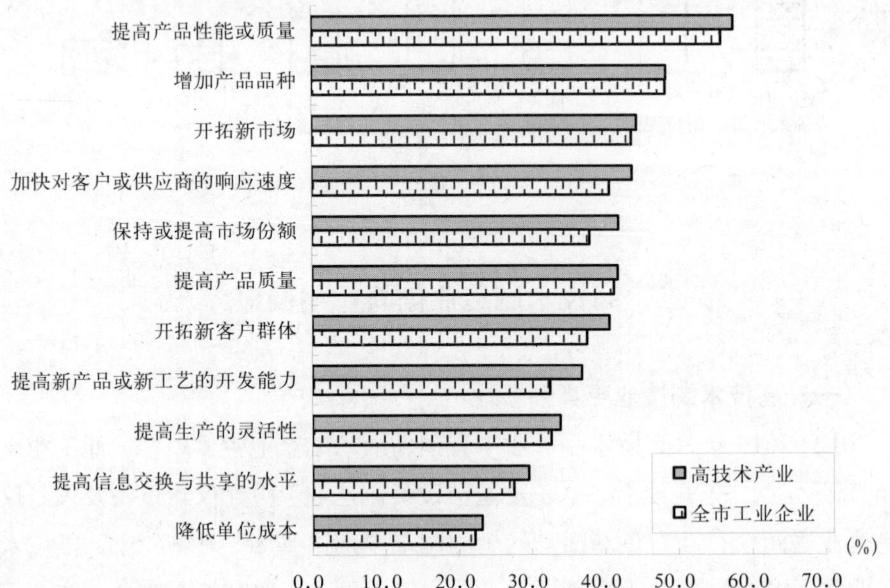

三、需关注的问题及建议

（一）部分创新支持政策尚未发挥作用

在列举的 11 项创新支持政策中，部分税收优惠政策对企业影响最低。在有创新活动的企业中，认为“科技开发用品免征进口税收政策”和“技术转让或开发收入免征营业税优惠政策”影响程度低或无影响的企业占比分别为 78.7%和 72.7%。

在 11 项政策中，一半以上的企业认为影响低的原因是“政策不适用”；

认为“不知道此政策”的涉及优先发展产业，支持政策占 29.3%、加强科技创新基地与平台建设政策占 27.6%；认为“政策吸引力不足”的涉及鼓励企业吸引和培养人才政策，占 17.4%、创造和保护知识产权政策占 9.2%；认为“办理手续繁杂”的涉及研发费用加计扣除税收优惠政策，占 24%、高新技术企业所得税减免政策占 12.5%。

建议通过编制优惠政策汇编、国内外行业最新资讯并组织培训、讲座，使企业及时了解政策信息和行业创新发展趋势。同时，简化政策申请流程和办理手续，促使政策与企业需求有效对接。

（二）小微企业创新活力仍显欠缺

在全市小微型工业企业中，开展创新活动的企业所占比重为 57%，比工业低 4.6 个百分点。其中，高技术制造业小微企业这一比重为 79.5%，比高技术制造业低 3.7 个百分点。此外，41.4%的小微企业认为创新对企业生存、发展起重要作用，比工业低 3.7 个百分点。其中，高技术制造业小微企业这一比重为 57.8%，比高技术制造业低 3.8 个百分点。

因此，一方面，小微企业应注重创新理念，及时了解行业发展趋势、吸取创新成功经验，并采取激励措施提高科技创新人才的积极性；另一方面，企业管理部门应关注小微企业融资需求，能够为其提供多渠道、持续的金融服务。

（三）新产品市场竞争力有待提升

在实现产品创新的企业中，拥有国际市场、国内市场新产品的企业所占比重分别为 6.1%和 29.5%，比 2011 年低 4.2 个和 1.5 个百分点。其中，高技术制造业的比重分别为 9.3%和 45.2%，虽高于工业，但高端产业创新的市场竞争力仍有较大提升空间。

建议一是鼓励创新、宽容失败，对成功实现技术转化和产业化的企业与个人给予奖励；二是增强企业组织管理创新和营销创新意识，减少研发成本、扩大市场份额；三是继续强化产学研协同创新和国际创新合作，提升创新成果转化力和产业竞争力。

（四）企业对节能环保效果的认可度有所下降

在开展工艺创新的企业中，认为通过创新节约了原材料、降低了能源消耗、减少了环境污染的企业所占比重分别为 26%、26.2%和 29.6%，分别比 2011 年下降 2.8 个、5.7 个和 3.1 个百分点。其中，高技术制造业创新对环境效益的促进作用更显不足，上述比重分别为 24.7%、23.1%和 26.3%，低于工业水平。

要鼓励企业在大气污染防治、环境保护等领域的科技创新，为科技型环保企业搭建资源平台，宣传和推广高科技环保产品的应用，助力环保技术成果实现环境和经济效益。

北京市从制造到创造有多远

◆◇宋晓梅　王　斌　金　钊　韩　康

内容提要：新时期的经济发展需要从“制造”向“创造”的升级。本文从“创造”的三个评价维度建立指标体系，综合反映近年来北京市企业创造能力的发展状况。结果显示，全市企业创造能力总指数有所提升，但与发达国家和科技实力较强的省市相比仍有差距，从制造到创造，还有较长的路要走。

从建设创新型国家的国家战略到建立全国科技创新中心的首都定位，都明确了未来首都经济社会发展要靠科技创新驱动。近年来，全市整体科技实力全国居首。但与科研院所、高等院校相比，企业的自主创新能力仍显不足，构建高精尖经济结构任重道远。只有不断提高企业的科技创新能力，才能全面发挥首都的科技优势，实现从制造到创造的跨越。

一、企业创造能力的评价指标

（一）“中国创造”的内涵

“中国制造”与“中国创造”仅一字之差，含义却大不相同。“中国制造”，指在中国领土内制造出来的产品，无论它的品牌、设计、技术、利润归属于谁。“中国创造”是所有权概念，只要是技术、品牌、利润等属于中国资本控股所创造的，不管在哪生产，都叫“中国创造”。

（二）企业创造能力指标体系

本文参照国内外相关研究成果和企业创造能力的本质内涵，本着科学性、导向性、可比性和可操作性原则，从“中国创造”三个评价维度，即科技竞争能力、经济创造能力和环境资源保护能力，设计企业创造能力评价指标体系（见表 1）。

表 1　企业创造能力评价指标体系

分类		指标
科技竞争能力	投入能力	企业研发（R&D）经费投入强度(%) 企业研发（R&D）人员投入强度(%)
	管理能力	享受加计扣除减免税企业所占比重(%) 产学研关联系数(%)
	技术积累能力	每万人 PCT 国际专利申请量(件) 拥有国际市场新产品的企业比重(%) 高技术产品贸易特化系数(%)
经济创造能力		科技进步贡献率(%) 高技术产业增加值占 GDP 比重(%) 劳动生产率增长率(%)
环境资源保护能力		万元 GDP 能耗下降率(%) 全市 SO^2 排放下降率(%)

二、北京市企业创造能力有所提升

（一）总体来看，创造总指数平稳上升，科技竞争能力和经济创造能力波动增长，环境资源保护能力先升后降

以 2009 年为基期，2013 年全市企业创造能力总指数为 126.2 点，年均增长 6%。三大分类指数走势分化，科技竞争能力增长快于总指数，年均增长 7.5%；经济创造能力增长低于总指数，年均增长 5.3%；环境资源保护能力除 2011 年达到 143.1 的最高值外，其余年份较低，年均仅增长 1.2%（见图 1）。

（二）从科技竞争能力来看，投入能力、管理能力增长平稳，技术积累能力较弱

从构成科技竞争能力的三个二类指数来看，投入能力增长最快，年均增长 11.1%；管理能力紧随其后，年均增长 9.2%；技术积累能力较弱，年均增长 3.7%。

（三）从经济创造能力来看，全社会科技进步贡献率和高技术产业稳步增长，劳动生产率待提升

宏观和中观层面的两个指标增长平稳，科技进步贡献率和高技术产业增加值占 GDP 比重与 2009 年相比，年均分别增长 8.3%和 8.3%；劳动生产率增长率年均下降 1.5%，其增长率幅度呈逐年递减的趋势（见图 1）。

图 1　2009—2013 年企业创造能力总指数及分类指数图

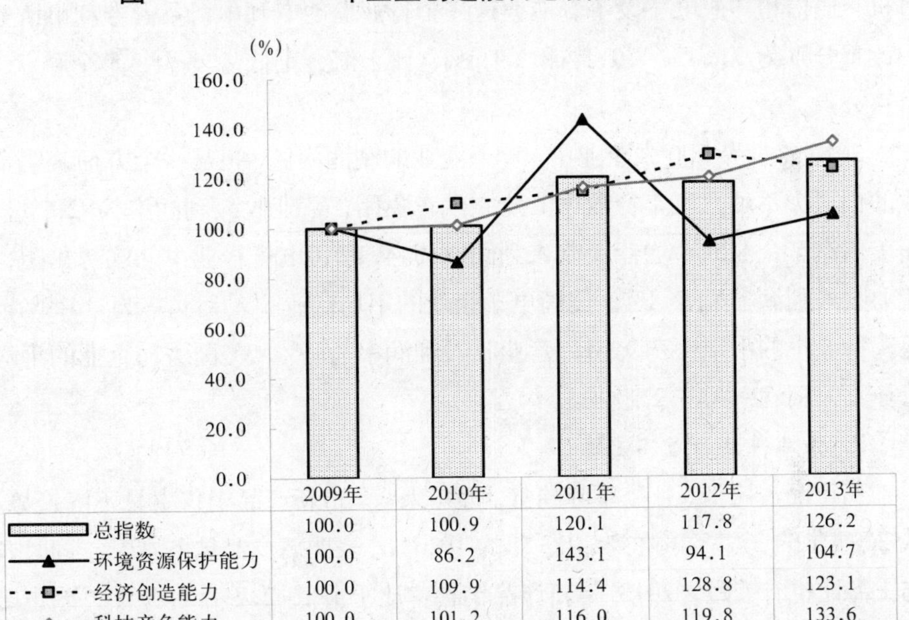

	2009年	2010年	2011年	2012年	2013年
总指数	100.0	100.9	120.1	117.8	126.2
环境资源保护能力	100.0	86.2	143.1	94.1	104.7
经济创造能力	100.0	109.9	114.4	128.8	123.1
科技竞争能力	100.0	101.2	116.0	119.8	133.6

（四）从环境资源保护能力来看，废气排放保持下降态势，能耗下降空间收窄

全市二氧化硫排放下降率虽有波动，但总体保持年均 5.6%的下降率；万元 GDP 能耗下降率逐年递减，与 2009 年相比，年均下降 4.1%，其下降空间收窄趋势值得关注。

以上四个方面测算结果表明，全市企业创造能力总指数有所提升。其中科技竞争能力，特别是投入能力有所提高，拉动总指数攀升；经济创造能力、环境资源保护能力低于总指数，产出效率不高、产业附加值偏低是主要原因。

三、与发达国家和科技实力较强省市相比仍有差距

（一）科技竞争能力方面：技术储备不足，缺乏核心技术和产品

1. 支柱行业知识产权缺乏创造力，带动经济增长的行业研发水平不高

2013 年，全市规模以上工业企业中，医药制造业，汽车制造业，以及计算机、通信和其他电子设备制造业这三个行业发明专利申请量占专利申请量的比重分别为 71.6%、19.1%和 69.1%，比上海分别低 2.5 个、5 个和 7.8 个百分点。

2014 年世界 500 强企业中，北京企业的利润率低，也从一个方面表明企业的创造力不足。汽车行业中的北京汽车集团，营业收入利润率为 2.1%，而美国汽车企业的平均营业收入利润率为 4.1%；电子行业中的联想集团，营业收入利润率为 2.1%，美国电子企业的平均营业收入利润率为 14.9%；医药行业中的中国医药集团，营业收入利润率为 1%，美国医药企业的平均营业收入利润率为 6.2%。

2. 产品科技含量不高

新产品占比低，且呈下降趋势。近年来，全市新产品销售率呈下降趋势，从 2007 年的 27.7%下降到 2013 年的 19.7%，表明新产品储备匮乏。同时，与上海比也有差距，2013 年新产品销售率比上海低 2.7 个百分点，差距比 2011 年扩大了 2.1 个百分点。

国际市场新产品占比低。从产品新颖度看，企业创新调查结果显示，2013 年在有产品创新的企业中，拥有国际市场新产品的企业占 14.6%，比 2006 年的全国平均水平低 2.8 个百分点。

高技术产品国际竞争力不强。从产品进出口贸易看，全市近年来高技术产品以进口为主，尽管贸易逆差趋势有所缩小，但国际市场竞争力仍较弱。2013 年，全市高技术产品贸易特化系数[1]为−0.18%，部分依赖进口，而上海、江苏、浙江和广东高技术产品贸易特化系数分别为 0.06、0.16、0.3 和 0.08，

1 贸易特化系数，即净出口贸易额占进出口贸易总额的比重，系数介于−1 至 1 之间。某种产品的贸易特化系数越接近 1，说明该种产品在国际市场上的竞争力越强；反之，则该产品在国际市场上的竞争力越弱。

具有一定的国际市场竞争力。

3. 输出技术科技含量有待提升

从输出技术知识产权构成看，知识产权交易额比重下降，且低于全国平均水平。技术秘密作为知识产权交易的主要形式，其成交额占技术合同成交总额的比重由 2006 年的 43.4%下降到 2012 年的 24.6%，低于全国 30%的平均水平；未涉及知识产权的交易额占比则由 2006 年的 39.8%上升到 2012 年的 50.1%，高于全国 49%的平均水平（见图 2、图 3）。

图 2　2006 年全市输出技术知识产权构成

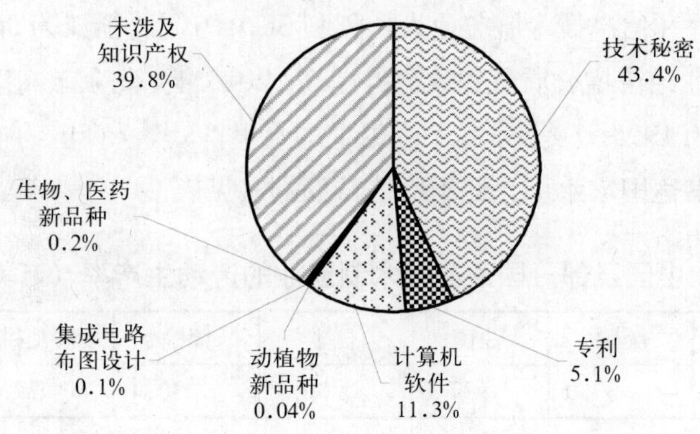

图 3　2012 年全市输出技术知识产权构成

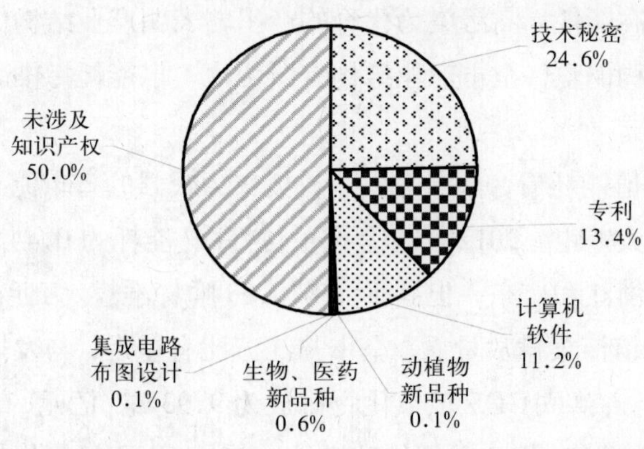

（二）经济创造能力方面：投入高产出低，高端产业优势不明显

1. 从全社会角度看，投入高产出低

全市科技资源丰富，研发投入强度位居全国首位，但研发投入对经济增长的带动力与科技实力较强的省市相比仍显不足。科技部等研究机构研究结果显示，2008–2012 年，全市科技进步对经济增长的贡献率平均为 55.9%，低于上海(60.1%)、江苏(58.3%)和广东(56.2%)。

2. 从企业角度看，高端产业优势不明显

制造业企业运营效率有差距。2013 年，规模以上制造业人均创利 8.5 万元，上海为 9 万元。服务业企业运营效率仍需提升。2013 年，限额以上信息传输、软件和信息技术服务业人均创利 30.6 万元，浙江为 36.3 万元。

高端产业经济增长质量和效益待提高。2013 年，北京市高技术制造业的劳动生产率为 19.5 万美元，高于全国平均水平，人均总产值为 19.5 万美元，但明显低于发达国家水平，处于价值链低端（见表 2）。

表 2　中国及部分国家高技术制造业的劳动生产率（万美元）

	美国	法国	日本	德国	意大利	中国
劳动生产率	37.0	37.0	30.5	30.4	27.0	15.2

（三）环境资源保护能力方面：能耗高污染大，产业结构不够优化

低能耗、低污染、高效益的发展模式，可以从一个侧面反映出经济产出的技术含量。以高能耗、高污染为代价的产出，表明产业结构仍未步入高端化。经过多年结构调整，全市产业结构有所优化，但能耗污染高、产出低的现象仍然存在。

从单位增加值能耗看，全市与一些科技实力较强的省市比有优势，但与江苏相比仍有较大差距。2012 年，全市单位 GDP 能耗为 0.44 吨标准煤/万元，低于上海、浙江和广东，但高于江苏 0.27 吨标准煤/万元。

从单位增加值污染排放量看，全市与江苏比有差距，与发达国家比差距更大。2012 年，全市单位 GDP 氮氧化物排放为 9.93 吨/亿元，高于江苏 1.27 吨/亿元。同时，单位 GDP 二氧化硫排放、单位 GDP 氮氧化物排放均明显

高于发达国家（见表 3），表明产业结构仍未步入高端化。

表 3　2010 年北京与发达国家污染排放强度比较（公斤／千美元）

国家（地区）	美国	加拿大	日本	澳大利亚	法国	德国	北京
单位 GDP 二氧化硫排放	0.52	1.14	0.19	0.06	0.14	0.16	0.50
单位 GDP 氮氧化物排放	1.01	1.72	0.37	0.63	0.56	0.48	0.95

数据来源：经济合作与发展组织(OECD)网站。

四、构建高精尖经济结构需要创造力做支撑

（一）基本判断

经过多年努力，全市企业创造能力有所提升，产业结构有所优化；但仍处于起步阶段，实现高端化发展目标需要创造力做支撑，从制造到创造，还有较长的路要走。

以R&D经费投入强度和科技进步贡献率两个核心指标的国内外对比为例。2013 年全市企业R&D经费投入强度为 0.9%，浙江、广东均为 1.1%。根据OECD标准[2]，全市企业创新能力较低，距离创新能力较强的标准仍有较大差距。2008–2012 年全市科技进步贡献率为 55.9%，上海为 60.1%。OECD、世界银行等机构研究表明，发达国家科技进步贡献率已达 70%以上，全市仅相当于发达国家 20 世纪 60–90 年代的水平。初步推算，到“十三五”初期，全市有望赶超科技强省，但赶超发达国家尚需时日。

（二）政策建议

1. 优化创新环境，调动企业及科技人员创造积极性

创新扶持政策在适用性、知晓度、操作性等方面仍待完善。为此，一是加强政策宣传，编制政策汇编和国内外行业最新资讯；二是简化政策申请流

2 根据经济合作与发展组织(OECD)《奥斯陆手册》中的标准，企业 R&D 投入强度超过 4%，表示企业创新能力较强；企业 R&D 投入强度在 1%–4%，表示企业创新能力中等；企业 R&D 投入强度小于 1%，表示企业创新能力较低。

程和办理手续；三是加强对政策实施效果的跟踪监测与完善，满足创新创业新模式的需求。

2. 增加技术储备，形成独特的科技竞争优势

一方面，要加强汽车、电子、医药等制造业支柱行业技术储备；促进服务业高端发展，如加大软件业智能终端和信息安全系统的研发设计，增强高端产业发展后劲。另一方面，聚焦重点企业，如提高中关村示范区的准入门槛，优化企业质量；明确核心园区和龙头企业发展需求并加以扶植。

3. 力促协同创新，带动经济提质增效

首先，强化以企业为主导的产学研协同创新，应形成研发及产业化的长期合作机制，建立成果转化评价体系，提高成果转化效率。其次，加强国际创新合作，通过有效输出本土先进技术开拓国际市场，为经济提质增效添动力。

4. 发展绿色科技，提升环境资源保护能力

鼓励企业在环保产业领域的创新，通过搭建资源推广平台，加大成果的推广应用，开创节能环保新品牌和新服务。此外，关注科技型环保企业的金融需求，梳理和完善融资审批通道和政策，为其提供多元化、持续的融资服务。

从中关村五年的变化看创新发展的新起点

◆◇武睿琦

内容提要：本文利用中关村示范区2008—2013年报数据，对中关村近五年的发展变化情况进行梳理。数据显示，五年来，中关村示范区产业规模和影响力明显提升；新的产业格局已经形成；节能降耗和企业盈利水平提高；涌现出一批全新的业态和商业模式。建议中关村未来发展应聚焦“高精尖”技术领域，重点发展现代服务业和科技型服务业，重视科技成果转化和鼓励新技术、新业态、新模式的发展。

近年来，中关村示范区高新技术企业在全球经济放缓、市场需求不足的大背景下，坚持走创新发展道路，大胆探索技术创新、业态创新和商业模式创新，成为带动我市产业结构升级的重要引擎。

一、中关村发展五年之变

（一）产业规模扩大，经济总量增两倍

1. 总收入突破3万亿

2013年，中关村示范区共有高新技术企业15455家，实现总收入30497.4亿元，比2008年增长2倍，年均增长24.4%。中关村示范区的高新技术企业数量、经济总量、创新实力等稳居全国105个高新区之首。

2. 国家级、亿元级优质企业数量增加

2008—2013年间，中关村示范区新入园区企业5419家，退出园区企业8401家，存量企业10036家，总体数量比2008年减少2982家。但伴随着高新技术企业成长和更新换代，企业结构有所优化。2013年，中关村示范区共有科技部认定的国家级高新技术企业7000家，比2008年增加了4704家，

占示范区企业总数的 45.3%。亿元以上收入的企业 2362 家，比 2008 年增长 1.3 倍，占示范区企业总数的 15.3%。

3. 科技园区地位进一步提升

2009 年，国务院批复中关村科技园区成为我国第一个国家自主创新示范区。2012 年，国务院批复中关村规划总面积扩大到 488 平方公里，由原来的“一区十园”扩大到“一区十六园”，覆盖全市 16 个区县。2013 年，中关村千亿元级园区达到 7 个，其中核心区海淀园总收入占示范区的 41.1%。中关村示范区的政策覆盖范围逐步扩大，地位进一步提升。

（二）结构调整优化，新的产业格局逐步形成

1. 第三产业主导格局确立

2013 年，中关村示范区第三产业企业 12025 家，占中关村企业单位数量的 77.8%。第三产业总收入占中关村比重达到 62.7%，这一比重比 2008 年提高了 7.6 个百分点，比 2004 年提高 19.2 个百分点。第三产业户均创收水平在五年中快速提升。2013 年，中关村第三产业户均实现总收入 1.6 亿元，比 2008 年增长 3.2 倍，增速快于第二产业。

2. 现代服务业带动力增强

2011 年，财政部、国家发改委、商务部、科技部批复中关村现代服务业试点工作。截至 2013 年，现代服务业试点工作累计已支持八批 173 个重点项目，项目实际总投资 182.4 亿元。基于新一代信息技术的新兴商业模式和业态不断涌现，现代服务业与高新技术产业融合得以较快发展。2013 年，中关村现代服务业总收入达到 19787.1 亿，比 2011 年增长 63%。

3. 从电子信息“一业独大”到新兴领域“多点支撑”

2008 年，中关村高新技术领域中电子信息领域“一业独大”，该领域总收入占比达 56.5%。2013 年这一局面发生改变，电子与信息领域比例下降到 36.1%，下降了 20.4 个百分点。新材料及应用技术、先进制造技术、新能源与高效节能技术三大技术领域逐步兴起，经济份额持续增加，产业支撑力逐步增强。三个领域总收入占中关村比重分别为 9.9%、13.8%和 11.4%，分别比 2008 年提高 3.6 个、5.5 个和 1.6 个百分点（见表 1）。

表1　2013年中关村主要高新技术领域总收入比重变化

	总收入（亿元）	占　比（%）	比2008年增减（百分点）
合　计	30497.4	100.0	0
其中：电子与信息领域	11010.0	36.1	−20.4
新材料及应用技术	3015.9	9.9	3.6
先进制造技术	4204.2	13.8	5.5
新能源与高效节能技术	3466.4	11.4	1.6

（三）产业调整助推能源结构优化，能耗水平下降

随着产业结构向第三产业转移，能源消费结构发生变化。以煤炭、燃油消耗为主的工业能源消耗占比下降，以电力、燃气为主的非工业能源消耗比重上升，能源结构向绿色低碳转变。2008年，中关村工业综合能耗与非工业能源消费合计之比约为3∶1；2013年这一比重调整为1.1∶1。能源利用效率提高，每亿元收入能耗水平下降。2013年，每实现1亿元收入消耗能源161.7吨标煤，比2008年下降17.8%。

（四）企业盈利能力增强，投资收益比重提高

1. 企业盈利面提高

2013年，中关村高新技术企业实现利润总额2264.8亿，比2008年增长2.1倍，年均增长25.5%；实缴税费1506.6亿，比2008年增长2倍，年均增长24.5%；企业盈利面(盈利企业所占比重)为66.2%，比2008年提高16.7个百分点；总收入利润率为7.4%，比2008年提高了0.3个百分点；资本利润率为4.5%，比2008年下降0.5个百分点；中关村企业户均实现利润1465万，比2008年增长了2.7倍。

2. 利润总额中投资收益比重提高

2013年，中关村企业利润构成中，开展主营业务实现的营业利润为2002.5亿元，比2008年增长2.3倍；投资收益为746.5亿，增长2.4倍，占到利润总额的33%，这一比重比2008年提高了3.1个百分点。

（五）新技术、新业态、新模式发展推动产业升级

1. 新技术改造升级传统产业

2013 年，中关村企业专利申请 44275 件，比 2008 年增长 1.6 倍，年均增长 20.8%。科技创新涉足尖端领域，中关村企业共参与制定国际标准 93 项，比 2012 增加了 20 项。大数据、云计算、物联网、3D 打印等新技术的出现，使传统产业植入尖端技术，为城市管理、交通、能源、金融、医疗、航天、先进制造等领域提供智能化、现代化服务。

2. 业态创新、商业模式创新为技术创新赢得市场

产业融合趋势不仅推动技术创新，也增进产业之间的资源整合，催生了一批全新的业态和商业模式。商业创新使科技焕发出新的生命力，如中关村高新技术企业高德和新浪嫁接开启了“门户+社交+地图”的全新模式；小米以“硬件+软件+互联网”的理念和营销战略赢得了广大的粉丝和持续的热销市场。京东挖掘大数据、现代物流体系和支付平台等技术加上电子商务销售模式，在电商竞争中大放异彩。

二、对中关村未来发展的思考

按照十八届三中全会决议和习近平总书记对北京工作的重要指示，北京的全国科技创新中心的功能定位和建立高精尖经济结构的发展方向进一步明确。中关村作为北京市科技创新资源高地和产业结构升级的探路者，在近五年发展规律与基础上，建议未来发展聚焦目标，确立新的起点。

（一）发展技术优势领域，聚焦“高精尖”

目前，中关村产业格局已形成电子与信息、新材料及应用技术、先进制造技术、新能源与高效节能技术四大支撑，自主创新和尖端技术研究具备一定基础。未来中关村产业结构应进一步聚焦“高精尖”，严格筛选具有技术潜力的企业入园培育，集中精力发展具有技术优势的领域，逐步形成具有国际竞争力的产业集群。

（二）重点发展现代服务业和科技型服务业

中关村第三产业比重已达到 62.7%的较高水平，现代服务业发展势头主

导未来产业方向。未来应重点发展科技型服务业和新兴服务业，逐步淘汰升级传统服务业，进一步提高产业附加价值和企业盈利水平。

（三）重视科技成果转化，培育和鼓励新技术、新业态、新模式的发展

2013 年，中关村总收入突破 3 万亿，近五年年均增长 24.4%，但人均总收入为 160.8 万/人，近五年年均增长仅为 8.1%，人均产出水平远低于总收入的水平，发展质量有待提高。北京市资源禀赋特点决定了土地和劳动力资源价格相对较高，因此，中关村未来发展应依托科技研发优势，重视科技成果的市场转化应用，培育和鼓励新技术、新业态和新模式的发展。

中关村高新技术企业自主创新能力分析

◆◇邢　军

内容提要：技术创新是企业持续发展的源动力。中关村高新技术企业在近五年的发展中，持续增加科技投入，积极开展研发实践，涌现出大量拥有自主知识产权的研发成果，产品科技水平不断提高，创制技术标准数量增加，把握了市场的主动权。但同时中关村企业仍存在科技投入强度偏低、产学研合作不足等问题。建议研究相关政策，进一步提高企业自主创新能力；从国家层面打破体制壁垒，提高科技资源流动性。

高新技术企业是中关村示范区自主创新的主体，本文运用 2008—2013 年中关村高新技术企业科技情况统计数据，对中关村高新技术企业的自主创新能力、成效与问题进行量化分析。

一.高新技术企业自主创新情况

（一）企业自主创新意识增强，技术开发、技术引进与技术改造投入持续增加

2008—2013 年，中关村企业在新技术浪潮推动和产业转型升级要求下，依靠科技创新增强持续发展能力，不断提高科技经费投入。2013 年，中关村示范区企业内部开展科技活动经费支出 1032.6 亿元，比 2008 年增加 520.5 亿元，年均增长 15.1%；科技投入强度（科技活动经费支出占总收入比重）达到 3.4%。

近几年，中关村示范区企业重视吸纳国外先进技术，并对引进技术进行消化、吸收和再创新。2013 年，有 82 家企业引进国外技术，比 2008 年增加 30 家；引进国外技术经费支出 16.1 亿元，比 2008 年增长 102.6%；引进技

术的消化吸收经费支出为5.7亿元,比2008年增长5.7倍。

中关村示范区企业在技术改造、升级换代方面投入增加。2013年，中关村示范区开展技术改造活动的企业178家，企业开展技术改造经费支出13.4亿元，比2008年增长1.3倍；开展技术改造企业的户均经费支出为751.5万元，比2008年提高1.7倍。

（二）自主开展创新实践，研发能力与实力不断增强

开展科技项目研究是企业创新实践活动的主要形式，近年来，中关村企业通过自主、合作等形式积极开展科技项目研究。2013年，中关村开展科技项目的企业6886家,占企业总数比例为44.6%;企业开展科技项目数为35007个，比2008年增加12250个，增长53.8%；平均每个企业开展科技项目2.3个，比2008年增加1.1个。

企业开展科技项目中，企业自选科技项目25366个，占全部项目比重为72.5%，比2008年比重提高了10.3个百分点；承接国家科技计划项目2022个，占全部项目的5.8%；承接地方科技项目923个，占2.6%（见表1）。

表1　中关村科技项目按来源情况划分

项目来源	2013年		2008年		比2008年增长(%)
	项目数(个)	比重(%)	项目数(个)	比重(%)	
国家项目	2022	5.8	1256	5.5	61.0
地方项目	923	2.6	871	3.8	6.0
其他单位委托项目	3727	10.6	3114	13.7	19.7
自选科技项目	25366	72.5	14156	62.2	79.2
国外科技项目	553	1.6	488	2.1	13.3
其他科技项目	2416	6.9	2865	12.6	−15.7

2013年,中关村企业与高校、科研机构以及其他企业合作科研项目5696个，比2008年增加2525个，增长79.6%。企业开展各种形式的科研合作项目数量占全部项目比重为16.3%，比2008年提高2.4个百分点（见表2）。

表 2　中关村科技项目按开展合作情况划分

项目合作形式	2013 年		2008 年		比 2008 年增长（%）
	项目数（个）	比　重（%）	项目数（个）	比　重（%）	
与境外机构合作	479	1.4	393	1.7	21.9
与境内高校合作	1468	4.2	919	4.0	59.7
与境内独立研究机构合作	1071	3.1	652	2.9	64.3
与境内注册的外商独资企业合作	115	0.3	54	0.2	113.0
与境内注册的其他企业合作	2563	7.3	1153	5.1	122.3
独立研究	27704	79.1	15437	67.9	79.5
其　他	1607	4.6	4143	18.2	−61.2

企业从持续发展需要出发，通过成立专门的科研机构，提高企业自主研发能力与水平。2013 年，中关村示范区企业自创办科技机构 2019 个，比 2008 年增加 441 个；拥有科技机构的企业数由 2008 年占比 7.2%提高到 2013 年占比 9.7%；自创办科技机构的科技人员数量 12 万人，年均增长 21.9 %；科技机构经费支出 299.9 亿元，年均增长 27.2%。

（三）自主知识产权成果大量涌现，产品科技水平明显提升

自主知识产权成果是企业创新能力的主要标志，2013 年，中关村示范区企业专利申请数达到 44275 件，比 2008 年增长 1.6 倍，年均增长 20.8%。其中，最能代表企业技术创新实力的发明专利申请 26737 件，比 2008 年增长 1.4 倍，年均增长 18.7%。发明专利申请数占专利申请数比重达到 60.4%。

2013 年，中关村示范区企业拥有有效专利数 76852 件，比 2008 年增加 58430 件，增长 3.2 倍，年均增长 33.1%。其中拥有有效发明专利 35000 件，比 2008 年增加 25164 件，增长 2.6 倍，年均增长 28.9%；每千人拥有有效专利数为 40 件，比 2008 年增加 20 件。

随着自主知识产权产品数量增多，企业所生产产品的科技含量提高。2013 年，示范区企业生产主要产品共 14067 种，其中专利产品 5140 种，专

利产品占主要产品品种的36.5%，这一比重比2008年提高13.9个百分点；专利产品中，发明专利产品占到专利产品比重的37.7%（见图1）。

图1　中关村专利成果对比示意图

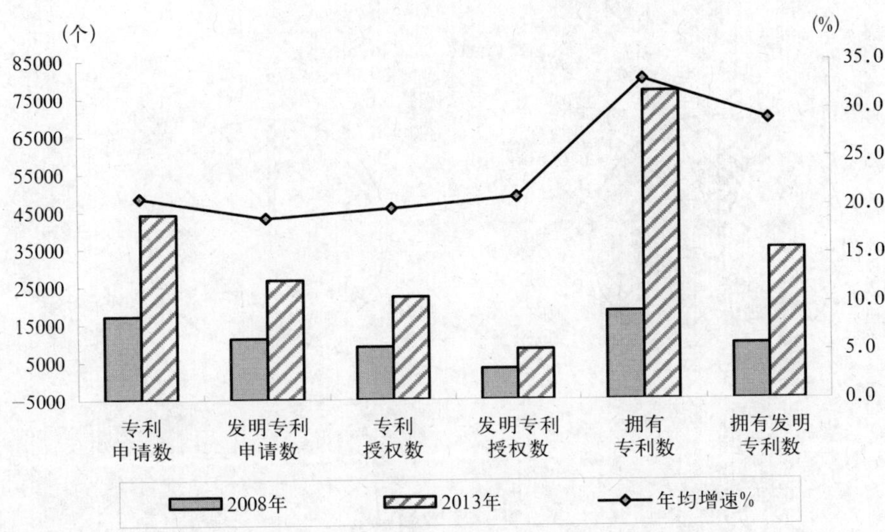

（四）产品技术领先，创制国际标准把握市场主动权

国际领先和国际先进产品收入占主要产品收入的35.2%。近年来中关村企业在重点行业实现技术突破，众多产品达到了国内领先甚至国际领先水平。2013年，示范区技术水平达到国际领先的产品758种，国际先进的产品933种；国内领先的5684种，国内先进的5819种。其中，国际领先和国际先进的产品数占到主要产品数量的12%，对应产品的收入占主要产品收入的比重为35.2%，创收2767.1亿元，比2008年增长60.7%（见图2）。

中关村在不断创新的实践中形成了一批高精尖的科技成果，产品技术水平占领行业制高点。2013年，示范区企业科技成果共形成标准1803个，比2008年增加1550个，增长6.1倍，年均增长48.1%。从标准级别看，形成国际标准64个；形成国内或行业标准1739个。从标准的技术领域看，电子信息领域形成标准占比最大，有73.4%的国际标准和38.4%的国内或行业标准来自该领域，其余依次为新材料领域、新能源领域和先进制造技术领域。

标准创制使中关村产品在国内和国际市场具有竞争力和话语权。

图 2　中关村主要产品按技术水平划分及主要产品创收情况示意图

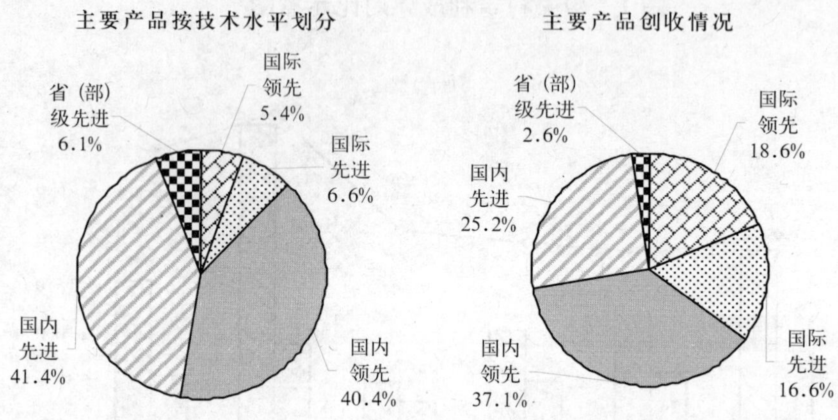

二、问题与建议

（一）企业科技投入强度偏低，需进一步鼓励企业自主创新

根据经济合作与发展组织(OECD)相关标准，企业 R&D 投入强度超过4%为创新能力较强；投入强度在 1%−4%为创新能力中等；投入强度小于 1%为创新能力较低。2012 年中关村 R&D 投入强度为 1.5%，处于中等偏下水平。2013 年，中关村示范区企业内部开展科技活动经费支出占总收入比重为3.4%，比 2008 年下降 1.6 个百分点。创新不足一方面会导致企业发展的短期行为，另一方面则带来产业的低附加值、低水平发展。建议将示范区优惠政策与科技创新投入挂钩，鼓励企业开展自主创新，提高产品竞争力和产业持续发展能力。

（二）产学研合作不足，需打破体制壁垒

中关村企业目前开展的科研项目中，虽然与科研机构、其他企业间的技术合作逐步紧密，合作项目数量增加，但近八成的项目依然靠企业自有研发基础，缺乏技术、资源和信息在企业之间、行业之间的流动使用，因而创新

效率与水平有所局限。北京的部委科研院所、知名高校云集，科技资源得天独厚。但是，这些高精尖科技成果在京落地很少，存在闲置浪费问题。建议从国家层面出台相关政策，打破体制壁垒，拓宽科技资源面向广度，构建产学研合作机制和协同创新框架，促进科技资源的整合与流动，为北京构建“高精尖”的经济结构迈出重要的一步。

中关村示范区开放式发展，辐射力大幅提升

◆◇姜　虹

内容提要：近年来，中关村示范区走开放式发展道路，在全国乃至全球进行产业布局，积极通过技术交易、设立分支机构、共建产业基地等多种途径，向京外地区辐射输出中关村技术、产品、服务和产业等，拓展海外市场，提升国际影响力，中关村在全国科技创新中心的核心能量不断释放，辐射带动力大幅提升。

近年来，中关村示范区走开放式发展道路，在全国乃至全球进行产业布局。本文整理了 2008、2013 年中关村京外地区分支机构、技术交易、出口等方面数据，对近五年中关村辐射带动力情况进行分析。

一、企业总部面向全国、全球布局，彰显辐射力

（一）企业总部分支机构向全国、全球放射布局

北京作为国家首都和全国科技创新中心，为中关村创新要素集聚提供了有利条件。众多跨国公司地区总部、世界 500 强、大型央企、国内知名大型企业管理机构落户中关村。企业总部在全国乃至全世界设立区域管理中心、区域市场中心和区域研发中心等各类分支机构，辐射面不断扩大，辐射力不断提升。2013 年，中关村企业在京外共设立分支机构 9122 家，其中境外分支机构 554 家，比 2008 年增长 1.2 倍；境内分支机构 8568 家，比 2012 年增加 267 家。

从分支机构的国家分布看，亚洲分支机构占总数的 52.1%。其次为非洲，占 24%。北美洲和欧洲分别占 8.4%和 8.1%。国内分支机构主要分布在上海、广东和江苏等城市和地区，数量分别占总计的 21.5%、12.9%和 7%。

（二）电子与信息领域辐射力最强

中关村企业总部分支机构涉及 65 个行业。电子与信息是中关村的优势领域，设立分支机构数量最多。2013 年，电子与信息领域在京外设立分支机构达到 4716 家，占中关村的 51.7%，即平均每 2 家电子信息企业就有一家在京外设立分支机构。

二、出口总额平稳增长，面向世界，拓展海外业务

（一）出口业务稳步增长

2013 年中关村示范区有出口业务的企业 1393 家，比 2008 年增加 289 家；实现出口总额 336.2 亿元，比 2008 年增加 128.8 亿元，年平均增速为 10.1%；出口总额占全国高新区的比重为 8.1%，比 2008 年提高 2.2 个百分点；占全市出口总额的 53.2%，比 2008 年提高了 17.1 个百分点。

（二）新兴领域技术服务海外“试水”

2013 年，中关村示范区实现技术服务出口总额 40.6 亿美元，比 2008 年增加 23.8 亿元，年平均增速为 19.3%；技术服务出口占中关村出口总额的比重由 2008 年的 8.1%提高到 2013 年的 12.1%。其中，新材料技术领域出口年均增速最快，为 91.5%，其次为生物工程和新医药领域，年均增速为 40.8%。

（三）高新技术产品主攻欧美日市场

中关村企业产品出口市场较为活跃，2013 年，中关村出口产品种类达到 1511 种，占中关村产品品种的 10.7%，比 2008 年提高了 1.3 个百分点。从出口地区分布看，向欧、美、日三地的出口占到中关村全部产品出口的 70%以上。其中，对欧洲出口收入规模最大，达到 66.7 亿美元，占 41%；对美国和日本的产品出口分别为 26.9 亿美元和 14.8 亿美元，分别占出口总量的 16.6%和 9.1%。

三、向京外地区输出技术，落地产业，释放经济带动力

（一）科技成果输出外省市

2013 年，中关村示范区实现技术合同成交总额 988 亿元，比 2008 年增加 533 亿元，年平均增速为 16.8%；其中流向外省市 195.2 亿元，占总量的 19.8%；分领域看，流向外省市的技术合同主要由电子信息领域、先进制造领域和新能源三大领域实现，三领域流向外省市的技术合同比重合计占中关村的 71.2%。

（二）企业集团带动京外地区产业发展

集团型企业总部是企业的中枢，显示出强大经济带动力。2013 年，中关村拥有集团型企业管理机构总部 715 家，集团合并报表总收入达到了 10612.2 亿元。其中，在京实现总收入 3886.2 亿元，占 36.6%，在京外地区实现收入 6726 亿元，占 63.4%，相当于在北京每实现 1 个单位的收入带动京外地区实现 1.7 个单位的收入。

中关村集团型企业大致分为研发型总部和营销管理型总部两类。2013 年，研发型总部 407 家，占企业总部数量的 56.9%；营销管理型总部 308 家，占总部数量的 43.1%。在京外地区实现总收入中，研发型总部实现收入占 17.5%，营销管理型总部实现收入占 82.5%。

（三）跨区域共建，合作共赢

近年来，中关村示范区与国内重要科技园区合作共建，与京津冀、长三角、珠三角等地区签署了战略合作协议，输出科技项目、品牌资源、管理经验等，将创新成果落地京外具有生产优势的地区。优势互补，合作共赢。

四、拓展海外市场，提升国际影响力

（一）进军海外资本市场

截至 2013 年末，中关村示范区共有上市企业 230 家，其中境外上市 86 家，占上市企业总数的 37.4%。2013 年共有 6 家企业上市，全部为境外上市，

包括香港交易所4家，纽约交易所1家，纳斯达克交易所1家。上市企业累计IPO融资额1947.1亿元。

（二）国际专利提升国家科技影响力

2013年，中关村企业PCT专利申请量2155件，占中关村专利申请数的4.9%，占北京市PCT专利申请的72.3%；欧美日专利申请量1932件，所占比重为4.4%；欧美日专利授权量427件，占全部专利授权数的1.9%，比2008年增加了265件，年均增长21.4%。2013年，中关村企业拥有境外注册商标8110件，占全部拥有注册商标的22.2%，大大提升了示范区的国际影响力。

高新技术企业科技人才流动特点及政策评价

◆◇金　钊

内容摘要：合理的人才流动、充足的人才储备是企业创新的源头活水。为及时了解科技企业人才流动及政策评价情况，2013年9–10月，北京市统计局和北京市科学技术研究院联合开展了“高新技术企业科技活动人员流动情况专项调查”。结果显示，科技型大企业人才吸聚能力更强；重点服务业企业人才流动更活跃；人才资源充足的企业经济效益更佳。在政策支撑方面，人才引进在政策对接、知晓度、个人激励、扶持创业等方面的措施有待改善。

北京作为科技人才聚集之都，资源优势得天独厚。加大科技人才吸引力是不断提升企业创新主体地位的重要手段，为深入了解企业在2010–2012年间的科技人才流动特点、人才引进政策的实施效果以及人才引进面临的问题，我们开展了“高新技术企业科技活动人员流动情况专项调查”，共涉及731家有科技活动的企业及4817名科技活动人员。

一、科技人才流动特点

本调查主要涉及跨地区、跨行业等社会范围内的人才流动，不包括企业内部岗位变动。人才流动受经济、政策、人文等诸多因素的影响，主要通过人才流动率[1]、净流入率[2]等指标对人才流动频繁程度、人才引进与流失情况进行衡量。

（一）科技人才储备雄厚

从企业科技人才引进、流出情况看，731家企业科技活动人员年均流出

1 人才流动率=（流出人数+引进人数）/从业人员数。

2 人才净流入率=（引进人数–流出人数）/从业人员数。

量[3]为 1.3 万人，流入量[4]为 2.1 万人，年均净流入 0.8 万人。在 4817 名科技活动人员中，本科及以上的高学历人员占 90.4%，高中级技术职称人员占 50.2%，有海外学习或工作经历的占 10.1%，科研骨干力量聚集。

（二）大中型企业人才吸聚能力更强

按企业类型分，在 731 家企业中，大中型企业共 499 家，单位年均净流入 14.5 人；小微型企业共 232 家，单位年均净流入 1.2 人。

分行业看，信息传输、软件和信息技术服务业年均人才流动率和人才净流入率最高，分别为 12.8%和 2.1%；其次是科学研究和技术服务业，分别为 6.3%和 1.7%；工业较低，分别为 3%和 0.9%（见图 1）。我市重点服务业人才流动更频繁，人才得到及时补充，存量充沛。

图 1　各行业年均人才流动率与净流入率对比图

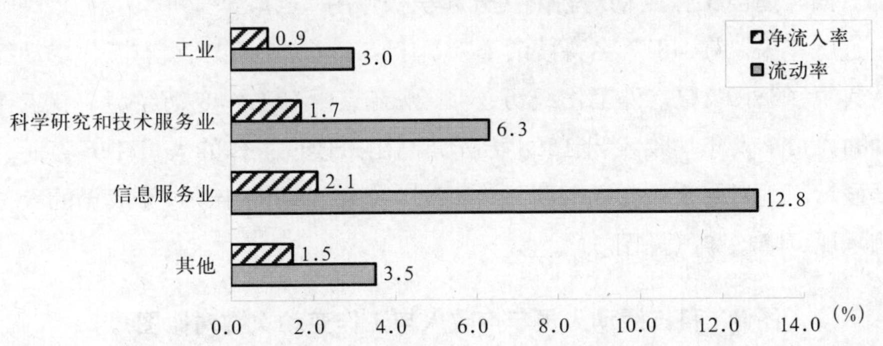

（三）人才支撑有利于经济效益的提高

人才资源充足的企业不仅创新能力普遍较强，而且企业在研发效率和经济效益等方面均优于资源相对缺乏的企业。数据显示，近三年来人才净流入量增加的企业 R&D 投入强度为 2.7%、单位发明专利申请数为 14.6 件，新产品销售收入率为 19.3%（见图 2），相比人才出现流失的企业，创新产出效益更突出，形成良性循环。

3 流出量包括京内流动和流出北京的科技人才数量合计。

4 流入量只包括从京外引进的科技人才数量。

图 2　企业人才流动与经济效益对比图

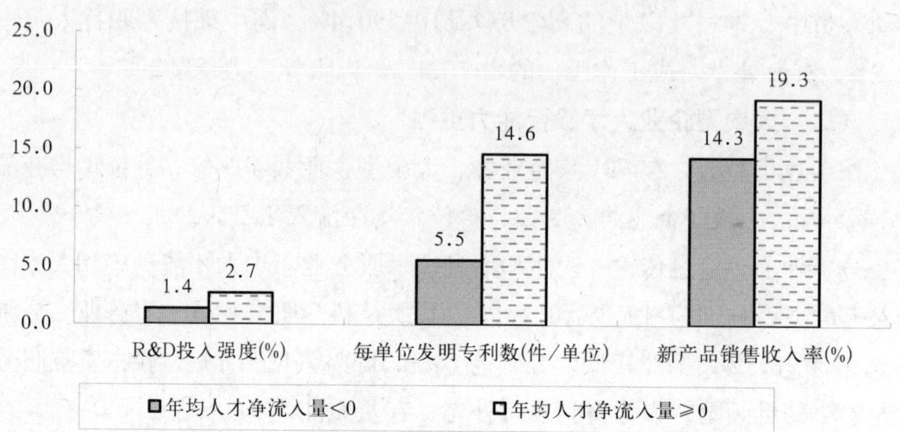

（四）适当工作变动对薪酬提升起积极作用

近三年来，在 4817 名科技活动人员中，有 66.6%的人员有工作变动经历。其中，33.9%有京外工作经历，48.2%在京内有工作变动经历。有工作变动的人员个人年均收入为 15.8 万元，高出未换过工作的人员 1.6 万元。数据显示，适当的工作变动与薪酬成正比，但在短期内流动过于频繁的人员薪酬呈现下降趋势（见图 3）。

图 3　科技活动人员年均收入与工作变动次数对比图

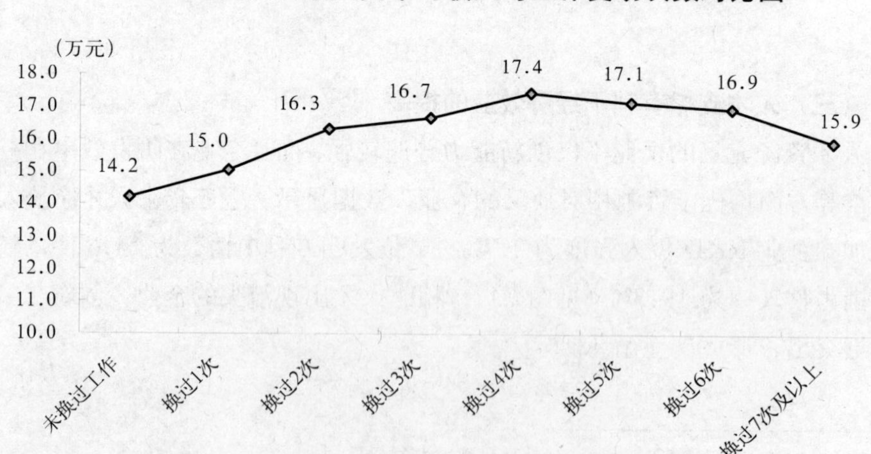

二、对人才引进政策的评价

（一）企业对政策的评价

近三年来，在731家企业中，56.2%的企业享受过人才引进政策，其中，认为充分享受的企业占4.5%。31.3%的企业未享受，12.5%的企业表示不清楚或不了解相关政策。

在未享受人才引进政策的企业中，企业认为最主要的原因是“人才引进优惠政策和本单位人才引进条件无法对接”，占52%；其次是“政策信息发布渠道不通畅”，占23.1%；认为“政策对本单位所需招聘科技人员的吸引力度不够”，占9.6%；认为“本单位不需要享受政策即可满足科技人员引进需求”，占3.1%。

在731家企业中，74.6%的企业认为现行人才政策满足企业需求。其中，认为完全满足需求的占2.1%，一定程度上满足需求的占72.5%。

当问及“北京市人才引进政策需要在哪方面改进或完善”时，九项政策中排名前三位的依次是“扩大中层科技人员住房补贴和个人所得税返还等优惠政策覆盖面”占61.7%；“简化审批手续，缩短审批周期”占50.2%；“完善对外资企业和民营企业人才引进的优惠政策”占48.3%（见图4）。

（二）科技人才对政策的评价

近三年来，在4817名科技活动人员中，43.9%的人员享受过北京市人才引进优惠政策。在科技人员享受到的各类优惠政策中，受惠面最广的前三项政策依次为：“给予北京市常住户口政策”占23.5%；“医疗照顾”占20.7%；“子女可以随迁”占6.4%，其他政策[5]的受惠面均不足2%。

在相继出台的一系列政策中，科技活动人员对政策的平均知晓率为16.6%。其中，“千人计划”知晓率最高为32.3%；其次是“百千万人才工程”和“高层次人才创新创业基金”，分别为21.3%和16.9%；而“海聚工程”、“高聚工程”等吸聚海外特需人才政策的知晓率分别为15.1%和9.5%。

5 其他优惠政策包括：放宽科技经费使用范围、优先主导科技重大专项、减免进口实验设备关税、融资担保、科研院所或者企业(外单位)兼职、子女参加研究生统考优先录取等。

图 4　企业对人才引进政策需要改进或完善方面的评价情况

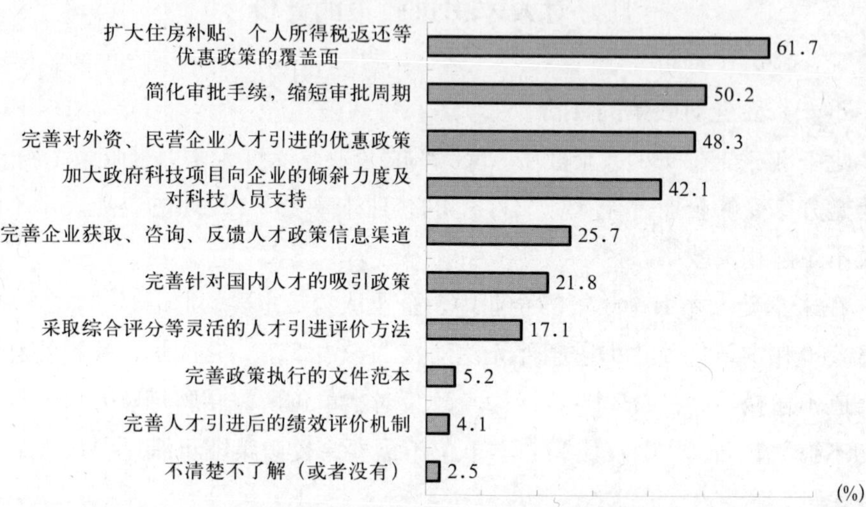

此外，“科技新星计划”、“高端人才专业技术资格评价绿色通道”和“博士后创新实践基地”政策的知晓率均低于 15%。

当问及“为更好促进人才发展，政府需要提供哪些方面的政策措施”时，7 项措施排名依次为：认为需要“大力支持科技人员创业”占 42.1%；“加大对科技人员向企业流动的政策支持”占 39.4%；“完善和改进科技人员的评价机制”占 37.9%；“举办科技人才相关政策的培训班或宣讲会，提高各单位对于相关政策的了解程度”占 31.6%；“改善科研设施条件”占 27.9%；“增加科研经费使用的自主权”占 27.7%；“大力引进海外优秀人才”占 8.7%。

三、面临的问题及对策建议

（一）半数以上人才有离京意愿

近年来，受北京房价高、留京门槛高、环境污染等生活因素的影响，人才外流现象逐步显现。数据显示，55.6%的科技活动人员有离京工作的意愿。

在产生离京意愿的影响因素中，排在前三位的依次为房价高、空气污染问题和解决户口困难，所占比重分别为 49.5% 、22%和 10.9%。

对于高端人才和一般科技人才应区别对待。一方面，对于高层次、特需人才，应给予更充分的补贴和税收优惠，通过提高待遇缓解生活压力，增强对核心人才的长期吸聚能力；另一方面，应保持企业一般科技人员的对外合理流动，不断为企业创新注入新活力，提高创新效率。

（二）科技型小微企业人才吸引力不足

数据显示，小微型企业人才流失率为 4.8%，而微型企业人才流失率高达 7%，均明显高于大中型企业 2.6%的水平。其中，3.9%的小微型企业认为流失的全部为核心人才。

缺乏人才吸引力是科技型小微企业创新中的普遍问题，首先在政策支撑上，应进一步完善小微企业创新创业的金融支撑政策与服务体系；其次，从企业内部创新环境着手，以经济手段完善激励措施，通过提供良好的发展空间和营造多元兼容的创新氛围等途径，提升人才对企业的归属感与认同度，降低流失率，提高人才使用效力。

文化消费：扩大内需的新引擎

◆◇周　冲

内容提要：文化消费作为文化产业链上的终端环节，既是文化产业发展的最终实现阶段，也为文化产业发展提供方向和动力，是实现首都经济发展方式转变、产业结构升级的必然选择。本文结合城乡住户调查资料和北京居民文化消费现状及需求意向调查[1]结果，全面梳理了改革开放30年来北京居民文化消费发展轨迹、现阶段居民文化消费特点及存在问题，并对如何促进居民文化消费提出相关建议。

让人民享有健康丰富的精神文化生活是全面建成小康社会的重要内容。纵观改革开放30年首都居民文化生活的变迁，呈现出文化消费支出大幅增长、文化产品和文化设施不断丰富与完善、文化消费内容和方式日趋多元化、文化消费地位不可或缺的特点。尤其是“十一五”以来，以旅游为代表的文化消费异军突起，对首都经济增长的贡献不可小觑。研究首都居民文化消费的发展规律、特点及存在的问题，对扩大文化消费规模、提升文化消费水平、引导文化产业发展具有重要意义。

一、北京居民文化消费发展轨迹

改革开放30多年来，在历经了由封闭到开放、由计划到市场等一系列重大变革后，随着经济活力显著增强，人民生活水平大幅提升，人们的消费

1 2013年，国家统计局北京调查总队、北京市统计局采用入户调查方式在全市1200户城乡居民中开展了“北京居民文化消费及需求意向调查”，其中城镇样本800户，农村样本400户。调查中，文化消费指“个人文化消费活动中发生实际花费的文化活动行为”，具体包括看电视，读书看报，进行网络文娱活动，游览公园，观看电影、表演、展览，非义务性教育培训，运动健身和旅游观光等。以下简称“文化消费调查”。

观念和消费活动也呈现明显变化，以休闲娱乐、教育、旅游为代表的娱乐型、智力型、发展型文化消费日益成为居民生活的重要组成部分。1978 年以来，北京城乡居民文化消费可划分为三个阶段（见图 1）。

图 1　北京城乡居民人均文化消费支出及占人均消费性支出比重

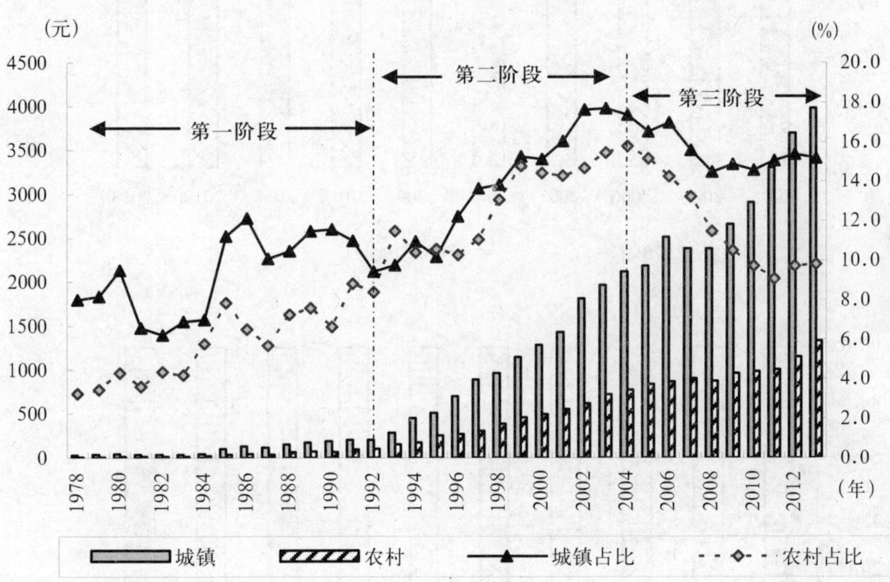

第一阶段为 1978–1992 年，处于起步期。居民文化消费规模小，受基数低影响，增长快，波动明显。第二阶段为 1993–2003 年，快速发展期。在教育支出快速增长的带动下，文化消费迅猛增长，占比快速上升。第三阶段为 2004 年至今，处于结构调整期。

随着义务教育的普及，文化消费支出增速明显放缓。从内部结构看，文化服务消费支出快速增长，占比大幅上升。2004–2013 年，城乡居民文化服务消费支出年均分别增长 16.9%和 23.9%；2013 年，城乡居民文化服务消费支出占文化消费支出比重分别为 49.3%和 32.6%，分别比 2004 年提高 24 个和 23.9 个百分点（见图 2）。

图 2 北京城乡居民文化消费构成及变动趋势

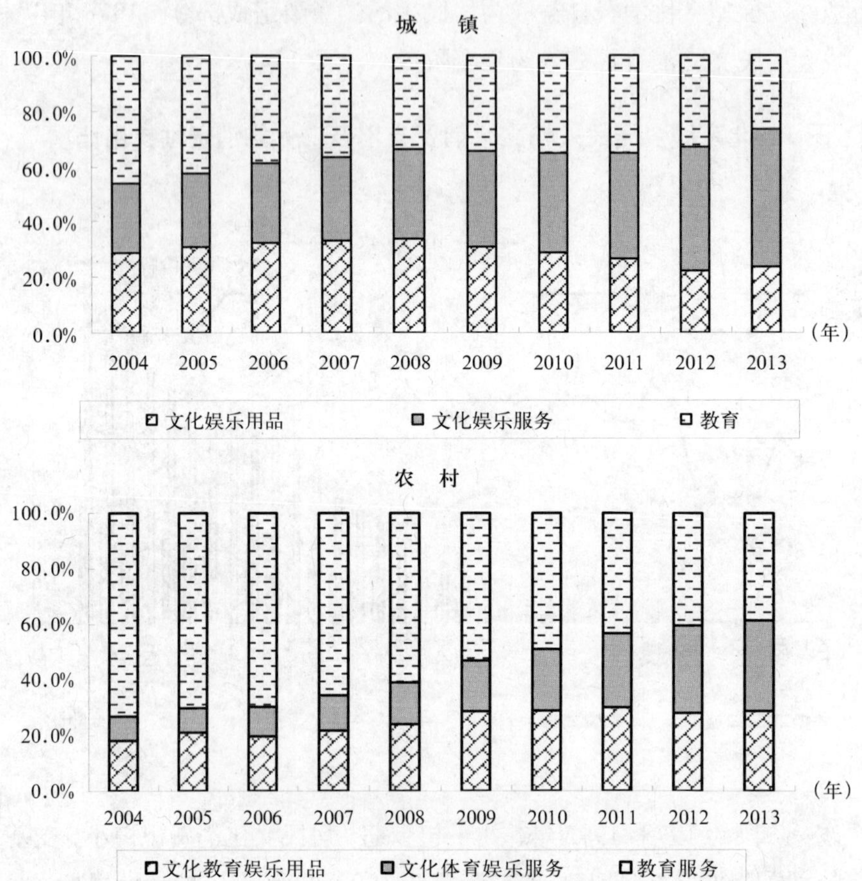

二、北京居民文化消费的主要特点

（一）文化产品和设施日趋丰富与完善

得益于文化事业和文化产业的快速发展，居民可获取的文化产品和文化资源日趋丰富。从传统的电视、广播、报纸杂志到现今的互联网、影视戏剧作品、各种旅游休闲娱乐项目及众多运动健身场馆，极大地丰富着居民文化生活。2013 年，北京城乡居民家庭每百户拥有电脑 110 台和 74 台，分别比 2005 年增长 23.6%和 1.1 倍；互联网宽带接入用户数达到 534.7 万户，比

2005 年增长 1.3 倍；电影放映 137.8 万场次，接待观众 4288.5 万人次，分别比 2005 年增长 5.1 倍和 3.9 倍；旅行社 1147 家，比 2005 年增长 6.8 倍。

（二）文化消费内容日益多元化

丰富的文化产品和文化服务创造了新的文化需求，近年来，旅游、健身等文化消费快速兴起，呈现出巨大的发展潜力。2008–2013 年，城镇居民人均团体旅游和健身活动年均增长 21.5%和 18.5%；农村居民人均旅游消费支出年均增长 21.8%，均明显高于消费性支出增速。文化消费调查显示，除传统的看电视、读书看报和游览公园外，网络文娱活动和外出旅游已经成为居民文化消费的主要内容（见图 3）。

图 3　选择不同文化消费内容的被访者比重

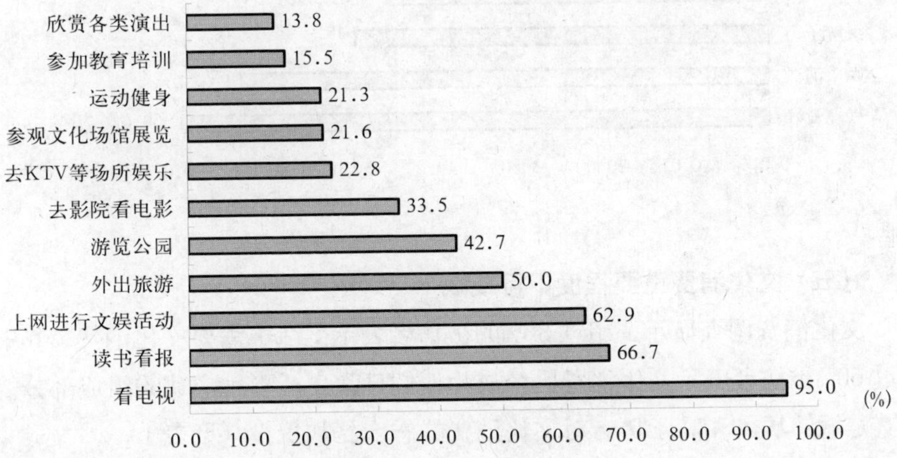

（三）文化消费方式趋向网络化、科技化

随着信息技术的快速发展，互联网凭借其迅速、便利、超时空的传递方式改变着人们的文化消费习惯。足不出户的网络参观游览、网络阅读、在线观看最新影视作品等网络文化消费方式正对传统文化消费方式提出巨大挑战。文化消费调查显示，近 30%的居民每天在家上网进行文化娱乐的时间达到 2 小时以上，近 20%的居民上网时间达 1–2 小时，上网进行文娱活动的时间远高于读书看报的时间。

（四）文化消费目的体现大都市特征

文化消费调查显示，首都居民进行文化消费的主要目的是满足个人兴趣爱好，选择的被访者比重达到 69.6%；其次为娱乐消遣，被访者比重达到 62.5%。此外，48.9%的被访者将文化消费当作“缓解压力”的重要途径，凸现了快节奏、压力大的大都市特征（见图 4）。

图 4　选择不同消费目的的被访者比重

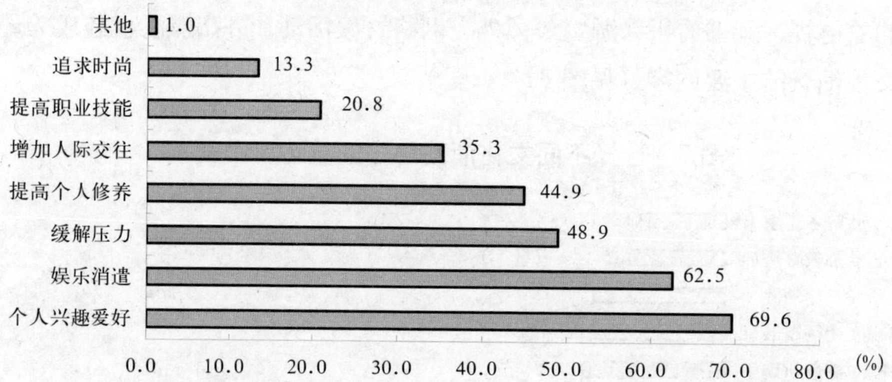

（五）文化消费重要程度不可或缺

文化消费调查显示，超过 80%的被访者表示生活中需要文化消费，其中超过 60%被访者表示文化消费已经成为他们日常生活不可或缺的组成部分。尤其是城镇居民和高学历者对文化消费的态度更加积极（见表 1）。

表 1　不同文化消费态度的被访者比重（%）

态　度	全　市	按城乡分组		按学历分组	
		城　镇	农　村	大专及以上	初中及以下
需要文化消费	83.6	87.1	76.3	91.0	75.9
其中：不可或缺的组成部分	61.8	69.6	46.0	75.6	42.3
可有可无	16.3	12.8	23.5	8.9	23.8
其　他	0.1	0.1	0.2	0.1	0.3

三、北京居民文化消费存在的主要问题

文化消费在丰富北京居民精神文化生活、提高居民文化素质、促进首都经济发展转型上起着重要作用，但文化消费中存在的诸多问题尚需解决。

（一）文化消费信息获取以传统方式为主

文化消费调查显示，电视是居民获取文化消费信息的最主要手段，通过其获取信息的被访者比重达到90.2%；其次为报纸、家人朋友推荐、广播等传统信息传递方式。在新兴技术信息传播方式中，除互联网具有较大优势外，移动电视、移动终端、户外广告等信息传播渠道在推广相关信息上发挥作用明显不足（见图5）。

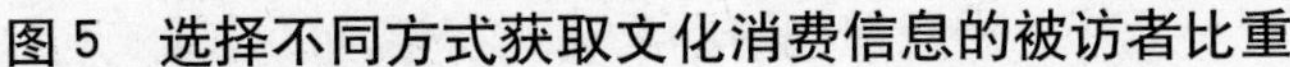
图5　选择不同方式获取文化消费信息的被访者比重

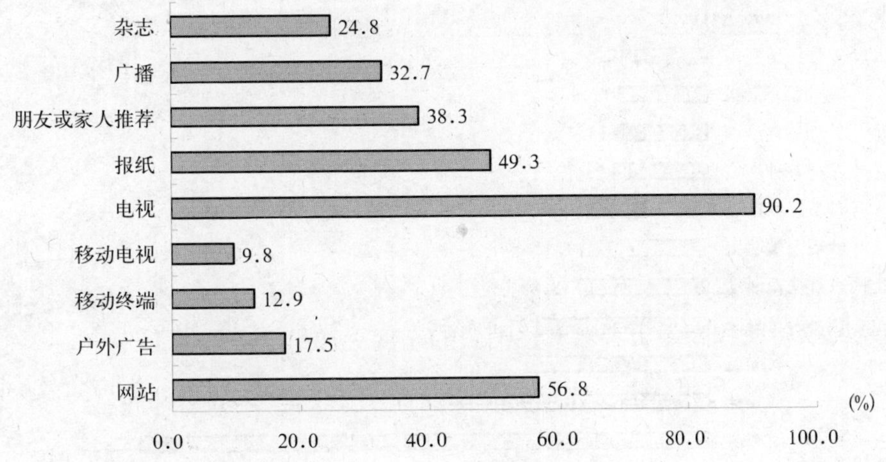

（二）文化消费频次低

虽然北京居民文化消费内容不断丰富，但各种文化消费的频次却依然处于较低水平。例如，对于居民喜爱的外出旅游活动，仍有32.5%的被访者没有旅游活动；对于欣赏演出、参观展览、教育培训等文化消费活动，有一半以上的被访者从未参加，即便参加过，消费的频次也以每年一次居多。

（三）文化消费支出结构不合理

近年来，北京城乡居民人均文化消费支出占人均消费性支出比重分别在15%和9%左右，与发达国家相比并无差距。但从文化消费支出内部结构看，教育支出占比仍然较大，文化产品和服务支出占比与发达国家仍有差距。2013年，北京城乡居民文化产品和服务支出占文化消费支出比重分别为73.1%和61.3%，美、日等发达国家这一比重基本在80%左右，相差10个百分点左右。

（四）文化消费期待较为单一，消费增长后劲不足

文化消费调查显示，在时间、收入足够充裕的情况下，最希望外出旅游的被访者占82.3%，远高于其他类型文化消费活动，消费期待单一不利于文化消费长期可持续增长（见图6）。

图6 居民最期盼的文化消费活动的比重

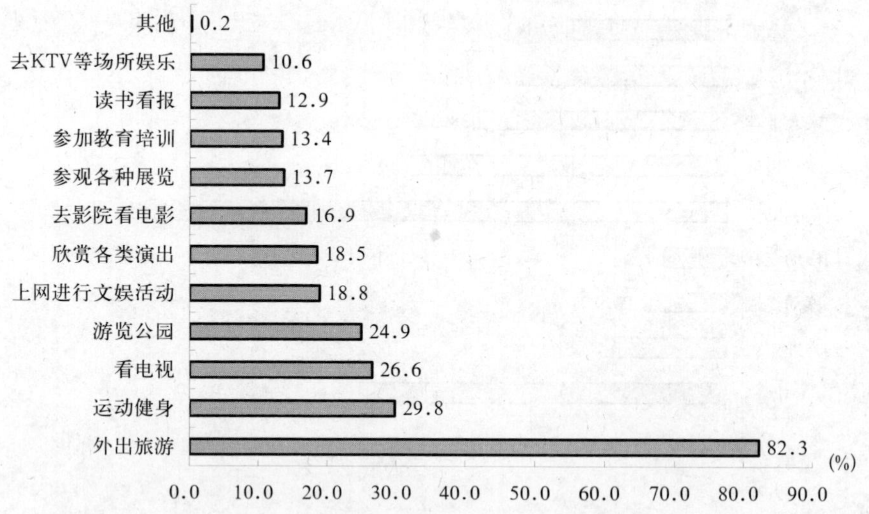

（五）城乡居民文化消费二元化特征明显

从文化消费量看，城、乡居民文化消费规模比由2000年的2.6倍扩大至2013年的3倍。从文化消费内容看，城镇居民文化消费内容更广泛，涉及到上网、旅游、观影、健身等众多领域，农村居民依然集中在看电视和读

书看报，虽然也有上网和旅游等文化消费活动，但参与程度与城镇居民比有较大差距，反映出农村文化消费仍处较低层次。从对文化消费的期待看，超半数的农村居民对教育培训、参观游览、欣赏演出等文化消费没有需求，说明城乡居民文化消费仍处不同阶段。

四、关于促进居民文化消费的相关建议

一是以城镇化建设为突破口，扩大文化消费规模。2013 年，北京城镇居民人均文化消费支出是农村居民的 3 倍；而城镇化率每提高 1 个百分点，将新增 20 万左右的城镇居民。因此，建议政府以此轮新型城镇化建设为契机，加快解决北京城镇化发展过程中长期存在的收入、基础设施、医疗教育、社会保障和救助等方面差距大的问题，以城镇化带动文化消费规模扩大、文化产业升级。

二是以百姓需求为导向，借助信息化手段提升文化产品和服务质量。依托互联网、移动终端等新媒介，推出更多满足百姓消费习惯和消费目的的文化产品和服务。同时，积极利用新媒体进行文化信息的传播和推广，让居民更加及时、有效地获取文化信息。

三是以公共文化服务均等化为基础，培育良好健康的文化消费氛围，提升公民对高层次文化产品和服务的欣赏鉴别能力；以社区为依托，加大教育培训力度，提高居民文化消费素质，培育文化消费群体；以社区文化活动、文化惠民工程为载体，培养居民文化消费习惯，挖掘更多潜在文化消费增长点。

北京市经济社会统计报告

资源环境持续关注

2015

2014年北京市能源消费情况分析

◆◇谢珣子

内容提要：2014年，北京市节能降耗整体运行良好。1—3季度，全市能源消费总量同比增长1.1%，万元GDP能耗下降5.79%，预计全市可以超额完成全年下降2%的目标。主要耗能领域中，规模以上工业能耗持续下降，第三产业能耗低速增长，居民生活用能平稳增长，能源利用效率进一步提高，能源消费品种明显优化，但部分工业行业能耗下降空间有限，第三产业能耗刚性增长等问题值得关注。

2014年，北京市着力调整产业结构，加速非首都核心功能行业退出，积极推进燃煤设施清洁能源改造，能源消费品种结构明显优化，全市能源消费总量保持低速增长，节能降耗形势良好。按可比价计算，1—3季度万元GDP能耗下降5.79%，预计可以超额完成全年万元GDP能耗下降2%的目标。

一、全市能耗概况

（一）能耗总量、用电量低速增长

2014年，1—3季度，全市能耗、电耗低速增长，能源消费总量5557.5万吨标煤，同比增长1.1%，同比低2个百分点；全社会用电量699.5亿千瓦时，同比增长2.7%，同比低3.2个百分点。

（二）万元GDP能耗、万元GDP电耗下降

按2010年可比价格计算，1—3季度全市万元GDP能耗0.4052吨标煤，同比下降5.79%；万元GDP电耗510千瓦时，同比下降4.28%。

（三）区县节能降耗情况

从万元GDP能耗下降目标完成情况看，绝大多数区县节能降耗情况良

好。全市 16 个区县中除顺义外，其他区县 1–3 季度万元 GDP 能耗下降率均超过 2014 年年度目标（见表 1）；顺义区万元 GDP 能耗下降 3.54%，距离年度下降 4.03%的目标还差 0.49 个百分点。

表 1　1–3 季度分区县能耗、单耗情况

区　县	能源消费量速度（%）	万元 GDP 能耗	
		下降率（%）	2014 年下降目标（%）
东城区	2.5	3.82	3.60
西城区	−1.7	7.55	3.89
朝阳区	−0.8	7.52	3.00
丰台区	1.3	6.07	3.80
石景山区	−8.0	15.69	2.00
海淀区	0.5	8.06	2.23
门头沟区	3.6	5.68	2.50
房山区	4.9	3.47	2.00
通州区	1.6	5.30	4.00
顺义区	3.3	3.54	4.03
昌平区	1.2	5.77	4.00
大兴区（含开发区）	2.7	6.06	5.60
怀柔区	5.0	3.16	2.50
平谷区	1.4	5.74	3.00
密云县	2.8	4.83	3.00
延庆县	3.8	3.06	3.00

二、主要耗能领域能耗情况

（一）1–11 月规模以上工业能耗下降 5%

2014 年，全市工业经济运行平稳，在工业内部结构深入调整的背景下，受原材料市场需求不足和政策性停产限产的双重影响，规模以上工业能耗自年初以来持续下降，单耗保持较大降幅，工业领域节能降耗形势良好。

1–11 月，全市规模以上工业综合能源消费量 1502.8 万吨标煤（当量值，下同），同比下降 5%。从能耗的行业结构来看，建材、电力、化工及黑色金属矿采选业是拉动能耗下降的主要行业，共拉动规模以上工业能耗增速下降 5.5 个百分点。

1–11 月，电力行业能耗占规模以上工业能耗比重达 34.1%，火力发电量基本与同期持平，加之部分企业逐步实施“煤改气”发电效率提高，使得电力行业能耗下降 5.8%，拉动规模以上工业能耗下降 2 个百分点；建材行业受市场需求不足和政策性停产限产的双重影响，能耗自年初以来一直保持较大降幅，下半年连续 5 个月当月降幅超过 20%；化学行业和黑色金属矿采选业受重点企业产品结构调整影响，年初以来均保持两位数降幅（见表 2）。

表 2 2014 年 1–11 月规模以上工业部分行业能耗情况

行业	综合能耗（万吨标煤）	比重（%）	速度（%）	拉动百分点
全部工业企业	1502.8	100.0	–5.0	–5.0
高耗能行业	1139.3	75.8	–4.5	–3.4
石油加工、炼焦和核燃料加工业	418.0	27.8	5.2	1.3
化学原料和化学制品制造业	64.3	4.3	–15.6	–0.8
非金属矿物制品业	129.1	8.6	–18.9	–1.9
黑色金属冶炼和压延加工业	12.5	0.8	–5.4	0.0
有色金属冶炼和压延加工业	2.5	0.2	–9.0	0.0
电力、热力生产和供应业	512.9	34.1	–5.8	–2.0
非高耗能行业	363.5	24.2	–6.5	–1.6
#黑色金属矿采选业	72.1	4.8	–16.2	–0.9
医药制造业	18.5	1.2	0.8	0.0
汽车制造业	57.2	3.8	1.1	0.0
通用设备制造业	11.3	0.8	–1.1	0.0
专用设备制造业	10.1	0.7	–3.8	0.0
铁路、船舶、航空航天和其他运输设备制造业	4.4	0.3	4.8	0.0
电气机械和器材制造业	8.7	0.6	0.2	0.0
计算机、通信和其他电子设备制造业	33.1	2.2	–1.2	0.0

（二）第三产业和居民生活用能情况

1. 第三产业能耗低速增长

2014 年，由于天气条件适宜，以及部分有供暖业务的企业实施“煤改气”，全市第三产业能耗保持低位运行，有效抑制了全市能耗的增长。1–3 季度，全市第三产业能耗同比增长 1.4%，比“十二五”前三年年均增速低 4.1 个百分点，比“十一五”年均增速低 7.2 个百分点（见图 1）。

图 1　全市第三产业和居民生活能耗增速情况

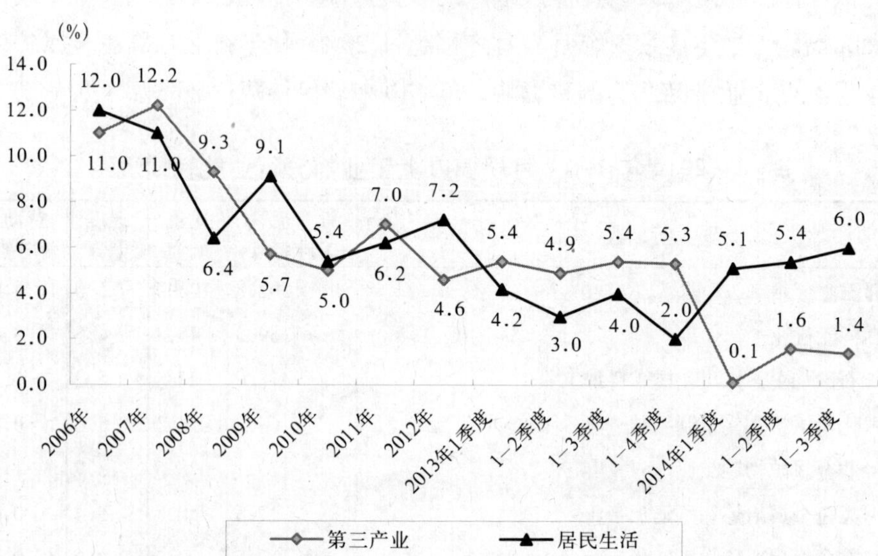

从限额以上第三产业调查单位能耗[1]情况看， 1–3 季度，全市限额以上第三产业调查单位能耗 1404.2 万吨标煤，同比增长 1.4%，增幅同比低 3.1 个百分点。14 个行业门类中，能耗下降的门类有 9 个，同比多 6 个。能耗比重较大的门类中，房地产业、住宿和餐饮业能耗降幅分别比同期扩大 5.6 个和 3.9 个百分点；交通运输业能耗增幅比同期缩小 0.9 个百分点，教育能耗增幅比同期缩小 1.5 个百分点。

1 单位能耗指限额以上年耗能 50 吨标煤以上的第三产业单位及纳入调查的公共机构单位。

2. 居民生活能耗平稳增长

2014 年，全市居民生活能耗平稳增长，1–3 季度全市居民生活用能同比增长 6%，增速同比扩大 2 个百分点；居民生活用电同比增长 6.7%，延续 2014 年以来稳步增长的趋势。

综上，2014 年，全市工业仍然是拉动全市能耗下降的重要因素，但第三产业能源低速增长和居民用能平稳增长，有效地抑制了全市能耗的增长速度，使能耗增速保持低位运行。

三、能源利用效率提高、结构优化

（一）规模以上工业万元增加值能耗大幅下降

按可比价计算，1–11 月规模以上工业万元增加值能耗同比下降 10.5%，为 2012 年来同期最大降幅。分行业看，2014 年以来行业单耗下降面较去年明显扩大，1–11 月有 31 个行业的单耗同比下降，比上年同期多 7 个。化学、建材、有色金属冶炼等行业达到两位数降幅，有力地带动了全市规模以上工业单耗下降。

（二）能源加工转换效率提高

2014 年，全市电厂“煤改气”项目继续实施，下半年西北热电京西燃气项目投运，带动全市燃气发电比重上升，同时发电和供热效率提高。1–11 月，全市燃气发电量占比 55.1%，比上年同期提高 6.2 个百分点，燃煤发电量占比 43%，同比降低 6.3 个百分点；规模以上工业火力发电煤耗同比降低 8 克标煤/千瓦时，发电效率和供热效率分别提高 1.6 个和 0.6 个百分点，全市规模以上工业加工转换效率提高 2.3 个百分点。

（三）单位产品能耗下降面扩大

1–3 季度，在统计范围内的九类单位产品综合能耗中，仅铁矿采矿工序单位能耗同比上升，其余八类均呈不同程度的下降，下降类别同比增加 3 个，单位产品能耗情况好于去年同期。

（四）能源品种结构优化

为落实“清洁空气行动计划”，2014 年全市加大燃煤设施清洁能源改造力度，积极推进老旧机动车淘汰和高耗能、高污染企业退出等工作，全市能源品种结构得到优化。1–3 季度，第二、第三产业规模（限额）以上单位煤炭消费量同比下降 14.9%，天然气消费量增长 2.1%，汽油消费量下降 4%；能源消费结构中，煤炭所占比重同比约下降 2.8 个百分点，天然气比重约上升 1 个百分点，能源消费品种结构进一步优化。

四、需要关注的问题

（一）部分工业行业能耗可能反弹

2014 年，全市积极落实各项节能政策，结构节能稳步推进，“内涵促降”初见成效，工业能源消费持续下降。但从重点耗能行业来看，2014 年能耗基数普遍较低，明年能耗可能反弹。2014 年下半年西北热电京西燃气项目投运，替代大唐高井等燃煤电厂，西北热电中心总装机容量较替代前增加一倍，若明年发电负荷提高，可能会拉高电力行业能耗。受市场需求影响，石油加工、建材、化工等行业由于 2014 年基数较低，明年能耗有可能反弹。

（二）第三产业能耗仍存刚性增长需求

第三产业能耗受气候条件影响较大，且全市第三产业经济保持较快增速，能耗需求随之增长。一是供暖用能受气候影响很大，除交通运输业外，第三产业中其他行业能耗中供暖用能占比大，若遇极端天气，必然拉高第三产业能耗；二是航空运输业能耗持续增长，航空运输业能耗占第三产业能耗的 25%以上。2014 年以来，全市航空旅客周转量和货物周转量稳步增长，1–3 季度能耗增长 8.3%，航空运输业务量的持续增长将带动第三产业的能耗增长。

企业研发支出增长 14.3%
节能环保研发项目稳步开展

◆◇金　钊

内容提要：2014 年 1–3 季度，全市大中型重点企业[1]研发活动开展活跃。企业研发投入力度不断加大，研发经费支出较快增长，节能环保研发项目[2]稳步开展。但企业在新产品开发力度和专利申请质量等方面的问题仍需关注。

2014 年 1–3 季度，全市大中型重点企业研发能力继续提高，开展 R&D 活动的企业共 709 家，占大中型重点企业的比重为 27.3%，比上年同期提高 1.2 个百分点。

一、研发主要特点

（一）R&D 经费支出增速加快

2014 年 1–3 季度，全市大中型重点企业 R&D 经费支出为 261.4 亿元，同比增长 14.3%，增速比上半年提高 5 个百分点，研发投入保持较快的增长势头。R&D 经费投入强度为 1.51%，比上年同期提高 0.06 个百分点，为实现年度预期目标奠定了基础。

（二）服务业重点企业拉动作用明显

2014 年 1–3 季度，全市服务业重点企业 R&D 经费支出增速高于大中型

1 指工业，信息传输、软件和信息技术服务业，以及科学研究和技术服务业中的大中型企业。

2 节能环保研发项目，指以减少能源消耗或提高能源使用效率为技术经济目标的研发项目和以减少环境污染为技术经济目标的研发项目。

重点企业平均增速。其中，科学研究和技术服务业 R&D 经费支出同比增长 22.4%，增速比上半年提高 13.5 个百分点；信息传输、软件和信息技术服务业 R&D 经费支出同比增长 16.5%，增速比上半年提高 6.3 个百分点。以上两个行业分别拉动大中型重点企业 R&D 经费支出增长 4.7 个和 5 个百分点（见表 1）。在“高铁外交”的影响下，科学研究和技术服务业中的中国铁道科学研究院积极开展高铁研发项目，其 R&D 经费支出同比增长 2.7 倍，拉动大中型重点企业 R&D 经费支出增长 3.1 个百分点。

表 1　2014 年大中型重点企业 R&D 经费支出增速情况(%)

	1 季度	1–2 季度	1–3 季度
大中型重点企业	11.3	9.3	14.3
工业	9.9	8.9	9.3
信息传输、软件和信息技术服务业	17.5	10.2	16.5
科学研究和技术服务业	4.8	8.9	22.4

二、节能环保研发项目稳步开展

（一）节能环保研发项目数增加

节能环保新技术的广泛应用，能够有效促进企业能耗和污染排放物的降低。2014 年 1–3 季度，全市大中型重点企业共开展节能环保 R&D 项目 660 项，占全部 R&D 项目的 9.5%，比上半年提升 0.5 个百分点。其中，在六大高耗能行业开展的 R&D 项目中，共有节能环保 R&D 项目 26 项，所占比重为 6.9%，低于大中型重点企业水平。

（二）节能环保研发项目经费有所增长

2014 年 1–3 季度，全市大中型重点企业节能环保 R&D 项目经费支出 8.9 亿元，占全部 R&D 项目经费支出的 5.5%，比上半年提高 0.1 个百分点。其中，在六大高耗能行业 R&D 项目经费支出中，节能环保 R&D 项目经费支出 0.4 亿元，所占比重为 9.1%，比大中型重点企业高 3.6 个百分点。

三、值得关注的问题

（一）新产品开发力度待提升

2014 年 1–3 季度，全市大中型重点企业实现新产品销售收入 2221.4 亿元，同比增长 7.2%。新产品销售收入占主营业务收入的比重为 12.8%，比上年同期回落 0.2 个百分点。

企业应进一步提高对新产品的研发能力，既满足现有市场需求，又借助技术突破开拓新市场。同时，加大对新产品的市场推广力度，通过为企业搭建资源平台，加大对新产品的宣传和推广应用，使产品创新实现价值增值。

（二）专利申请结构有待优化

2014 年 1–3 季度，全市大中型重点企业共申请具有原创性的发明专利 9598 件，同比增长 5.1%。发明专利申请量占专利申请总量的比重为 59.6%，比上年同期回落 3.7 个百分点。分行业看，信息传输、软件和信息技术服务业发明专利申请量占专利申请总量的比重下降趋势明显，比上年同期回落 17.2 个百分点（见表 2）。

表 2　大中型重点企业发明专利申请量占专利申请量的比重（%）

	2014 年 1–3 季度	2013 年 1–3 季度	增　减
大中型重点企业	59.6	63.3	–3.7
工业	54.9	56.1	–1.2
信息传输、软件和信息技术服务业	68.4	85.6	–17.2
科学研究和技术服务业	61.9	60.7	1.2

在政策层面，应进一步强化提升专利质量的政策导向，促进发明专利、PCT[3]专利等高品质专利申请数量和质量的提升。在企业层面，应避免盲目追求专利数量，在研发、生产、销售的各个环节充分挖掘更有市场价值的专利技术，提高专利投入的利用效率。

3 PCT 专利申请指通过世界知识产权组织专利合作条约（PCT）登记的国际专利申请。

北京市资源性产品价格改革的影响分析及政策建议

◆◇郭翰超　曹继东　李智沛　左　敏　王　倩　王　晶

内容提要：资源性产品价格改革对于理顺价格关系、促进资源节约和产业结构调整升级具有重要意义。本文深入研究分析了水价、电价、天然气价、油价改革对企业生产经营与居民生活的影响，并就水价改革对北京市 CPI 的影响进行了测算。根据研究结论，提出了有针对性的政策建议。

北京市资源性产品价格改革对于理顺价格关系、促进资源节约和产业结构调整升级具有重要意义。为客观反映资源产品价格改革对经济社会带来的影响，积极稳妥地推进相关改革工作，统计部门对全市重点行业进行了调研，并结合数据资料进行了分析。

一、价格改革对资源能源消费企业的影响

资源性产品价格改革对环境保护、节能减排及产业结构调整具有重要作用，但也会在客观上对资源能源的消费企业带来压力。

（一）电价调整对高耗电行业成本影响大

北京市工业生产消耗中，电力约占水、电、油、气消耗额的 54%，远高于油、水、气的比重。其中，电力消耗金额较大的行业主要有计算机、通信和其他电子设备制造业，石油加工、炼焦和核燃料加工业，汽车制造业，非金属矿物制品业等。从调研情况看，电价调整对计算机、通信和其他电子设备制造业的影响比较突出。

（二）气价调整对燃气发电企业与供热企业成本影响较大

燃气电厂、供热企业既是电力、热力生产者，同时也是天然气主要消费大户。调研显示，北京主要热电企业天然气购进成本占总成本的比重均在70%以上，天然气价格上调将会导致其成本激增。

（三）水价、油价调整对企业成本影响较小

测算结果显示，在电价、气价、水价、油价涨幅相同情况下，水价、油价调整对企业成本的影响小于电价、气价。这主要是由于水消耗费用在企业生产成本中的占比小。以 2012 年数据测算，水的消费金额占总成本比重最大的 5 个经营性行业，成本占比均未超过 1%。与其他能源价格单边上涨不同，汽、柴油价格已与国际市场联动，价格有升有降，对企业成本影响总体不大（见表 1）。

表 1　水的消费金额占总成本比重

行　业 （按水的成本占比最大的前五个经营性行业排序）	2012 年水的消费金额 占总成本比重（%）
住宿业	0.86
居民服务业	0.86
酒、饮料和精制茶制造业	0.79
非金属矿采选业	0.54
黑色金属矿采选业	0.48

（四）大企业应对资源性产品价格上涨能力相对较强，小企业承受能力较弱

调研显示，在当前产能过剩，产品供不应求的市场大环境下，为保持终端价格竞争优势，大企业会综合运用多种手段消化资源能源成本上涨，不轻易调整产品价格。调研中北京现代、京东方、首钢冷轧、肯德基、中铁建设及部分大型货运企业都表示，将采取强化管理、采用新工艺新技术等多种方式自行消化成本上涨压力，不轻易调整产品终端销售价格。

小企业对资源性产品价格上涨的承受能力相对较弱。当前，市场竞争激

烈，企业经营压力较大，小企业面临人工成本上涨压力，不少企业处于微利状态，如果资源类产品调价超出企业承受能力，企业会考虑上调商品和服务价格。

二、价格改革对居民生活和物价的影响

已实施的居民阶梯电价对大多数城镇居民生活影响不大，目前居民阶梯气价还没有明确的实施方案，阶梯水价对居民生活和物价的影响分析如下：

2014 年 5 月 1 日北京市开始实施阶梯水价，第一档用水量覆盖 90%的城镇居民家庭。水价改革对节约水资源起到了一定的作用，2014 年 5–10 月北京市城镇居民家庭人均用水 14.32 吨，比上年同期下降 2.4%。人均消费支出增加 14.1 元，占总支出比重由原来的 0.46%提高到 0.55%，对城镇居民生活影响相对较小。

水价的改革，影响 2014 年北京市 CPI 上升 0.11 个百分点，并将影响 2015 年 CPI 上升 0.05 个百分点。

三、推进并完善价格改革的政策建议

（一）建立燃气及气电上下游价格联动机制，充分运用差别价格政策，促进环境治理和产业调整

一是理顺上下游天然气价格及气电价格。国家对天然气门站价格、上网电价调价后，北京市应及时跟进，保证门站价格与终端销售价格调整之间的及时衔接，避免燃气与电力企业受损，保护好企业保障城市供应与扩大发展的积极性。

二是加快落实电价分类调整要求与化解产能严重过剩矛盾的指导意见，结合北京实际，利用好差别价格政策。建议尽快落实国家发展改革委电价分类调整以及《国务院关于化解产能严重过剩矛盾的指导意见》要求，借鉴山西、湖南等地对超过能耗限额标准和环保不达标的企业，实施差别电价和惩罚性电价、水价等差别价格政策的做法，充分发挥价格杠杆作用，逐步疏解、

淘汰不适宜首都功能定位的产业、行业，促进首都环境治理与产业结构调整。

三是进一步总结阶梯电价改革实施经验，完善阶梯电价调整机制。从电力公司反映的情况看，实施阶梯电价对节约用电的效果还不十分明显。建议适度降低第一档价格水平及覆盖人群比例；第二档覆盖绝大部分人群，按实际成本定价；第三档以上执行高于成本的价格，实施惩罚性电价，用于补贴第一档价格。

（二）改革价格补贴方向与形式，提高财政补贴资金的针对性与有效性

目前，对资源性产品生产企业提供的补贴实质上是一种不分人群的全面补贴，不能很好地体现财政补贴的针对性，降低了补贴的有效性。2014 年价格改革实施后，应考虑由生产性补贴逐渐转向消费性补贴。

对实施节能改造、使用清洁能源的企业，财政可根据节能与污染减排效果不同，提供部分专项资金给予支持，并根据企业使用清洁能源成本上涨情况及时提高补贴标准，促进企业加大节能改造清洁能源使用的力度。对使用清洁能源天然气发电的热电企业，配合《北京市 2013−2017 年清洁空气行动计划》，在天然气价格上涨后及时调整销售电价或在电价不动情况下提高对企业天然气发电补贴标准。

（三）做好相关配套改革，形成资源性产品价格改革与相关配套改革协同推进与共同作用的良好机制

在破解人口资源环境压力中，仅靠发挥价格杠杆作用还不够，需要其他相关配套改革协作推动。比如，水价改革中，要将自备井与水务局管理水源价格统筹考虑，实现各种水价之间的合理比价关系，避免单一调整某种水价，用户改用其他水源，使水资源节约效果打折扣。加大天然气在燃气汽车、发电等方面的应用推广力度，建议给予税收减免、简化审批、价格引导等优惠政策。以京津冀协同发展为契机，可积极争取中央层面组织推动京津冀地区资源性产品价格协同调整机制，避免北京地区调整价格后相关耗能耗水及污染企业转移至周边地区，影响整体环保及大气治理效果。

（四）要协调好促改革、稳物价、惠民生之间的关系

资源性产品价格改革不仅影响整体物价水平，也影响居民收入实际增长。近几年，北京市实现城乡居民收入增长目标压力一直较大，在推进价格改革过程中，要充分考虑价格调整对居民收入增长的影响，千方百计增加城乡居民收入，尤其是要做好对低收入群体的保障工作。同时还需加强价格监管工作，从控制自发性价格上涨因素入手，做好价格涨幅高、对 CPI 影响大等重点领域的价格调控工作，确保整体价格形势稳定。

（五）加大政策宣传解读，正确引导通胀预期

尽管资源性产品调价对企业的成本影响不大，但价格上调所释放出的信号，一定程度会增加社会通胀预期，而对于民用资源性产品的调价更直接影响公众通胀预期。建议媒体加大政策宣传力度，解释政策实施意图，准确传递政策信号，加强政府与公众之间的信息沟通，使公众对价格形势以及政府工作有正确的认识，增强其对稳定价格的信心，引导公众通胀预期。

北京市资源环境问题及对策研究

◆◇王乐强　周　锐　方秀玉

内容提要：近年来，北京发展与资源环境的矛盾凸显，资源紧张、环境恶化问题加剧，突出表现有：（1）水资源短缺与浪费并存；（2）生态损害严重，生态空间不断缩减；（3）环境污染严重，治理力度仍显不足。面对严峻形势，必须采取有针对性措施：（1）多元供水，开源与节流并重，缓解水资源紧缺局面；（2）对能源结构进行战略性调整，大力提高外调电力比重，减少大气污染物排放；（3）立法、执法相结合破解垃圾难题，形成循环经济发展模式，减轻垃圾处理压力；（4）着眼生态涵养功能，增加河湖水面和林木覆盖，提高生态环境自我净化和吸收能力。

近年来，北京的经济、社会和城市建设发展迅速，同时发展与资源环境之间的矛盾也日益凸显，资源紧张、环境恶化等问题逐步加剧，土地资源、水资源、城市大气环境和生态环境面临巨大的承载压力。

一、北京市资源环境面临的突出问题

（一）水资源短缺与浪费并存

1. 水资源严重不足，用水缺口巨大

北京市常年人均水资源量低，2001–2013 年年均为 142.9 立方米，远低于国际人均 1000 立方米的重度缺水标准。其间，全市以年均 24.3 亿立方米的水资源，维持着近 36 亿立方米的用水需求，年均水资源缺口超过 11 亿立方米，人多水少、水资源紧缺的状况将长期存在。

2. 生活用水浪费明显

2013 年北京生活用水占比 44.7%，生活领域已成为最重要的用水组成部

分。与产业领域相比，2001–2013 年，在全市万元 GDP 水耗下降 76%的情况下，人均生活用水仅下降 10%左右，生活领域节水效果不佳。与天津相比，2012 年北京人均日生活用水量 171.3 升，是天津的 1.3 倍，而 2012 年北京人均水资源量仅是天津的 80%左右。

（二）生态损害严重，生态空间不断缩减

1. 地下水位持续下降，引起地面沉降

北京市巨大的水资源缺口，主要通过外部调水和大量超采地下水解决。2001–2013 年，北京平均每年开采地下水 21.9 亿立方米，超过年平均地下水资源（16.6 亿立方米）5.3 亿立方米，2013 年地下水占全市供水量的 60%以上。地下水的严重超采，带来生态安全隐患，使平原地区的地下水埋深下降严重。2013 年末全市平原区地下水平均埋深 24.5 米，与 1980 年末比较，地下水位下降 18.1 米，储量相应减少 92.5 亿立方米。据市地勘部门监测结果，近几年北京东部地面沉降呈现出速率加快、面积迅速扩大的发展趋势，存在很大安全隐患。

2. 耕地、水域和湿地等面积缩减严重，土地生态资源退化

首先，耕地总量逐年减少，并濒临底线。截至 2012 年底，北京的耕地面积 2208.2 平方公里，比 2000 年减少 1113 平方公里，年均减少 3.3%。根据《北京市“十二五”时期土地资源保护与开发利用规划》目标，2015 年北京的耕地保有目标为 2205 平方公里（330.75 万亩），2012 年底实际耕地保有量距离 2015 年的目标底线仅有极小的 3 平方公里距离，而距规划末期时点还有三年。其次，水域和湿地面积也迅速减少。2012 年，全市河流、湖泊、水库等水域面积 790.9 平方公里，比 2000 年减少 110 平方公里，年均减少 1.1%。2007–2013 年，北京湿地面积从 513.8 平方公里缩减至 353.1 平方公里，年均减少 6.1%，湿地面积占全市土地的比重不到 2.2%。耕地、水域和湿地具有调节气候、净化与美化环境、维持生态系统均衡等重要的生态价值，其大幅减少使北京生态环境更加脆弱，生态屏障面临更大压力和危机。

（三）环境污染严重，治理力度仍不足

1. 能源结构低端对大气环境质量产生直接影响

能源直接燃烧及与能源使用有关的生产活动是造成温室气体排放的最

主要因素。在一定的能源消费总量规模下，煤炭、石油等化石能源的比重，即能源的清洁化水平对大气环境质量产生直接影响。

北京能源品种结构仍较为低端，与国际尤其是世界城市比相差甚远。2012 年，煤炭在北京终端能源消费中占比 15.6%，比世界平均水平高 5.8 个百分点，比OECD国家高 12.1 个百分点；而主要发达国家首都煤炭使用率极低或基本没有煤炭消费。2012 年外调电占北京能源消费量的比重为 12.5%，大大低于东京、伦敦等世界城市，比东京（2007 年）低 22.5 个百分点，比伦敦（2006 年）[1]低 13 个百分点左右。与此同时，北京新能源和可再生能源也尚处于起步发展阶段，利用规模小，难以发挥关键性作用。整体来说，北京化石能源尤其是煤炭比重偏高，清洁能源比重偏低，能源结构低端是造成全市大气污染的重要原因。2013 年，北京空气质量优良天数不足全年一半，五级和六级重污染天数累计占比高达 15.9%。

2. 生活垃圾产生规模大、处理水平低造成环境污染

首先，北京生活垃圾产生量持续扩大。近年来，北京生活垃圾产生量持续增长，2005–2013 年年均增长 2.8%，而部分先进国家或地区生活垃圾已经实现减量化，如 2012 年台北市生活垃圾产生量为 82 万吨，比 2011 年下降 2.7%。垃圾产生规模的持续扩大，使得北京现有垃圾处理能力面临较大压力。2012 年垃圾日处理能力与日产生量相比，处理能力不足；2013 年，垃圾日处理能力得到大幅提高，才满足了当年的处理需求。其次，当前北京垃圾处理方式单一，以填埋为主。2012 年，北京垃圾填埋量占处理总量的比重超过 70%，而焚烧和生化处理的比例较低。尤其是在土地资源稀缺的情况下，垃圾填埋需要占用较多的土地资源，使得北京垃圾处理结构不尽合理。如同样是人多地少的日本，垃圾处理中焚烧占比达 85%，填埋仅占 10%；而新加坡则是 100%的焚烧；欧洲各国填埋比例均大大低于北京。第三，北京垃圾分类的系统建设和运行体系尚未形成，垃圾混合投放、混合收集和混合运输的问题未得到有效解决。而纵观国外，在垃圾处理方面取得成效的国家或地区无一不是垃圾分类标准极为完善，执行标准极为严格。

1 东京、伦敦数据来源《北京能源发展报告》。

因此，北京的垃圾处理，无论在源头分类、末端处理、运行管理，还是减量化、资源化和再利用方面与国际先进水平相比均有很大差距。垃圾处理能力不足、处理方式单一、回收利用水平低，带来环境污染。

二、政策建议

破解北京资源环境难题，应在疏解非首都核心功能的背景下，遵循“总量卸载”和“结构调优”的总体思路，严控人口增长，利用好政府和市场“两只手”，采取有针对性措施，尽快破解北京资源环境难题。

（一）多元供水，开源与节流并重，缓解水资源紧缺局面

缓解北京水资源紧缺局面，需要推广“增加外调水+增加中水+节水”的开源与节流并重模式。

从开源来说，要开拓多元供水渠道，在继续增加外调水的同时，建立中水利用新机制，大力推广中水利用。目前，外调水一定程度上缓解了北京水资源紧缺局面，但仍难以填补巨大的水资源缺口，而推广中水利用是当前缓解水资源压力的一条现实途径。初步测算，若 2013 年北京中水利用率提高 10 个百分点至 70%，相当于当年水资源量增加了 1.3 亿立方米，能够满足约 170 万人的生活用水需求，缓解了全市水资源压力。

大力推进中水利用，必须建立中水利用新机制。首先，加强立法，对适用中水的领域，如农田、环卫、园林、工业冷却用水以及洗车等部分生活性服务业用水，强制使用中水；其次，建立中水定价机制，在尽快实行阶梯水价的同时，合理制定自来水和中水价格比，通过价格信号鼓励中水使用；第三，探索建立中水与自来水相联系的用水配额管理机制，企事业单位尤其是用水大户，可以用中水使用量换取相应数量的超标自来水使用配额；第四，加大中水利用设施规划和投资，加速中水管道铺设，污水处理厂建设与中水使用点相结合，增加城市中水供应点，为中水的推广创造基础条件。

从节流来说，除了通过价格杠杆引导用水节约外，还应大力加强节水技术创新和节水设施开发，同时制定相应的节水政策法规，加强节水宣传。

（二）对能源结构进行战略性调整，大力提高外调电力比重，减少大气污染物排放

应对能源结构进行战略性调整，在压煤、控油的同时，进一步提高天然气和外调电力以及可再生能源比重，尤其要下大力气增加外调电力输入力度，用外调电替代煤、油等化石能源。初步测算，若 2010 年北京外调电占全市能耗比重达到东京水平（2007 年为 35%），则当年可减少二氧化碳排放量 3300 余万吨，占全年二氧化碳排放量的 30%以上。提高外调电比重是当前改变北京能源结构、改善大气环境的最直接途径。

首先要保障外调电力的充足供应和安全运行，要建立外调电力能源基地，在有关规划中特别注重外调电力的基地建设。其次，要在本市创造推广电力消费的条件，一是创造基础设施条件，如建筑中“电取暖”设施、交通中电动汽车充电桩的建设，适当恢复有轨电车和推广电动公交车等；二是通过价格机制和相关法规创造鼓励电力使用的软环境，在产业准入门槛中鼓励使用电力替代化石能源作为设备动力等。

当然，提高北京外调电力的比重，是一个系统工程，需要多部门多地区的协调配合，需要国家层面统筹规划全国电力生产、电力输配的总体布局及配套设施建设。地区或国家能源战略中，应降低火力发电比重，大力发展可再生能源发电，还应研究发展核电资源，以减少全国范围内的大气污染物排放。

（三）立法、执法相结合破解垃圾难题，形成循环经济发展模式，减轻垃圾处理压力

综观发达国家行之有效的垃圾处理模式背后，均充分体现了循环经济的发展理念和实践。解决北京的生态环境问题，在经济社会发展模式上一定要有大的突破。必须要借鉴国际上行之有效的垃圾处理模式，发展循环经济，以循环经济的理念处理垃圾和废弃物，实现垃圾的减量化、资源化和再利用，解决由其带来的生态环境问题。

最为首要的，是加强垃圾分类立法，强制垃圾分类，填补当前立法空白。同时，严格垃圾分类监督执法，将执法权归属社区组织，并建立相应惩罚制度；设计科学合理的垃圾回收点和运输路线，加大垃圾处理厂建设。总之，通过立法、执法相结合，政府顶层设计、单位和个人严格落实执行相结合，形成垃圾分类、运输、处理、回收和再利用一体化、产业化的循环经济发展模式，不仅能彻底解决当前北京的垃圾问题，从根源上减少人类活动对生态环境的破坏，同时使循环经济成为北京经济的一个新的推动力和新的增长极，率先在全国实现循环经济发展模式。

（四）着眼生态涵养功能，增加河湖水面和林木覆盖，提高生态环境自我净化和吸收能力

一要从生态涵养、宜居的角度，加大恢复、保护河湖水面（包括湿地）的力度，要从城市开发和土地使用上，保证河湖水面增加所需的相应资源。北京土地利用的问题，很大程度上是由于建设用地的无序、快速扩张所导致。例如，2003−2012 年，新增建设用地占用耕地的面积累计达 298.4 平方公里，即接近 3/4 的建设用地增量由耕地转化而来。因此，要严控新增建设用地，保证恢复“山田林河湖”所需的土地资源。

二要参照世界先进水平进一步提高林木覆盖率。在全市和各区县绿化规划中，加大林木资源建设。调整农业用地结构，增加林业用地，尤其是林木覆盖水平较低的平原地区，要加大造林力度，形成城郊、山区与平原均衡搭配的城市绿地空间格局，提高生态涵养功能，提高环境的自我吸收和净化能力。

企业科技创新为环境改善添翼

◆◇金　钊　徐剑琦

内容摘要：近年来，北京市政府加大了环境保护工作力度，环境状况有所改善，但大气污染、节能降耗压力大等资源环境问题仍然突出。本文从科技的角度分析节能环保科技项目的情况及企业科技创新给环境带来的改善。2013 年，全市工业企业节能环保科技项目经费支出有所增长，高端制造业引领环保创新，环保及相关企业科技创新活跃，这些都为环境改善带来积极影响。但应看到节能环保科技项目创新中存在问题，在充分发挥政府职能作用的同时，企业更应充分运用市场机制加大自身对节能环保科技项目的投入力度。

随着北京市经济的快速发展、工业化程度不断提高，资源短缺、环境污染和生态破坏等问题日益突出。特别是近年来工业污染加剧，不仅破坏生物的生存环境，而且直接危害着人类的健康，因此控制工业污染势在必行。环境的改善不仅需要政府出台环境保护政策和措施，更需要企业利用科技创新和技术进步，在改善环境和节能减排中发挥积极作用。

一、节能环保科技项目增多

（一）节能环保科技项目经费有所增长

2013 年，全市规模以上工业企业（以下简称全市工业）开展的节能环保科技项目共 719 项，占全部项目数的 5.9%。节能环保项目经费支出 12.8 亿元，占全部项目经费的 5%。其中，节能项目经费支出 8.1 亿元，环保项目经费支出 4.7 亿元，分别比 2009 年增长 37.8%和 16.2%。

（二）高端制造业引领环保科技创新

从行业角度看，2013 年全市工业节能环保科技项目主要集中在中高技术制造业。项目经费支出排在前六位的行业共投入经费 8.8 亿元，占全部节能环保项目经费的 68.8%。

政府支持力度较大的项目主要集中在专用设备制造业、电气机械和器材制造业以及通用设备制造业。上述三个行业获得的政府资金占比分别为 14.9%、12.9%和 10.6%，高于全市工业 8.6%的比重。

（三）部分高耗能行业节能环保科技项目经费投入力度加大

2013 年六大高耗能行业中两个行业开展的节能环保科技项目经费支出增速较快，电力、热力生产和供应业经费支出 3824 万元，比 2009 年增长 43.4%；非金属矿物制品业经费支出 1.2 亿元，比 2009 年增长 33.8%；从高耗能行业改造升级情况看，有色金属冶炼和压延加工业，石油加工、炼焦和核燃料加工业，非金属矿物制品业三个行业的技术改造经费支出分别比 2009 年增长 1.1 倍、67.5%和 29.5%，增速明显快于全市工业（见表 1）。

表 1　2013 年高耗能行业技术改造经费支出情况

行　业	占全市比重（%）	比 2009 年增长（%）
全市工业	—	−43.9
石油加工、炼焦和核燃料加工业	40.9	67.5
化学原料和化学制品制造业	0.2	−86.0
非金属矿物制品业	1.5	29.5
黑色金属冶炼和压延加工业	0.4	−99.4
有色金属冶炼和压延加工业	0.0	112.5
电力、热力生产和供应业	21.6	−34.5

（四）环保及相关企业科技创新较为活跃

从环保企业[1]看，2013 年环境监测专用仪器仪表制造业投入项目经费

1 环保企业指在环境污染控制与减排、污染清理以及废物处理等方面提供产品和服务的企业。

1767.3万元，比2009年增长1倍；废弃资源综合利用业投入项目经费978.9万元，比2009年增长1.7倍；从环境友好企业看，与机动车污染防治相关的科技项目投入力度不断加大。在汽车制造业中，用于减少环境污染的项目经费支出7905.6万元，比2009年增长1.2倍。

（五）小微企业节能环保科技项目经费支出比重高

从企业规模看，2013年全市小微企业用于节能环保科技项目的经费支出共5亿元，占小微企业全部项目经费支出的7.9%，比全市工业高2.9个百分点，可见小微企业的节能环保意识更强。

二、利用科技手段治理环境污染效果显现

近年来，全市工业企业依靠科技创新和技术改造，特别是通过节能环保科技项目的研发，降低了污染物的排放、减少了能源的消耗，增强了企业防治污染的能力，环境状况得到一定改善。

（一）国家重点监测指标减排显著

2013年，全市工业企业环保科技项目经费支出比2010年增长59.4%，项目数增长84.4%。从减排情况看，被国家纳入“十二五”时期污染物减排的四个约束性指标二氧化硫、氮氧化物、化学需氧量和氨氮排放量均有所下降。2013年，工业二氧化硫和工业氮氧化物排放量分别比2010年下降8.7%和11.3%；工业废水中化学需氧量排放量和氨氮排放量分别比2010年下降11.7%和18.8%。

（二）科技企业能耗降幅明显

从节能降耗看，2013年全市工业能耗比2009年下降12%。其中，开展科技活动的企业能耗比2009年下降25.5%，拉动全市工业能耗下降9个百分点。全市六大高耗能行业能耗比2009年下降23.3%。其中，开展科技活动的企业能耗比2009年下降41%，拉动高耗能行业能耗下降26.6个百分点。企业创新对产业结构优化升级的促进作用显著。

（三）依托自有资金的科技企业能耗降幅大

在全市开展科技活动的企业中，20.4%的企业获得了政府资金。2013年

获得政府资助的企业能耗比 2009 年下降 6.7%；而未获得政府资金，即凭借自有资金实现创新的企业，其能耗下降 73.8%。

在全市六大高耗能行业中，获得政府资金的科技企业能耗比 2009 年下降 10.9%，未获政府资金的科技企业能耗下降了 87.7%，可见市场对企业创新及节能降耗起积极的导向作用。

三、存在的问题及建议

（一）存在的问题

1. 节能环保科技项目经费投入总量小，增速有所下降

从总量看，2013 年全市工业节能环保科技项目经费支出占全部项目经费比重比 2009 年下降 1.8 个百分点。

从增速看，全市工业科技项目经费支出比 2009 年增长 69.2%，而节能环保项目经费支出增速为 23.3%，仅为全市增幅的 1/3，且增速呈下滑趋势（见图 1）。

图 1　2010–2013 年节能环保项目经费支出增速

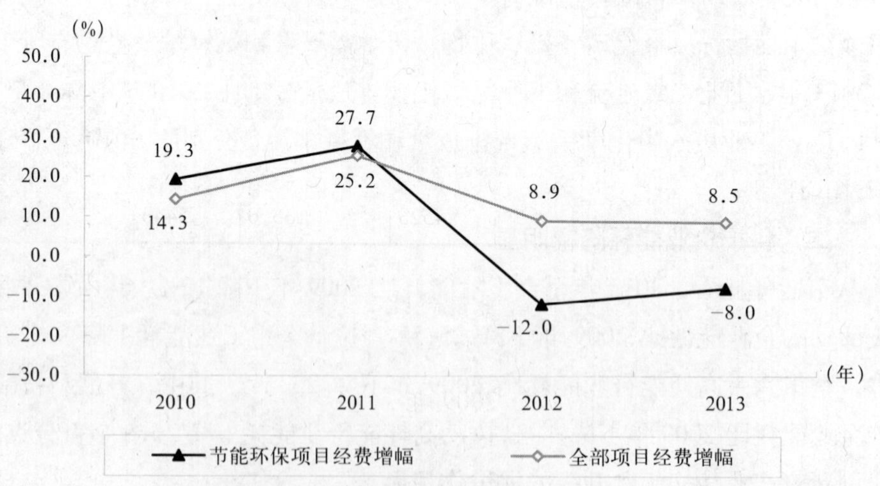

2. 高耗能行业自主创新能力不强，政府支持力度不大

2013年,六大高耗能行业共开展科技项目1557项,投入经费20.2亿元,占全市工业科技项目经费的7.9%，比2009年下降4.5个百分点。其中，六大高耗能行业节能环保科技项目经费支出2.2亿元，占其全部科技项目经费的比重为11%，比2009年下降5.6个百分点。

六大高耗能行业中石油加工、炼焦和核燃料加工业，化学原料和化学制品制造业以及黑色金属冶炼和压延加工业三个行业均未享受政府资金支持（见表2）。

表2　2013年高耗能行业节能环保科技项目政府资金所占比重

行业	节能科技项目		环保科技项目	
	政府资金（千元）	占全部科技项目经费的比重（%）	政府资金（千元）	占全部科技项目经费的比重（%）
全市合计	76373	9.5	33217	7.1
高耗能行业合计	10185	9.1	12833	11.4
石油加工、炼焦和核燃料加工业	0	0.0	0	0.0
化学原料和化学制品制造业	0	0.0	0	0.0
非金属矿物制品业	4735	6.6	1520	2.9
黑色金属冶炼和压延加工业	0	0.0	0	0.0
有色金属冶炼和压延加工业	927	60.2	5873	92.2
电力、热力生产和供应业	4523	35.0	5440	20.6

3. 大中型企业节能环保科技项目经费投入比例小

分企业规模看,2013年全市大中型工业企业用于节能环保科技项目的经费7.8亿元，占大中型工业企业全部科技项目经费的4%，比全市工业低1个百分点。

（二）几点建议

1. 发挥市场机制，激发企业在节能环保科技项目方面创新活力

工业污染治理除了依靠政府外，更需要依靠企业行为，企业应以市场为导向，充分运用市场机制，在节能环保研发的同时，将自身需求与社会需求建立直接联系，为节能环保科技项目成果转化提供更广阔的市场，达到经济效益和环境效益“共赢”的结果。

2. 加大对高耗能行业节能环保科技创新扶持力度，确保全面节能减排

目前，市政府多以出台节能降耗和减少污染物排放的政策措施为主，对高耗能行业（占全市能耗比重 74.6%）节能环保科技创新的资金投入较低。因此，政府应该鼓励、引导和扶植高耗能行业企业发展先进的节能减排技术，并设立节能环保专项资金扶持其节能环保科技项目，确保高耗能行业全面减排。

3. 营造企业节能环保科技研发的综合环境，促进京津冀生态环境保护协调发展

在全市科技创新中大中型企业发挥着骨干作用，需营造优良的政策和市场环境，激发大中型企业对节能环保科技项目的研发。一方面加大政府引导，提高大中型企业的积极性，把一部分科技力量投在节能环保上，减少污染的发生；另一方面，加强京津冀地区联动，对节能环保企业服务对象在周边地区，享受不了北京优惠政策的企业给予关注和支持。

产业结构对京津冀大气环境的影响

◆◇宋晓梅　徐剑琦

内容提要：近期京津冀大气污染严重，燃煤、机动车和工业等是主要污染因素，产业结构的影响不可低估。天津、河北产业结构以工业为主，工业污染对大气影响较突出；河北高耗能行业占比大，燃煤消费对大气影响很严重；北京对汽油的生活消费多，机动车尾气排放对大气影响最明显。改善大气环境需京津冀协同优化产业结构，积极促进产业升级，严格控制高耗能行业，加快提高油品质量。

近期京津冀频现的大气环境污染问题，给我们的生活带来重大影响，同时，也带来一些思考。除气象条件外，其他因素值得探究，产业结构的影响也值得关注。

一、京津冀大气首要污染物不尽相同

（一）京津冀空气质量超标天数居三大经济圈首位

从 2013 年 5–12 月环保部监测数据看，京津冀 13 个城市空气质量月平均超标天数比例达 65.7%，远远高于长三角地区 25 个城市、珠三角地区 9 个城市月空气质量平均水平（见表 1）。

表 1　2013 年 5–12 月三大经济圈月平均空气质量状况

地　区	平均超标天数比例（%）	重度污染天数比例（%）	严重污染天数比例（%）
京津冀	65.7	11.6	4.5
长三角	38.6	4.3	1.4
珠三角	32.8	0.7	0

河北6个城市连续多月位列空气质量相对较差城市前十位，北京、天津也曾在前十位徘徊。

（二）京津冀大气污染成因

PM2.5是首要污染物，中科院大气物理研究所对京津冀PM2.5进行了研究，结果表明，燃煤、机动车和工业为最主要来源。从相关数据分析，污染源对三地的影响程度不尽相同。

1. 北京机动车尾气排放对大气影响最明显

近年来，京津冀机动车数量不断增长，尾气排放对大气环境的影响也日益加剧。从2012年情况看，京津冀机动车氮氧化物排放量68.2万吨，占氮氧化物排放总量的30%，其中，北京机动车氮氧化物排放量占本地区氮氧化物的比重达45%，分别高于天津28.8个和河北13.9个百分点。

2. 天津、河北工业污染对大气影响较突出

工业污染对大气环境的影响较大，2012年，京津冀工业二氧化硫排放量为151.4万吨，占二氧化硫排放总量的91.2%；工业氮氧化物排放量为155.6万吨，占氮氧化物排放总量的68.4%；工业烟（粉）尘排放量114.6万吨，占烟（粉）尘排放总量的82.6%。

分省市看，天津工业污染影响最大，工业二氧化硫占比、工业氮氧化物占比均高于北京和河北；河北工业烟（粉）尘占比高于北京和天津（见表2）。

表2　2012年京津冀工业废气排放情况

地　区	工业二氧化硫占本地区二氧化硫的比重（%）	工业氮氧化物占本地区氮氧化物的比重（%）	工业烟（粉）尘占本地区烟（粉）尘的比重（%）
北　京	63.2	48.1	46.2
天　津	96.0	82.4	70.2
河　北	92.4	67.8	85.4

3. 河北燃煤消费对大气影响很严重

2012年，京津冀燃煤消费总量38927万吨。河北在能源消费中大量使用煤炭，煤炭消费量占其能源消费总量的88.8%，远远高于北京和天津。煤炭

消费排放出大量二氧化硫，对大气环境造成很大影响（见表 3）。

表 3　2012 年京津冀煤炭消费及废气排放情况

地　区	煤炭消费量占本地区能源消费总量的比重（%）	二氧化硫排放量占京津冀区域的比重（%）
北　京	25.4	5.7
天　津	59.6	13.5
河　北	88.8	80.8

二、产业结构不合理加重京津冀大气污染

京津冀大气污染严重，尽管首要污染源不尽相同，但燃煤、机动车和工业是共同的因素，产业结构的影响不可低估。

（一）天津、河北产业结构以工业为主，单位能耗高

从三次产业结构看，北京以第三产业为主，2012 年三产增加值占 GDP 比重为 76.5%；天津和河北以工业为主，工业增加值比重分别为 47.5%和 47.1%。

从工业能耗情况看，津冀工业综合用能比重均超过 69%；单位工业增加值能耗较高，天津和河北单位工业增加值能耗分别为 0.95 吨标煤/万元和 1.64 吨标煤/万元，明显高于北京 0.69 吨标煤/万元的能耗水平，严重影响了区域的大气环境。

（二）河北高耗能行业占比大，能耗增长快

从工业内部结构看，2012 年，北京市工业高耗能行业[1]工业总产值所占比重为 31.8%；综合能耗占比为 75.6%。河北工业高耗能行业[2]工业总产值所占比重为 51.6%；综合能耗占比达 90.8%。河北工业高耗能行业占比大，耗能高，对经济的带动力强。

1 北京市高耗能行业包括石油加工、炼焦和核燃料加工业，化学原料和化学制品制造业，非金属矿物制品业，黑色金属冶炼和压延加工业，有色金属冶炼和压延加工业，电力、热力生产和供应业六个行业。

2 河北省高耗能行业不包括有色金属冶炼和压延加工业，包含煤炭开采和洗选业，其余与北京市的相同。

从能耗增幅看，2013 年，北京工业高耗能行业综合能耗同比下降 2.1%，四个行业下降，两个行业增长。2012 年，河北工业高耗能行业综合能耗同比增长 48%，六大行业均有不同程度增长，其中，黑色金属冶炼和压延加工业增幅高达 77.8%。高耗能行业能源消费高速增长给大气环境的改善带来了不小的压力（见表 4、5）。

表 4　2013 年北京六大高耗能行业能耗情况

行　业	综合能耗（万吨标准煤）	综合能耗比重(%)	综合能耗比2012 年增长（%）
全部规模以上工业	1777.7	100	−1
高耗能行业	1326.8	74.6	−2.1
石油加工、炼焦和核燃料加工业	443.2	24.9	−12.6
化学原料和化学制品制造业	87.7	4.9	−9.5
非金属矿物制品业	177.7	10	3.9
黑色金属冶炼和压延加工业	14.6	0.8	−4.4
有色金属冶炼和压延加工业	3.2	0.2	−4.8
电力、热力生产和供应业	600.4	33.8	7.0

表 5　2012 年河北六大高耗能行业能耗情况

高耗能行业	综合能耗（万吨标准煤）	综合能耗比重（%）	综合能耗比2011 年增长（%）
全部规模以上工业	20457.52	100	–
高耗能行业	18568.9	90.8	48.0
煤炭开采和洗选业	944.0	4.6	12.4
石油加工、炼焦及核燃料加工业	811.1	4.0	11.0
化学原料及化学制品制造业	1119.8	5.5	7.5
非金属矿物制品业	1190.4	5.8	33.4
黑色金属冶炼及压延加工业	10424.2	51.0	77.8
电力、热力的生产和供应业	4079.3	19.9	28.5

（三）京津汽油的生活消费多、京津冀柴油三产比重大，津冀油品质量差

从油品消费看，汽油终端消费中，2012 年北京生活消费占 62.6%；天津生活消费占 52.5%；河北以三产消费为主，占 50.2%，近 2/3 的消费来自交通运输仓储和邮政业。柴油终端消费中，京津冀三产消费均超过 50%（见表 6）。

表 6　2012 年京津冀汽油使用情况

地　区	生产消费占比（%）				生活消费占比（%）
		第一产业	第二产业	第三产业	
北　京	37.4	1.2	7.0	29.2	62.6
天　津	47.5	3.1	10.0	34.4	52.5
河　北	80.1	13.6	16.3	50.2	19.9

从油品质量看，一方面，从用油标准看，只有北京使用国Ⅴ标准的柴油和汽油，天津和河北主要是国Ⅲ标准。另一方面，京津冀柴油消费量是汽油的 1.4 倍，柴油油质较差，含硫标准是汽油的 2 倍左右。

三、调整产业结构的建议

与长三角和珠三角产业结构相比，京津冀仍存在高技术制造业占比低、燃煤消耗大等问题。按照首都四个中心的新战略定位，以及京津冀协同发展的要求，京津冀产业发展，应力求高技术、低耗能、优质量，从而促进大气环境改善。

（一）促进产业升级，提升高技术制造业份额

在三大经济圈[3]产业结构中，京津冀高技术制造业主营业务收入占工业比重最低，2012 年为 9.9%，分别比长三角和珠三角低 6.2 个和 16.8 个百分

3 本文中京津冀经济圈包括北京、天津和河北；长三角经济圈包括上海、江苏和浙江；珠三角经济圈，即为广东。

点。其中，河北仅占 2.8 %；北京为 21.1%，虽在京津冀中最高，但仍低于广东 26.7%的比重，与科技创新中心的地位不相适应。

高技术产业具有附加值高、能耗低的特点，所以要继续优化工业内部结构，提升高技术制造业份额，发挥北京科技优势，联合天津，带动河北。

（二）控制高耗能行业，提高能源使用效率

比较三大经济圈工业单位能耗，京津冀单位工业增加值燃煤消耗量最大，2012 年为 0.4 吨/万元，分别比长三角和珠三角高 0.33 吨/万元和 0.19 吨/万元。河北高耗能行业综合能耗达 90%，北京高耗能行业也达 70%以上，对化石能源使用不断增加，加重了对大气环境的污染。

一方面，严格限制高耗能行业发展，逐步淘汰、疏解北京高耗能行业；另一方面，降低能耗，尽管河北与天津发展工业的任务较重，对煤炭的依赖也很强，应重点控制高耗能行业化石能源的使用过程，特别是煤炭燃烧过程的脱硫、脱硝和除尘，提高能源使用效率。

（三）提高油品质量，加大产品研发力度

与长三角和珠三角相比，京津冀汽油消费量中居民比重最大，为 46%，分别比长三角和珠三角高 15.9 个和 14.1 个百分点；柴油消费量中三产所占比重高于珠三角。

加快京津冀油品升级迫在眉睫，目前，油品的新产品还不多。2012 年中国石化和中石油两集团新产品销售收入占主营业务收入的比重 4.6%，低于全市 13.6%的平均水平。因此，应加大石油产品的创新研发力度，提高油品质量，以此降低机动车尾气对大气环境的污染。

北京市经济社会统计报告

京津冀协同发展研究

2015

京津冀协同发展产业合作路径研究

◆◇马俊炯

内容摘要：本文聚焦于京津冀三地的产业合作。首先分析了三地产业协同发展的可行性，指出三地经济发展阶段不同，产业发展不在同一个梯度上，优势产业各有不同，存在一定互补性，为今后实现区域内产业合理分工、协同发展奠定了基础。其次，探讨了三地产业合作方向，利用潜力模型计算得出北京、天津和河北省 11 个地级市的潜力值，并根据不同的潜力能级划定出三地开展产业合作的空间圈域——核心区、产业协作区和联动支撑区。在此基础上，结合各地优势产业进一步明确不同圈域产业合作的方向，为推动三地产业协同发展提供参考。

2014 年 2 月底，习近平总书记在北京主持召开专题座谈会，强调要将京津冀协同发展提到国家重大战略的层面，京津冀地区的发展迎来重要的战略机遇期。在推动区域协同发展上，涉及的领域和研究角度众多，本文聚焦于京津冀三地的产业合作，分析三地产业协同发展的可行性，探讨产业合作方向及路径，为推动三地产业协同发展提供参考。

一、京津冀产业协同发展的可行性

产业转移是实现区域内产业合理分工的主要途径，而产业转移的前提就是区域间存在产业差异。

（一）经济发展处于不同阶段

结合产业结构、人均GDP、城市化水平等指标的经济发展阶段标准(见表 1)，可综合判断出京津冀三地处于不同的发展阶段。北京已经进入服务型经济为主的后工业化阶段，2013 年三次产业结构为 0.8：22.3：76.9；第三产业增加值占比分别高出天津和河北 28.8 个和 41.4 个百分点[1]；人均GDP超过 1.5 万美元，城镇化率达到 86.3%。天津 2013 年人均GDP虽高于北京，达到 1.6 万美元，城镇化率为 82%，但三次产业结构为 1.3：50.6：48.1，三产的比重仍不足 50%，且低于二产的比重，综合判断仍处于工业化阶段后期。河北 2013 年三次产业结构为 12.4：52.2：35.5。二产主导同时农业仍占据相对重要的位置，反映出河北工业化进程相对滞后；同时人均GDP为 6251 美元，不足京、津的一半，城镇化率仅为 48.1%，尚处于工业化阶段中期。总体而言，三地发展阶段不同，产业层次明显，具备产业协同发展的前提条件（见表 1）。

表 1　经济发展阶段标准[2]

判断指标	经济发展阶段判断标准			
	工业化初期	工业化中期	工业化后期	后工业化阶段
人均 GDP(美元)	3000	3000–8000	80000–15000	15000
工业增加值占 GDP 的比重（%）	20–40	40–70	下降	下降
第三产业增加值占 GDP 的比重(%)	10–30	30–60	上升	上升
城市化水平（%）	10–35	35–60	60 以上	上升

（二）工业发展各具特色，存在互补性

通过计算产业同构系数发现，京津冀三地的工业内部结构有所差别，存在互补性，有利于地区间产业分工协作并形成合理的产业链条。计算结果显示，河北和天津的工业内部同构系数最高，达到 0.81；天津和北京的同构系数为 0.61，河北和北京的同构系数为 0.37。由此可以看出，北京和河北的工业产业结构具有较强的互补性，而天津与河北、北京的产业结构存在一定趋同现象，其中与河北的相似程度更大。

具体看，北京工业总部特征、高端化特征明显，主导行业以电力热力生

1 文中 2013 年数据均为初步统计数。

2 资料来源：王德利著，《首都经济圈发展战略研究》，中国经济出版社，2013 年 9 月第一版。

产供应、电子、汽车为主，三个行业总产值占全市规模以上工业的比重接近一半。全市高技术制造业主营业务收入占规模以上工业的比重达到 21.1%，分别高出天津和河北 6.2 个和 18.3 个百分点。

天津工业侧重基础原料深加工和现代制造业，主导行业以钢铁、电子、汽车、石油开采和加工为主，五个行业总产值占全市规模以上工业的比重达到 40%以上。2012 年，天津原油产量占全国的 14.9%，在全国居第三位，钢材产量占全国 6%，居第五位。近年以滨海新区为代表的现代制造业增长极发展优势明显，特别是航空航天、新一代信息技术、高端装备制造等战略性新兴产业不断发展壮大，高端化使得与北京工业的相似程度提高。

河北工业门类齐全，以资源型和基础型工业为主，具有明显的上游化与初级产品痕迹。2012 年河北粗钢、平板玻璃产量分别占全国的 24.9%和 19.9%，均居全国第一位。钢铁行业总产值占工业的比重接近 1/3；黑色金属矿采选业、石油加工、农副食品加工业和非金属矿物制品业的总产值占工业比重分别为 5.9%、5.4%、4.4%和 4.2%。

（三）服务业发展差异明显

北京市第三产业的比重已经达到 76%以上，以生产性服务业为主，2012 年生产性服务业增加值占全市经济的比重达到 49.7%；信息传输和科学研究等行业发展较快，占全市经济比重分别为 9.1%和 7.1%。天津产业结构正向服务型转变，2005 年以来第三产业比重持续上升，目前达到 48%左右；批发和零售业、金融业、交通运输业是服务业的主导行业，2012 年占全市经济比重分别为 13%、7.8%和 5.3%。河北第三产业的比重在 35%左右，以商贸流通业为主，2012 年交通运输业、批发和零售业增加值占全省经济比重分别为 9%和 8.3%。

由此可见，京津冀地区服务业发展差异明显，错位发展的空间较大。北京生产性服务业，特别是信息、科研等高端生产性服务业优势明显，对区域内产业结构升级至关重要。特别是高端制造业的发展需要大量服务配套，因此，京津冀在产业链条衔接，优势产业互补方面有较大合作空间。

综上所述，京津冀三地的产业发展不在同一个发展梯度上，优势产业各有不同，存在一定互补性，这为今后实现区域内产业合理分工、协同发展奠定了基础。实现产业协同发展，就是要发挥三地各自的比较优势，结合自身优势产业实现错位发展，最终实现产业结构和生产力布局的升级优化。

北京生产性服务业发达，可为天津和河北的生产提供服务和支持，依靠其丰富的科研、信息化资源建立起创新基地，同时利用人才、技术、信息的优势推动区域发展。天津在高端装备等现代制造方面发展势头良好，已成为拉动全市经济快速增长的主要带动力量。河北整体来讲，重工业基础雄厚，是三地中人力和生产成本最低的区域，可利用其丰富的劳动力资源和较低的物价水平，承接京津两地制造业转移，发挥资源、原材料供给（包括农产品供应）、物流方面的优势，构建区域产业链的同时促进自身的产业结构升级。

二、基于潜力模型确定产业合作的空间圈域

为了进一步提高分析的针对性，我们将研究的对象进一步拓展至北京、天津以及河北省的 11 个地级市[3]。利用潜力模型对各城市的“潜力值”（某城市的潜力值是其与其他 12 个城市间引力值的加权总和，潜力值越大，说明该城市与其他城市间的引力越大）进行排名，根据不同的潜力能级划定三地开展产业合作的空间圈域（见表 2）。

表 2　京津冀区域各城市潜力值

城　市	北　京	天　津	唐　山	石家庄	廊　坊	保　定	邯　郸
潜力值	1095998	737150	56271	8061	5283	3206	2470
城　市	沧　州	邢　台	秦皇岛	张家口	衡　水	承　德	
潜力值	1229	937	915	571	255	249	

从计算结果可知，京津冀区域内各城市的潜力值差距较大。结合潜力值和地理位置，我们将京津冀区域分为三个等级圈域，各圈域以不同的定位在产业协作中发挥各自的作用。

3 河北省辖下 11 个地级市包括石家庄市、承德市、张家口市、秦皇岛市、唐山市、廊坊市、保定市、沧州市、衡水市、邢台市、邯郸市。

一是核心区，包括北京和天津，两个城市的规模大，发展水平高，潜力值要远高于其他城市，说明两城市与其他城市间的引力都很强，是决定和影响整个区域的增长重心和经济中枢。两地产业发展水平相对较高，分别处于后工业化阶段和工业化后期，产业分工中应是产业转移方，并引领产业高端环节。

二是紧密协作区，包括唐山、石家庄、廊坊、保定、邯郸和沧州6个城市。这6个城市潜力值相对较高，均具有较好的产业基础，与核心区通勤便利，而且除邯郸外，距离核心区也较近，区位优势明显，将成为核心区产业转移的重要承接地。

三是联动支撑区，涵盖其他的周边城市区域，包括邢台、秦皇岛、张家口、衡水和承德。这些城市潜力值较低，距离核心区的距离较远，这一区域将主要承担生态保障、产业支撑等功能。

三、不同圈域产业合作方向探析

（一）核心区

京津核心区应以发展服务业、高新技术产业等为主；可将不具有比较优势的一般制造业和部分服务业转移至河北，特别是紧密协作区，加强对河北省的辐射带动作用。

京津之间，则更多的在功能定位、互补合作上下工夫，如生产性服务业与现代制造业合作、金融合作、科技合作、海空港合作等。工业方面，北京主要保留研发、设计、管理和营销等环节，将一般制造环节逐步移出。天津要继续做大做强航空航天、新一代信息技术、生物技术与健康、高端装备制造业等战略性新兴产业，并利用自身高端产业发展基础，承接北京高技术制造业制造环节的对外转移，成为重要的科技成果转化基地。服务业方面，京津在金融、交通等行业发展方面要各有侧重，避免同质化。如金融业，北京作为国家金融决策中心、金融管理中心、金融信息中心和金融服务中心，吸引金融总部入驻；天津金融业的发展重点可确定为金融改革创新基地，为产业投资基金、创业风险投资、各类资金信托业务、创新金融机构和离岸金融等提供服务。交通运输方面，北京空港实力雄厚，天津海港资源丰富，要加强天津海港与北京空港对接合作，通过海陆空联运等方式，进一步提高京津冀区域内资源要素的集散和吞吐能力。

（二）紧密协作区

紧密协作区六城市多数毗邻京津双城，联系紧密，具有良好的产业基础。在产业合作中要充分利用区位优势，根据自己的优势产业承接来自核心区的产业转移。

农业方面，紧密协作区应借助其特殊的区位、便利的交通和丰富的农副产品优势，通过“农超对接”、“农市对接”等模式为京津核心区提供农产品。

工业方面，一是要围绕产能压缩任务[4]，着力加大对钢铁等行业的改造升级力度。钢铁是河北的支柱行业，紧密协作区中唐山、廊坊和邯郸的钢铁行业具有明显的集聚效应（从反映行业专业化水平的区位商[5]看，这三个城市钢铁行业的区位商均大于 1）。以钢铁为主相对单一的产业结构抑制了其他产业的发展，而且不利于京津冀地区特别是环京津核心区域空气质量的改善。要加快对钢铁行业的升级改造，压缩产能的同时置换发展空间，提升整体产业发展水平。二是要结合优势产业承接京津转移的一般制造业及制造环节，并为京津优势行业做好配套服务。我们列举了各市区位商大于或接近 1 的制造业行业（见表 3）。这些当地已经形成集聚规模的行业，可成为优先承接的领域，如廊坊的木材加工、家具制造业，沧州的皮革加工、金属制造业，保定的造纸业等。除了一般制造业，还可通过为京津优势行业提供配套服务，加快形成区域内垂直加工产业链条，如廊坊在汽车、电子行业方面，唐山、沧州、邯郸、保定在装备制造业方面、石家庄在医药制造业方面都具有一定集聚效应。服务业方面，紧密协作区六市主要以交通运输和批发零售

4 按照国家产能压缩下达的任务，河北省到 2017 年需压减 6000 万吨钢铁、6000 万吨水泥、4000 万吨煤、3000 万吨标准重量箱平板玻璃，其中，钢铁产能的压缩任务占全国五年任务的 3/4。

5 区位商指的是某市特定行业产值在该市工业总产值的比重与京津冀地区该行业产值占京津冀地区总产值的比重之间的比值。通常区位商用来判断一个产业是否构成某地区的专业化部门。区位商大于 1，可以认为该产业是地区的专业化部门，区位商越大，专业化水平越高，即意味着该产业在当地具有明显的集聚效应，是当地的优势产业。

业为主，这两个行业增加值在各地服务业中的比重达到三四成。基于这样的行业结构，紧密协作区应主要以承接京津地区转移的物流和批零市场为主，尤其要凭借区位优势，发展成为区域性仓储物流中心和交易市场。此外，可承接京津地区不具有比较优势的、用人多、占地多的现代服务业，如呼叫中心、数据存储中心等信息服务业。

表 3　紧密协作区六城市优势制造业

地　区	优势行业
廊坊	1.食品制造业；2.木材加工和木、竹、藤、棕、草制品业；3.家具制造业；4.造纸和纸制品业；5.印刷和记录媒介复制业；6.文教、工美、体育和娱乐用品制造业；7.化学原料和化学制品制造业；8.橡胶和塑料制造业；9.非金属矿物制品业；10.黑色金属冶炼和压延加工业；11.金属制品业；*12.通用设备制造业；*13.专用设备制造业；*14.汽车制造业；*15.计算机、通信和其他电子设备制业； 16.废弃资源综合利用业
唐山	1.金属制造业；2.非金属矿物制品业；3.黑色金属冶炼和压延加工业；4.铁路、船舶、航空航天和其他运输设备制造业*
沧州	1.皮革、毛皮、羽毛及其制品和制鞋业；2. 文教、工美、体育和娱乐用品制造业；3.石油加工、炼焦和核燃料加工业；4.化学原料和化学制品加工业；5.橡胶和塑料制品业；6.非金属矿物制品业；7.金属制造品业；*8.专用设备制造业；*9.铁路、船舶、航空航天和其他运输设备制造业；10.电气机械和器材制造业；11.仪器仪表制造业
保定	1. 食品制造业；2.酒、饮料和精制茶制造业；3.烟草制品业；4 纺织业；5.纺织服装、服饰业；6.皮革、毛皮、羽毛及其制品和制鞋业；7.造纸和纸制品业；8.印刷和记录媒介复制业；9.化学纤维制造业；10.橡胶和塑料制造业；11. 有色金属冶炼和压延加工业；*12.通用设备制造业；*13. 汽车制造业；14. 电气机械和器材制造业；15. 废弃资源综合利用业
石家庄	1.农副食品加工业；2. 酒、饮料和精制茶制造业；3. 烟草制品业；4.纺织业；5.纺织服装、服饰业；6.皮革、毛皮、羽毛及其制品和制鞋业；7.木材加工和木、竹、藤、棕、草制品业；8.家具制造业；9.造纸和纸制品业； 10.印刷和记录媒介复制业；11.文教、工美、体育和娱乐用品制造业； 12.石油加工、炼焦和核燃料加工业；13.化学原料和化学制品加工业；*14.医药制造业；15.化学纤维制造业；16.橡胶和塑料制造业；17.非金属矿物制品业；18.金属制品业；*19.通用设备制造业；20.电气机械和器材制造业
邯郸	1.农副食品加工业；2.纺织业；3.纺织服装、服饰业；4.化学纤维制造业；5.非金属矿物制品业；6.黑色金属冶炼和压延加工业；*7.通用设备制造业

注：表中标注*的行业为京津两地的优势产业，河北各地应做好配套；有下划线的为高耗能行业，应注重转型升级。

（三）联动支撑区

联动支撑区五城市的吸引力不及紧密协作区，但劳动力成本相对较低，可作为京津产业转移的纵深地带，依据自身的产业特点承接来自京津的一般制造业转移。此外，冀北承德、张家口两地生态资源丰富，是京津冀地区重要的生态屏障，两地的风能资源、太阳能资源较为丰富，可据此发展新能源等新兴产业（见表4）。

表4　联动支撑区五城市优势制造业

地　区	优势行业
秦皇岛	1.农副食品加工业；2.酒、饮料和精制茶制造业；3.造纸和纸制品业；4.非金属矿物制品业；5.黑色金属冶炼和压延加工业；6.有色金属冶炼和压延加工业；*7.专用设备制造业；*8.汽车制造业；*9.铁路、船舶、航空航天和其他运输设备制造业；10.金属制品、机械和设备修理业
邢台	1.农副食品加工业；2.食品制造业；3.纺织业；4.纺织服装、服饰业；5.文教、工美、体育和娱乐用品制造业；6.石油加工、炼焦和核燃料加工业；7.橡胶和塑料制造业；8.非金属矿物制品业；9.黑色金属冶炼和压延加工业；*10.通用设备制造业；*11.专用设备制造业；12.电气机械和其他电子设备造业
衡水	1.农副食品加工业；2.酒、饮料和精制茶制造业；3.纺织业；4.纺织服装、服饰业；5.皮革、毛皮、羽毛及其制品和制鞋业；6.木材加工和木、竹、藤、棕、草制品业；7.印刷和记录媒介复制业；8.文教、工美、体育和娱乐用品制造业；9.化学原料和化学制品制造业；10.橡胶和塑料制造业；11.非金属矿物制品业；12.金属制品业；*13.通用设备制造业；14.电气机械和其他电子设备造业
张家口	1.食品制造业；2.酒、饮料和精制茶制造业；3.烟草制品业；4.黑色金属冶炼和压延加工业；5.有色金属冶炼和压延加工业；*6.专用设备制造业；7.金属制品、机械和设备修理业
承德	1.酒、饮料和精制茶制造业；2.黑色金属冶炼和压延加工业

注：表中标注*的行业为京津两地的优势产业，河北各地应做好配套；有下划线的为高耗能行业，应注重转型升级。

以上我们探讨了京津冀产业协同发展的可行性以及合作路径，未来应加强顶层设计，健全保障机制，积极创造条件，推进京津冀区域的产业协同发展。首先，要加快体制创新，为京津冀产业协同发展提供制度保障。在制定区域经济合作规划、组建协商机构的同时，要加快创新区域财税体制、投融资体制、社会保障制度等，积极推动各种要素按照市场规律在区域内自由流动和优化配置。其次，要推动交通一体化建设，为京津冀产业协同发展提供基础设施保障。第三，要加强法治建设，为京津冀产业协同发展提供法律保障。借鉴国外经验，探索构建区域规划、财政、发展和管理等公共治理方面的法律法规，确保在解决相关问题时有法可依，健全区域间竞争冲突协调机制，以法治保障区域协同发展。

对京津冀协同发展的认识与问题分析

◆◇郑艳丽　谢　黎

内容提要：京津冀地区是中国的核心经济区域之一，其产业发展是区域协同发展的重要方面。根据习近平总书记关于京津冀协同发展的指示精神，本文在对京津冀协同发展的认识和现状分析基础上，探讨协同发展中存在的四点问题。

2014 年，京津冀协同发展已经上升为国家战略。北京市明确提出，要从事关首都发展的高度形成对京津冀协同发展的新认识。本文以统计数据为依据，在初步学习思考的基础上，从问题导向出发，提出对京津冀协同发展的建议。

一、对京津冀协同发展的认识

所谓协同发展，就是指协调两个或者两个以上的不同资源或个体，相互协作完成某一目标，达到共同发展的双赢效果。区域协同发展是一个宏观系统，包括自然、经济、社会、科技、人口劳动力等方面内容。协同发展是实现区域经济社会可持续发展的基础。

自 2013 年 5 月起，习近平总书记多次就京津冀协同发展问题作出重要指示，京津冀协同发展已经成为一个重大国家战略。京津冀协同发展作为区域协同发展，就是要适应市场经济的要求，打破原有行政区域界线的限制，实现生产要素的自由流动和优化配置，进行产业的合理分工和优势互补，达到区域间经济社会发展的良性互动，谋求区域的整体共同进步。

围绕京津冀协同发展，习总书记提出了着力加强顶层设计等七个方面的具体要求，并明确指出，产业一体化是实现京津冀协同发展的实体内容和关键支撑，因此，产业协同发展必然成为京津冀协同发展的重要内容。

二、京津冀产业发展现状

（一）京津冀经济发展水平较低

京津冀、长三角[1]、珠三角[2]是我国三大主要经济圈。2012 年，三大经济圈经济总量分别占全国的 11.1%、21%和 9.2%。京津冀的人均GDP低于其他两个经济圈，GDP增速低于长三角 0.5 个百分点。从产业结构看，长三角第二产业发达，珠三角第三产业比重高，而京津冀则是一产比重最高，二产比重最低，三产比重居中，相比长三角和珠三角经济圈，京津冀经济与产业发展水平总体较低（见表 1）。

表 1　2012 年三大经济圈主要经济指标情况

地　区	GDP			人均 GDP（元）	产业结构
	总量（亿元）	占全国的比重（%）	增　速（%）		
京津冀	57348.3	11.1	8.4	53637.5	6.1∶43.1∶50.8
长三角	108905.3	21.0	8.9	69175.0	4.8∶48.0∶47.2
珠三角	47779.6	9.2	8.1	84355.0	2.1∶46.2∶51.7

注：1. 长三角和珠三角数据来源于《中国区域经济统计年鉴 2013》。
2. 京津冀数据来源于各地 2012 年统计年鉴。

（二）京津冀三地产业结构互补性强

2012 年，京津冀 GDP 合计达到 5.7 万亿元，占全国经济总量的 11.1%。三地中，河北 GDP 占全国比重最高，达到 5.1%；天津 GDP 增速最快，为 13.8%。

根据钱纳里的工业化阶段理论，人均 GDP 等指标是判别一个国家或地区经济发展阶段的重要依据。2012 年，北京人均 GDP 接近 1.4 万美元，一

1 长江三角洲包括上海市、江苏省和浙江省。

2 珠江三角洲包括广州、深圳、珠海、佛山、江门、东莞、中山、惠州和肇庆市。

产比重不足1%，三产占比接近77%，城镇化率为86.2%，已进入后工业化的初级阶段；天津人均GDP虽高于北京，接近1.5万美元，城镇化率为81.6%，但三产比重仅为47%，且低于二产比重，综合判断仍处于工业化阶段后期；河北人均GDP为5797.9美元，城镇化率仅为46.8%，一产占比在10%以上，二产比重超过三产，尚处于工业化阶段中期（见表2）。

表2　2012年京津冀GDP及三次产业结构

地　区	GDP			人均GDP（美元）	第一产业比重（%）	第二产业比重（%）	第三产业比重（%）
	总　量（亿元）	占全国比重(%)	增速（%）				
全国	518942.1	100	7.7	6088.7	10.1	45.3	44.6
京津冀	57348.3	11.1	8.4	8500.4	6.1	43.1	50.8
北京	17879.4	3.4	7.7	13862.9	0.8	22.7	76.5
天津	12893.9	2.5	13.8	14765.9	1.3	51.7	47.0
河北	26575.0	5.1	9.6	5797.9	12.0	52.7	35.3

河北与北京的工业互补性较强，北京服务业发达，合作提升空间较大。京津冀产业协同发展要在比较优势和竞争优势上强调分工和定位，从而实现互补、互利、互融。

（三）津冀经济以投资拉动为主

2012年，京津冀最终消费率分别为59.6%、37.8%和41.7%，投资率（即资本形成率）为41.4%、76.4%和57.4%。北京市的消费率高于投资率，增长格局以消费拉动为主；而天津和河北的消费率低于投资率，增长格局以投资拉动为主。

（四）京津两市人口密度较大

2012年，京津冀的人口总量达到1.1亿人，占全国人口的比重为8%。从人口密度看，北京、天津的常住人口密度分别为1261人/平方公里和1186人/平方公里，均为河北的3倍以上（见表3）。

表3　2012年京津冀主要指标情况

地　区	消费率(%)	投资率(%)	城镇化率(%)	常住人口(万人)	人口密度(人/平方公里)
全国	49.5	47.8	52.6	135404.0	141
京津冀	46.4	56.7	58.9	10770.0	499
北京	59.6	41.4	86.2	2069.3	1261
天津	37.8	76.4	81.6	1413.2	1186
河北	41.7	57.4	46.8	7287.5	388

三、京津冀协同发展存在的问题

（一）规划目标追求“大而全”

京津冀由于缺乏跨行政区的整体产业规划，各城市在制定发展规划时往往追求“大而全”的发展目标。比如，在三地“十二五”规划提出要重点发展的13个产（行）业中，京津冀相同或相似的行业有6个，京津相同或相似的行业有9个，津冀相同或相似的行业多达10个。其中，京津都提出了要发展金融业、会展业、生产性服务业等，如此紧密相邻的两个大城市都要成为金融中心、会展中心等，无法避免出现无序竞争现象，导致大规模的投入无法收到预期效果，造成人力物力的浪费（见表4）。

（二）产业对接较弱

与长三角、珠三角相比，京津冀产业合作不够紧密，产业对接较弱。长三角地区，上海是企业总部和研发中心所在地，其周边城市群则发展生产、制造等下游环节；珠三角地区，珠江东西两岸分布着IT制造业和家电制造基地，形成了较好的上、中、下游产业配套链。相比之下，京津冀地区产业关联性有待提高，目前，北京电子、汽车等主要行业的配套生产还主要限于本地，和津冀地区的项目合作及产业对接还未形成规模。事实上，北京生产性服务业的进一步发展需要周边制造业的崛起，天津和河北的现代制造业和重化工业的大发展，也迫切需要北京提供科技、人才等全方位的服务和支持。

表 4　京津冀三地“十二五”规划产业发展定位比较

序　号	产（行）业名称	北　京	天　津	河　北
1	都市型现代农业[3]	✓	✓	✓
2	旅游业	✓	✓	✓
3	会展业	✓	✓	✓
4	服务外包	✓	✓	✓
5	战略性新兴产业	✓	✓	✓
6	金融业	✓	✓	✓
7	文化创意产业[4]	✓	✓	
8	生产性服务业	✓	✓	
9	生活性服务业	✓	✓	
10	石油化工		✓	✓
11	装备制造		✓	✓
12	现代物流业		✓	✓
13	社区服务业		✓	✓

资料来源：各地国民经济和社会发展第十二个五年规划纲要。

（三）人才流动方向单一

经济发达，就业机会多，社会福利政策好的地区对周边人口吸附作用明显。改革开放以来，北京已吸附大量周边人口，天津的吸附力也在逐渐增强。根据 2010 年第六次人口普查资料，北京常住外来人口达 704.7 万人，占常住人口的 35.9%，在北京的外来人口中来自河北的最多，占 22.1%，来自天津的占 1.2%。天津外来人口为 299.2 万人，其中，来自河北的最多，占 25.2%，来自北京的占 0.8%。与北京相邻的保定、张家口、承德、沧州、廊坊等市常住人口均低于户籍人口，人口外流现象明显。

人才等高层次生产要素流向北京，没有对周边形成带动作用。根据 2010 年第六次人口普查资料，北京就业人口平均受教育年限为 12.2 年，分别高

3 北京提出要发展都市型现代农业，天津要发展都市型农业，河北要发展现代农业。

4 北京提出要发展文化创意产业，天津要发展创意产业。

于天津和河北 1.5 个和 3 个百分点。其中，北京信息传输、计算机服务和软件业最高，为 15.3 年，分别高于天津和河北 1.3 个和 2.2 个百分点。房地产业和教育业三地就业人口平均受教育年限较为接近。高学历、高技术人才也在向北京聚集，而北京对周边城市的带动力则较弱（见表 5）。

表 5 2010 年京津冀主要行业就业人口平均受教育年限（年）

行 业	北 京	天 津	河 北
总 计	12.2	10.7	9.2
制造业	11.7	10.8	9.8
建筑业	10.7	9.6	9.2
交通运输、仓储和邮政业	11.5	10.9	9.9
信息传输、计算机服务和软件业	15.3	14.0	13.1
批发和零售业	11.4	10.8	10.3
金融业	15.2	14.4	13.7
房地产业	12.6	12.6	11.9
科学研究、技术服务和地质勘查业	15.1	14.5	13.8
教 育	14.6	14.7	14.4

注：数据来源于各地 2010 年人口普查资料。

（四）基本公共服务区域分布不协调

北京教育、医疗、文化等优质公共服务资源密集。2012 年，北京科、教、文、卫行业增加值合计占 GDP 比重为 15.2%，分别是天津、河北的 2.2 倍和 3.2 倍。北京教育和卫生行业增加值比重远高于天津和河北（见表 6）。

以教育为例，教育资源是一个地区综合实力的重要组成部分，在一定程度上影响着区域发展的速度和模式。优化区域高等教育资源布局，有助于推动京津冀产业协同发展，提升区域的整体竞争实力。

京津冀高等教育资源分布不协调。2012 年，京津冀下辖市（区、县）43 个，共有高校 259 所，其中，北京有 91 所，天津有 55 所，河北有 113 所，平均每市（区县）可拥有高校 6 所。但现实中高校扎堆分布，有的市（区县）

高校数量低于 6 所甚至为 0。北京的高校主要集中于海淀区、朝阳区等城市功能拓展区，天津的高校主要集中于市内六区，河北的高校集中于石家庄、保定等经济发展水平较高的城市，其中，高校最为集中的地区是河北石家庄市和北京海淀区，石家庄拥有高校数量为 42 所，占京津冀地区高校总数的 16.2%。

表 6　2012 年京津冀科、教、文、卫行业增加值比重

行　业	北　京(%)	天　津(%)	河　北(%)
合　计	15.2	6.8	4.8
科学研究、技术服务和地质勘查业	7.1	3.0	1.1
教　育	3.8	2.2	1.9
卫生、社会保障和社会福利	2.0	1.1	1.5
文化、体育和娱乐业	2.3	0.5	0.3

从上述情况看，京津冀地区的产业发展情况、公共资源分布等都存在一些问题，需要在协同发展方面加强沟通、优化设计。

京津冀第一产业协同发展问题研究

◆◇刘立功

内容提要：2014 年 2 月，习近平总书记就推进京津冀协同发展提出 7 点要求，并指出产业一体化是京津冀协同发展的实体内容和关键支撑。本文以京津冀第一产业作为研究对象，从其现状入手，分析区域一体化协同发展过程中存在的问题，并提出相应的政策建议。

京津冀产业协同发展是指在明确三地功能定位的基础上，统筹区域资源，调整发展定位，建立协调机制，根据要素禀赋和比较优势，进行梯度开发，培育统一市场，优化资源配置，实现各种生产要素的相互补偿和高效整合，发挥产业间的关联效应和扩散效应，使区域内产业结构差别有序，综合实力显著提升。本文以京津冀第一产业作为研究对象，从其现状入手，分析区域一体化协同发展过程中存在的问题，并提出相应的政策建议。

一、京津冀第一产业基本情况

（一）产业总量：相比长三角地区，主要经济指标“一低一高一平”

2012 年，京津冀第一产业实现增加值合计 3508.5 亿元，占全国产业增加值的 6.7%；第一产业固定资产投资 997.4 亿元，占全国一产投资的 9.1%；从业人员 1554.8 万人，占全国第一产业从业人员的 6%。

与长三角地区相比，京津冀第一产业增加值占全国的比重低 3.3 个百分点，第一产业固定资产投资比重高 4.9 个百分点，从业人员比重持平（见表 1）。

表 1　京津冀和长三角第一产业主要经济指标对比

地　区	产业增加值		固定资产投资		从业人员	
	总量（亿元）	比重（%）	总量（亿元）	比重（%）	总量（万人）	比重（%）
全国	52373.6	100.0	10996.4	100.0	25773.0	100.0
京津冀	3508.5	6.7	997.4	9.1	1554.8	6.0
北京	150.2	0.3	145.4	1.3	57.3	0.2
天津	171.6	0.3	147.2	1.3	71.2	0.3
河北	3186.7	6.1	704.8	6.4	1426.3	5.5
长三角	5214.0	10.0	463.2	4.2	1557.7	6.0
上海	127.8	0.2	11.2	0.1	45.7	0.2
江苏	3418.3	6.5	251.9	2.3	990.0	3.8
浙江	1667.9	3.2	200.1	1.8	522.0	2.0

（二）三地特点：河北增加值比重大、投资回报高；天津工资水平高；北京劳动生产效率高

2012 年，京、津、冀第一产业增加值占本地区 GDP 的比重分别为 0.8%、1.3%、12%，固定资产投资占本地区全社会固定资产投资额的比重分别为 2.2%、1.7%、3.6%。河北省第一产业规模和投资均明显高于京津两地。

从就业情况看，2012 年河北省第一产业从业人员为 1426.3 万人，占本地区全社会从业人员的比重为 34.9%，分别高于北京和天津 29.7 和 26 个百分点，这与河北省农村人口多、城镇化水平较低密切相关（见表 2）。

表 2　2012 年京津冀第一产业主要指标占本地区的比重

地　区	产业增加值（%）	固定资产投资（%）	从业人员（%）
北　京	0.8	2.1	5.2
天　津	1.3	1.7	8.9
河　北	12	3.6	34.9

从工资水平看，2012年，京、津、冀第一产业城镇单位就业人员的平均工资[1]分别为39334元、52939元、13669元，天津最高，分别是北京和河北省的1.3倍和3.9倍。

从人力、资本等生产要素的产出效率看，2012年，京、津、冀第一产业劳动生产效率分别为2.6万元/人、2.4万元/人、2.2万元/人，北京最高；2008–2012年，京、津、冀第一产业年平均投资效果系数[2]，即每一单位投资引起的该产业年均增加值的增量，分别为0.199、0.153、0.509，河北省明显高于北京和天津（见表3）。

表3　京津冀第一产业投资效果系数、劳动生产率和城镇单位就业人员平均工资对比

地　区	投资效果系数（%，2008–2012年平均数）		劳动生产率（万元/人）		城镇单位就业人员平均工资（元）	
	总　计	第一产业	总　计	第一产业	总　计	第一产业
北　京	0.303	0.199	16.4	2.6	84742	39334
天　津	0.262	0.153	16.5	2.4	61514	52939
河　北	0.188	0.509	6.6	2.2	38658	13669

（三）三地能耗和水耗：京津两地单位增加值能耗水耗高

2012年，京津冀第一产业增加值占GDP的比重分别为0.8%、1.3%、12%，第一产业能耗占全社会能耗的比重分别为1.4%、1.4%、2.3%，农业用水量占全社会用水量的比重分别为25.9%、50.7%、73.2%。京津冀第一产业单位增加值能耗分别为0.671吨标准煤/万元、0.626吨标准煤/万元、0.222吨标准煤/万元，单位增加值水耗[3]分别为619立方米/万元、629立方米/万元、448立方米/万元，京津两地第一产业单位增加值能耗和水耗均明显高于河北省（见表4）。

1 此处为城镇农林牧渔单位就业人员平均工资。

2 投资效果系数=产业增加值增量/固定资产投资额，考虑到投资具有先行性，此处选取5年平均值。

3 此处以农业用水量代替第一产业用水量。

表 4　2012 年京津冀第一产业能耗、水耗总量及占全社会的比重

地　区	能　耗		水　耗	
	总　量（万吨标准煤）	比　重（%）	总　量（亿立方米）	比　重（%）
全　国	6758.6	1.9	3880.3	63.2
北　京	100.8	1.4	9.3	25.9
天　津	107.4	1.4	10.8	50.7
河　北	707.5	2.3	142.9	73.2

二、京津冀第一产业协同发展存在的问题

（一）产业规划定位趋同

北京第一产业的功能定位为“推进都市型现代农业发展”、天津和河北省都是“巩固发展都市型农业”。三地产业功能定位局限于自身角度，都竞相发展都市型农业，把农业观光园、民俗旅游等项目作为产业升级的方向，各自为政。导致产业结构自成体系，造成整个区域产业发展趋同，资源配置不够科学优化。

（二）发展水平低，产业梯度不明显

2012 年，京津两市第一产业从业人员达到 128.5 万人，但劳动生产率只有本地区全社会劳动生产率的 15%左右，投资效果系数低于全社会平均水平，不到河北省的一半（见表 3），呈现高投入、低产出的特征，相比河北省，产业优势不明显。

2012 年，河北省在三省市中发展第一产业最具优势。但是，河北省第一产业城镇从业人员的工资不足本省全社会从业人员和北京、天津第一产业从业人员工资的四成；劳动生产率在三省市中最低。河北省第一产业呈现主要吸引低端劳动力、生产效率比较低的特征。

整体来看，京津冀第一产业水平都比较低，相互之间没有形成产业梯度，这是协同发展面临的主要问题之一（见表 5）。

表 5　京津冀第一产业耕地面积及主要产品产量

地区	土地面积（平方公里）	耕地面积（平方公里，2008 年底）	2012 年主要农产品产量（万吨）			
			粮食	蔬菜	肉类	禽蛋
北京	16411	231.7	113.8	279.9	43.2	15.2
天津	11917	441.1	161.8	447.7	45.8	18.7
河北	187693	6317.3	3246.6	7695.1	442.9	342.6

（三）产业断层，相互协同效应弱

北京集聚了 61%的国家重点农业实验室，约有 24%的涉农国家工程技术中心[4]以及众多全国一流的农业高校、科研院所，是全国第一产业的研发中心，具有向河北省辐射的巨大优势。但是，由于河北省第一产业科技水平和主导产业集约化程度低，如农业初级产品与加工产品消费比重仅为 4∶1,而发达国家一般为 1∶3 或 1∶4[5]，同时，缺乏品牌效应和规模效应，北京的研发和金融孵化更多向其他地区辐射。2013 年，北京市农林牧渔业技术合同流向外省市合计 226 项，其中，流向河北省 13 项，仅占 5.8%，技术合同成交额流向外省市合计 2.9 亿元，其中，流向河北省为 0.2 亿元，仅占 6.9%。北京与河北省之间出现产业断层，导致区域间产业发展的“虹吸效应”而不是“辐射效应”，这是京津冀第一产业协同发展面临的另一主要问题。

三、京津冀第一产业协同发展政策建议

（一）产业定位互补化

京津冀第一产业要实现协同发展，须打破当前产业定位趋同的困局。北京应结合科技创新中心的城市战略功能定位和构建“高精尖”经济结构的目标，为京津冀第一产业一体化发展提供创新和金融服务。天津应结合国际港口城市和北方经济中心的城市功能定位，为一体化发展提供市场服务。河北

4 数据来源：中国农业新闻网，2010 年 8 月 19 日。

5 那威、严飞，《河北农产品发展战略》，《经济纵横》，2013 年。

省应发挥自身地域广阔，从业人员众多的优势，借助京津冀产业一体化发展的机遇，从提供初级产品向深度加工转化，提高产品的技术含量，做大做强第一产业。

（二）资源配置统筹化

京津两市不具有大规模发展农牧业的资源条件，应逐渐转变提高本地区农产品自给率的发展思路，统筹区域资源禀赋，推动产业协同发展。当前，京津两市第一产业中，农牧业增加值占比较高，今后可以逐步将其向河北省转移，或到河北省开拓外埠基地。同时两市农业科研机构和产业孵化基金全面与河北省对接，集合京津冀三地优势做大做强河北省农业和牧业，提高其科技含量和商业化水平，降低能耗和水耗，把河北省建成国内先进的农牧业生产基地、产品物流中心和商贸中心（见表6）。

表6　2012 年京津冀第一产业产值结构

地　区	农　业（%）	林　业（%）	牧　业（%）	渔　业（%）	农林牧渔服务业（%）
北　京	42	13.8	39	3.3	1.9
天　津	52.2	0.7	28	16.4	2.7
河　北	57.96	1.46	32.73	3.33	4.52

（三）产品市场一体化

当前，京津冀农产品市场一体化已经初具规模，如河北省每年有 300 万吨农产品进入北京市场，北京市场上的羊肉有 80%来自河北，且河北省农产品进入北京的量在逐年上升[6]。今后，要把提高市场一体化程度作为推动第一产业协同发展的重要基础，在区域内为农产品的生产、加工、物流、销售提供各种优惠和便利。同时要降低对市场设置的行政性限制，确保商品、资本的自由流动。建立一体高效的生产销售、检验检疫机制，统一产品质量标准，一地检验，三地认同，在区域内部实现产品待遇同等化。

6 中研网，《每年 300 万吨河北农产品进入北京市场》， 2014 年 4 月 4 日。

京津冀第二产业协同发展问题研究

◆◇谢　黎

内容提要：产业协同发展是京津冀协同发展的重要内容，其中，第二产业的协同发展是京津冀产业协同发展的主要组成部分。依据统计数据，本文对京津冀第二产业协同发展现状及问题进行了分析。

2013 年，天津和河北经济发展继续以第二产业为主导，二产比重分别为 50.6%和 52.2%；北京的二产延续近年来下降趋势，比重为 22.3%，但依然是支撑经济增长的重要力量。第二产业的协同发展是京津冀产业协同发展的主要组成部分。

一、京津冀第二产业及行业发展现状

（一）二产具有一定规模，津冀两地较有优势

2012 年，京津冀第二产业增加值合计达到 2.5 万亿元，占全国二产增加值总量的 10.5%；第二产业固定资产投资和从业人员分别占全国的 8.8%和 8.4%。其中，河北具有绝对优势，增加值、投资和从业人员分别占京津冀地区的 56.6%、67.5%和 72%；天津增加值增速最快，为 12.4%，分别高于北京和河北 4.2 个和 5.7 个百分点（见表 1）。

（二）京津劳动效率高、人工成本高

从劳动效率看，京津两地有优势。2012 年，京津第二产业劳动生产率分别高于河北 8.3 和 10.3 万元/人，其中制造业劳产率分别高于河北 6.5 和 7.2 万元/人；从人工成本看，河北较低。2012 年，河北第二产业各行业城镇单位就业人员平均工资均低于京津两地，其中，制造业平均工资分别为北京和天津的 57%和 64.5%（见表 2）。

表1　2012年京津冀第二产业主要指标对比

地　区	增加值		固定资产投资		从业人员	
	占全产业比重（%）	占全国比重（%）	占全产业比重（%）	占全国比重（%）	占全产业比重（%）	占全国比重（%）
全国	45.3	100.0	42.2	100.0	30.3	100.0
京津冀	43.1	10.5	39.6	8.8	32.4	8.4
北京	22.7	1.7	11.1	0.5	19.2	0.9
天津	51.7	2.8	42.6	2.4	41.2	1.4
河北	52.7	6.0	47.6	5.9	34.3	6.0

注：1．数据来源于全国及各地2012年统计年鉴。
　　2．全国及河北的从业人员数据为就业人员年末数。

表2　2012年京津冀第二产业及行业劳动生产率和平均工资

		第二产业	采矿业	制造业	电力、热力、燃气及水生产和供应业	建筑业
劳动生产率（万元/人）	北京	18.6	35.6	17.5	60.6	12.9
	天津	20.6	142.7	18.2	40.1	7.5
	河北	10.3	31.5	11.0	16.3	3.6
城镇单位就业人员平均工资（元）	北京	–	78381	64235	91768	61579
	天津	–	77244	56786	93283	49156
	河北	–	62061	36613	58708	31241

（三）京津冀制造业行业发展各具特色

北京加快发展医药制造业。2012年，北京医药制造业总产值增速远高于其他四个行业，总产值、投资、从业人员占规模以上工业的比重在制造业行业中的排名均在前五名之列，且能耗较低。而津冀两地排名均在第十名以后。

天津推进汽车和电子制造业。天津在制造业内部逐步进行产业优化升级，从能耗高的黑色金属加工（总产值增速为7.8%）向汽车（9.3%）和电子制造业（23.8%）转变。

河北重在石油和黑色金属加工业。河北石油加工、炼焦及核燃料加工业、黑色金属冶炼和压延加工业总产值比重在制造业中排名前两位，但能耗也是最高的（见表3）。

表3 2012年京津冀二产主要行业指标比重

		汽车制造业（%）	计算机、通信和其他电子设备制造业（%）	石油加工、炼焦及核燃料加工业（%）	医药制造业（%）	黑色金属冶炼和压延加工业（%）
总产值	北京	16.2	13.2	5.7	3.5	1.0
	天津	7.4	10.9	5.0	1.7	16.0
	河北	3.4	0.8	5.4	1.5	27.4
投资	北京	24.3	11.5	1.3	6.2	0.2
	河北	4.3	1.4	2.3	1.9	7.0
从业人员	北京	10.0	11.7	1.4	5.3	0.9
	天津	7.6	12.4	1.1	2.6	8.9
能耗	北京	4.3	3.6	24.8	1.5	1.4
	河北	0.3	0.1	4.0	0.6	51.0

注：投资、从业人员和能耗缺少部分省市数据。

二、京津冀第二产业协同发展存在问题

（一）高技术不高、一般加工过剩，与产业功能定位不符

北京市高技术行业发展与功能定位不符。2012年，高技术制造业[1]在人均主营业务收入、R&D投入产出情况等方面均在京津冀地区排名第一。但从医药制造业看，北京各方面均低于天津，人均主营业务收入也低于河北，与其研发中心的功能定位不符，也与北京要大力发展的重点行业定位不符；从

1 高技术制造业统计分类来自《高技术产业（制造业）分类（2013）》。

电子及通信设备制造业看，北京与天津相比没有形成绝对优势（见表 4）。

表 4　2012 年京津冀高技术制造业重点行业对比表

地区	医药制造业			电子及通信设备制造业		
	人均主营业务收入（万元）	R&D 经费投入强度（%）	新产品销售收入占主营业务收入比重（%）	人均主营业务收入（万元）	R&D 经费投入强度（%）	新产品销售收入占主营业务收入比重（%）
北京	82.5	1.9	24.2	141.7	2.1	38.2
天津	109.9	3.1	30.8	129.4	0.8	38.0
河北	86.4	1.5	13.8	49.7	0.6	10.9

数据来源：《中国高技术产业统计年鉴 2013》。

京津冀一般加工产业生产能力过剩。2012 年，京津冀地区的原油、平板玻璃等工业产品产量占全国的比重均超过 15%，特别是钢材产量占比为 28.2%、粗钢产量占比为 27.9%、生铁产量占比为 27.6%等。其中，北京在移动通信手持机，天津在原油，河北在平板玻璃、生铁、粗钢、钢材方面产量较多（见表 5）。

表 5　2012 年京津冀主要工业产品产量表

地　区	原油（万吨）	平板玻璃（万重量箱）	生铁（万吨）	粗钢（万吨）	钢材（万吨）	汽车（万辆）	移动通信手持机（万台）
京津冀	3682.3	16549.4	18333.1	20175.2	26989.2	312.5	29143.2
京津冀占全国的比重（%）	17.7	22.1	27.6	27.9	28.2	16.2	24.7
北　京				2.6	254.5	166.2	19949.3
天　津	3098.3	1651.4	1974.6	2124.2	5708.6	63.8	9193.9
河　北	584.0	14898.0	16358.5	18048.4	21026.1	82.5	

数据来源：《中国统计年鉴 2013》。

（二）北京的技术、人才优势没有得到合理配置

北京的科技创新优势没有得到合理配置。从产业优化升级看，北京逐渐由汽车和电子制造业向医药制造业转变。北京计算机、通信和其他电子设备制造业 R&D 经费投入强度分别高于天津和河北 1.3 个和 1.5 个百分点，但北京医药制造业 R&D 经费投入强度低于天津 1.2 个百分点（见表 6）。

表 6　2012 年京津冀二产主要行业 R&D 经费投入强度

地区	汽车制造业（%）	计算机、通信和其他电子设备制造业（%）	石油加工、炼焦及核燃料加工业（%）	医药制造业（%）	黑色金属冶炼和压延加工业（%）
北京	1.0	2.1	0.0	1.9	0.3
天津	0.7	0.8	0.4	3.1	1.9
河北	1.5	0.6	0.0	1.5	0.6

数据来源：《中国科技统计年鉴 2013》。

（三）产业链不衔接影响产业优化升级

京津冀有形成强产业关联的基础，但没有合理利用。第一，京津冀经济处于不同的发展阶段，产业存在梯度落差。第二，京津冀产品格局存在一定差异性，形成错位竞争。北京主要工业产品是移动通信手持机和汽车，天津主要是原油，而河北主要是平板玻璃、钢材等。第三，北京生产性服务业的进一步发展需要周边制造业的崛起；而天津和河北制造业的发展，也需要北京提供全方位的服务。第四，近年北京一些高科技企业集团纷纷将生产基地建在了涿州等周边地区，显示了产业合作的雏形。

京津冀缺乏合理的、相互衔接的产业链条。摩托罗拉、北京现代和天津一汽丰田等大型公司在京津之间缺乏有效的产业联动。摩托罗拉（中国）电子有限公司的总部在北京，生产基地在天津，但大部分零部件产品来自珠江三角洲和长江三角洲地区。京津两大城市产业链配套主要以本地区现有企业为主，甚至组建新的企业以满足自己的需求，而没有从京津冀的角度开发配套企业，区域整体协调意识较差。

三、政策建议

京津冀三地区发展差异化明显，三次产业具有“三二一”与“二三一”的错位性，这为北京科技研发与天津现代制造及河北重化工业的对接、北京制造业转移与河北制造业链接等提供了契机。

（一）确立符合产业功能定位的京津冀优势发展行业

北京的产业定位应该是知识型产业，重点发展高技术制造业等，其主要作用是产业技术扩散；天津的产业定位应该是加工型产业，重点发展以非农产品为原料的现代加工制造业，其主要作用是工业最终产品与高技术输向北京和对河北的产业技术扩散；河北的产业定位应该是资源型、加工型双重产业，重点发展采掘业、能源原材料工业、机械制造加工业和重加工工业，其主要作用是向京津输出原材料、工业配套产品、农副产品、劳动力，并确保保定、廊坊等市成为京津一些尖端高技术领域成果转化基地、产业化基地。

（二）支持北京的科技资源对外辐射

生产要素的流动是趋利的。北京的资源优势是科技、人才、资金，而河北劳动力和土地成本较低。2013 年，北京制造业技术合同成交额中流向外省市的成交额为 23.5 亿元，其中，流向天津和河北的成交额分别为 0.3 亿元和 1.8 亿元，合计占流向外省市成交额的 8.9%。应加大北京科技等资源的对外辐射力度，特别是对京津冀区域的辐射。河北应加大鼓励技术开发和吸引人才的政策扶持力度，加强区域之间经济发展联动性。

（三）加强区域间产业分工和产业融合发展

发挥市场机制在区域合作中的作用。通过推动部分生产功能向周边地区转移、支持产业园区与周边合作共建等措施，促进区域共同提升产业发展水平。支持企业合理进行产业链布局，鼓励北京的高技术和现代制造业企业在周边河北市县建立配套生产基地。

京津冀第三产业协同发展问题研究

◆◇黄思宁

在产业结构高级化的现代社会，服务业的发展在国家或区域经济发展中处于极为重要的地位。近年来，京津冀三地服务业发展步伐有所加快，逐渐成为支撑经济增长的重要力量，但目前仍存在着产业融合发展不足、劳动生产率较低等问题。

一、京津冀第三产业的发展现状

2012 年，京津冀第三产业增加值合计达到 2.9 万亿元，占 GDP 的比重为 50.8%，占全国第三产业增加值的 12.6%；第三产业固定资产投资和从业人员分别占全国的 9.7%和 9%（见表 1）。

表 1　2012 年京津冀第三产业主要指标情况

地　区	增加值（亿元）	占 GDP 比重（%）	占全国比重（%）	全社会固定资产投资（亿元）	占投资比重（%）	占全国比重（%）	从业人员（万人）	占人员比重（%）	占全国比重（%）
全国	231406.5	44.6	—	205435.8	54.8	—	27690	36.1	—
京津冀	29113.2	50.8	12.6	20013.7	57.2	9.7	2497.1	41.6	9.0
北京	13669.9	76.5	5.9	5597.5	86.6	2.7	837.4	75.6	3.0
天津	6058.5	47.0	2.6	4946.3	55.8	2.4	401.0	49.9	1.4
河北	9384.8	35.3	4.1	9469.9	48.2	4.6	1258.7	30.8	4.5

从三地情况看，北京第三产业规模大、比重高、效益好。2012 年产业增加值已分别是天津、河北的 2.3 倍、1.5 倍，投资和从业人员比重分别达到

86.6%和 75.6%，在三地最高；第三产业劳动生产率为 16.8 万元/人，高于天津（15.6 万元/人），是河北的 2.2 倍。河北第三产业从业人员、投资规模较大，其从业人员达到 1258.7 万人，分别是北京的 1.5 倍、天津的 3.1 倍；产业投资规模 9469.9 亿元，占三地投资总量的 47.3%，是北京的 1.7 倍、天津的 1.9 倍。

二、京津冀第三产业的行业结构特点

综合考虑京津冀三地的具体情况和城市功能定位要求，从产业协同发展的角度考虑，选取以市场化为主导的、具有较高技术、知识与人力资本含量、能够代表服务业产业升级方向的交通运输服务、批发服务、信息服务、金融服务、商务服务、科技服务等进行比较分析。

（一）总体态势：从产出角度看三地服务业发展基础

2012 年，京津冀六项服务增加值占地区第三产业增加值的比重分别为 68.1%、65.3%和 53.4%。其中，北京的优势行业在于金融服务、信息服务，商务服务和科技服务，这些行业不仅占北京地区增加值的比重均超过了 7%，同时占三地行业增加值比重也在 55%以上。河北的优势行业为交通运输服务业，2012 年的增加值已达到 2212.9 亿元，占河北 GDP 的 8.3%，占三地行业增加值的 59.6%。天津的比较优势在于批发服务、金融服务和交通运输服务，增加值占三地行业增加值的 20%左右（见表 2）。

（二）行业细分：从代表性指标看三地服务业相对优势

以合理配置生产要素为原则，从人员、资本投入、产出效率的角度分析三地服务业中的优势与问题。

1. 交通运输服务业：河北优势明显

京津冀三地中，河北的交通运输服务业占有绝对优势。2012 年，河北的交通运输服务业增加值达到 2212.9 亿元，占 GDP 比重为 8.3%，是第三产业中的第一大行业，规模和比重明显高于北京（816.3 亿元、4.6%）和天津（683.6 亿元、5.3%）的水平。其中，道路运输业增加值已达到 1615.3 亿元，占 GDP 的 6.1%，为三地最高。同时，河北的旅客和货物周转量分别达到 1369.2 亿人公里和 10605 亿吨公里，均居三地高位。比较来看，北京主要依托临空经济区和国家首都的区位优势，大力发展航空运输业、铁路运输业以及轨道交通，城市公共交通业得到快速发展；天津的优势在于水上运输业，水运周转量已达到 7012.7 亿吨公里，是河北的 13.8 倍。

表 2　2012 年京津冀三地部分服务业增加值情况

行业分类	北京		天津		河北	
	增加值（亿元）	比重（%）	增加值（亿元）	比重（%）	增加值（亿元）	比重（%）
GDP	17879.4	100.0	12893.9	100.0	26575.0	100.0
第三产业	13669.9	76.5	6058.5	47.0	9384.8	35.3
交通运输、仓储和邮政业	816.3	4.6	683.6	5.3	2212.9	8.3
批发业	1720.4	9.6	1378.2	10.7	1065.8	4.0
信息传输、计算机服务和软件业	1621.8	9.1	176.6	1.4	339.5	1.3
金融业	2536.9	14.2	1001.6	7.8	913.7	3.4
租赁和商务服务业	1340.6	7.5	334.7	2.6	198.5	0.7
科学研究、技术服务和地质勘查业	1268.4	7.1	383.6	3.0	285.3	1.1

2. 批发服务业：津冀两地更具发展潜质

2012 年，天津批发业增加值为 1378.2 亿元，占 GDP 的 10.7%，是第三产业中第一大行业；劳动生产率达 14.9 万元/人，为三地最高。河北的批发业增加值不高，但投资规模和从业人员为三地最多。北京的批发业增加值为三地最高，占北京 GDP 的 9.6%，但行业成本也达到最高，城镇单位就业人员平均工资达 78945 元，是津冀两地的 1.5 倍和 2.8 倍。

从亿元以上商品交易市场看，河北市场数量最多（达 268 个），营业面积为 2862 万平方米，分别是北京和天津的 3.9 倍和 5.7 倍，批发市场成交额是北京的 2.4 倍。天津批发市场的平均成交额为 28 亿元/个，是北京和河北的 2.1 倍和 1.7 倍。从企业的情况来看，北京仍集聚了众多的限额以上批发企业，法人企业个数达 5384 个，商品销售额和主营业务利润分别达到

45390.5 亿元和 2099.8 亿元，居三地首位，但人均商品销售额和人均主营业务利润仅为 1228.7 万元/人和 56.8 万元/人，均明显低于天津水平。

3. 信息服务业：北京发展基础较好

2012 年，北京信息传输、计算机服务和软件业增加值已达 1621.8 亿元，占 GDP 比重为 9.1%，成为支撑首都经济转型发展的主要支柱产业之一，行业规模分别为天津和河北的 9 倍和 5 倍。但由于从业人员较多（北京是天津的 12.7 倍，河北的 3.7 倍），劳动生产率水平较低，仅为天津的 73%。

2012 年，北京移动电话普及率已达到 156.9 部/百人、互联网普及率为 72.2%，明显高于天津（97.8 部/百人、58.5%）和河北（76.1 部/百人、41.5%）。从差异优势来看，天津的优势是嵌入式系统软件、集成电路设计两类；北京的优势是软件产品、信息系统集成、信息技术咨询、数据处理和存储四类服务。

4. 金融服务业：北京区位优势明显

2012 年，北京金融业增加值为 2536.9 亿元，占 GDP 的比重达到 14.2%；天津和河北的金融业规模较小，增加值仅为北京的 39.5%和 36%；但天津金融业占 GDP 的比重为 7.8%，已成为第三产业中的第二大行业。

从金融业内部结构看，三地中银行业增加值比重占 70%以上。2012 年，北京金融机构的存贷款余额已超过天津和河北的总和。从信贷规模和储蓄存款比重来看，北京的信贷规模较大，但储蓄存款比重仅为 26.3%，远低于河北 60.5%、天津 35.2%的水平，表明北京居民的理财意识较强。从资本市场和保险业来看，北京的上市公司数量、股票交易、保险业务规模都远高于天津和河北。

5. 商务服务业：北京发展较快

2012 年，北京租赁和商务服务业增加值已达 1340.6 亿元，占 GDP 比重为 7.5%。同期，天津、河北的行业增加值占比仅为 2.6%和 0.7%。从总体情况来看，北京商务服务从业人员最多。从法律服务来看，北京的律师事务所和执业律师数量是天津的 4 倍以上；从旅行社及相关服务看，2012 年北京的旅行社、旅游接待能力、旅游资源、旅游收入都远高于天津和河北。

6. 科技服务业：北京占有绝对优势

2012 年，北京科学研究、技术服务和地质勘查业增加值和从业人员所占比重在 7%左右，高于津冀两地。从研究和试验发展情况来看，北京的 R&D 经费内部支出占 GDP 比重达到 6%、专利申请授权数为 50511 件，明显高于天津（2.8%、19782 件）和河北（0.9%、15315 件）的水平；而天津科研机构的 R&D 人员和经费支出在三地最高，大于京冀之和。从科技推广情况看，北京技术市场成交额已达 2458.5 亿元，是天津的 10.6 倍、河北的 65 倍。

三、存在的问题

从三地服务业发展现状来看，尽管北京服务业发展较快，但发展水平还有待进一步提升；天津和河北的服务业占 GDP 比重还未超过一半，仍以第二产业为产业主导。

（一）服务业生产效率不高、从业人员学历偏低

2010 年人口普查资料显示[1]，北京的批发业和交通运输、仓储和邮政业共吸纳了全市 26.2%的就业人员，但大专及以上学历人口比重仅为 34.1%和 23.3%；2012 年两个行业的劳动生产率仅为 12.2 万元/人和 12 万元/人，学历和生产效率均低于全市平均水平。相比之下，北京学历较高的金融业、科技服务业和信息服务业的劳动生产率均不高，在三地中位居第二。天津的优势行业之一批发业的大专及以上学历人口比重不高，仅为 25.2%；河北的优势行业交通运输、仓储和邮政业的大专及以上学历人口比重仅为 8.1%，劳动生产率仅为 11.9 万元/人，均居三地末位。

（二）产业对接与产业融合不够理想

2012 年，北京技术合同成交额中流向外省市技术合同金额仅为 25.9%，表明北京科技服务的对外辐射能力仍有较大提升空间。2007 年，北京自身制造业对服务业的依赖度仅为 17.2%[2]，与 2002 年相比下降了 4.5 个百分点。制造业中的服务投入偏低，产业融合程度较低，既不利于制造业向高端化升

1 因为行业学历情况只有在人口普查资料中公布，所以这里选用 2010 年第六次人口普查数据情况代替。

2 数据来源于《北京市二三产业融合实证分析》统计报告〔2011〕139 号。

级，也不利于服务业的做大做强。

四、政策建议

（一）着力提升服务业劳动生产率

第一，在尊重人口迁移规律的基础上，“提高疏低”，疏通人口双向迁移的通道。同时，加强对服务行业的职业教育和职业技能培训，全面提高劳动者文化素质和技能水平。第二，不断加大服务行业的技术要素投入，以提升创新驱动力为核心，大力发展高附加值的现代服务业，共同把京津冀地区打造成引领服务业创新发展的战略高地。第三，坚持调整疏解与提质增效相结合，深度调整服务产业内部结构，发展高端环节和高端业态，全面提升产业素质。

（二）加强区域内产业关联和产业对接

从京津冀一体化的角度来看，北京服务业优势可以为天津、河北的工业生产提供金融、信息、管理及科研和综合技术等方面的保障，促进天津、河北工业和服务业产业内部结构的优化重组，增强企业核心竞争力，提高信息化水平。

京津冀生态环境状况分析

◆◇徐剑琦

内容提要：近年来，京津冀积极采取措施，自然生态状况有所改善，但生态环境形势仍不容乐观。水资源极度缺乏，人口快速增长造成北京城镇生活污水排放量大；津冀产业结构严重影响大气环境，PM2.5 成为首要污染物；生活水平提高和环保意识不强促使北京人均垃圾清运量多。改善生态环境需要京津冀协同推进，利用经济手段调控生活用水，垃圾减量与分类回收并举，积极促进产业升级。

一、京津冀生态环境基本状况

近年来，京津冀积极采取措施，植树造林、涵养水源，自然生态状况有所改善，生态环境恶化的趋势有所减缓。但生态环境形势仍然十分严峻，水体、大气环境以及土壤都受到不同程度的污染，水资源极度短缺。

（一）水资源紧缺略有缓解，但废水排放量逐年加大

1. 人均水资源量有所增长

2012 年，北京人均水资源量最少，为 193.2 立方米，比 2006 年增长 36.5%；天津为 238 立方米，增长 1.5 倍；河北最多，为 324.2 立方米，增长 1.1 倍（见图 1）。

2. 城镇生活污水量增长幅度大

2012 年，京津冀废水排放总量为 52.9 亿吨，比 2006 年增长 37%。其中，工业废水排放量下降 7.7%；城镇生活污水排放量增长 69.3%，比重为 71.4%，是废水排放的主要来源。从分省市看，河北城镇生活污水增幅最大，比 2006 年增长 99.1%；天津增长 77.3%；北京增长 38.1%。但 2012 年北京人均城镇生活污水最大，为 64.1 吨，高于天津和河北。

图 1　京津冀人均水资源情况

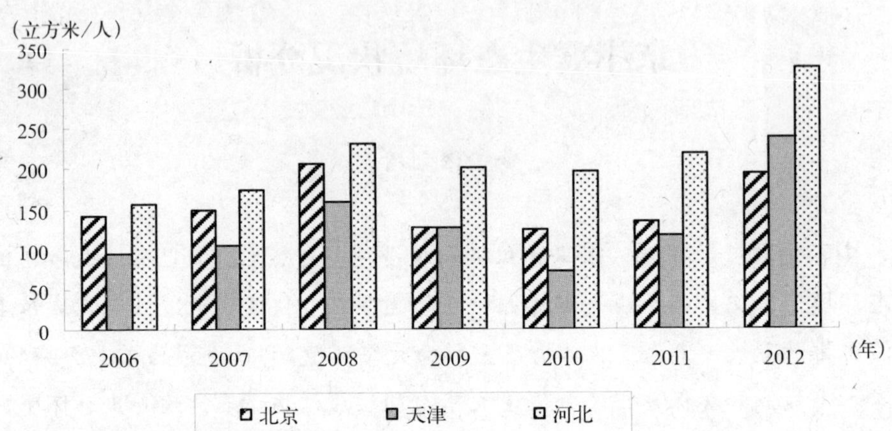

（二）大气环境未有改善，PM2.5 污染严重

1. PM10 年均浓度略有下降

2013 年，京津冀大气中 PM10 年均浓度为 181 微克/立方米。分省市看，2006–2012 年，北京 PM10 年均浓度年均下降 6.3%；河北年均下降 5%；天津年均下降 1.2%（见图 2）。

图 2　京津冀 PM10 年均浓度值趋势

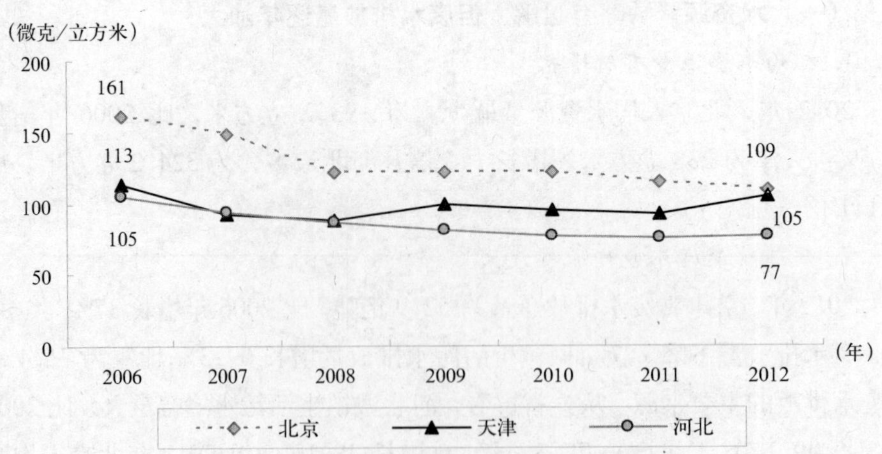

2. PM2.5 作为首要污染物的超标天数比重大

尽管 PM10 年均浓度略有改善，但大气中 PM2.5 的污染最严重、危害最大。2013 年，京津冀大气中 PM2.5 年均浓度为 106 微克/立方米。从 2013 年 7–12 月环保部监测数据看，超标天数中以 PM2.5 为首要污染物的天数最多（见表 1）。

表 1　2013 年京津冀 PM2.5 为首要污染物天数占超标天数比重

	7 月	8 月	9 月	10 月	11 月	12 月
PM2.5 为首要污染物天数占超标天数比重（%）	48.8	41.4	67.7	68.8	60.8	63.8

（三）生活垃圾增长平缓，但工业固体废物产生量增长显著

1. 河北工业固体废物产生量增幅大

工业固体废物对土壤污染影响大。2012 年，京津冀一般工业固体废物产生量为 48500 万吨，比 2006 年增长 1.9 倍。2006–2012 年，河北工业固体废物产生量年均增速最快，为 21.4%，分别高于北京和天津 24.8 个和 15.5 个百分点。

2. 北京生活垃圾清运量增速快

2012 年，京津冀生活垃圾清运量增长较平稳，为 1411.5 万吨，比 2006 年增长 2.9%。分省市看，2006–2012 年，北京生活垃圾清运量年均增速高于天津和河北（见表 2）。

表 2　2006–2012 年京津冀固体废物产生情况

地　区	工业固体废物产生量年均增速（%）	生活垃圾清运量年均增速（%）
北　京	−3.4	3.2
天　津	5.9	3.0
河　北	21.4	−2.6

（四）自然生态状况稳步改善，北京改善较明显

2012 年，京津冀自然保护区数量为 71 个，比 2006 年增加 32 个；自然保护区面积 91.8 万公顷，比 2006 年增长 46.9%。森林面积 479.7 万公顷，增长 27.6%；造林总面积为 35.3 万公顷，增长 66.8%。分省市看，2006—2012 年，北京森林覆盖率和造林总面积增幅最大；河北自然保护区面积年均增速高于北京和天津（见表 3）。

表 3　2006—2012 年京津冀生态环境状况

地　区	森林覆盖率比 2006 年提高百分点	造林总面积年均增速（%）	自然保护区面积年均增速（%）
北　京	10.5	18.7	0.9
天　津	0.1	10.1	5.2
河　北	4.6	8.1	8.2

二、京津冀生态环境存在的问题

与长三角、珠三角以及国际标准进行比较，京津冀明显存在城镇生活污水排放量大、大气污染严重和生活垃圾量多等问题。

1. 人口快速增长造成生活污水排放量大

在三大经济圈[1]废水排放总量中，2006—2012 年，京津冀城镇生活污水年均增速最高，为 9.2%，分别比长三角和珠三角高 2.7 个和 1.6 个百分点。城镇生活污水排放量的比重持续增加，2012 年，京津冀城镇生活污水比重比 2006 年提高 13.8 个百分点，增幅高于长三角和珠三角。

城镇生活污水快速增长的主要原因是人口的增长、城镇化进程加快以及人们消费意识的提高，这些都会促进对水的需求。2006—2012 年，京津冀年末常住人口年均增速高于长三角和珠三角（见表 4）。

1 本文中京津冀经济圈包括北京、天津和河北；长三角经济圈包括上海、江苏和浙江；珠三角经济圈，即为广东。

表 4　2006-2012 年三大经济圈水污染状况

地　区	废水排放总量年均增速（%）	其中：城镇生活污水年均增速（%）	2012 年城镇生活污水比重比 2006 年提高（百分点）	年末常住人口年均增速（%）
京津冀	5.4	9.2	13.8	2.0
长三角	2.5	6.5	12.9	1.0
珠三角	4.2	7.6	13.6	1.2

2. 产业结构严重影响大气环境

京津冀频现灰霾天，大气中 PM2.5 浓度频频超标。2013 年，京津冀 PM2.5 年均浓度未达到国家二级标准（75 微克/立方米），远超出世界卫生组织要求的安全值（10 微克/立方米），分别比长三角和珠三角高 58.2%和 1.3 倍（见表 5）。

表 5　2013 年三大经济圈空气质量状况

地　区	京津冀	长三角	珠三角
PM2.5 年均浓度（微克/立方米）	106	67	47

造成京津冀大气污染严重的因素主要是燃煤、机动车和工业，产业结构的影响较大。在三大经济圈中，京津冀高技术制造业主营业务收入占工业比重最低，2012 年为 9.9%，分别比长三角和珠三角低 6.2 个和 16.8 个百分点。由于天津和河北工业比重在三大经济圈中处于前两位，分别为 47.5%和 47.1%，使得京津冀工业二氧化硫和氮氧化物排放量降幅较小（见表 6）。

表 6　2012 年三大经济圈工业污染情况

地　区	工业二氧化硫比 2011 年增长（%）	工业氮氧化物比 2011 年增长（%）
京津冀	-5.4	-3.5
长三角	-6.3	-7.2
珠三角	-6.6	-9.7

3. 生活水平提高、环保意识不强促使北京人均生活垃圾清运量多

与长三角和珠三角相比，京津冀人均生活垃圾清运量较少，但北京在三大经济圈中却是人均生活垃圾清运量最多的省市。2012年，北京人均生活垃圾清运量为317.2公斤（见表7）。

表7 2012年三大经济圈生活垃圾清运量情况

地 区	京津冀	北 京	天 津	河 北	长三角
人均生活垃圾清运量（公斤/人）	132	317.2	134.2	79.5	197.9
地 区	上 海	江 苏	浙 江	珠三角	
人均生活垃圾清运量（公斤/人）	302.9	153	220.2	247.4	

生活垃圾数量不断增长主要原因与人们生活消费水平和消费意识的不断提高有关。随着社会经济的发展、城市人口增加以及人们生活方式的改变，生活垃圾清运量呈现不断攀升的趋势。

三、几点思考

从京津冀生态环境面临的问题与成因看，人口膨胀与工业污染是主要影响因素。随着城镇化的推进和生活水平的提高，城市生活污水和生活垃圾问题会更加突出，为此应在倡导绿色低碳的生活理念和加快产业升级上加大统筹，北京应率先垂范，津冀要未雨绸缪。

（一）水环境治理优先，经济手段促调节

水环境污染、水资源极度缺乏等水问题已成为京津冀可持续发展的制约因素。生态环境改善应着重水环境污染的问题，如何缓解水环境破坏与失衡对京津冀而言是一大挑战，因此，应将水环境治理作为生态环境改善的首要目标之一。

随着人口数量的增长以及消费观念的改变对水的需求在逐年增加。京津冀尤其是北京为降低城镇生活污水排放量，除考虑利用经济杠杆调节城镇生

活用水量、逐步提高水价外，还应加强环保宣传，增强市民节水意识，提高生活污水回用率，降低对水环境的污染。

（二）破解垃圾围城窘境，减量与分类回收并举

生活水平的提高和消费结构的变化，京津冀已逐渐陷入“垃圾围城”的状态。以北京为例，2012 年全市生活垃圾清运量 648.3 万吨，日清运量 1.77 万吨，但全市垃圾处理能力 1.68 万吨，缺口较大。其主要原因是垃圾资源化率较低，垃圾分类不够，垃圾处理结构不尽合理。

为解决上述问题，京津冀应鼓励垃圾减量与分类回收并举。特别是北京市政府应高度重视，加大生活垃圾管理的实施力度，减少商品过度包装，严格进行垃圾分类以及改善垃圾处理结构，有效控制生活垃圾的产生，提高垃圾资源化率。

（三）解决经济与环境矛盾，发挥京津科技优势

环境污染与经济发展之间存在耦合关系，京津冀生态环境具有区域协同性，但该区域由于经济发展阶段、科技水平、环境投入等因素的不同，城市间的环境特点存在差异性，其中河北工业生产对生态环境影响较大。

2012 年，北京高技术制造业主营业务收入占工业比重为 21.1%，天津为 14.9%，均高于河北的 2.8%。应充分发挥京津高技术产业优势带动河北产业结构升级，鼓励河北大力发展环保产业。坚持绿色发展，推行低碳经济，以此解决经济发展与生态环境的矛盾。

北京市经济社会统计报告

首都民生状况调查

2015

2014年北京市民生状况调查报告

◆◇陈家芹

内容提要：为了解北京市民的生活水平、生活困难及对社会问题的关注情况，2014年2月北京市社情民意调查中心采用计算机辅助电话调查的方式（CATI），对全市范围内的1136位18—65周岁的市民进行了“北京市民生状况调查”[1]。本次调查是自2012年以来开展的第三次，调查显示，居民生活明显改善，对社会发展前景表示乐观；从关注的社会问题、面临的生活困难和期待解决的问题来看，住房和医疗问题位居前两位；环境改善诉求较为迫切；养老问题越来越受关注；教育乱收费和不均衡问题期待解决；市民关注的交通拥堵和物价上涨问题的比例均有所下降。

民生乃国之根本，着力保障和改善民生，不断增进人民群众福祉，已成为2014年北京市政府工作任务的重要内容。为了解北京市民的生活水平、生活困难及对社会问题的关注情况，更好地改善民生状况，近日北京市社情民意调查中心采用计算机辅助电话调查的方式（CATI），对全市范围内的1136位18—65周岁的市民进行了“北京市民生状况调查”。

一、居民生活状况明显改善

（一）近七成被访市民生活得到改善

21世纪以来，人均可支配收入逐年增加，生活水平有所上升。调查显示，68.6%的被访市民生活较五年前有所改善[2]，比例与上年基本持平。从近三年

1 1136位被访市民均为北京市常住人口，年龄结构如下：18—30岁的占27.6%；31—40岁的占27.2%；41—50岁的占27.1%；51—65岁的占18.1%。户籍结构如下：本地户籍人口占76.2%，外地户籍人口占23.8%。

2 认为生活有所改善的比例为“上升很多＋略有上升”，下同。

的数据来看，生活有改善的被访市民比例比较稳定（见表 1）。

表 1　生活的改善及未来的预期情况

变化情况	生活较五年前改善情况（%）			对未来五年内生活状况的预期（%）		
	2014 年	2013 年	2012 年	2014 年	2013 年	2012 年
上升很多	17.5	17.7	18.7	14.3	17.2	15.4
略有上升	51.1	51.6	49.4	48.9	48.2	45.8
没有什么变化	22.4	23	22.5	23.9	20.3	21.9
略有下降	6.3	4.4	6.2	5.8	6.3	7.5
下降很多	2.7	3.2	3.0	2.4	2.5	2.9
说不清	0	0.1	0.2	4.7	5.5	6.5
合　计	100.0	100.0	100.0	100.0	100.0	100.0

年龄层越低，认为生活水平提高的比例越高。40 岁以下的被访市民中 75.2%认为有所提高，较 40 岁及以上的高 14.7 个百分点。从户籍来看，外地户籍人口中认为生活水平提高的比例为 75.9%，较本地户籍人口高 9.6 个百分点；家庭月收入在 5000 元以下、5000–10000 元、10000 元以上的被访市民中，认为生活水平比以前有所提高的比例分别为 63.1%、71.9%、74.5%。

（二）逾六成被访市民对未来生活预期良好

2009 –2013 年，全市城镇居民人均可支配收入和农村居民人均纯收入实际增速均在 6%以上[3]。在收入持续增长的情况下，调查显示，63.2%的被访市民认为未来五年内的生活状况还将继续改善，较上年下降 2.2 个百分点。近三年来，认为生活状况继续改善的市民比例均高于 60%（见表 1）。

年龄层越低，认为未来五年内生活有所改善的比例越高。40 岁以下的被访市民中 71.1%认为会提高，较 40 岁及以上的高 17.4 个百分点；从户籍来看，外地户籍人口中认为未来五年内会改善的比例为 77.0%，较本地户籍人口高 18.1 个百分点；家庭月收入在 5000 元以下、5000–10000 元、10000 元

3 数据来源于《北京市 2013 年国民经济和社会发展统计公报》。

以上的被访市民中，认为未来五年内生活有所改善的比例分别为 59.4%、65.2%、67.4%。

（三）近五成被访市民对社会发展前景表示乐观

2009–2013 年，全市地区生产总值增速均高于 7%[4]，经济社会运行状况良好，市民对社会发展前景较为乐观。调查显示，47.9%的被访市民对社会发展前景表示乐观，但较上年 53.5%的乐观程度下降 5.6 个百分点（见表 2）。

表 2　对社会发展前景的预期情况（%）

社会发展前景的预期	2014 年	2013 年	2012 年
非常乐观	11.5	15.8	11.4
比较乐观	36.4	37.7	35.5
一般	43.4	37.9	44.0
不太乐观	5.4	5.5	5.0
很不乐观	3.3	3.1	4.1
合　计	100.0	100.0	100.0

二、居民关注或面临的民生问题

（一）房价、就医问题最受市民关注

在市民关注的社会问题中，房价和就医问题居前两位。调查显示，“房价过高”问题的关注率最高，为 26.1%；其次是“看病难看病贵”问题，关注率为 24.4%。物价上涨、养老、教育资源不均衡问题的关注率依次为 21.7%、20.1%、19.7%（见表 3）。

不同家庭月收入的被访市民对社会问题的关注点有所侧重。家庭月收入在 5000 元以下的被访市民最关注就医问题，5000–10000 元的最关注房价问题，10000 元以上的最关注教育不均衡问题。家庭收入越低，对物价上涨和收入差距问题的关注越高。家庭月收入在 10000 元以上的被访市民对环境污

4 数据来源于《北京市 2013 年国民经济和社会发展统计公报》。

表 3　对社会问题的关注情况

社会问题	比　例（%）	排　名		
	2014 年	2014 年	2013 年	2012 年
房价过高	26.1	1	3	2
看病难、看病贵	24.4	2	1	1
物价上涨	21.7	3	5	3
养老问题	20.1	4	10	9
教育资源不均衡问题	19.7	5	8	6
环境污染	16.9	6	7	10
收入差距大	15.4	7	4	5
交通拥堵	12.5	8	2	4
贪污腐败	12.2	9	6	7
社会风气	11.9	10	11	13
就业及社会保障问题	11.5	11	13	12
社会治安	9.8	12	15	14
食品安全	8.0	13	9	8
城市人口规模问题	4.8	14	14	15
征地拆迁	3.8	15	12	11

染问题的关注率为 25.2%，较家庭月收入在 5000 元以下、5000−10000 元的被访市民分别高 9.6 个和 13.1 个百分点（见表 4）。

（二）住房、就医问题仍为市民生活的主要困难

调查显示，目前被访市民遇到最困难的问题是“住房条件差，房价太高买不起房”，选择比例为 31.3%（较上年上升了 2.6 个百分点）；其次是“看病难、看病贵”问题，比例为 15.4%（较上年上升 2.3 个百分点）。被访市民遇到的困难中，“物价上涨太快”、“子女教育费用高或入学困难”、“社会风气差”分别位居第三、四、五位（见图 1）。

表 4　对社会问题的关注情况（按家庭月收入分组）

排序	5000 元以下		5000–10000 元		10000 元以上	
	问题	比例（%）	问题	比例（%）	问题	比例（%）
1	看病难、看病贵	25.5	房价过高	27.5	教育不均衡问题	27.5
2	房价过高	25.3	看病难、看病贵	23.6	房价过高	26.2
3	物价上涨	23.5	物价上涨	22.5	环境污染	25.2
4	养老问题	20.1	养老问题	19.4	看病难、看病贵	23.8
5	收入差距大	19.2	教育不均衡问题	19.1	养老问题	21.1

图 1　市民遇到的主要生活困难

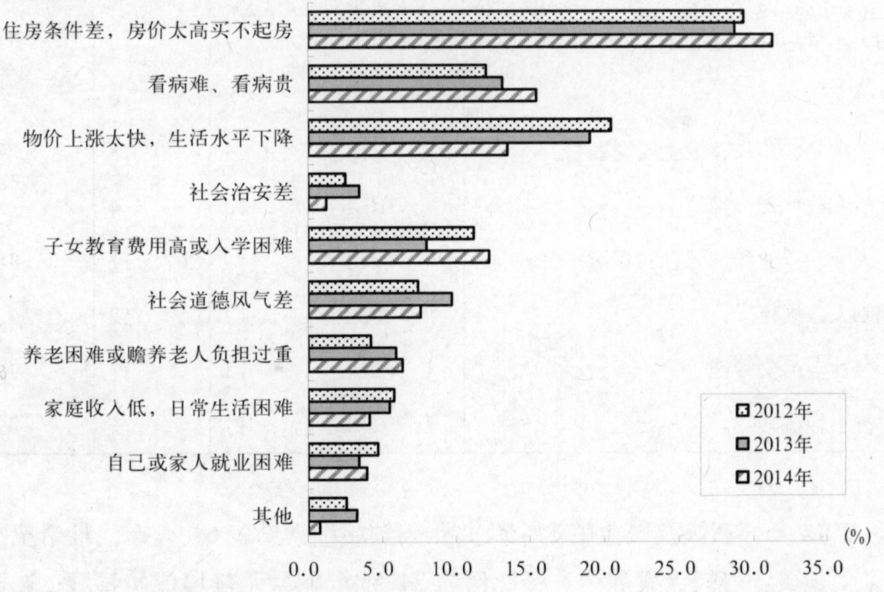

（三）住房医疗问题盼解决

市民遇到最困难的问题是住房和医疗问题。调查显示，2014 年 31.3% 的被访市民希望政府调控房价，加大保障性住房建设力度，30%的市民希望加大医改力度，解决看病难、看病贵问题（见表 5）。教育问题、养老问题和物价上涨问题排在第三、四、五位。

表 5　市民期望解决的问题

期望解决的问题	比例（%）	排名		
	2014 年	2014 年	2013 年	2012 年
调控房价，加大保障性住房建设力度	31.3	1	3	2
加大医改力度，解决看病难、看病贵	30.0	2	1	1
整治教育乱收费现象，解决教育不均衡	20.5	3	7	4
加大养老设施建设，解决养老问题	20.1	4	5	7
稳定物价	18.4	5	2	9
提高居民收入水平	17.5	6	9	3
加大环境污染治理力度	16.6	7	10	11
改善交通	11.2	8	6	6
加强食品、药品、卫生安全监督	10.6	9	8	8
惩治腐败	10.3	10	4	5
扩大劳动就业和加强社会保障	9.9	11	11	10
控制人口规模	6.1	12	12	13
加强社会治安管理	5.6	13	13	12
农村土地流转	2.6	14	—	—

2014 年，在涉及民生的七个公共服务领域中（见表 6），市民最希望医疗卫生领域获得较大发展，选择比例为 24.5%；其次是环境保护领域，选择比例是 21.7%；社会保障领域位列第三，选择比例为 18.9%。

表 6　公共服务领域发展的期待情况

公共服务领域	2014 年（%）	2013 年（%）	2012 年（%）
医疗卫生	24.5	22.5	21.9
环境保护	21.7	21.7	13.6
社会保障	18.9	18.3	17.5
教育服务	17.8	16.6	19.8
社区服务	8.0	8.4	12.7
公共交通	7.4	11.1	12.6
文化体育	1.7	1.2	1.8
说不清	0	0.2	0.1
合　计	100.0	100.0	100.0

三、民生问题特点分析

（一）住房和医疗持续为民生问题的热点

从市民关注的社会问题、遭遇的生活困难以及期待解决的问题三方面来看，住房和医疗问题均列居前两位。从 2012–2014 年的数据对比来看，市民遇到住房问题的比例均最高，遭遇“看病难看病贵”的比例呈逐年上升趋势。

（二）环境改善诉求较为迫切

2013 年以来，环境污染问题越来越受到市民的重视。2013 年，环境污染问题关注率上升幅度最大，较上年上升了 11.0 个百分点；“希望加大环境污染治理力度”的比例较上年上升 9.4 个百分点。2014 年，对环境污染问题的关注继续升温，环境改善诉求更为迫切。环境污染问题在关注和希望解决的问题中，排名分别上升一位和三位。

为减少 PM2.5 的排放，近半数被访市民较为支持“加强对高污染企业的管控”、“少开私家车，乘坐公共交通或绿色交通工具”、“增加绿地，提高树木绿化率”，支持率分别为 49.4%、45.3%、42.2%。

（三）养老问题的受关注程度越来越高

2012 年以来，养老问题越来越受关注。调查显示，2012–2014 年，市民遭遇养老困难或养老负担过重问题的比例逐年上升；在期待解决的问题中，养老问题的名次逐年提前。2014 年关注的社会问题中，养老问题的名次较上年提高六位。

（四）教育乱收费和不均衡问题期待解决

调查显示，“希望整治教育乱收费、解决资源不均衡问题”的比例为 20.5%，在希望解决的问题中排名第三，较上年提前四位。31–40 岁的被访市民最希望解决此问题，选择比例最高，为 32.7%，明显高于其他年龄段。

（五）个人信息安全感逐年降低

通过对个人和家庭财产、人身、交通、医疗、食品、劳动和个人信息七个方面的安全感进行调查，食品和个人信息安全感比例均较低，分别为 27.2%和 16.1%。连续三年来，个人信息安全感呈逐年走低趋势，2012–2014 年安全感比例分别为 22.7%、19.3%、16.1%（见表 7）。

表 7　被访市民的安全感状况

项　目	2014 年（%）	2013 年（%）	2012 年（%）
人身安全	68.5	63.3	65.5
个人和家庭财产安全	54.3	53.0	52.2
劳动安全	50.7	48.3	49.0
交通安全	44.2	42.7	37.1
医疗安全	41.9	43.8	38.9
食品安全	27.2	24.1	24.3
个人信息安全	16.1	19.3	22.7

（六）市民依然关注物价问题

2013 年，北京市居民消费价格运行较为平稳。从各月同比涨幅看，除 2

月（4.6%）较高外，其余各月均在 2.7%–3.6%之间[5]。调查显示，2014 年在关注的社会问题中，物价上涨问题关注率为 21.7%，名次较上年提高一位；市民遇到物价上涨太快问题的比例较上年下降了 5.5 个百分点。

（七）市民对交通拥堵关注有所下降

调查显示，2014 年市民对交通拥堵问题关注率排名较上年下降六位；在希望解决的问题中，交通问题的排名下降二位；2012–2014 年，“期待公共交通有所发展”的比例逐年下降。

5 数据来源于北京市统计局，国家统计局北京调查总队统计报告《2013 年北京市居民消费价格平稳运行》。

2014 年北京市居民消费价格指数低位运行

◆◇王　倩

内容提要：2014 年，北京居民消费价格走势平稳，价格总水平涨幅为近五年来最低值。各月同比涨幅平稳回落，新涨因素占比低于往年，食品、居住等重点领域价格走势趋稳。当前北京居民消费价格指数低位运行，价格总水平涨幅仍处于适度区间，受政策、天气等因素影响，涨幅低于预期。在当前内需偏弱、货币政策稳健的大环境下，预计 2015 年居民消费价格走势仍将继续保持稳定，价格涨幅或将高于 2014 年。

2014 年，全国处于增长速度换挡期、结构调整阵痛期和前期刺激政策消化期叠加的阶段，经济增长面临下行压力。在这种背景下，北京又同时面临着结构调整、人口调控的压力，全市着力“稳增长、促改革、调结构、惠民生”，大力推进结构调整，加快转变发展方式，经济运行保持在合理区间，呈现总体平稳、稳中向好的发展态势。主要经济领域供需状况稳定，物价指数低位运行。

一、价格总水平涨幅较低

2014 年 1-11 月，北京居民消费价格总水平比上年同期平均上涨 1.7%，涨幅比 1-3 季度回落 0.2 个百分点，比上年同期低 1.6 个百分点，为 2010 年以来同期最低值。

（一）价格月度涨幅逐步下行

除元月份受春节不同月影响，居民消费价格同比涨幅超过 3%以外，上半年其余各月同比涨幅基本稳定在 2%左右；7 月份开始连续三个月涨幅在 2%以内；10 月份起进一步回落至 1%以内（见图 1）。

图 1　2014 年北京市居民消费价格各月同比指数

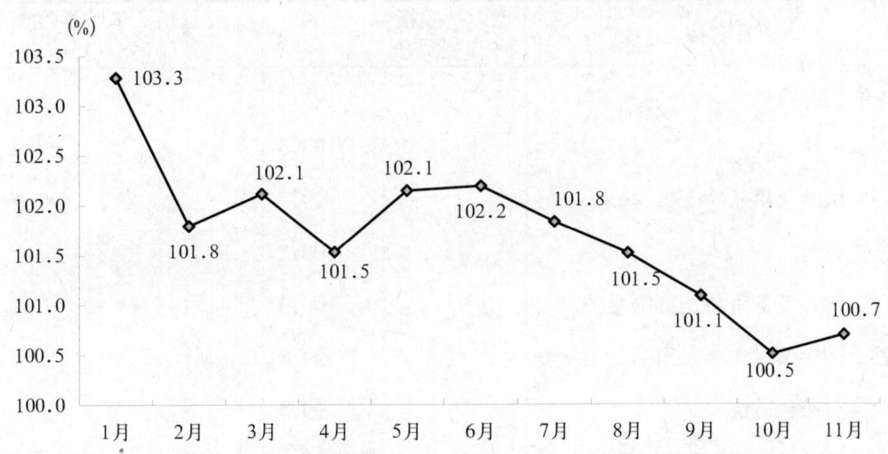

（二）新涨因素影响较小

2014 年 1–11 月，居民消费价格涨幅中翘尾因素为 1 个百分点，占 58.8%；新涨因素为 0.7 个百分点，占 41.2%，新涨贡献为 2010 年以来同期最低值。

（三）价格涨幅低于全国及上海、天津

2014 年 1–11 月，北京的价格涨幅低于全国 0.3 个百分点；在直辖市中与重庆并列末位，分别低于上海、天津 1 个和 0.2 个百分点。各月同比涨幅结束了自 2011 年 8 月以来连续 30 个月高于全国的趋势，自 2014 年 2 月开始连续 10 个月低于全国。

二、主要类别价格变动情况

2014 年 1–11 月，构成居民消费价格指数的八大类商品和服务项目五升三降（见表 1），各领域价格变动平稳。

表1　2014年1–11月北京市居民消费价格分类指数

项目名称	指数（%）	对总指数影响程度（百分点）
居民消费价格总指数	101.7	1.7
一、食品	103.3	0.9
二、烟酒及用品	99.7	0.0
三、衣着	100.2	0.0
四、家庭设备用品及维修服务	100.3	0.0
五、医疗保健和个人用品	99.9	0.0
六、交通和通信	99.4	−0.1
七、娱乐教育文化用品及服务	103.5	0.5
八、居住	101.4	0.4

（一）食品类价格涨幅收窄，走势平稳

2014年1–11月，食品类价格比上年同期平均上涨3.3%，涨幅比1–3季度回落0.3个百分点，低于上年同期1.4个百分点，为2010年以来同期最低值。各月价格同比涨幅在1.8%–5%之间，相差3.2个百分点，波动幅度为历史同期最小值（见图2）。

图2　2014年北京食品类价格各月同比指数

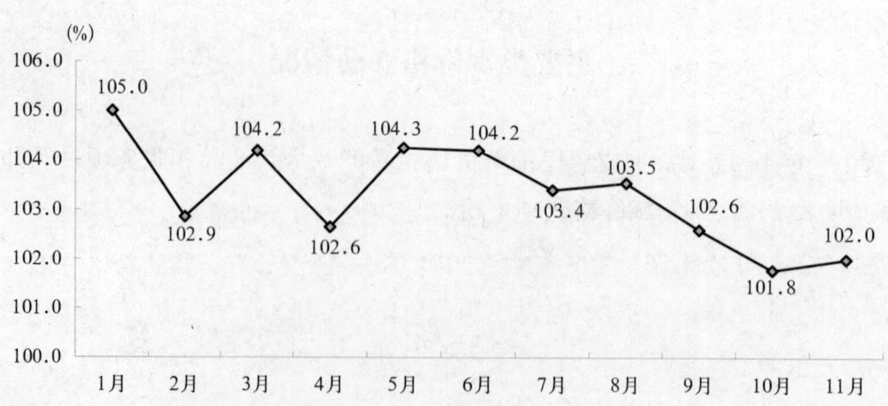

1. 鲜菜价格明显低于上年同期

2014 年 1–11 月，鲜菜价格比上年同期平均下降 6.7%，拉动 CPI 下降 0.13 个百分点。从各月情况看，11 个月中有 9 个月价格低于上年同期，其中 7 个月的降幅在 10%以上。

2. 猪肉价格稳定在较低水平

2014 年 1–11 月，猪肉价格比上年同期平均下降 4.6%，拉动 CPI 下降 0.07 个百分点。从各月同比看，仅 5 月在政策和市场双重作用下，猪肉价格微涨 0.5%，其余各月均为下降。

（二）反映居民消费结构升级的商品和服务项目价格涨幅较高

随着居民生活水平提高，消费结构不断升级，与之相关的商品和服务项目价格有所上涨。2014 年 1–11 月，娱乐教育文化用品及服务价格比上年同期平均上涨 3.5%，拉动 CPI 上升 0.5 个百分点，成为带动价格总水平上涨的第二大因素。其中，旅游价格上涨 6.1%，涨幅比上年同期扩大 1.7 个百分点，拉动 CPI 上升 0.17 个百分点。

（三）居住类价格涨幅明显回落

2014 年 1–11 月，居住类价格比上年同期平均上涨 1.4%，涨幅比 1–3 季度回落 0.2 个百分点，低于上年同期 4.6 个百分点。其中，住房租金比上年同期平均上涨 1.3%，涨幅比上年同期回落 5 个百分点，仅拉动 CPI 上升 0.01 个百分点。从各月同比涨幅看，呈现逐步回落态势。3 月以来回落至 2%以内，8 月开始连续 4 个月保持在 1%以内。房租涨幅逐步回落趋于稳定，是带动北京价格涨幅低于全国的主要原因（见图 3）。另外，受 5 月北京实施阶梯水价影响，2014 年 1–11 月，水价比上年同期上涨 17.2%，拉动 CPI 上升 0.09 个百分点。

（四）输入性商品价格下降

伴随国际市场原油价格持续下跌，2014 年国家 16 次调整汽、柴油价格，其中 12 次下调，4 次上调。受此影响，2014 年 1–11 月，汽、柴油价格分别比上年同期下降 1.8%和 2%。国际市场黄金价格继续走低。2014 年 1–11 月，首饰价格下降 10.1%，延续了自 2012 年以来的下降态势。汽、柴油、首饰价格的下降共拉动 CPI 下降 0.12 个百分点。

图 3　2014 年北京居住类和住房租金各月同比指数

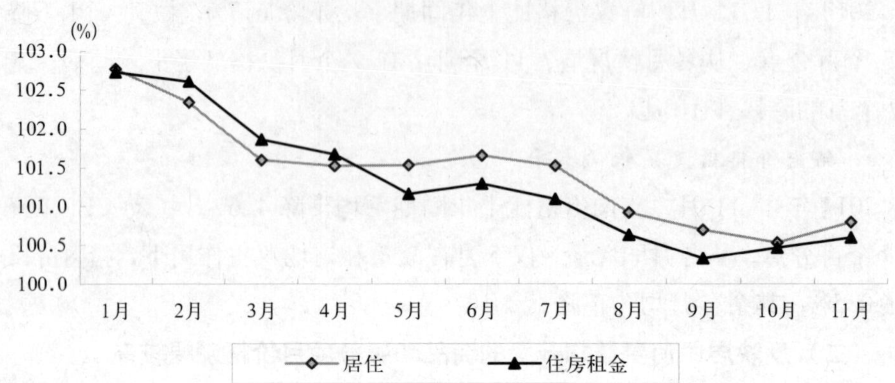

三、对当前北京价格形势的两点认识

当前北京居民消费价格总水平涨幅为 2010 年以来同期最低值。分析历史数据我们认为，这样的物价涨幅仍处于适度区间。国内外经济大环境为价格趋稳提供了有力支撑，政策、天气等因素影响价格涨幅低于预期。

（一）通胀水平处于适度区间

2001 年以来，北京物价跟随经济增长的变动大致分为三个阶段(见图 4)。

图 4　北京市 CPI 与 GDP 增速

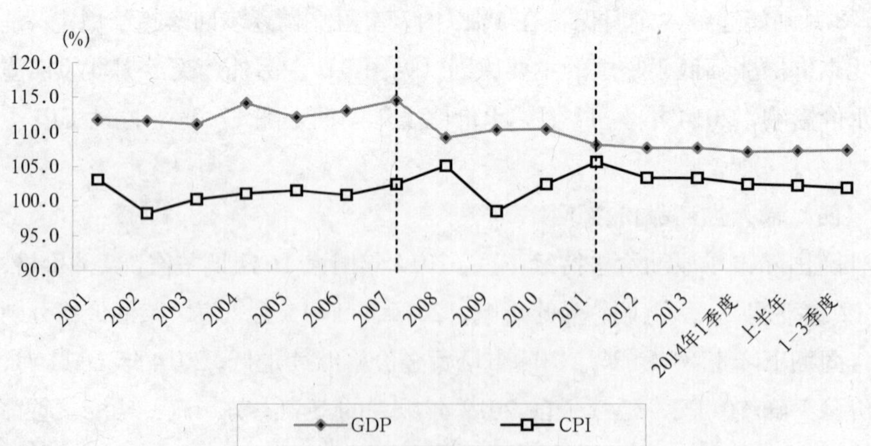

第一阶段：2001–2007 年，“高增长、低通胀”阶段。在此期间，GDP 保持两位数增长，CPI 多数年份在 102%以下，居民消费价格年均上涨 1%。

第二阶段：2008–2011 年，“金融危机，物价下行；政策刺激，通胀反弹”阶段。在这一时期，物价相对于宏观经济的滞后性表现明显。上一阶段经济的高速增长，特别是 2007 年 GDP 出现 14.5%的高点，带动 2008 年物价高位运行，CPI 攀升至 105%以上。国际金融危机爆发后，2008 年经济增速放缓，2009 年物价下降。在一系列政策刺激作用下，2009 年、2010 年 GDP 重现两位数增长，物价随之逐步上行，宽松的货币政策和积极的财政政策的滞后作用使得 2011 年物价出现大范围上涨，重回 105%以上。

第三阶段：2012 年至今，“增长平稳，通胀适度”阶段。2011 年以来，经济加速转型升级，转方式、调结构逐步深入推进，经济运行缓中趋稳，CPI 从高位逐步回落至 2%以内。

2001–2013 年，北京居民消费价格年均上涨 1.9%，中位数涨幅为 2.4%，当前 1.7%的涨幅处于平均水平，且高于“高增长、低通胀”阶段的年均涨幅，通胀水平适度。

（二）三大因素影响价格涨幅低于预期

2014 年世界经济仍处在国际金融危机后的深度调整期，全球经济复苏还很缓慢，且很不平衡。在极为错综复杂的外部环境下，全国实现了经济社会持续稳步发展。但同时，经济下行压力较大，部分行业产能过剩，需求推动价格上涨的动力不强。在这样的背景下，北京的经济平稳运行，这些都为价格总体稳定提供了有力支撑，政策、天气变化等因素影响价格涨幅低于预期。

1. 房地产调控政策未现放松迹象

自 2011 年我市出台调控房地产市场的“京 15 条”， 2013 年又相继出台了“京 19 条”、“住房公积金个人贷款差别化政策”等，房地产市场遇冷。北京市住建委数据显示，2014 年 1–11 月，二手住宅签约套数较上年同期下降近 40%。房主转售为租的情况增多，带动房屋租赁市场供给有所增加，供需矛盾出现缓解，在传统的租房旺季价格也未出现明显上涨。

2. 猪肉价格变化异于周期规律

从历史数据看，猪肉价格指数通常 3–4 年为一个变化周期，指数下行

22 个月后，进入上行通道（见图 5）。本轮猪肉价格指数在 2011 年 6 月到达高点，下行 13 个月后探底，随即低位徘徊了 17 个月至 2013 年底。按照以往规律，猪肉价格暴跌后养殖户常迅速减少养殖量以减少损失，往往造成后期供给短缺，猪肉价格出现暴涨。2014 年猪肉价格指数应进入上行通道，但实际情况异于预期。在本轮价格变化周期中，养殖户抗损能力增强，前期猪肉价格持续下跌后，并未大范围淘汰能繁母猪，全国生猪市场供应仍十分充足，猪肉价格未出现反弹，反而低于上年同期。

图 5　猪肉价格月度同比指数

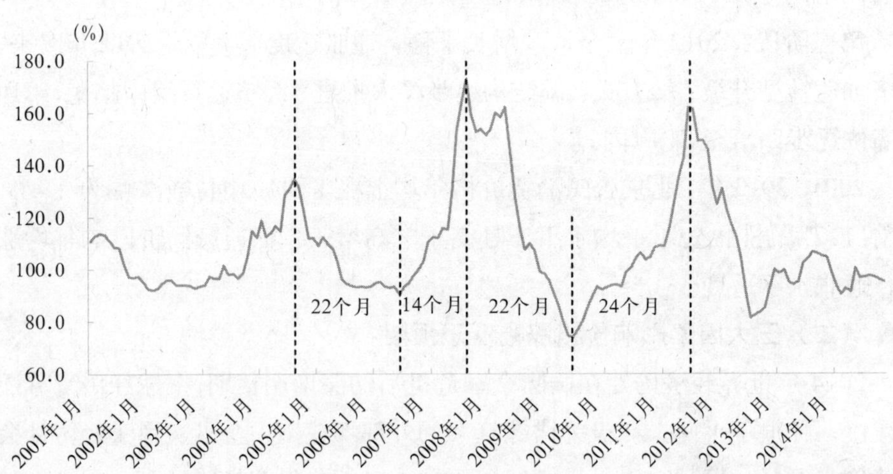

3. 气候条件好于预期

鲜菜价格受天气因素影响大，不确定性强。今年以来，全国大部分地区不仅没有出现大范围、长时间的异常天气，而且气候条件好于预期，北京市场鲜菜供应充足，价格持续低位运行。

四、预计 2015 年 CPI 稳中有升

（一）价格形势总体仍将继续保持稳定

从经济基本面上看，2015 年世界经济增速可能会略有回升，但总体复苏

疲弱态势难有明显改观，全球经济难以出现强势反弹。全国和北京继续处于转方式、调结构的关键时期，经济仍面临下行压力，需求推动价格上涨的动力较小。价格总体保持继续稳定的基础支撑不会有大的改变。但同时，经济运行中的风险有所增强，国际金融市场波动加大，国际大宗商品价格波动，地缘政治等非经济因素影响增加，加之气候条件的变化仍是影响价格变化的重要不确定性因素，因此，不排除价格在总体稳定的大背景下出现短期波动。

（二）推动价格上涨的动力有所增强

除了劳动力、原材料等成本上升这一推动价格上涨的长期动力之外，2015 年居民消费价格上涨的压力将有所增强。一是政策性调价的力度或将加大。国务院总理李克强 11 月 15 日主持召开国务院常务会议，部署加快推进价格改革，更大程度让市场定价。提出要充分考虑竞争条件和对市场、社会的影响，以逐步有序的方式，改革能源、交通、环保等价格形成机制，疏导价格矛盾。北京在能源、医疗服务等领域仍积压很多价格矛盾，在国家政策的指导下，北京也将进一步加大价格改革力度，改革步伐或将加快，对价格总水平的拉动作用增强。二是习近平总书记视察北京后，对北京提出了新的要求，明确了新时期首都的城市战略定位。2015 年，北京疏解非首都核心功能、缓解大城市病、构建高精尖经济结构的各项政策措施将逐步落实，力度也有可能进一步加大，特别是对低端生活性服务业的提质增效，或将带动相关服务项目价格上涨。

（三）主要类别价格涨幅或将扩大

从具体类别看，由于今年基数较低，食品类价格涨幅将有所扩大。医疗保健和个人用品类价格在医疗收费改革的推动下将有明显上涨。交通和通信类价格受 2014 年底出台的公交地铁票价改革影响将由降转升。尽管房租上涨动力不强，但如果涉及居民的资源类产品价格改革项目出台，将在一定程度上推升居住类价格水平。

总体来看，2015 年我市居民消费价格将有望继续保持稳定，价格总水平涨幅或将有所扩大。

消费者信心指数运行平稳
居民消费意愿有待提升

◆◇周　冲　姚　芳

内容提要：2014 年三季度，全市就业形势保持稳定，物价水平低位运行，生产、需求领域各项指标持续恢复，经济稳中向好。受此影响，北京消费者信心指数继续平稳运行，旅游消费和汽车消费意愿明显提升。需要关注的是，收入增速长期放缓、消费意愿低的状况难有改观。

一、消费者信心指数运行基本情况

2014 年三季度，全市经济稳中向好，消费者信心指数继续平稳运行，当季为 105，比上季度回落 0.9 点（见图 1）。其中，消费者预期指数为 103.6，比上季度回落 1.3 点，下拉消费者信心指数回落 0.8 点；消费者满意指数为 107.1，比上季度回落 0.3 点，下拉消费者信心指数回落 0.1 点。

图 1　消费者信心指数走势

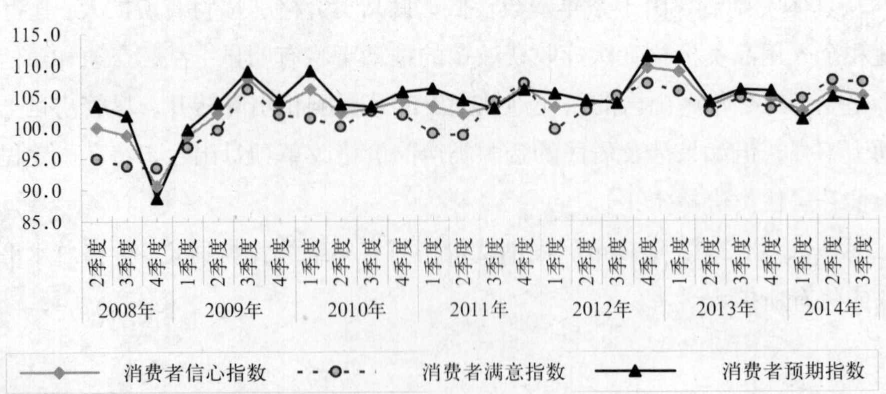

二、影响消费者信心指数变动的主要原因

三季度，构成消费者信心指数的五类指数三降二升，其中，收入状况满意指数和收入状况预期指数的大幅回落是下拉消费者信心指数回落的主要力量（见表 1）。

表 1　消费者信心指数及分类指数变动情况

指　标	三季度	比上季度±点	拉动点数
消费者信心指数	105.0	−0.9	−
就业状况满意指数	121.3	0.6	0.1
家庭收入状况满意指数	97.0	−3.1	−0.4
耐用消费品购买时机满意指数	102.9	1.5	0.2
就业状况预期指数	108.0	−0.4	−0.1
家庭收入状况预期指数	99.1	−2.3	−0.7

（一）收入状况满意指数和预期指数重返弱信心区

三季度，消费者收入状况信心指数为 98.3，比上季度回落 2.6 点，未能延续前两季度的上行态势，重返弱信心区，其中，收入状况预期指数为 99.1，比上季度下降 2.3 点；收入状况满意指数为 97，比上季度下降 3.1 点（见图 2）。

从分组数据看，农村居民收入状况信心指数回落幅度大于城镇居民；中低收入群体收入状况信心指数回落幅度大于高收入群体[1]（见表 2）。

1 低、中、高收入划分标准：城镇居民按家庭月均可支配收入在 5500 元以下、5500−10000 元、10000 元以上划分；农村居民按家庭年收入在 40000 元以下、40000−70000 元、70000 元以上划分。

图 2　收入状况信心指数

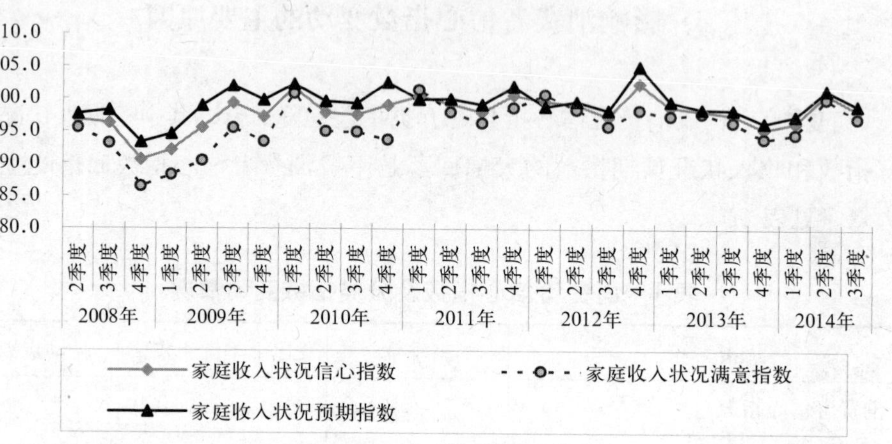

表 2　不同群体家庭收入状况信心指数及变动情况

指　标	按城乡分				按收入分					
	城　镇		农　村		低收入		中等收入		高收入	
	三季度	比上季±点	三季度	比上季±点	三季度	比上季±点	三季度	比上季±点	三季度	比上季±点
家庭收入状况信心指数	98.6	-2.2	97.3	-4.0	82.4	-2.0	100.5	-2.5	117.7	-0.4
家庭收入状况满意指数	97.5	-2.6	95.4	-4.6	81.1	-2.2	98.9	-3.3	117.3	0.0
家庭收入状况预期指数	99.3	-1.9	98.5	-3.6	83.2	-2.0	101.5	-2.1	118.0	-0.7

（二）就业状况信心指数平稳运行

2014 年下半年以来，全市经济稳中向好，就业形势保持稳定，消费者对就业保持较强信心。三季度，就业状况信心指数为 113.3，与上季度持平，其中，就业状况预期指数 108，比上季度下降 0.4 点；就业状况满意指数为 121.3，比上季度提高 0.6 点（见图 3）。

图 3　就业状况信心指数

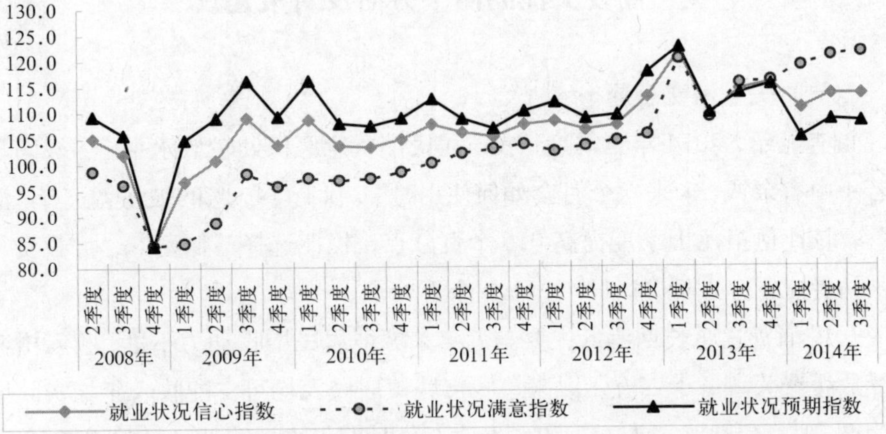

就业状况信心指数　就业状况满意指数　就业状况预期指数

（三）耐用消费品购买时机满意指数继续回升

2014 年三季度，随着消费品市场“金九银十”的到来，各大商家纷纷加大打折促销力度，耐用消费品购买时机满意指数继续提升，达到 102.9，比上季度提高 1.5 点。不过，同 2009–2012 年房地产市场销售较为火爆时期相比，耐用消费品购买时机满意指数已从同期 117.2 的平均水平回落至近两年的 100 左右，反映出耐用消费品购买时机满意指数与房地产市场景气程度紧密相关（见图 4）。

图 4　耐用消费品购买时机满意指数

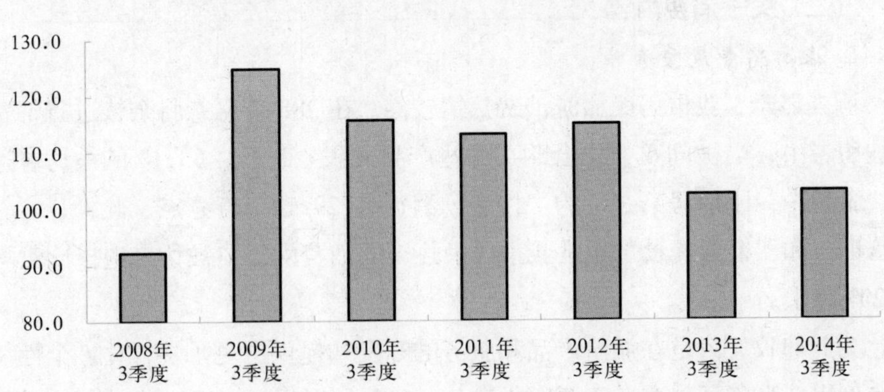

三、需要关注的两个方面及对策建议

（一）关于消费意愿

调查显示，2014 年三季度，我市居民消费意愿仍处较低水平。当被问及“若手中有余钱，未来六个月会如何使用时”，仅有 14.2%的被访者选择“消费”，该比例虽比上季度提高 0.6 个百分点，但比选择“储蓄”、“投资”的被访者比重分别低 34.4 个、11.4 个百分点。

居民消费意愿长期偏低主要与近年来城乡居民增收动力不足，收入增速持续放缓有关。“十二五”以来，我市城镇居民人均可支配收入年均实际增速为 7.2%，分别比“十五”和“十一五”时期年均增速低 4.4 个和 2 个百分点；农村居民人均纯收入年均实际增速为 7.8%，分别比“十五”和“十一五”时期低 2.1 个和 1.2 个百分点。根据持久收入假说理论，收入增速的持续放缓将使消费者削减当期消费，以期获得生命周期中的消费效用最大化，因此将严重制约居民即期消费。

为此建议，一是加快推进收入分配制度改革，按照十八大报告中提出的“经济发展与居民收入同步增长”的目标，“提低、扩中、限高”，实现收入良性、可期的增长，提升居民消费意愿；二是关注物价走势变动，建立工资增长与物价变动挂钩机制，实现实实在在的增长；三是完善社会公共服务内容、扩大社会保障覆盖面，解除居民消费的后顾之忧。

（二）关于消费内容

1. 旅游消费最受青睐

调查显示，我市居民旅游消费热情较高。在 288 位愿意将余钱进行消费的被访者中，当被问及“您会购买哪些产品或服务时”，53.1%的被访者选择“旅游”，比位居第二位的“住房”消费高 29.1 个百分点。此外，“教育培训”和“餐饮美食”也是我市居民热衷的消费内容，被访者选择比重均在 20%以上。

为此建议，一是在旅游产品和服务的开发和提供上更加多样化、个性化和特色化，避免区县旅游资源同质竞争；二是针对居民需求旺盛的住房、教育培训和餐饮美食等消费内容，以市场为主导，提供更多更好的产品和服务。

2. 汽车消费意愿显著提升

随着新能源汽车免征购置税以及新一轮新能源补贴政策的出台，我市消费者购车意愿出现积极变化。8 月底，普通小客车申请人数今年以来首次下降，而新能源小客车个人申请人数显著增加，比 6 月增加 16.6%。三季度消费者信心调查显示，新能源汽车的优惠政策激发了消费者的购车热情，有意购买“汽车”的被访者占有消费意愿的被访者比重达 20.1%，比上季度提高 8.8 个百分点。

新能源汽车在节能环保、促进首都可持续发展上具有重要意义，为此建议在执行现有财政补贴政策的基础上，一是鼓励汽车企业加强自主研发，争取早日掌握电池、电机和电控等核心零部件的生产技术，降低汽车成本，提升新能源汽车竞争力；二是加快完善充换电桩等基础配套设施建设，积极引入社会资本参与竞争，提供更优质的服务；三是加大宣传推广力度，培育居民新能源汽车消费理念。

就业规模稳定增长　收入差距依然较大

◆◇王岚岚

内容提要：2011 年以来，全市从业人员规模稳定增长，平均工资增速呈现逐步放缓态势。随着全市产业结构的升级，从业人员由二产向服务业尤其是现代服务业流动。在区位分布上，城市功能拓展区聚集了全市一半以上从业人员。从业人员平均工资的行业位次趋于稳定，内资单位工资增势强劲。在调结构过程中，传统行业的就业承载力，以及行业内部岗位工资的过大差距需要关注。

一、基本情况

（一）从业人员规模稳定增长

2011 年以来，全市法人单位从业人员规模稳定增长，从业人员数由 2011 年的 907.7 万人增加到 981.9 万人，增加 74.2 万人，年均增长 4%（见图 1）。

图 1　全市法人单位从业人员情况

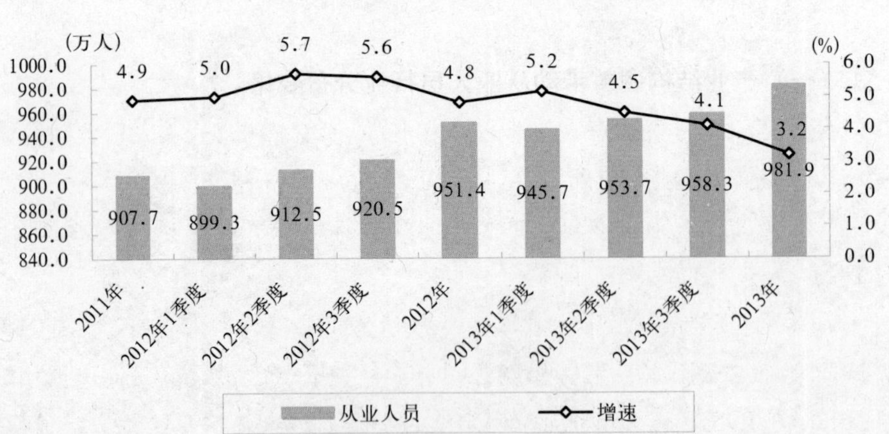

（二）从业人员平均工资增速稳中趋缓

全市法人单位从业人员平均工资稳步增加，增速稳中趋缓。2011–2013年平均工资从 65294 元提高到 82045 元，增加 16751 元，年均增长 12.1%。从增量看，2012 年比 2011 年增加 9170 元，2013 年比 2012 年增加 7581 元。从增速看，2012 年增长 14%，比上年下降 3.7 个百分点；2013 年增长 10.2%，比 2012 年下降 3.8 个百分点（见图 2）。

图 2　从业人员平均工资增长情况

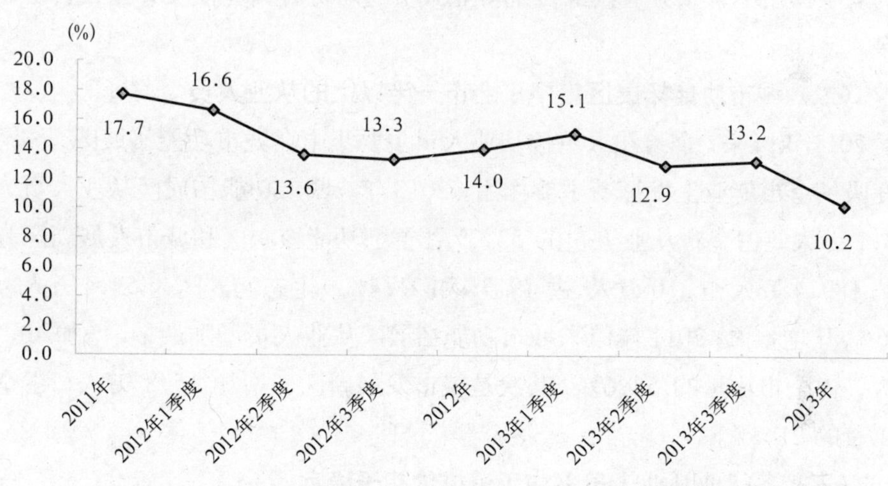

二、基本特点

（一）产业结构调整带动从业人员行业分布变化

2011 年以来，全市三次产业法人单位中，第一产业从业人员比重稳定；第二产业从业人员比重有所下降，由 2011 年的 23.5%降至 2013 年的 21.4%；第三产业从业人员比重逐年提升，由 2011 年的 76.2%上升到 2013 年的 78.2%。

从第三产业内部看，批发和零售业从业人员最多，2013 年为 122.5 万人，比 2012 年缩减 2 万人；租赁和商务服务业从业人员数位居第二且连续增加，由 2011 年的 95.9 万人增加到 2013 年的 109.5 万人；信息传输、计算机服务和软件业从业人员增长较快，占第三产业比重由 2011 年的第四位上升到第三位，2013 年从业人员达到 79.4 万人，比 2011 年增加 12.6 万人。上述三个行业的从业人员数占第三产业总人数的 40%以上。此外，第三产业中的科学研究和技术服务业、金融业从业人员也有明显增加，2013 年分别达到 79.1 万人和 40.5 万人，比 2011 年增加 11.3 万人和 7.1 万人。

从三次产业结构的变化以及产业内部分行业从业人员的变化可以看出，全市产业结构升级推动了从业人员向服务业的流动，在调结构和人口调控措施的双重作用下，服务业内部传统行业人员逐渐疏解，现代服务业人员明显增多。

（二）城市功能拓展区集中了全市一半以上的从业人员

2011 年以来，全市法人单位从业人员主要集中在城市功能拓展区，该区域在吸纳全市就业上发挥着主要作用。2013 年，城市功能拓展区从业人员为 523.1 万人，占全市从业人员的 53.3%；首都功能核心区和城市发展新区分别为 189.4 万人和 210 万人，占 19.3%和 21.4%；生态涵养区为 59.4 万人，占 6%。从增量看，2011 年以来城市功能拓展区从业人员增加最多，增加 40.5 万人，占全市增量的 54.6%；其次是城市发展新区，增加 15.8 万人，占全市增量的 21.3%。

（三）各行业从业人员平均工资排位趋于稳定

2011 年以来，除卫生和社会工作外，全市其他行业平均工资的位次未发生变化。高工资行业主要有金融业，信息传输、软件和信息技术服务业，卫生和社会工作，文化、体育和娱乐业；低工资行业有农、林、牧、渔业，住宿和餐饮业，居民服务、修理和其他服务业。

2013 年，有八个行业从业人员平均工资高于全市平均水平，居前三位的是金融业，信息传输、软件和信息技术服务业，卫生和社会工作，从业人员平均工资分别为 200529 元、 119766 元和 106907 元。11 个行业从业人员平均工资低于全市平均水平，居后三位的是农、林、牧、渔业，住宿和餐饮业，居民服务、修理和其他服务业，从业人员平均工资分别为 45286 元、41708 元和 39390 元。最高行业的工资和最低行业的工资之间的差距由 2011 年的 6 倍缩小到 5.1 倍（见表 1）。

表 1　各行业从业人员平均工资情况（元）

行　业	2011 年		2012 年		2013 年	
	平均工资	位次	平均工资	位次	平均工资	位次
金融业	170209	1	181886	1	200529	1
信息传输、软件和信息技术服务业	100216	2	113390	2	119766	2
卫生和社会工作	79700	6	94796	3	106907	3
文化、体育和娱乐业	82726	3	92424	4	99851	4
科学研究和技术服务业	82043	4	90514	5	99072	5
电力、热力、燃气及水生产和供应业	81785	5	90345	6	97934	6
教　育	70994	8	80447	7	85406	7
采矿业	73826	7	78038	8	82239	8
租赁和商务服务业	65827	10	74710	9	81934	9
公共管理、社会保障和社会组织	66020	9	70272	10	73552	10
房地产业	52552	13	60767	12	69020	11
交通运输、仓储和邮政业	56682	11	63064	11	68379	12
批发和零售业	53175	12	60593	13	66681	13
制造业	50863	14	58839	14	66218	14
建筑业	45814	16	54924	15	60713	15
水利、环境和公共设施管理业	46012	15	52287	16	56201	16
农、林、牧、渔业	31007	18	37156	18	45286	17
住宿和餐饮业	33482	17	38725	17	41708	18
居民服务、修理和其他服务业	28193	19	35752	19	39390	19

（四）内资单位从业人员平均工资增势强劲

2011 年以来，不同经济类型单位从业人员平均工资增长存在较大差异。三种经济类型中，外商投资单位从业人员平均工资最高，为 128513 元；港澳台商投资单位次之，为 104819 元；内资单位工资水平最低，为 75121 元。

从增长情况看，三种经济类型单位工资增长基本呈现增幅回落态势。内资单位平均工资增速由 2011 年的 18.8%，回落到 10.7%；港澳台商投资单位由 11.3%回落到 8.5%；外商投资单位平均工资增速 2012 年上升，2013 年出现回落，2011–2013 年增速分别为 5.4%、12.3%和 8.2%（见表 2）。

表 2　2011–2013 年各经济类型单位从业人员平均工资情况

经济类型	2011 年		2012 年		2013 年	
	平均工资（元）	增速（%）	平均工资（元）	增速（%）	平均工资（元）	增速（%）
全　市	65294	17.7	74464	14.0	82045	10.2
内资单位	59091	18.8	67876	14.9	75121	10.7
港澳台商投资单位	88037	11.3	96608	9.7	104819	8.5
外商投资单位	105793	5.4	118777	12.3	128513	8.2

三种经济类型中内资单位从业人员最多，占全部法人单位的 84.5%。2011 年以来，内资单位平均工资增速一直处于领先水平，平均工资与外商投资单位的差距逐年缩小，由 2011 年的 1.79 倍降至 2013 年的 1.71 倍。

三、问题与建议

（一）调结构对稳就业的影响及建议

全市 32290 家规模以上地方企业数据显示，外来从业人员占全部从业人员的 46.5%。部分劳动密集型行业，如居民服务、修理和其他服务业，住宿和餐饮业中外来从业人员比重超过 60%，而且这部分人来京时间长。

2014–2015 年，全市面临着稳定经济增长、调控人口、优化产业结构、推动京津冀协同发展多项目标。在结构调整和人口调控的大背景下，来京外省市就业人员将受到影响。对于分流出来的这些人员，建议一方面加强技能培训，提升整体素质，充分发挥人口红利作用，使其适应产业高端化发展的方向；另一方面要积极引导，通过京津冀区域协同发展，促进产业转移，引导分流人员在天津、河北实现就业，缓解首都人口资源环境矛盾，带动周边经济发展。

（二）行业内部不同岗位工资差距情况及建议

2013 年对全市范围内 16 个行业（不包括农林牧渔业、金融业和公共管理、社会保障和社会组织）的 3.5 万家法人单位进行了岗位工资情况调查。2013 年从业人员平均工资为 83821 元，按岗位分组，最高工资岗位的工资水平是最低工资岗位的 4.4 倍，其中单位负责人平均工资为 235094 元，专业技术人员为 118074 元，办事人员和有关人员为 81132 元，商业、服务业人员为 53743 元，生产、运输设备操作人员及有关人员为 53374 元。部分行业内部不同岗位之间的平均工资差距显著，比如，租赁和商务服务业最高与最低之比为 7.40：1，房地产业为 5.95：1，信息传输、软件和信息技术服务业为 5.69：1，明显高于全市平均值。

在全市平均工资平稳增长的背景下，从业人员平均工资在行业之间、岗位之间的差距依然较大，尤其是同一行业内不同岗位的工资差异需引起关注。近期中央颁布了关于央企负责人薪酬制度改革方案，方案中就抑制央企高管畸高薪酬提出了具体措施，提升收入分配的公平性，避免出现收入差距过大将是下一阶段的工作重点。建议通过企业工资总量控制；限制高收入行业的高管人员不合理收入；缩小单位内部工资水平级差率等方式，适当降低高工资人员的收入水平，提高低工资人员收入，以此提升收入分配的公平性。

北京市《“十二五”妇女儿童规划》监测报告

◆◇崔小凤

内容提要：2013 年是《北京市“十二五”时期妇女发展规划》和《北京市“十二五”时期儿童发展规划》（以下简称《规划》）实施的中期年。监测统计资料显示：《规划》总体进展顺利，妇女和儿童发展七个重点领域目标达标率呈现逐年上升趋势，截至 2013 年底，监测指标达标率为 91.67%，处级女干部比例等四项指标与《规划》目标仍有一定差距。

截至 2013 年底，《规划》中的七个重点领域（即妇女参与决策和管理、妇女与经济、妇女儿童与教育、妇女儿童与健康、妇女儿童与社会保障、妇女儿童与法律和妇女儿童与环境）48 项重点监测指标中，有 44 项已经达到《规划》2015 年目标要求，达标率为 91.67%；4 项未达标，占 8.33%。

一、《“十二五”妇女儿童规划》达标指标情况

（一）妇女参与决策和管理

妇女参与决策和管理领域共有重点监测统计指标 14 项，有 11 项指标已经达到《规划》目标要求。

女代表比例稳步提高。党代会、人代会女代表和政协女委员比例，分别为 40.27%、33.29%和 31.09%，均达到《规划》中 30%的目标要求，党代会女代表和政协女委员比例分别比上年提高了 0.77 个和 0.22 个百分点，人代会女代表比例与上年持平。

市、区领导班子女干部配备率达到 100%。市委、市人大、市政府、市政协和市纪委领导班子中全部配备了女干部，女干部配备率达到 100%；16 个区县党委和政府领导班子中女干部配备率均达到 100%。

街道、乡镇党政领导班子女干部比例不断提高。街道、乡镇党政领导班子中女性比例达到 28.89%；街道、乡镇党政领导班子中女性正职比例达到 19.72%，比上年提高了 5.77 个百分点（见表 1）。

表 1　街道、乡镇党政领导班子中女性比例

指标名称	2011 年	2012 年	2013 年
街道、乡镇党政领导班子中女性比例（%）	23.88	24.18	28.89
街道、乡镇党政领导班子中女性正职比例（%）	14.15	13.95	19.72

（二）妇女与经济

妇女与经济领域共有重点监测统计指标三项，全部达到《规划》中 2015 年目标要求。

城镇单位就业人员中女性比例有所提高。城镇单位就业人员达到 742.3 万人，其中女性为 298.3 万人，女性所占比例为 40.19%，比上年提高了 0.1 个百分点，达到《规划》40%的目标要求。

女性就业行业构成有所变化。女性就业人数最多的三个行业是制造业、批发和零售业、教育业，该行业女性就业人数占全部女性就业人数的比重分别为 12.47%、10.96%和 9.22%。住宿和餐饮业、金融业、教育、卫生社会保障和社会福利业四个行业的就业人员中女性比重超过了男性，分别为 51.29%、53.57%、59.65%和 70.56%。

高校毕业生女性就业率达到 96%。北京生源高校毕业生女性就业率达到 96%。接受再就业技能培训后就业率为 46.47%，比上年提高了 4.9 个百分点。城镇登记失业人员中女性就业人数为 9.9 万人，占到城镇登记失业人员就业人数的四成。

（三）妇女儿童与教育

妇女儿童与教育领域共有重点监测统计指标六项，全部达到《规划》中 2015 年目标要求。

普通和成人高等教育中女生比例均超过 50%。普通高校本专科在校女

生人数为 30.38 万人，占 51.56%。成人高校在校女生为 14.5 万人，占 56.14%。均达到 50%的规划目标要求。

初中学生毛入学率和小学儿童入学率接近 100%。小学儿童入学率连续三年达到 99.99%，初中学生毛入学率、初中毕业升学率均达到 100%。

女性平均受教育水平达到 11.4 年。全市平均受教育年限为 11.5 年，女性为 11.4 年，低于男性 0.2 年；女性成人识字率达到 98.14%，女性青壮年识字率达到 99.74%。

（四）妇女儿童与健康

妇女儿童与健康领域共有重点监测统计指标 13 项，有 12 项达到《规划》中 2015 年的目标要求。

女性平均预期寿命增加。女性平均预期寿命为 83.58 岁，比上年提高了 0.15 岁，高出全市水平 2.07 岁；男性与女性之间的差异由 2011 年的 4.01 岁加大到 2013 年的 4.07 岁。

孕产妇死亡率控制在目标值内。孕产妇死亡率为 9.45/10 万，控制在目标值 12/10 万以内。孕产妇系统管理率、孕产妇住院分娩率分别达到 97.06% 和 100%，特别是高危孕产妇住院分娩率和农村孕产妇住院分娩率连续两年达到 100%。

婴儿死亡率和 5 岁以下儿童死亡率继续下降。随着全市孕妇健康教育普及率、产前检查率、孕产妇系统管理率和孕产妇住院分娩率的提高，使婴儿死亡率控制在 2.33‰，5 岁以下儿童死亡率控制在 2.89‰，均处于较低水平。

（五）妇女儿童与社会保障

妇女儿童与社会保障共有重点监测统计指标四项，全部达到《规划》2015 年的目标要求。

参加“五险”女性人数稳步增加。我市城镇单位女性养老、医疗、失业、工伤和生育保险的参保人数分别达到 595.5 万人、624.8 万人、450.1 万人、388.5 万人和 383 万人，分别比上年增加 48.6 万人、36.8 万人、8 万人、12 万人和 16.1 万人；五项社会保险参保率分别达到 97.6%、97.4%、97.4%、95.9%和 96.6%。

城乡女性居民养老保险参保人数稳步增加。城乡居民养老保险参保人数达到 180.1 万人，其中，女性为 92.8 万人，比上年增加 1.6 万人；城镇居民基本医疗保险参保人数为 160.1 万人，其中女性为 84.9 万人，比上年增加 3.9 万人。

（六）妇女儿童与法律

妇女儿童与法律领域有重点监测统计指标三项，全部达到《规划》的目标要求。

法律援助工作稳步推进。全年开展法律咨询服务 400 余场次，为各类群众、特别是妇女儿童群体提供了法律咨询服务，有效解决妇女儿童的法律需求。得到法律援助机构援助的妇女和儿童人数为 4928 人和 2453 人，分别比上年增加 1558 人和 1278 人。经全市劳动保障部门检查，未发现违反女职工特殊保护规定案件。

加大打击危害妇女儿童犯罪行为力度。全市各级公安机关在开展打击和防范侵害妇女儿童犯罪工作中，把拐卖妇女儿童案件作为重点案件督办。破获强奸案件 858 件，破获拐卖妇女儿童案件 6 件，破获组织、强迫、引诱、容留介绍妇女卖淫案件数 623 件；未成年人罪犯人数得到控制，人数比上年减少了 170 人。

儿童维权机制建设成果显著。2013 年 4 月，北京市高级法院正式设立未成年人案件综合审判庭，这在全国尚属首创。至此，我市设有未成年人案件综合审判庭的法院总数已上升到 11 个，另有 8 家法院在刑庭中成立了专门审判未成年人犯罪案件的合议庭，儿童维权机制建设力度得到加强。

（七）妇女儿童与环境

妇女儿童与环境领域共有重点监测统计指标五项，全部达到《规划》的目标要求。

自然环境继续改善。全市城市建成区绿化覆盖率为 46.8%，比上年提高 0.6 个百分点。农村自来水普及率达到 99.56%，农村卫生厕所普及率达到 96.96%，农村集中式供水受益人口比重达到 100%。

生活环境不断优化。全市少年宫、少年科技馆、少年之家和少年活动站有 635 个，参加活动学生数达到 47.12 万人；全市有体育生活化社区 1453 个、晨晚练辅导站 6360 个、妇女儿童活动中心 14 个，为妇女和儿童健身提供了活动场所。

二、未达标指标情况分析

（一）妇女参与决策和管理能力有待提高

在妇女参与决策和管理领域中，局级女干部比例为 18.94%、处级女干部比例为 19.96%、村民委员会成员中女性比例为 29%，分别与规划目标相差 1.06 个、5.04 个和 1 个百分点。因中层女干部比男干部要提前五年退休，造成许多非常优秀且能力强的女干部比较早的失去了晋升机会，使局级女干部后备力量减弱。

由于生态涵养区的处级女干部比例处于 20%左右的水平上，最低的仅占 19%，也是造成全市处级女干部比例低的原因之一。拓展区的村民委员会成员中女性比例处在较低水平，在 28%左右，拉低了全市村民委员会成员中女性比例。

（二）婚前医学检查率亟待提高

自 2003 年婚前保健服务强调自愿以后，全国的婚前医学检查率急剧下降，北京市的婚检率也由 2003 年的 99.8%降至 2005 年的 4.3%。尽管近几年我市做出极大努力，如加大健康教育力度，推行全市免费婚检，加强专业技术培训等，但婚检率始终低于 10%以下。随着婚前医学检查率的下降，出生缺陷发生率有所上升，自 2004 年以来，一直处于 13‰以上，最高年份 2007 年达到 18.07‰。

三、对策及建议

针对局、处两级女干部比例低的情况，建议各级党委政府加大男女平等基本国策宣传力度，不断强化政府行为，通过制定、完善培养选拔女干部的政策机制，将女干部培养选拔工作纳入全市各级领导班子建设总体规划。加大局、处两级女干部配备工作力度，落实局、处女干部配备目标，不断提高局、处两级女干部配备数量和比例，为女性参与决策和管理提供更多机会。

加强女干部教育培训和实践机会，组织形式多样的培训，通过挂职、交流、轮岗等方式，全面提升女干部的素质和能力，提高女干部决策管理水平和竞争能力。

针对村民委员会成员中女性比例尚未达标的情况，建议各级民政部门高度重视农村妇女参与基层民主管理工作，加大农村女性参与基层民主和公共事务管理的宣传教育、舆论引导，开展针对性的培训工作，关注农村女干部的培养选拔工作。农村妇女要不断提高社会管理参与意识和自身的综合素质。

针对婚前医学检查率的下滑情况，建议加大健康教育工作力度，充分利用舆论工具广泛宣传婚前医学检查的重要性，利用婚姻登记场地开设婚姻咨询服务介绍，多方位、多角度、多形式宣传婚检健康知识和政府免费婚检的优惠政策，提高青年男女对婚检健康检查的认识。组织相关部门积极调研，认真分析，探索一些新的方法，缩短婚前医学检查和结婚登记地域差距，使婚前医学检查和结婚登记能在当天完成，吸引年轻人自愿参加婚检，以便有效提高婚前检查率，降低出生缺陷发生率。

"新常态"下居民收支显现出积极变化

◆◇方晓丹　江　羽

内容提要：2014 年 1—11 月，北京市城乡居民收支名义增速较上年同期回落，但由于物价低位运行，居民收入实际增速高于上年同期。在经济增速放缓、结构调整转型的"新常态"下，居民收支呈现出五大积极变化：居民收入与经济增长基本同步、城乡收入比继续缩小、低收入居民收入较快增长、财产性收入增长支撑点转换、居民消费结构升级。另一方面，居民收入增长后劲不足、服务性消费不均衡问题仍需关注。

住户收支与生活状况调查资料显示，2014 年北京市城乡居民收支增速总体放缓，但居民收入分配、消费升级等方面也显现出一些积极变化。

一、城乡居民收支增速稳中趋缓

2014 年 1—11 月，北京市城镇居民人均可支配收入 40115 元，同比增长 9.2%，低于上年同期 1 个百分点；农村居民人均现金收入 21878 元，同比增长 10.3%，低于上年同期 0.9 个百分点。扣除价格因素，城乡居民收入实际增速分别为 7.4%和 8.5%，分别高于上年同期 0.7 个和 0.9 个百分点（见表 1）。

2014 年 1—11 月，城镇居民人均消费支出 25448 元，同比增长 6.4%，增速低于上年同期 2.7 个百分点；农村居民人均生活消费支出 12918 元，同比增长 7.4%，增速低于上年同期 7.5 个百分点。城镇居民八大类消费全面增长，农村居民除居住支出同比下降外，其余七类消费都有所增长。受金银饰品、化妆品、美容美发洗浴等消费快速增长带动，城乡居民人均其他商品和服务支出快速增长，增速均位居八大类消费之首（见表 2）。

表 1　2014 年 1–11 月北京市城乡居民收入情况[1]

	金额（元）		同比增长（%）		比上年同期增减（百分点）	
	城 镇	农 村	城 镇	农 村	城 镇	农 村
人均可支配收入/现金收入	40115	21878	9.2	10.3	−1.0	−0.9
工资性收入	30212	13022	9.7	10.9	1.7	−4.7
经营净收入	1488	2794	11.2	2.3	7.7	24.8
财产性收入	558	2426	9.8	20.3	1.0	−3.3
转移性收入	13066	3636	10.4	8.8	−5.0	−23.7

表 2　2014 年 1–11 月北京市城乡居民消费情况

	金 额（元）		同比增长（%）		构 成（%）	
	城 镇	农 村	城 镇	农 村	城 镇	农 村
人均消费支出合计	25448	12918	6.4	7.4	100.0	100.0
食品	7958	4597	5.7	8.6	31.4	35.6
衣着	2640	1151	5.4	10.9	10.4	8.9
居住	1785	1910	3.1	−6.0	7.0	14.8
家庭设备用品及服务	1988	899	10.9	12.5	7.8	7.0
医疗保健	1739	1203	9.9	14.7	6.8	9.3
交通和通信	3950	1529	5.3	11.4	15.5	11.8
教育文化娱乐服务	3828	1131	2.7	3.6	15.0	8.8
其他商品和服务	1560	498	20.5	20.6	6.1	3.8

1 城镇居民工资性收入、经营净收入、财产性收入、转移性收入为家庭总收入分项，加总不等于可支配收入。

二、“新常态”下居民收支显现出积极变化

（一）城乡居民收入增长与经济增长基本同步

北京市城乡居民收入增长长期滞后于经济增长的状况近年来有所改观。2011–2013 年，农村居民收入年均实际增速为 7.8%，与 GDP 同步；2014 年 1–11 月，农村居民收入实际增速高于 GDP（1–3 季度增长 7.3%），城镇居民收入实际增速与 GDP 增速基本同步（见表 3）。

表 3　北京市城乡居民收入与 GDP 增速对比

	GDP 可比价增速（%）	城镇居民收入实际增速（%）	农村居民收入实际增速（%）
2011 年	8.1	7.2	7.6
2012 年	7.7	7.3	8.2
2013 年	7.7	7.1	7.7
2011–2013 年均	7.8	7.2	7.8
2014 年 1–11 月	7.3（1–3 季度）	7.4	8.5

（二）改革推动农民增收，城乡收入比值缩小

北京市三年完成的平原造林 100 万亩林逐步进入管护阶段，带动了农民的就业，“土地流转起来、资产经营起来、农民组织起来”的“新三起来”改革，进一步促进了农民的就业增加、资产收益提高。2014 年 1–11 月，农村居民人均工资性收入、财产性收入同比分别增长 10.9%和 20.3%，分别高于城镇居民 1.2 个和 10.5 个百分点；财产性收入中，人均转移土地承包经营权收入和人均集体分配股息和红利同比分别增长 35.9%和 30.4%。1–11 月，农村居民收入增速比城镇居民高 1.1 个百分点，城乡居民收入比值由上年同期的 1.852 降至 1.834。

（三）政策倾斜促进低收入居民收入较快增长

北京市多项社保标准连年上调并继续向退休年龄早、养老金水平偏低的

人员倾斜；2014年城乡低保标准分别提高12.1%和21.7%，最低工资标准提高11.4%；企业工资增长也侧重面向一线员工。受此影响，1-11月，北京市20%低收入城镇居民人均可支配收入同比增长13.2%，比全市城镇居民平均增速高4个百分点；1-3季度[2]，北京市20%低收入农村居民人均现金收入同比增长10.5%，比同期全市农村居民平均增速高0.1个百分点。

（四）金融资产收益上升推动城镇居民财产性收入增速提高

房产和金融资产是城镇居民获得财产性收入的两大主要来源。受房屋租金价格下行影响，1-11月城镇居民人均出租房屋收入同比仅增长1.9%，对财产性收入的支撑作用减弱。另一方面，得益于互联网金融兴起和金融业发展向好，居民家庭金融资产收益上升。特别是7月份以来股票市场持续回升，城镇居民证券投资收益增加，支撑财产性收入增速提高。1-11月，北京市城镇居民人均财产性收入同比增长9.8%，增速比上年同期提高1个百分点；其中，人均股息与红利收入同比增长82.2%，对财产性收入增长的贡献率达到74%。

（五）居民消费结构继续升级，服务性消费持续扩张

农村居民消费结构升级步伐加快并逐步趋向城镇。农村居民人均衣着、家庭设备用品及服务、交通和通信等支出项目的比重明显低于城镇居民，但2014年以来增长迅速，其在消费支出中所占比重也明显提升。

服务性消费扩张，比重提高。1-11月，城乡居民人均服务性消费同比分别增长9.7%和10.5%，其在人均消费中所占比重分别提高至32.6%和29.2%。其中，城镇居民人均参观游览、美容费、家庭服务、通信服务支出同比分别增长44.1%、36.4%、24.1%和11.3%；农村居民人均文化体育娱乐服务支出同比增长22.8%。

2 农村居民人均现金收入高、低收入分组数据仅季度有数。

三、居民收支增长中需要关注的问题

（一）居民收入增速放缓，工资性收入增长后劲不足

“新常态”下，北京市居民收入呈现出增速放缓、结构调整的新特征。2014 年城镇居民人均工资性收入虽保持较快增长，但是增长后劲已显不足。宏观上看，北京市劳动报酬占比近年来逐步趋稳并接近中等发达国家水平；微观上看，近两年市场薪资补涨已使劳动成本上升不少，企业经营压力增加，增资政策效果容易打折扣。

（二）服务性消费增长不均衡，消费潜力有待释放

一是城乡服务性消费差别大，农村居民服务性消费基数低、比重小，与城镇居民仍有较大差距；二是房租、医疗费等生活必需的开支近年来增长较快，仍是服务性消费增长的重要推动力。2014 年 1—11 月，北京市城镇居民人均租赁房房租、医疗费支出同比分别增长 33.5%和 25.9%，对服务性消费增长的贡献率分别达 27.9%和 14.7%。北京市居民对文化、娱乐、养老、健康等服务性消费潜在需求较大，当前满足基本生活需要的服务性消费需求仍有缺口，其供给不足将影响到服务性消费总体需求的扩大。

北京市经济社会统计报告

区域经济形势观察

2015

北京市四大功能区经济运行总体平稳

◆◇赵桂林　魏英丽

内容提要：2014 年 1—3 季度，北京市四大功能区经济运行总体平稳，其中，拓展区、新区、涵养区经济增速高于全市平均水平，核心区经济增速逐季提升。但部分区域产业结构不够优化、重点产业发展缓慢、单位能耗水平较高等问题仍值得关注。下一步，应持续改善区域产业结构，完善产业发展配套设施，提高科技创新能力，注重节能降耗，进一步增强区域经济发展协调性，提升城市整体竞争力。

2014 年 1—3 季度，四大功能区域中的首都功能核心区、城市功能拓展区、城市发展新区和生态涵养发展区（以下分别简称“核心区”、“拓展区”、“新区”和“涵养区”）经济运行总体平稳，各功能区特色产业整体发展情况良好。

一、四大功能区经济运行总体情况

2014 年 1—3 季度，四大功能区经济均呈平稳增长态势。其中，拓展区、新区和涵养区分别实现地区生产总值 7045.5 亿元、3062.6 亿元和 582.7 亿元，分别增长 8.3%[1]、8%和 8.2%，均高于全市平均水平。核心区实现地区生产总值 3473.8 亿元，增长 6.5%，增速较上半年和 1 季度分别提高 0.1 个和 0.9 个百分点（见图 1）。

1 文中全市及各功能区地区生产总值增速按可比价格计算，分行业增加值增速按现价计算。

图 1　2014 年北京市及四大功能区地区生产总值累计增速

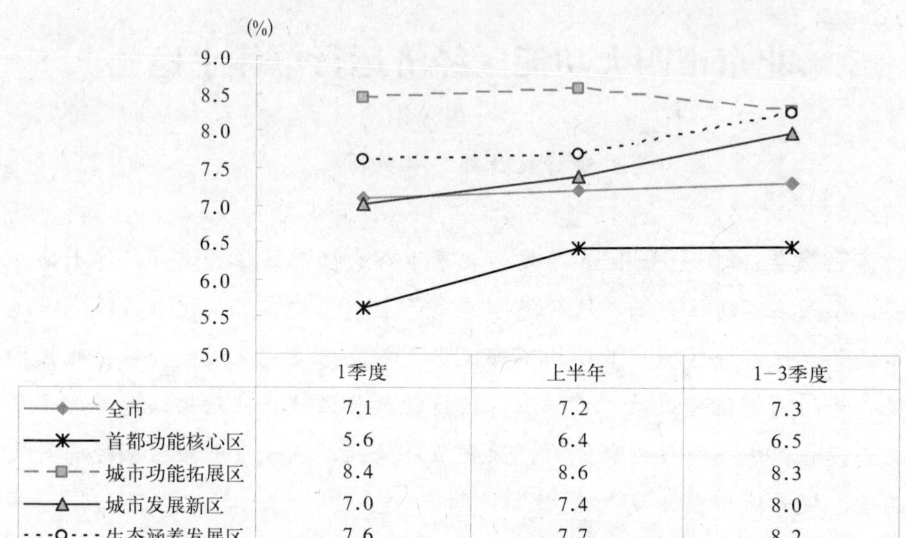

	1季度	上半年	1–3季度
全市	7.1	7.2	7.3
首都功能核心区	5.6	6.4	6.5
城市功能拓展区	8.4	8.6	8.3
城市发展新区	7.0	7.4	8.0
生态涵养发展区	7.6	7.7	8.2

二、四大功能区特色产业发展情况

（一）核心区高端服务业发展态势良好，文化创意产业和旅游业增速有所提升

2014 年 1–3 季度，核心区金融业、信息服务业和商务服务业等高端服务业发展态势良好。其中，金融业是核心区支柱行业，1–3 季度，金融业实现增加值 1318.1 亿元，占核心区地区生产总值的 37.9%，占全市同行业的 58.1%；同比增长 10.9%，高于核心区第三产业平均增速 3.8 个百分点。信息服务业和商务服务业分别实现增加值 224.5 亿元和 334.1 亿元，分别增长 9.4%和 8%，高于核心区第三产业平均增速 2.3 个和 0.9 个百分点。

文化创意产业和旅游业是核心区重点发展行业。2014 年 1–3 季度，核心区规模以上文化创意产业实现收入 1526.8 亿元，占全市规模以上文化创意产业收入的 20.5%；增速由上半年下降 0.6%转为增长 2.4%。实现旅游综合收入 796.8 亿元，占四大功能区收入合计的 34.7%；同比增长 5.8%，较上半年提高 1 个百分点。

（二）拓展区高端产业集群发展，出口增速略有下降

2014 年 1–3 季度，拓展区高端产业要素进一步集聚，区域科技创新功能不断强化。其中，金融业、商务服务业、科技服务业和信息服务业等高端服务业较快发展，1–3 季度，四个行业分别实现增加值 692.3 亿元、776.7 亿元、808.5 亿元和 1017.2 亿元，同比分别增长 13.1%、11.6%、11.5%和 9.7%，均高于拓展区第三产业 8.2%的平均增速。规模以上高技术制造业稳中向好，1–3 季度，实现主营业务收入 1270 亿元，同比增长 26%，较上半年提高 2.4 个百分点。实现利润 56.3 亿元，同比下降 12.8%，降幅较上半年收窄 15 个百分点。

2014 年以来，全市出口状况虽有所好转，但增长依然乏力，作为外向型经济主要承载区域，1–3 季度，拓展区出口额为 255.3 亿美元，占全市出口总额的 55%；同比增长 7.1%，较上半年回落 1.1 个百分点。

（三）新区生产性服务业较快发展，高技术和现代制造业效益欠佳

2014 年 1–3 季度，新区第三产业实现增加值 1508.7 亿元，同比增长 8.8%，较上半年提高 0.4 个百分点。其中，生产性服务业中的科技服务业、金融业、商务服务业、交通运输业和信息服务业增加值合计占新区第三产业的 46.6%，同比分别增长 23.7%、14.9%、11.1%、10.4%和 8.9%，均快于第三产业平均增速。

受区域电子类、汽车类高技术和现代制造业企业发展放缓等因素影响，1–3 季度，新区规模以上高技术制造业实现利润 95.5 亿元，占全市规模以上高技术制造业利润的 58.2%；同比下降 11.5%，降幅较上半年加深 2.2 个百分点。规模以上现代制造业实现利润 275.3 亿元，占全市规模以上现代制造业利润的 66.8%；增长 0.1%，较上半年回落 2 个百分点，低于全市平均增速 3.1 个百分点。

（四）涵养区观光民俗旅游业健康发展，高技术制造业快速增长，设施农业持续下降

随着京郊农业转型升级步伐加快，涵养区都市型现代农业中的观光休闲、民俗旅游业进一步发展。1–3 季度，涵养区观光休闲农业实现收入 6.9 亿元，占全市观光休闲农业收入的 40.3%；增速由上半年下降 9.8%转为增长 5.7%。民俗旅游业实现收入 6.9 亿元，占全市民俗旅游业收入的 82.7%；增长 10.5%，高于全市 0.1 个百分点。

2014 年 1–3 季度，涵养区规模以上高技术制造业收入和利润均实现快速增长。实现主营业务收入 42.1 亿元，同比增长 10.2%，高于全市平均增速 3.3 个百分点；实现利润 4.8 亿元，增长 45.2%（全市规模以上高技术制造业利润同比下降 9.6%）。

由于平原造林占地和气候干旱等因素影响，涵养区设施农业面积和收入均持续下降。1–3 季度，涵养区设施农业占地面积为 38204 亩，同比下降 2.7%，降幅较上半年加深 1.7 个百分点。实现收入 7.1 亿元，同比下降 11%，降幅较上半年加深 0.1 个百分点。

三、需关注的问题及对策建议

（一）核心区产业发展不均衡现象突出，应进一步优化区域产业结构

2014 年 1–3 季度，核心区金融业和批发零售业两个行业增加值占核心区地区生产总值的比重合计达到 48.7%，而文化体育娱乐业、科技服务业等符合功能定位的行业占比偏小，且增速均低于核心区平均水平，产业发展不均衡现象仍比较突出。核心区作为古都历史文化集中展示区，要进一步挖掘古都文化内涵，合理利用区域优质文化资源，大力提升文化旅游等新兴产业的集聚程度和发展水平，同时依托德胜科技园等园区建设，进一步提升区域科研水平，逐步形成多行业共同驱动的协调发展格局。

（二）拓展区、新区高技术和现代制造业效益欠佳，应进一步提高高技术和现代制造业人才素质与研发水平

拓展区和新区是北京工业主要承载区域，承担着工业转型升级重要职能，但从目前发展情况看，区域内高技术和现代制造业发展压力依然较大。1–3 季度，拓展区规模以上高技术制造业利润降幅虽有所收窄，但未改变下降趋势；新区高技术和现代制造业效益欠佳。要提升两个区域高技术和现代制造业发展动力，一方面要注重人才培养；另一方面要实施积极有效的激励政策，加快推动高等院校、研发机构和创新企业联动发展，提高研发整体

水平。

（三）涵养区能耗水平高于全市平均水平，应进一步推动区域经济低耗发展、绿色发展、循环发展

2014 年 1−3 季度，涵养区单位 GDP 能耗为 0.5926 吨标准煤/万元，是全市平均水平的 1.6 倍，其中，门头沟、怀柔、平谷、密云、延庆五个区县单位 GDP 能耗均超过 0.5 吨标准煤/万元。涵养区是首都生态资源和水资源涵养保障区，应着重发展能耗低、污染少、附加值高的绿色低碳和生态友好型产业。一是持续优化区域农业产业结构，注重农业集约化发展。二是坚持绿色导向，引导工业转型升级，努力构建绿色环保、生态友好的工业产业体系，保障区域生态环境，实现经济可持续发展。

北京市六大高端产业区经济运行总体平稳

◆◇赵桂林　郑瑞芳

内容提要：2014 年，北京市六大高端产业功能区经济运行总体平稳，高端产业集聚，集约型发展特征显著，对全市稳增长、调结构、提质增效发挥了积极作用。同时，经济运行中也暴露出高端产业功能区在产业布局方面存在问题，建议统筹完善重点区域与区县以及各功能区内部产业布局，推动区域经济协调、可持续发展。

2014 年，全市六大高端产业功能区（以下简称“六高”）经济运行总体平稳，对稳增长、调结构、提质增效发挥了积极作用。

一、“六高”经济运行总体情况

截至 10 月末，“六高”共有规模以上法人单位 9910[1]家，占全市的 35.3%[2]（见表 1）。

（一）收入高开稳走，对“稳增长”起到了支撑作用

2014 年 1–2 月，“六高”规模以上法人单位实现收入增长 17.6%，1–4 月增速回落至 10.1%，此后保持平稳运行。1–10 月，“六高”规模以上法人单位实现收入超 4 万亿元，占全市的 45%；同比增长 14.3%，比 1–9 月提高 2.4 个百分点；高于全市平均增速 6.1 个百分点，对全市规模以上法人单位收入增长的贡献率达 76.8%（见图 1）。

1 全市、六大高端产业功能区规模以上法人单位数据不包括农业和除中关村国家自主创新示范区以外的建筑业数据。

2 部分数据合计数或相对数由于计量单位取舍不同而产生的计算误差，均未作机械调整。

表 1　2014 年 1–10 月“六高”规模以上法人单位主要经济指标情况

	单位数		收入合计	
	绝对值（个）	占全市比重（%）	绝对值（亿元）	占全市比重（%）
“六高”合计（剔重）	9910	35.3	42710.0	45.0
中关村国家自主创新示范区	6150	21.9	25720.7	27.1
金融街	537	1.9	6769.8	7.1
北京商务中心区	1780	6.3	5343.1	5.6
北京经济技术开发区	655	2.3	4161.6	4.4
临空经济区	570	2.0	2990.0	3.2
奥林匹克中心区	789	2.8	2039.7	2.2

注：中关村国家自主创新示范区按注册地原则统计，部分单位在其他功能区内经营，与按经营地原则统计的其他五个功能区中部分单位重复，“六高”合计对这部分数据进行了扣减。

图 1　2014 年“六高”规模以上法人单位收入总额累计增速

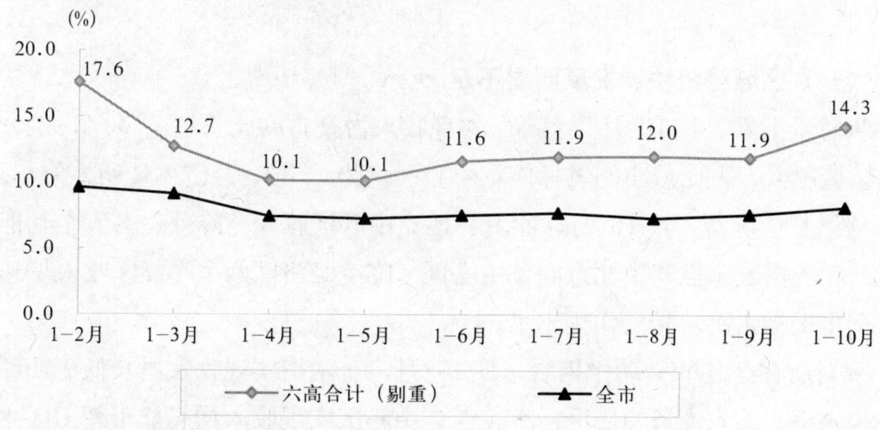

（二）高端产业集聚，对“调结构”发挥了引领作用

从高端制造业发展情况看，1–10 月“六高”规模以上高技术制造业、现代制造业实现收入同比增长 7.1%和 11.3%；占全市的比重分别为 96.3%

和 81.9%，比 1−9 月提高 0.1 个和 0.2 个百分点。

从高端服务业发展情况看，信息服务业[3]、科技服务业实现收入同比增长 18.7%和 8.1%；占全市的比重分别为 89.3%和 67.2%，比 1−9 月提高 0.01 个和 0.4 个百分点。

（三）集约高效，对“提质增效”发挥了带动作用

一是集约型特征显著。从地均产出情况看，1−10 月，中关村国家自主创新示范区一区十六园、金融街、北京商务中心区、北京经济技术开发区、临空经济区和奥林匹克中心区地均产出率均高于全市平均水平。从人均产出情况看，“六高”规模以上法人单位人均实现收入 163.1 万元，比全市平均水平高 8 万元。

二是效益向好。年初以来“六高”规模以上法人单位利润总额增速保持两位数增长，1−10 月增长 18.3%，比 1−9 月提高 4.4 个百分点。从企业亏损面看，1−10 月“六高”规模以上企业亏损面为 42.6%，为今年以来的最低值，较 1−9 月收窄 3.8 个百分点。

二、需要关注的问题

（一）区域经济协调发展明显不足

从总量上看，1−10 月“六高”实现收入占全市的比重超过 40%，但分功能区情况看，占比最小的奥林匹克中心区仅为 2.2%，经济体量明显偏小。

从增长情况看，1−10 月，除奥林匹克中心区收入下降外，另五个功能区收入实现增长，但其中北京商务中心区、临空经济区两个功能区收入增速低于全市平均水平，带动作用不足。

从对所在区县的带动作用看，1−10 月，金融街实现收入增长低于西城区平均水平，北京商务中心区、奥林匹克中心区实现收入增长低于朝阳区平均水平，临空经济区实现收入增长低于顺义区平均水平，表明部分功能区对所在区县的带动作用仍需提升。

3 本文中提到的信息服务业指国民经济行业分类中的信息传输、软件和信息技术服务业，科技服务业指科学研究和技术服务业，电子制造业指计算机、通信和其他电子设备制造业。

（二）部分功能区经济增长的支撑点较为单一

1–10 月，金融街金融业实现收入占金融街总收入的比重为 66.1%；经济技术开发区制造业、批发和零售业两个行业实现收入合计占经济技术开发区总收入的比重为 89.8%；临空经济区交通运输、仓储和邮政业，制造业两个行业实现收入合计占临空经济区总收入的比重达到 84.4%；奥林匹克中心区批发和零售业实现收入占奥林匹克中心区总收入的比重达到 67%。支撑点单一不利于区域经济的稳定、可持续发展。如金融街金融业的贡献居各行业之首，拉动金融街经济温和回升，但 2013 年金融业受互联网金融推高资金成本、存款分流等因素的共同影响盈利空间收窄，一度影响到金融街的盈利状况。

1–10 月经济技术开发区制造业、批发和零售业两个行业共同拉低经济技术开发区利润增长 15.3 个百分点；临空经济区交通运输、仓储和邮政业拉低临空经济区利润增长 3 个百分点，而制造业利润同比微增 0.1%，仅拉动临空经济区利润增长 0.04 个百分点；奥林匹克中心区批发和零售业分别拉低奥林匹克中心区收入和利润增长 4.3 个和 2.4 个百分点。此外，CBD 对个别大企业的依赖度较高，也是支撑点单一的表现，仅收入、利润较去年同期减少最多的一家单位就拉低 CBD 收入增长超过 7 个百分点，拉低利润增长近 20 个百分点。

三、对策建议

上述问题反映出“六高”在产业布局方面的问题仍较为突出，建议统筹完善重点区域与区县及各功能区内部产业布局，推动区域经济协调、可持续发展。

（一）统筹完善区域布局，推动区域经济协调发展

当前，中央对北京工作提出了新的要求，同时北京同全国一样面临“三期叠加”的复杂形势和深层次调整的紧迫任务，在新的发展阶段应加强市级层面的顶层设计，统筹完善区域布局，推动区域经济协调发展。1–10 月，有 11 个区县超过 30%的规模以上法人单位收入集中在“六高”各园区中，

表明“六高”已成为支撑区县发展的重要区域。因此，建议在城市规划修编、“十三五”规划等重大规划的制定，以及大项目引入和重大基础设施建设方面，结合新的城市战略定位、构建“高精尖”的经济结构、疏解非首都核心功能、推动“京津冀”协同发展等新要求，统筹完善高端产业功能区和区县的产业布局，避免不必要的重复建设和不良竞争，推动重点区域与区县实现有差异有特色的协调发展。

（二）培育多元支撑格局，推动区域经济可持续发展

以中关村为例，1-10 月中关村实现收入前五位的行业占比分别为27.7%、23.9%、12.8%、9.7%和9.7%，多元化的发展是该区域经济保持平稳运行的有力支撑。因此，建议按照新的发展阶段的新要求，进一步明确各功能区的功能定位，又“准”又“稳”地推进各功能区培育多元化的经济增长格局。一是在引入增量时要“准”，即不仅要关注项目是否符合新的城市战略定位要求，属于“高精尖”的项目，还要关注项目的发展前景以及是否能在区域内形成产业链上下游的集群发展模式，实现主导产业与配套产业协同发展；二是在调整存量时要“稳”，即对于区域内属于《北京市新增产业的禁止和限制目录》中的产业，以及那些因产品更新换代快或市场饱和发展欠佳的经营主体，应优先鼓励其实现转型升级、产品或商业模式创新，稳步推进疏解工作，推动区域经济实现可持续发展。

北京市区县产业差异化的发展现状及对策建议

◆◇魏小真　赵桂林　崔　萍　周　琼

内容提要：区县产业差异化是落实区县功能定位、提升首都整体竞争力的重要基础。本文全面、客观地分析了区县产业差异化发展现状，指出核心区现代服务业带动经济集约化，拓展区高技术产业和文化创意产业突出，新区高端制造业和物流业集聚，涵养区绿色产业实现较快发展。但区县产业布局仍存在一些问题，如部分区县产业发展特征存在偏差，产业相似度整体偏高，工业发展同构现象尚存，服务业聚人、低效现象普遍存在，高耗能产业特征明显等。针对上述问题，本文提出统筹基础设施和大项目建设、研究产业准入政策、着力培育高端产业和疏解非首都核心功能、完善政府绩效考核、构建区域一体协同发展思维等具有针对性的对策建议。

为认真贯彻落实习近平总书记在北京考察工作时的重要讲话精神和市委十一届三次全会提出的“按区县功能定位推动差异化发展”有关部署和要求，本文针对本市区县产业差异化的发展现状，分析了存在的问题，提出推动区县产业差异化发展的对策建议。

一、发展现状

（一）首都功能核心区：现代服务业带动经济发展集约化

东城区积极推进王府井现代商业区、中关村雍和园、东二环新兴产业金融区建设，2013 年全区金融业、租赁和商务服务业、信息服务业、科技服务业[1]

1 信息服务业指信息传输、计算机服务和软件业，科技服务业指科学研究、技术服务和地质勘查业。

四行业实现增加值[2]850 亿元，对区域经济的贡献达到 57.4%。同期，西城区不断优化金融街发展环境，金融业、租赁和商务服务业共实现增加值 1458 亿元，对区域经济的贡献达到 61.7%。产业结构的高端化带来经济集约化发展。从区域产出看，2013 年东城区、西城区的地均GDP分别达到 37.5 亿元/平方公里和 55.9 亿元/平方公里，是全市平均水平的 31.6 倍和 47.1 倍。从资源利用效率看，2013 年东城区、西城区万元地区生产总值能耗分别为 0.18 吨标煤和 0.16 吨标煤，均不到全市平均水平的一半。

（二）城市功能拓展区：高技术产业和文化创意产业发展突出

海淀区高技术产业集群发展趋势明显，2013 年全区电子制造业[3]产值占 16 个区县同行业的 32.4%，信息服务业、科技服务业增加值分别占 16 个区县同行业的 61.9%和 37.8%。朝阳区借助CBD的快速发展，2013 年全区租赁与商务服务业、金融业增加值分别占 16 个区县同行业的 44.4%和 15.9%。从文化创意产业看，海淀区已成为首批国家级文化和科技融合发展示范基地，朝阳区拥有 798 艺术区、潘家园古玩艺术品交易园区等 22 个文化创意产业集聚区。2012 年城市功能拓展区规模以上文化创意产业法人单位共实现收入 6551.6 亿元，占全市的 70.6%。

（三）城市发展新区：高端制造业和物流业集群化发展

城市发展新区已成为全市高技术制造业和战略性新兴产业的主要集聚区，2013 年集中了 16 个区县 81.2%的汽车制造业、72.6%的医药制造业和 60.6%的电子制造业。2013 年，顺义区、大兴区[4]和昌平区的汽车制造业实现产值 2507.5 亿元，占 16 个区县同行业产值的 77.5%。大兴区、昌平区的医药制造业实现产值 344.1 亿元，占 16 个区县同行业产值的 59.2%。大兴区、顺义区的电子制造业实现产值 1245.5 亿元，占 16 个区县同行业产值的 56.8%。航运和物流方面，顺义区以临空经济区建设为核心，打造全市的航运和物流中心，2013 年，全区交通运输、仓储和邮政业实现增加值 327 亿元，

2 2013 年增加值数据为初步统计数，与 2010 年相比年均增速为 2013 年初步统计数与 2010 年最终核实数比较的结果。

3 电子制造业指计算机、通信和其他电子设备制造业。

4 本报告中大兴区包含北京经济技术开发区数据，但万元 GDP 能耗、万元 GDP 水耗指标不包含北京经济技术开发区。

占地区生产总值的 26.5%，成为仅次于工业的第二大行业。

（四）生态涵养发展区：绿色产业实现较快发展

生态涵养发展区积极发展沟域经济，成为全市休闲农业、景观农业、绿色农业的主要地区。2013 年，民俗旅游、观光休闲农业实现收入分别占全市同行业收入的 82.8%和 36.5%。与 2010 年相比，延庆县和平谷区民俗旅游收入分别年均增长 25.3%和 17.9%，延庆县和密云县观光休闲农业收入分别年均增长 151.7%和 32.8%，均实现持续快速发展。同期，生态涵养发展区积极推进文化创意产业发展，2012 年，规模以上文化创意产业实现收入 89.5 亿元，与 2010 年相比年均增长 37.3%，高于全市平均水平 21 个百分点。其中，怀柔区依托怀柔影视基地建设发展文化相关产业，门头沟区以斋堂古村落古道文化旅游为龙头打造红色文化创意产业集聚区，2012 年，两区文化创意产业收入分别是 2010 年的 4.2 倍和 2.2 倍；随着乐谷园区的建设，2010–2012 年，平谷区文化创意产业收入增长 57.4%。

二、产业布局存在的问题

（一）部分区县产业发展特征存在偏差，与功能定位要求仍有差距

部分区县的产业发展现状难以体现区域功能定位的主体要求。如通州区以建设首都城市副中心和现代化国际新城为目标，但目前工业增加值在区域经济中占比最高，达 34.8%，其中又以汽车制造业、电子制造业、化学原料和化学品制造业产值位居工业的前三位。而体现功能定位的租赁与商务服务业、科技服务业、信息服务业分别仅占全区增加值的 1.5%、1.9%和 0.2%，高端服务业发展持续偏弱。大兴区以北京经济技术开发区为产业发展的主要载体，但目前科技服务业、金融业、信息服务业、租赁与商务服务业增加值分别仅占全区增加值的 3.5%、3%、2.5%和 1.6%，高端生产性服务业的投入服务及对区域经济发展的支撑作用整体偏弱。

（二）产业相似度整体偏高，与差异化要求仍有差距

从工业看，城市发展新区和生态涵养发展区的产业结构相似系数[5]为 0.86。从服务业看，首都功能核心区与城市功能拓展区的相似系数为 0.73，城市功能拓展区与城市发展新区的相似系数为 0.75，城市发展新区与生态涵养发展区的相似系数为 0.78。区域间存在明显的产业趋同现象，产业互补空间整体偏小。

（三）工业发展同构现象尚存，差异化发展特点明显不足

在城市发展新区和生态涵养发展区中，有五个区县（顺义区、昌平区、怀柔区、平谷区、密云县）的汽车制造业在区域工业产值中占比超过 20%，有 7 个区县（通州区、顺义区、昌平区、大兴区、怀柔区、平谷区、密云县）的汽车制造业在区域工业中位于前两位。同质化的产业结构与北京工业要突出“高端化、服务化、集聚化、融合化”的发展要求存在较大差距。

（四）服务业[6]聚人、低效现象普遍存在，产业疏解转型面临较大调整空间

首都功能核心区的低端服务业人员占比较大，其中东城区的交通运输仓储和邮政业、住宿和餐饮业从业人员占本区域的 23.2%，但实现收入仅占本区域企业总收入的 1.9%。城市功能拓展区的高端服务业还需提质增效，其中朝阳区、海淀区的信息服务业人均利润仅相当于全市同行业平均水平的 14%和 32%；而科技服务业也仅为全市平均水平的 70%左右。城市发展新区生产性服务业效益普遍偏低，五个区的租赁和商务服务业人均利润均不足全市同行业平均水平的 1/3，信息服务业均不足全市同行业的 20%。生态涵养发展区服务业效益多数低于全市平均水平，多数行业仅相当于平均水平的 20%左右。

---

5 产业结构相似系数的计算公式为：$s_{ij}=\frac{\sum(x_{in}*x_{jn})}{\sqrt{(\sum x_{in}^2)*(\sum x_{jn}^2)}}$，式中，i 和 j 表示两个区域，$x_{in}$ 和 x_{jn} 分别表示行业 n 在区域 i 和区域 j 的工业结构中所占比重。$0\leqslant S_{ij}\leqslant 1$，当 $S_{ij}=1$ 时，说明两个区域的产业结构完全相同；当 $S_{ij}=0$ 时，说明两个区域的产业结构完全不同。如果两个地区的产业结构相似系数高，则说明两个地区的产业结构趋同。

6 本文服务业数据均为规模以上第三产业法人单位的数据。

（五）高耗能产业特征明显，构建绿色低碳的发展模式还有较大压力

主要受石油加工、炼焦和核燃料行业影响，房山区万元 GDP 能耗是全市平均水平的 4.9 倍，为全市最高。另外，生态涵养发展区 5 个区县的高资源消耗型产业仍占重要地位，单位能耗水平高于全市约 50%，单位水耗也在全市平均水平的 2 倍以上。其中，怀柔区的酒饮料和精制茶制造业、延庆县的非金属矿物制品业占比较大、耗能较高。

三、对策建议

（一）统筹基础设施和大项目建设，夯实区县产业差异化发展的载体

一方面，各区县特别是远郊区县要在持续提升区域综合发展水平的基础上，更加注重城市基础设施和产业配套环境建设，有效承载区县产业的差异化发展。另一方面，要积极谋划大项目建设引导区域经济结构调整和产业改造升级，将差异化发展要求落实到项目建设上，形成高端引领、创新驱动、绿色低碳的产业发展模式。

（二）研究产业准入政策，制定区县产业差异化发展的标准

在全市范围内对产业发展进行统筹规划，并结合各区县实际情况因地制宜，实施有差别的准入政策，促进产业梯次转移和合理布局，将土地、环保、能耗、产能、劳动者素质等与产业差异化发展相关的政策与行业准入管理制度挂钩，形成引导企业区域选择和布局的作用力。

（三）着力培育高端产业和疏解非首都核心功能，形成区县产业差异化发展的引擎

一方面，要发挥“六高四新”功能区的产业引领作用，以功能区为核心做大做强不同区县的特色主导产业，培育优势产业集群，实现高端产业的产业链在区县间合理布局。另一方面，在研究制定“不符合首都战略定位的产业目录”基础上，首都功能核心区要合理疏解聚人、低端、低效的产业；城市功能拓展区要提升高端产业发展质量，控制低端产业和外来人口的过度集聚，着力构建“高精尖”的经济结构；城市发展新区要优化升级生产性服务业，逐步提高生活性服务业品质；生态涵养发展区要积极培育低碳绿色、高

端高效的产业结构。

（四）完善政府绩效考核，强化区县产业差异化发展的激励机制

随着北京城市战略定位的新认识，“全国政治中心、文化中心、国际交往中心、科技创新中心”核心功能的明确，要对区县绩效考核体系做进一步完善，在调整和疏解非首都核心功能的要求下，强化对资源承载、人口调控方面的考核。对符合功能定位和差异化发展要求的区县，可探索建立市级税收返还、重大项目资金支持等鼓励政策；对于不符合发展要求的区县，予以警示。

（五）构建区域一体协同发展思维，打造区县产业差异化发展的格局

一方面要构建市级层面的区域和重点产业发展统筹协调机制，围绕部分区县产业的同质发展、无序竞争问题，从市级层面整体规划。另一方面，要在京津冀协同发展的总体框架下，以产业疏解转移和产业链合作为重点，打造跨区域的发展格局，进而推进区县产业结构调整和区域差异化发展。如，海淀区深化与天津滨海新区、秦皇岛等地的跨地区产业合作；平谷依托国际陆港区位与功能优势，深化与天津港、唐山港合作；延庆、怀柔等京北地区与河北山区合作发展绿色生态产业，共同构建京北生态保护区域等，均是强化区县差异化发展的重要举措。

2014年东城区经济形势分析

◆◇张　岩

内容提要：2014年以来，面对经济下行压力，东城区着力稳增长、调结构、促改革、惠民生，经济运行总体平稳，生产和需求领域整体平稳，质量效益保持稳定，促改革、调结构取得进展，社会民生持续改善；但经济下行压力加大、重点行业带动作用减弱等问题仍需引起关注。下阶段，建议在加快产业转型升级、推进功能区集聚发展、提升企业运行质量等方面下工夫。

一、东城区经济运行主要特点

（一）经济运行总体平稳

1. 经济增速稳中趋缓

根据北京市统计局反馈初步核算数据，东城区1-3季度实现地区生产总值1228.3亿元，按现价计算，同比增长7%（见图1）。

图1　东城区GDP完成情况

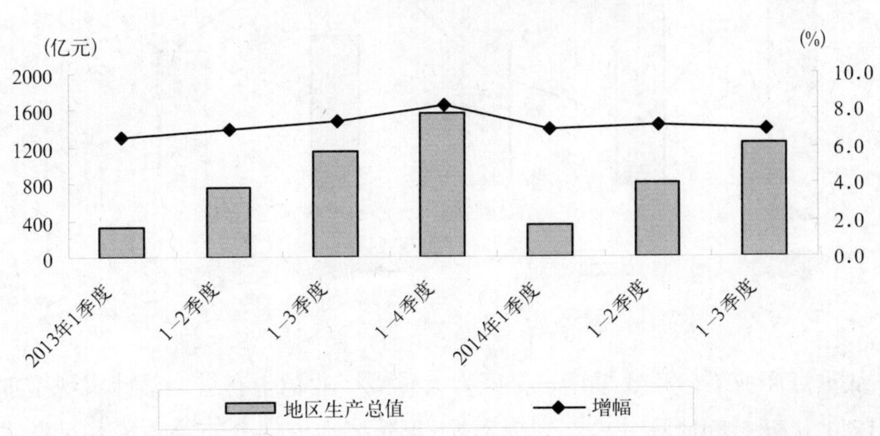

从行业情况看，增加值占全区 GDP 比重超过 10%的行业为金融业、批发和零售业、信息传输、计算机服务和软件业、租赁和商务服务业四个行业，四大行业共实现增加值 716.8 亿元，占到全区经济总量的 58.4%，是支撑区域经济稳步增长的重要力量（见图 2）。

图 2　2014 年 1–3 季度东城区主要行业增加值比重

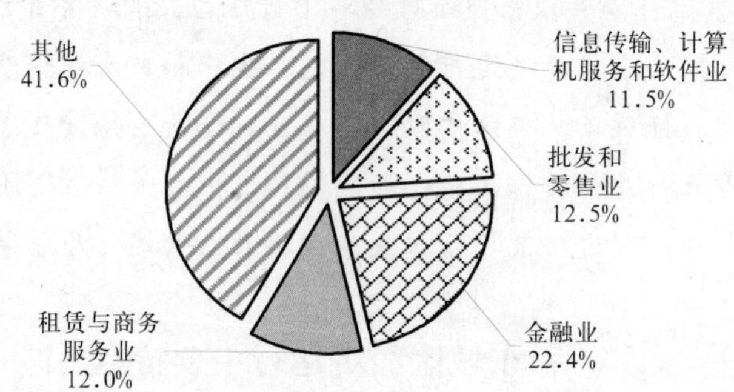

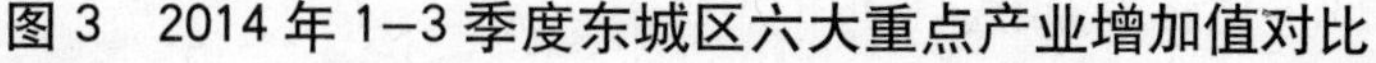

图 3　2014 年 1–3 季度东城区六大重点产业增加值对比

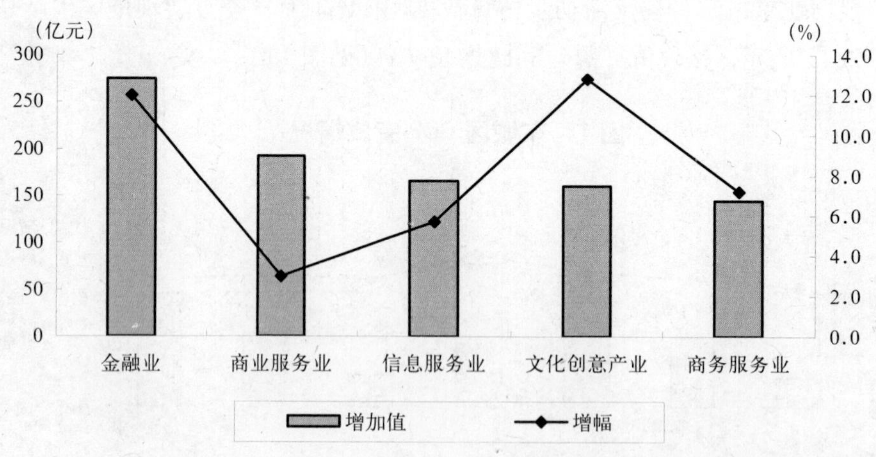

从重点产业看，1–3 季度，全区六大重点产业稳中有进，累计实现增加值 817.1 亿元，同比增长 9%，增幅较上半年提高 0.3 个百分点，超过全区

经济增速 2 个百分点，对全区经济增长的贡献率达到 83.6%，总量占全区 GDP 的 66.5%，低于全年目标 0.5 个百分点。其中，金融业和文化创意产业是拉动全区经济增长的主要力量，商业服务业低速增长，信息服务业和商务服务业运行平稳，旅游业规模仍旧较小（见图 3）。

2. 生产领域基本稳定

一是工业生产快速增长。1–10 月，全区规模以上工业企业完成现价总产值 120 亿元，同比增长 26.8%，在各区县中排名第二，仅低于海淀区。二是第三产业增速有所回落。1–3 季度，第三产业实现增加值 1173.7 亿元，同比增长 6.9%，增速较上半年回落 0.3 个百分点。其中，金融业、批发零售业等重点行业增速均出现不同程度的回落。

3. 需求领域整体平稳

一是社会消费品零售额平稳增长。1–10 月，全区实现社会消费品零售额 746.1 亿元，同比增长 8.5%，高于全市平均水平 0.1 个百分点（见图 4）。

图 4　东城区社会消费品零售额完成情况

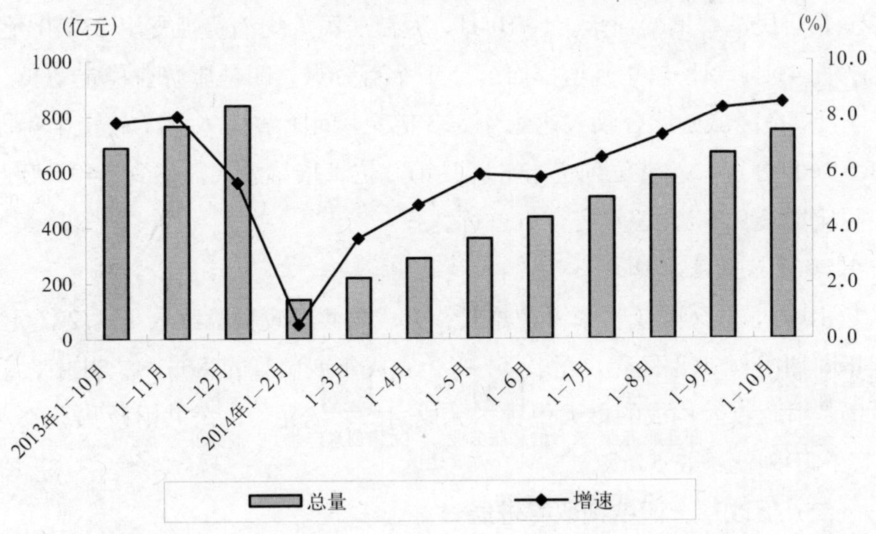

二是投资进度高于全市水平。1–10 月，全区全社会固定资产投资累计完成 175.5 亿元，同比增长 18.8%，高于全市平均水平 11.8 个百分点，完

成全年任务的 89.6%，比全市平均进度高 10.6 个百分点。从城六区排名看，1–10 月东城区投资总量居第五位，增速居首位（见图 5）。

图 5　2014 年 1–10 月城六区固定资产投资额对比

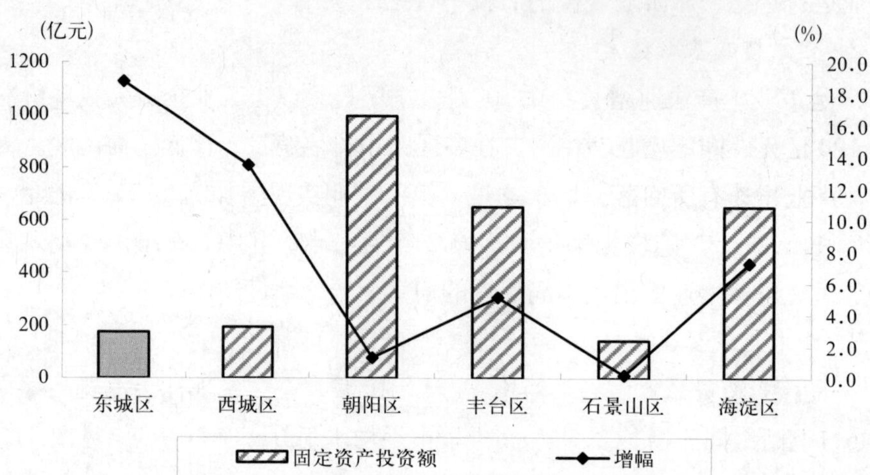

三是居民消费增幅回落。1–10 月，城镇居民人均消费性支出 23010 元，同比增长 4.1%，比 1–9 月增幅回落 2.1 个百分点。四是旅游业稳定增长。1–3 季度，全区旅游综合收入达到 495.3 亿元，同比增长 7.4%，较上半年提高 0.6 个百分点，总量位列全市各区县第二位；接待总人数达到 6407 万人次，同比增长 9.6%，总量居全市首位。

4. 质量效益基本稳定

1–10 月，全区财政收入平稳增长，完成公共财政预算收入 134.2 亿元，比上年同期增收 6.8 亿元，增长 5.3%，完成年度预算的 86.1%。其中，营业税仍是财政收入构成的最大税种，完成 41.9 亿元，占公共财政预算收入的 31.2%，同比增长 5.5%。

（二）促改革、调结构取得进展

1. 高端产业贡献突出

2014 年，全区以坚持高端引领，推动经济可持续发展为目标，大力发展金融、信息服务业等多元产业融合的要素交易市场。1–3 季度，金融业和信息传输、计算机服务和软件业对全区经济增长的贡献最为突出，上述行业增加值分别占全区地区生产总值的22.4%、11.5%，同比分别增长12.0%、8.4%，对全区经济增长的贡献率分别为36.4%、13.5%。

2. 投资结构不断优化

2014年以来，东城区投资增速回升主要靠城镇固定资产投资带动。1–10月，城镇固定资产投资完成98.5亿元，同比增长21.5%，占投资总额的56.1%，对投资的支撑作用明显，拉动全区固定资产投资增长11.8个百分点。同时，民间投资与港澳台投资表现活跃，非国有单位投资完成139亿元，比上年同期增长41.4%，高于全社会投资增速22.6个百分点，占全社会投资比重为79.2%。

3. 电子商务发展迅速

“十二五”时期，电子商务行业发展迅猛，产业规模迅速扩大。1–10月，在苹果电子、当当网、当当科文等龙头企业的拉动下，东城区限额以上批发零售企业实现网上零售额110.5亿元，占全区零售额的比重为14.8%。

4. 万元GDP能耗稳步下降

1–3季度，全区能源消费总量为208.3万吨标准煤，同比增长2.5%；万元GDP能耗同比下降3.82%，达到全年目标要求。

（三）社会民生持续改善

一是就业市场保持稳定。1–3季度，全区从业人员为78.0万人，同比增长3.0%。9月份，城镇登记失业率为0.86%，低于全市水平0.59个百分点。

二是居民收入稳步增长。1–10月，全区城镇居民家庭人均可支配收入为37478元，同比增长8.2%，高于同期经济增长速度（见图6）。

三是基本公共服务支出力度加大。1–10月，全区完成公共财政预算支出128.8亿元，比上年同期增加18.1亿元，增长16.4%，完成年度预算的79.6%。基本公共服务支出80.8亿元，占公共财政预算支出的比重为62.8%，其中，科学技术支出增速达到549.6%，远高于地方公共财政预算支出的增速。

图 6　东城区居民人均可支配收入完成情况

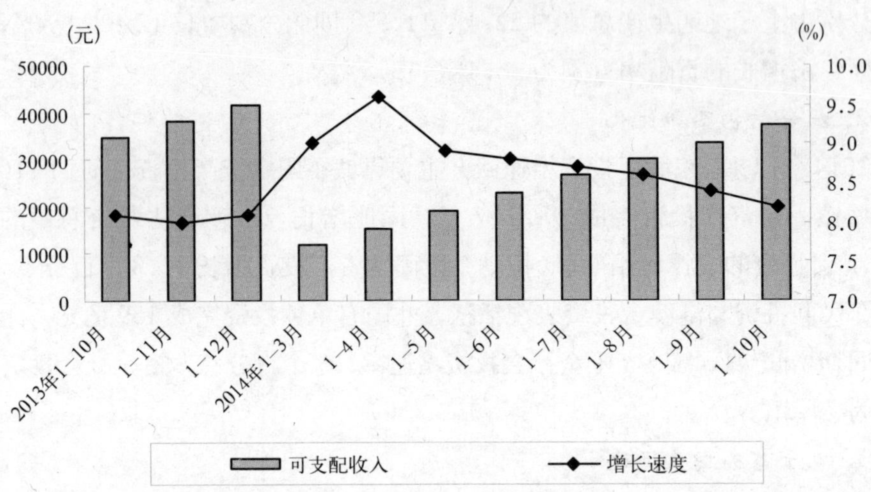

二、需要关注的问题

（一）经济下行压力加大

从纵向发展看，1–3 季度，东城区 GDP 同比增长 7%，比上半年下滑 0.2 个百分点；从横向比较看，东城区的地区生产总值总量位列城六区第四，增速列城六区末位，经济下行压力加大（见图 7）。

图 7　2014 年 1–3 季度城六区地区生产总值对比

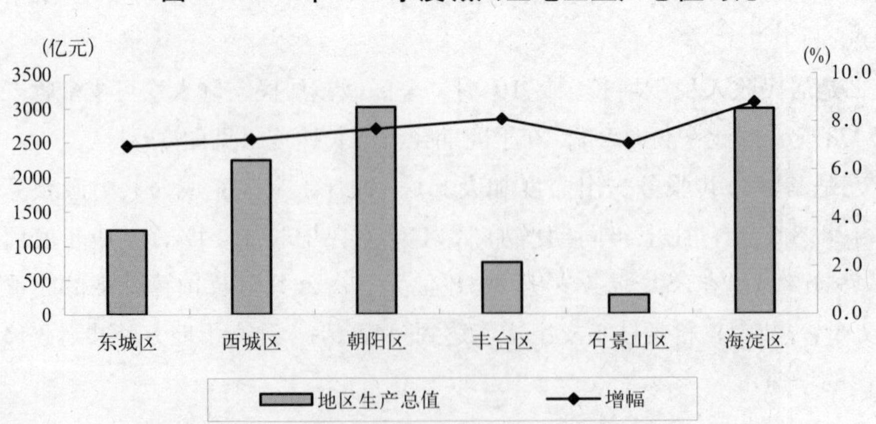

（二）重点行业带动作用减弱

在经济增速放缓的环境影响下，全区重点行业带动力减弱。金融业作为第一大行业，1–3 季度增加值占全区比重达 22.4%，增幅比上半年回落 3.7 个百分点；总量排名第二、第三位的批发和零售业、信息传输、计算机服务和软件业，增加值占全区比重分别为 12.5%、11.5%，增幅比上半年分别回落 4 个、1.2 个百分点，对全区经济增长带动作用减弱。

三、全年趋势展望及工作建议

从国内外和北京市的宏观经济形势看，预计后期全区经济能够保持平稳运行态势，但仍有下行压力，全区还需继续巩固调结构、转方式的成果，不断优化经济结构，积极培育新的经济增长点和领军企业，提高经济增长质量和效益。

（一）加快产业转型升级

紧密跟踪国家和北京市产业调整方向，紧紧围绕产业疏解和结构调整的主题，积极利用相关政策优化产业结构，发展区域特色产业，构建“高精尖”经济结构。

（二）推进功能区集聚发展

抓住东城园调整的有利契机，对园区内现有企业进行梳理，积极统筹协调，共同做好引税护税工作；用足用好北京市出台的促进文化创意产业、新技术新产品（服务）、小微企业和金融机构等领域发展的政策，提高园区对全区产业结构优化和经济发展的带动作用。

（三）提升企业发展质量

一方面，加大招商引资力度，引进和培育一批高成长性、高收益、高附加值的重点企业落户东城；另一方面，加强对属于支柱行业、重点产业的中小企业和新兴企业的引导和支持，促进中小企业转型升级、新兴产业企业尽快进入平稳发展轨道。

2014 年西城区经济社会发展形势分析与展望

◆◇魏　玮

内容提要：2014 年，我国经济处在“经济增速换挡期、结构调整阵痛期、前期政策消化期”，国际国内形势错综复杂。西城区努力破解经济社会发展中的问题和矛盾，实现经济社会全面发展，稳增长、调结构、惠民生等政策措施取得一定成效。同时，还应客观认识到在深化改革背景下，西城区经济社会发展的新常态、新特点，牢牢把握稳中求进总基调，实现区域经济社会平稳健康发展。

一、2014 年西城区经济社会运行基本情况

2014 年，西城区经济运行总体平稳，经济总量、投资领域、消费市场和生产供给等主要领域呈低位开局、稳步回暖态势。

（一）稳增长——低位回暖

1. 优势产业强劲带动，经济总量温和回升

2014 年，在宏观经济“调结构、转方式”等改革深入推进背景下，西城区承压克艰，地区生产总值保持温和回升态势。1–3 季度，西城区实现地区生产总值 2245.5 亿元，同比增长 7.3%，增速较上半年回升 0.2 个百分点；对北京市地区生产总值的贡献率达 15.2%。金融业占据 GDP 近半壁江山，实现增加值 1043.3 亿元，同比增长 10.6%，占全区 GDP 的 46.5%，占全市金融业增加值的 46%，拉动全区 GDP 增长 4.8 个百分点，强势带动经济增长（见图 1）。

2. 着力重点领域投资建设，投资规模企稳回升

2014 年，西城区以重点功能区建设和民生保障建设为抓手，积极挖掘投资着力点，投资领域企稳回升。1–10 月，西城区实现全社会固定资产投资

194.3 亿元，同比增长 13.5%。其中，实现房地产开发投资 136.8 亿元，同比增长 38%，占全区全社会固定资产投资的 70.4%（见图 2）。

图 1　西城区地区生产总值增速走势

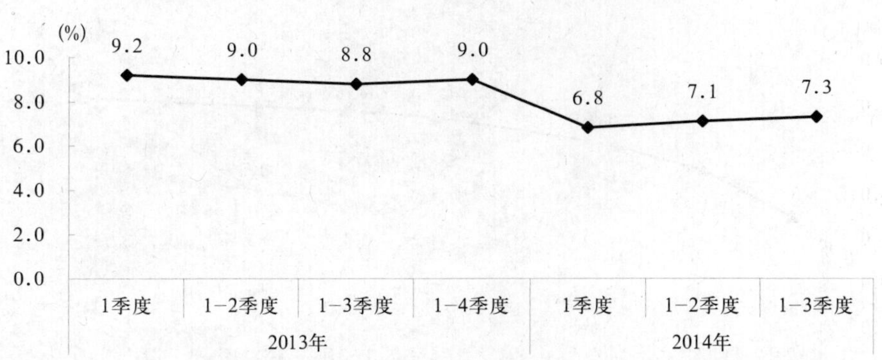

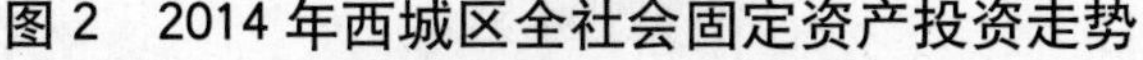
图 2　2014 年西城区全社会固定资产投资走势

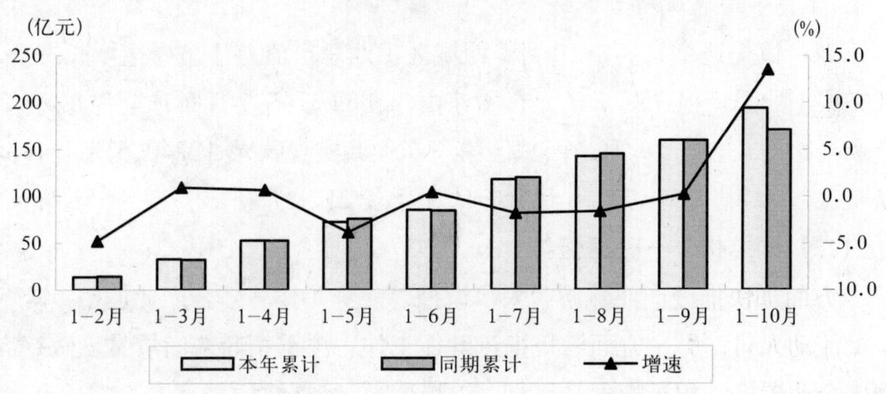

3. 消费市场高位盘整、逐步回暖

2011-2013 年，西城区社会消费品零售额由不足 700 亿元增长到 840 亿元，年均增速达 11%左右。2013 年以来，随着消费环境快速变化，西城区消费市场进入高位盘整阶段，消费增长速度逐步放缓。2014 年，全区消费市场继续消化前期影响，总体呈逐步回暖发展态势。1-10 月，全区实现社会消

费品零售额714.4亿元，同比增长5.3%，增速较上半年回升2.3个百分点（见图3）。

图3　2014年北京市、西城区社会消费品零售额增速走势

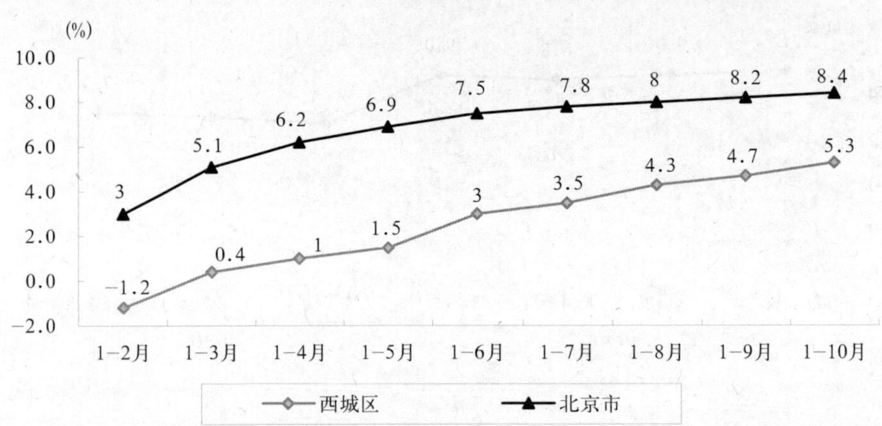

4. 生产供给领域增势良好

工业产值提速增长。1-10月，西城区工业总产值总体呈提速增长态势，累计完成工业总产值752.1亿元，增速由年初的3.4%逐月回升至7.8%。第三产业平稳增长。1-10月，西城区第三产业共实现收入12240.6亿元，同比增长2%，实现利润4738.6亿元，同比增长21.1%。

（二）调结构——瘦身健体

一方面加快推进产业疏解、人口调控等瘦身工作，结合产业调整，疏解了一批流动人口。另一方面积极推进健体工作，注重招商选商质量，做好商务楼宇企业置换，积极探索和谋划“高精尖”经济结构。

1. 巩固总部经济和金融业核心地位，构建高端经济

2014年以来，西城区主动优化企业主体，突出总部经济特点和金融业核心地位，吸引了亚洲基础设施投资银行等一批优质企业落户西城区；服务区内2家企业在深交所主板上市，1家企业在港交所上市，7家企业在新三板挂牌。前三季度，西城区金融业共完成三级税收2841.2亿元，同比增长10.5%，占全区三级税收的79.6%，对全区经济社会发展贡献显著。

2. 积极推进产业疏解、人口调控工作，构建精品经济

通过楼宇企业置换，发展以“金融业为核心、高新技术、文商旅为重点”的精品经济。前三季度，西城区新增法人单位 1344 家，文化创意产业企业占 21.7%，金融业企业占 11%。疏解与首都功能核心区不相适宜的产业；以动物园、马连道等地区业态升级、撤销市场为契机推进人口疏解工作。

3. 加快中关村西城园建设，构建尖端经济

1–10 月，西城园规模以上高新技术企业 189 家，累计实现总收入、工业总产值、利润总额 1346.3 亿元、775.6 亿元和 107.8 亿元，同比分别增长 105.5 %、3.2 倍和 19%。

（三）惠民生——提升品质

1. 居民收支稳步提升

1–10 月，西城区城镇居民人均可支配收入 39044 元，居全市第二位，与去年同期相比增长 9.3%，增速较上半年提升 0.3 个百分点，其中，工资性收入同比增长 12.9%。居民人均消费性支出累计 25601 元，与去年同期相比增长 6.3%。其中，教育文化娱乐服务类支出占比达 17.1%。

2. 就业形势保持稳定

截至 10 月底，西城区城镇登记失业率为 0.79%，与去年同期相比下降 0.1 个百分点；西城区失业人员就业率为 65.67%，与去年同期相比下降 0.07 个百分点，就业形势总体保持稳定。

二、客观看待西城区经济发展新常态

（一）宏观政策性因素对区域经济发展影响较大

西城区总部经济和金融业核心地位突出，金融业增加值占全区 GDP 的 40%以上，央企资产占全区的 80%以上、收入占全区的 50%以上，其发展走势较大程度上受宏观政策性因素影响，使得西城区的经济发展与宏观政策导向紧密相关，区政府可调控空间相对较小。

（二）产业结构调整任重道远

“瘦身健体”产业结构调整任重道远。部分精品产业发展速度还有待提

升，1-10 月，全区文化创意产业实现收入 518.7 亿元，同比下降 7.9%。部分产业发展方式有待优化，工业、批发业、物流业中仍存在技术含量低、附加值低、经营方式粗放的传统产业。部分生活性服务业无序发展，流动人口聚集、“七小”业态密集、公共基础设施负载过重等现象仍然突出。

（三）激发消费活力将成为长期性命题

近年来，西城区内外部消费环境压力凸显。宏观消费环境疲软，北京市各城区间消费竞争加剧，西城区传统商业占比大、消费结构单一现象突出。2014 年以来，全区批发和零售业增加值持续下滑，前三季度实现增加值 206.6 亿元，同比下降 1.2%。培育新的消费增长点、激发消费活力成为西城区经济发展的长期性命题。

（四）优化投资结构成为投资规模保持合宜的新方向

西城区作为中心城区建成区，投资增长面临后劲不足的问题。短期看，西城区投资仍靠大项目带动，正在建设的部分危改项目面临拆迁难等问题，投资增长仍面临较大压力。长期看，全区投资主要依靠金融街、西城园等重点区域建设带动，随着区域建设逐渐成熟，西城区投资增长空间将收窄。因此，拓展投资方向、优化投资结构将成为西城区投资规模合宜发展的新方向。

三、经济社会发展思考与展望

纵观 2014 年，全国经济缓慢回暖，三季度各主要指标基本企稳，各项刺激政策逐渐发力。北京市经济稳中有升态势明显。在宏观经济趋好背景下，2014 年全区经济有望实现 7.5%左右的增长；社会消费品零售额有望回暖至 5.5%左右水平；全社会固定资产投资额将保持 215 亿元左右规模。居民人均可支配收入有望实现 9%左右的增长。

展望 2015 年，西城区将深刻领会和牢牢把握 2014 年中央经济工作会议提出的“稳中求进、改革创新”工作总基调，保持经济运行在合理区间，密切关注金融业、批发和零售业等支柱产业走势，实现全区经济平稳增长；坚持以提高经济发展质量和效益为中心，把转方式调结构放到更加重要位置，狠抓攻坚改革，加强民生保障，促进经济改革取得新成效、开创新局面。

2014年朝阳区经济形势分析

◆◇褚雪霏　杨作毅　黄桂俊　李秋雅

内容提要：2014年前三季度，朝阳区经济运行总体平稳，主要领域发展稳定，结构调整取得一定成效，质量效益有所提高，全区经济仍运行在合理区间。展望全年，全国和北京市经济总体趋稳为朝阳区平稳发展提供了有力的外部环境，但市场需求不足、经济结构需进一步调整优化、先行指标低迷等问题仍需密切关注。总体判断，全年经济有望平稳，但下行压力依然存在。

一、经济运行总体平稳

（一）经济基本面

2014年1–3季度，朝阳区实现地区生产总值（GDP）3019.3亿元，按现价计算，同比增长7.7%；占全市总量的20.4%，依然保持全市各区县首位。从增速看，虽然整体低于去年，但从年内看，前三季度累计增速分别为9%、8.3%和7.7%，各报告期之间增速小幅回落，且回落速度有所放缓。全区经济总体保持平稳增长。

从三次产业情况看，第一产业实现增加值1.1亿元，同比增长4.8%；第二产业实现增加值263.9亿元，同比增长1.4%；第三产业实现增加值2754.3亿元，同比增长8.4%。三次产业结构为0.04∶8.74∶91.22（见图1）。

（二）需求领域

1. 社会消费品零售额增长乏力

朝阳区社会消费品零售额年初以1%的增速开局，之后逐月小幅抬升，但受限制性购买政策和反腐政策等影响，全区消费品市场呈现出“整体低迷，增长乏力”的特点。1–3季度，实现社会消费品零售额1476.4亿元，同比增长5%（见图2）。

图 1　朝阳区地区生产总值（GDP）累计增速

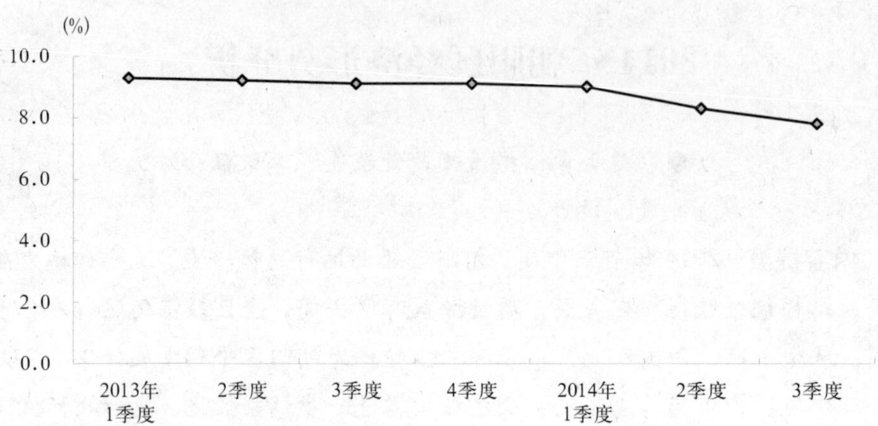

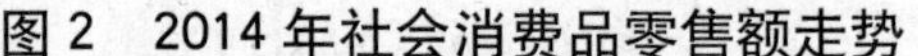

图 2　2014 年社会消费品零售额走势

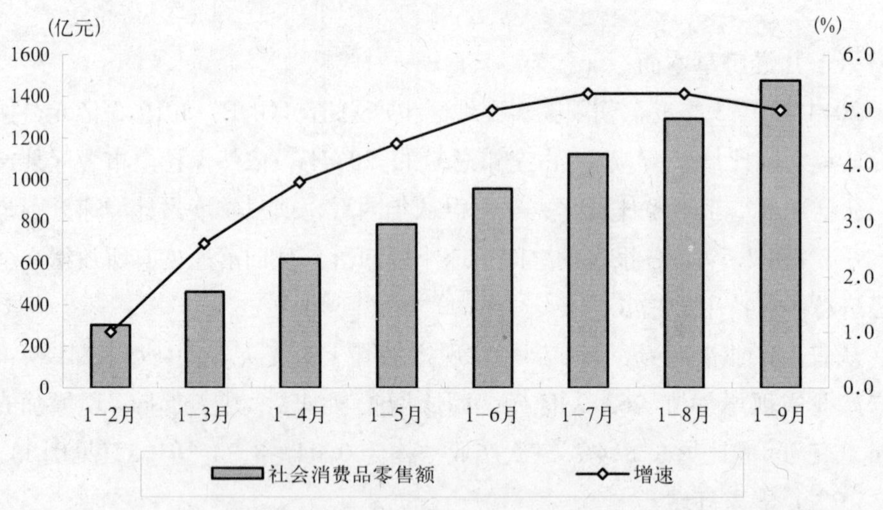

从主要行业看，汽车及配件销售实现零售额 479.4 亿元，同比增长 4.3%。综合零售实现零售额 294.4 亿元，同比增长 1.4%。医药及医疗器材实现零售额 74.0 亿元，同比增长 20.9%。互联网零售实现零售额 57.1 亿元，同比增长 52.3%。家用电器、计算机及电子产品销售实现零售额 74.8 亿元，同比增长 4.3%。石油及制品销售实现零售额 106.9 亿元，同比下降 8.9%。餐饮业实现零售额 99.3 亿元，同比下降 5.5%。

2. 全社会固定资产投资实现小幅增长

2014 年以来，朝阳区全社会固定资产投资增速基本在持平线附近小幅震荡，除 2 月、5 月和 8 月出现同比下降，其他月份均实现正增长。1–3 季度实现投资 910.1 亿元，同比增长 0.8%（见图 3）。

图 3　2014 年全社会固定资产投资走势

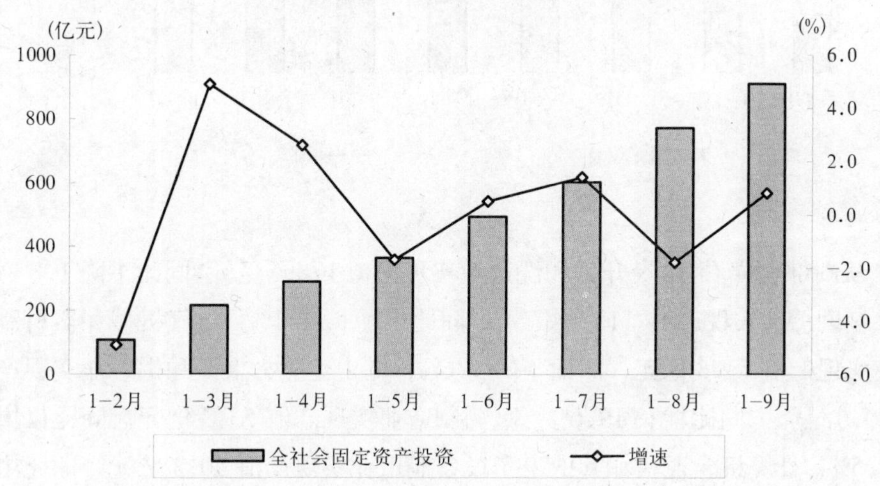

从内部构成看，房地产开发投资完成 499.6 亿元，同比下降 2.2%，占全社会投资的 54.9%；城镇固定资产投资完成 379.7 亿元，同比增长 3.6%，占全社会投资的 41.7%；农村投资完成 30.8 亿元，同比增长 19.8%，占全社会投资的 3.4%。

（三）生产领域

除年初受重点企业神华国华未正常结算的影响，出现了 12.1%的较大降幅外，今年以来，规模以上现价工业总产值呈现低位下探的走势，1–3 季度重回正增长区间，扭转了连续两月负增长的态势，实现总产值 740.2 亿元，同比增长 0.7%（见图 4）。

图 4　2014 年规模以上现价工业总产值走势

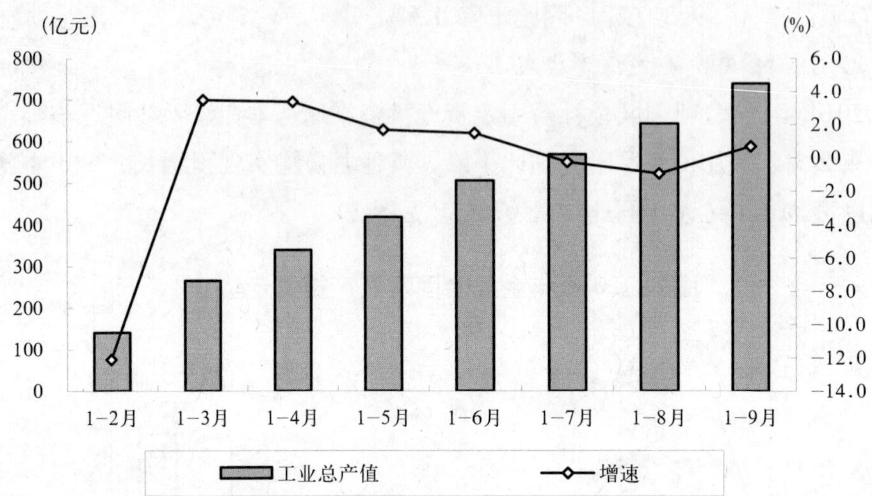

从内部构成看，煤炭开采和洗选业实现产值 178.5 亿元，同比下降 1.8%；开采辅助活动实现产值 115.0 亿元，同比仅增长 1.1%；电气机械和器材制造业实现产值 54.3 亿元，同比下降 1.6%；电力、热力生产和供应业实现产值 99.6 亿元，同比增长 19.6%；医药制造业实现产值 53.3 亿元，同比仅增长 1.5%；计算机、通信和其他电子设备制造业实现产值 50.3 亿元，同比增长 4.8%。

（四）质量效益

1. 城镇居民人均可支配收入保持 9%以上增速

前三季度，朝阳区城镇居民人均可支配收入保持 9%以上的平稳增长势头。1–3 季度，城镇居民人均可支配收入 33237 元，同比增长 9%（见图 5）。

从结构看，工资性收入和转移性收入是城镇居民收入的两大主要来源，所占比重分别为 62.3%和 33%，拉动增长 8.6 个和 1.3 个百分点。

图 5　2014 年城镇居民人均可支配收入走势

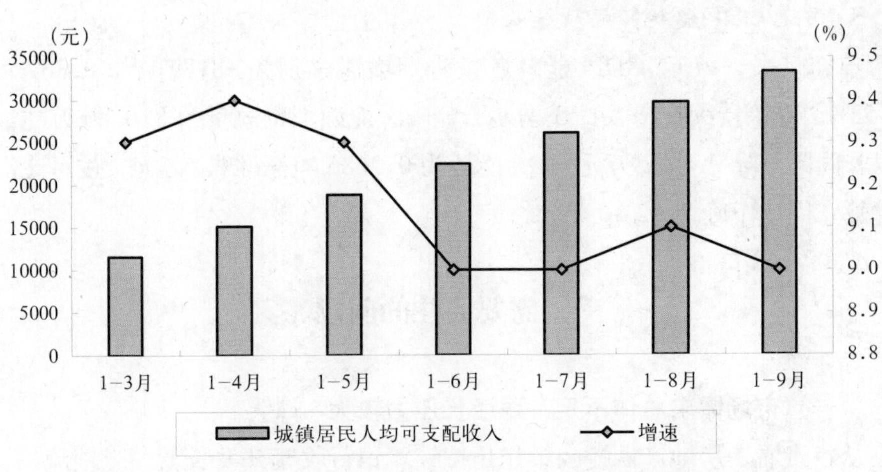

2. 农村居民人均现金收入平稳增长，增速高于城镇

前三季度，朝阳区农村居民人均现金收入增速呈现低开高走的态势。1-3季度，农村居民人均现金收入 21680 元，同比增长 9.6%（见图 6）。

图 6　2014 年农村居民人均现金收入走势

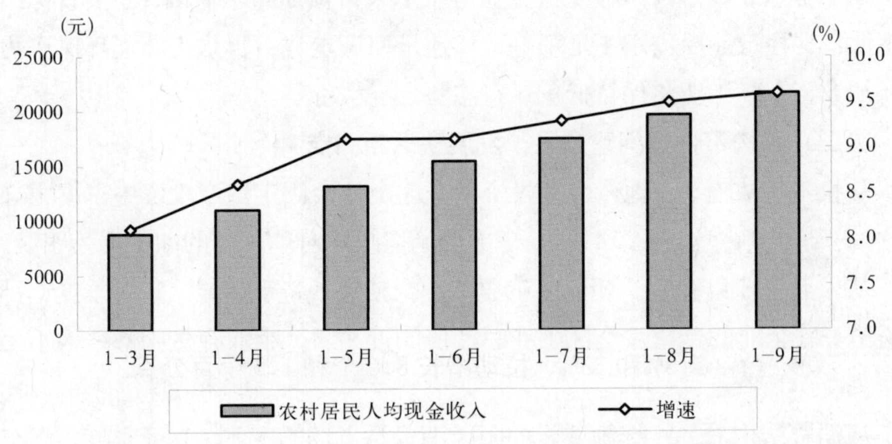

从结构看，工资性收入、财产性收入和转移性收入共同构成农村居民现金收入的主体，所占比重分别为 54.8%、23.4%和 18.8%。工资性收入和财

产性收入对现金收入增长的贡献突出,分别拉动增长 4.2 个和 3.7 个百分点。

3. 万元 GDP 能耗降幅持续收窄

年初以来，万元 GDP 能耗各报告期增速分别为−8.79%、−8.36%和−7.52%，降幅持续收窄。1−3 季度，朝阳区能源消费总量为 810.86 万吨标准煤，同比下降 0.8%；万元 GDP 能耗为 0.2686 吨标准煤/万元，按可比价格计算，同比下降 7.52%。

三、需要关注的问题

（一）市场需求总体不足，稳增长压力较大

从投资看，房地产调控政策作用持续，银行收紧开发贷款、土地流拍、商品房销售低迷，企业投资动力明显不足，再加上全市投资重点向郊区县转移，朝阳区投资增长难度不断加大。

从消费市场看，近年来，朝阳区大型商场、4S 店布局已趋于饱和，加上北京市车房调控政策的持续作用，全区消费品市场需求下滑，零售额增速提高的难度加大。

从工业看，朝阳区工业龙头企业对市场未来预期趋于谨慎，发展目标不断下调；支柱行业受需求不足影响，增速呈回调走势；再加上节能环保压力不断加大，全区工业将保持低位运行态势。

（二）结构不合理问题凸显，发展缺乏新亮点

从投资构成看，房地产开发投资在全区全社会固定资产投资中占据主导地位，1−3 季度占比达到 54.9%，房地产调控政策对朝阳区的冲击更为明显。

从工业企业结构看，朝阳区工业“一企独大”特征明显。1−3 季度，神华国华一家企业的产值占全区工业总产值的近 1/4，企业存量内部结构不尽合理。

从消费结构看，传统领域是朝阳区消费品市场的主体。1−3 季度，汽车及配件、综合零售、餐饮业、石油及制品合计零售额占比达到 63.7%，但受国家政策和经济环境影响，这些领域发展低迷。而互联网零售等新兴领域发展不足，难以形成支撑。

（三）先行指标比较低迷，后期发展或存隐忧

从投资角度看，反映市场活跃程度的民间投资和反映实际工作量的建安投资均呈下滑态势。1–3季度朝阳区民间投资同比下降18.4%；建安工程完成投资同比下降6.5%。

从消费角度看，1–3季度朝阳区批发和零售业销售额同比增长7.1%，增速分别较上半年和一季度下降0.6个和3.5个百分点，表明外部市场总体需求不足。

从资金角度看，1–3季度朝阳区中资银行人民币各项存款余额同比增长5.7%，较上半年下降7.9个百分点；各项贷款余额同比增长15%，较上半年下降1.7个百分点。

四、全年走势展望及对策建议

（一）全年走势展望

当前，全球经济持续复苏但不平衡，下行风险有所增加。货币基金组织预计2014年世界经济增速为3.3%，较之前的预测低0.1个百分点。IMF预计2014年中国经济增长7.4%，较之前预测低0.2个百分点，央行行长周小川预计增长7.5%左右，社科院预计中国经济增长7.3%左右。从外部经济环境看，虽然下行压力依然存在，但各项改革措施势必将释放更多机遇，市场信心有所增强。总体判断，朝阳区经济有望平稳发展。

（二）对策建议

1. 消费领域要促增量和优存量并举

一是建议相关部门要进一步加大工作力度，在考虑区域协调发展的基础上引进商业项目；二是相关部门要持续跟踪、研究国务院近期颁布的有关新能源汽车鼓励政策，待国家及北京市的政策细化落实后，迅速推出一批符合朝阳区特点的措施，在原有产业中寻找新的增长亮点，同时挖掘研究传统综合零售经营的新方式，促进全区消费品市场的平稳增长。

2. 投资领域要抓项目和调结构共进

一是加强调度，协调促进重点支撑项目尽快开工；二是积极调整投资结

构，缓解房地产开发投资比重过高的现状，一方面加大生产性服务业、文化创意产业、旅游业及高技术制造业等重点产业的投资力度；另一方面，要继续扩大基础设施投资，积极引导民间投资进入基础设施领域，增强投资的活力，保持朝阳区投资增长的可持续性。

3. 工业领域要疏解与培育齐抓

一是根据北京市的相关要求，对于需要清退的工业企业，要分类做好信息整理，准确掌握各项指标数据，做好朝阳区产业疏解工作；二是打破现有的企业集中模式，探索依托大企业的力量打造和培育具有区域优势的集群产业的发展模式，使朝阳区工业走上健康、平稳、可持续发展的道路。

2014年海淀区经济运行情况分析

◆◇余小华

内容提要：本文从增长速度、产业结构转型升级、经济发展方式转变、社会民生保障四个方面总结了2014年海淀经济运行的特点。分析表明，当前海淀经济发展呈现出阶段性新特征，经济增速从高速增长转向中高速增长；经济结构发生深刻调整，信息服务业、战略性新兴产业占比不断提高；经济发展动力从传统增长点转向新的增长点，房地产等传统行业的增长贡献持续下降，产品创新、业态创新和商业模式创新迸发出新活力。但当前新兴产业和新的增长点仍处于培育和集聚过程中，市场需求相对不足，经济快速增长的基础仍有待进一步巩固。

2014年以来，海淀区深刻认识新常态，主动适应新常态，积极引领新常态，区域经济运行呈总体平稳、稳中向好态势。城乡居民收入稳步增长，劳动就业和物价水平保持稳定。伴随着房地产市场以及传统商业等领域的持续下滑，高技术制造业、信息服务行业以及与互联网相关的新兴领域呈现出快速增长势头，产业结构、投资结构、消费结构调整转型的步伐进一步加快。

一、2014年全区经济运行情况

（一）增长速度由高速向中高速转换

近年海淀经济由两位数快速增长回落到8%–9%的中高速增长水平。2014年前三季度实现地区生产总值2989.16亿元，增长8.8%。一些传统行业进入低速发展通道，对经济增长的贡献减弱。1–11月，商品房销售面积、销售额降幅分别为52%、28.6%。前三季度房地产业增加值在地区生产总值中的占比为5%，比上年同期回落0.7个百分点。社会消费领域中一些奢侈消费、过度消费逐步回归常态，区内五星级、四星级饭店收入降幅达 11%。而大众化的居民消费热度不减，快餐、职工餐等便民餐饮业发展势头良好，其中快餐业营业额增速达 22.9%。

（二）经济结构加速向中高端转换

1. 符合区域核心功能定位的新兴产业快速增长

一是高技术制造业发展迅猛，1–11 月，海淀区高技术制造业实现产值 1046.5 亿元，同比增长 44.3%。信息设备制造、铁路航空运输设备制造企业订单饱满；二是环境工程、污水处理等企业发展态势较好，带动全区生态保护和环境治理业收入增长 21.5%；三是互联网相关产业实现了生产、销售、服务全链条的快速增长，计算机通信和其他电子设备制造业实现产值 930 亿元，增速达 50.8%；互联网零售业实现零售额 370.7 亿元，增长 92.3%；技术服务、广告和网游等互联网和相关服务业收入增长 30%左右。

2. 低端产业加速退出，为科技创新置换空间

中关村西区腾退进程加快，海淀图书城转型为中关村创业大街，集聚了包括车库咖啡在内的十余家创业服务机构。中关村科学城地区清退原有低端集体企业 3000 余家，为科技园区发展提供了宝贵空间。鼓励企业将生产制造环节外包或转移，2014 年共淘汰 8 家“三高”企业。

3. 投资结构发生明显变化

1–11 月，海淀区全社会固定资产投资实现 742.8 亿元，其中，城镇固定资产投资 535.8 亿元，增长 38.8%，占全社会固定资产投资的比重超过 70%。基础设施投资替代房地产投资成为拉动投资增长的主要力量，城市道路、轨道交通等基础设施投资 215.8 亿元，同比增长 56.1%。

（三）增长动力加速向创新驱动转换

1. 创新生态环境不断改善

一是区域环境水平明显提升，中关村科学城、北部生态科技新区、“三山五园”历史文化景区建设加快推进，初步构建南北中三大功能区协调发展的新格局；二是积极营造宽松经营环境。进一步简政放权，全年取消行政审批事项 36 项，精简合并 19 项，大力涵养税源，全年实现减免退税 350 余亿元；三是持续加强对创新企业的扶持力度，配套 21 亿元专项资金，支持自

主创新和产业发展。

2. 科技创业活力不断显现

一是搭建了中关村核心区协同创新服务、技术转移与知识产权服务、创新创业信息服务三大平台，围绕产业服务打造创新创业生态系统；二是助力“草根”创业，成功吸引18家创业项目及2家协会组织入驻科创硅谷孵化器。新认定36个集中办公区，累计吸引入驻创新型企业2000余家；三是企业创新的积极性不断增强，创新情况调查显示，近90%的规模以上工业企业有创新活动，产品创新、工艺创新、组织管理创新、营销创新的企业比例处于全市领先水平。

3. 企业核心竞争力不断提升

1-10月，海淀园企业发明专利申请数1.1万件，同比增长5.3%；在国内外具有重大影响的科技成果217项，部分核心技术已达到全球领先水平。新增161人入选千人计划、海聚工程和高聚工程，将科技服务、知识产权等专业人才纳入“海英人才”支持范围，带动了海淀区相关产业的发展。

（四）经济运行与社会民生良性互动发展

1-11月，海淀区城镇居民人均可支配收入45906元，同比增长9.4%；农村居民人均现金收入26114元，同比增长9.7%，均高于地区生产总值增速；劳动就业基本稳定，截止到三季度末，全区法人单位从业人员218.8万人，同比增长0.9%。除房地产业、住宿餐饮业从业人员呈现下降外，其他行业规模以上单位从业人员增速均较平稳；社会保障水平进一步提升，全区教育支出49.82亿元，同比增长8.4%，新增2000个入园学位，建成中小学6所；医疗卫生支出15.77亿元，同比增长42.7%，建成6个综合医联体，社区卫生服务工作稳步推进。

二、全区经济发展需关注的问题

（一）经济结构距离“高精尖”仍有差距

目前区域内仍存在一些低端产业以及产业链的低端环节，占据着大量要素资源，需要给予有效疏解。一些城市生活服务业领域规模相对较小、自身发展品质不高，比如批发零售、住宿餐饮等行业创造的地区生产总值不足 10%，劳动用工多，平均劳动生产率仅为全区平均水平的 60%，亟须提质增效。

（二）市场主体内生动力仍相对不足

企业生产经营仍不景气，1-11 月全行业用电量仅增 0.4%，全区第一大行业信息业用电量下降 4.1%。从盈利看，虽然企业亏损情况有所缓解，但仍未全面恢复到去年同期水平。通过调研发现，人力成本和融资成本不断增加，成为困扰企业经营的主要因素。此外，企业扩大再生产意愿不强，制造业、信息业投资均呈现负增长势头，并且以政府为主导的投资多，民间投资参与相对较少。

（三）居民消费潜能仍需充分释放

在经济增速放缓的新常态下，消费信心有所不足，消费者信心指数为 105，比上季度回落 0.9 个点。从结构看，居民消费仍有进一步挖潜的空间，食品、衣着等传统消费增速在持续放缓，1-11 月两类支出分别仅增 6.1%、8.9%。而休闲旅游、养生健身等改善型、发展型消费需求呈较快增长态势。此外，随着全区加大低端市场的撤市力度，将给周边居民的日常消费带来一定不便。因此及时布局便民商业网点，也尤为紧迫。

三、2015 年经济形势展望及建议

2015 年，海淀仍将面临错综复杂的外部环境，各种有利和不利因素共同交织。具体看，有利因素方面：2015 年是深化改革关键之年，随着各项改革措施的深入推进，市场活力将进一步增强。不利因素方面：当前新兴产业和新的增长点仍处于培育和集聚过程中，市场需求相对不足，全区经济快速增长的基础仍有待进一步巩固。综合以上因素，预计 2015 年海淀经济将保持中高速增长、总体趋稳。

为实现海淀区经济平稳健康发展，建议：一是优化创新环境。深入推进行政管理体制改革、并联审批改革，加快推进财税体制、投融资管理体制改革，进一步提升服务效能。着力完善科技成果转化机制、诚信引导机制，营

造创新的良好政策环境；二是多渠道促进经济转型升级。加大低端产业调整和退出力度，聚焦战略性新兴产业，全面落实先进工业三年行动计划。继续稳投资，加快推进三大功能区产业项目和配套设施落地，进一步释放生产力。扩大和推广民间资本投向基础设施互通互联和新技术、新产品、新业态、新商业等领域。推进消费优化升级，鼓励创新型产品在市场投放，通过创新供给激发消费活力，引导百货、餐饮等传统领域企业转型升级，完善便民商业设施，促进其规范化、连锁化经营。

2014 年丰台区经济运行及 2015 年形势分析

◆◇韩 伟 陈 涛 王 莉

内容提要：本文对 2014 年丰台区经济运行情况进行了全面分析，整体来看，丰台区经济的基本面呈现“总体平稳、稳中向好、稳中提质”的主要特点。结合主要经济指标和重点产业分析了目前经济运行中存在的特点和问题，同时结合目前国内外及北京市的经济运行特点对 2015 年的经济形势进行了预判，并提出相关的政策建议。

2014 年以来，在“三期”叠加的背景下，国内经济存在着特有的复杂性和不确定性，经济下行压力依然较大。丰台区上下认真贯彻落实“稳增长、促改革、调结构、惠民生”的工作总基调，积极采取有力措施，保持区域经济平稳运行。从前 10 个月的运行情况来看，丰台区经济的基本面呈现“总体平稳、稳中向好、稳中提质”的主要特点。从全年看，地区生产总值、固定资产投资、公共财政预算收入、城乡居民收入、万元 GDP 能耗完成全年目标任务把握较大。受政策、汽车限购等因素影响，消费品零售额实现年度预期目标面临很大难度。

一、区域经济发展总体向好

（一）经济运行基本面总体平稳

1. 经济增长稳中有升

从丰台区来看，经济运行保持平稳态势。前两个季度 GDP 增速分别为 7.2%和 7.8%，三季度实现地区生产总值为 756.6 亿元，同比增长 8.1%，高于全市增速，呈现进一步企稳回升的良好态势（见图 1）。

图 1　丰台区与全市 GDP 增速对比图

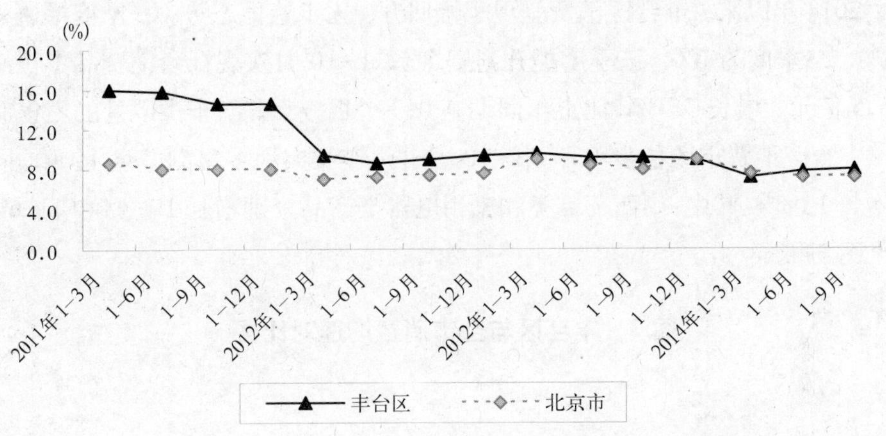

2. 投资增速稳步提升

2014 年以来，丰台区固定资产投资呈现稳步回升态势，一季度投资增长 8%，二季度投资增长 6.8%，三季度投资增长 8.1%；1–10 月，丰台区完成固定资产投资 649.8 亿元，同比增长 5.1%（见图 2）。其中，基础设施投资支撑作用增强，基础设施投资完成 171.2 亿元，同比增长 11.6%，拉动投资增长 2.9 个百分点。

图 2　丰台区与全市投资增速对比图

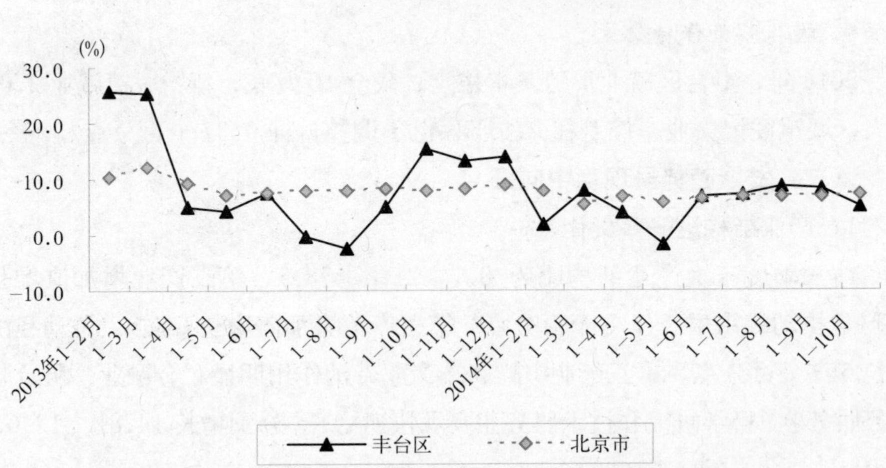

3．消费增长逐步趋稳

2014年以来，丰台区消费呈现小幅回升、逐步趋稳态势。一季度增速为4.1%，二季度为6%，三季度提升到6.8%，1–10月实现社会消费品零售额766.5亿元，增长7.3%，比上年同期高0.3个百分点。汽车类以外的零售额支撑丰台区消费市场稳步回升。1–10月非汽车类实现零售额584亿元，同比增长13.5%。其中：中西药品类和家用电器类商品分别增长19.8%和11.6%（见图3）。

图3　丰台区与全市消费增速对比图

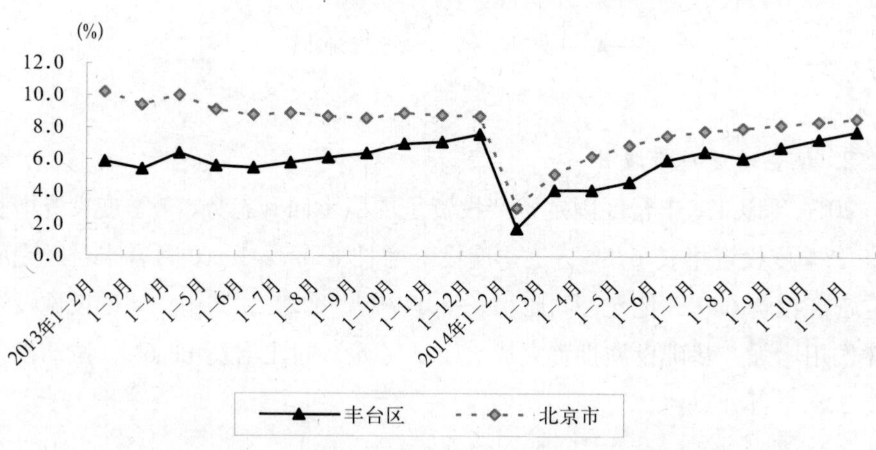

4．就业形势保持稳定

2014年，丰台区就业形势基本稳定，截至10月底，新增城镇就业3.07万人，城镇登记失业率控制在2.13%，低于调控目标0.37个百分点。

（二）发展趋势呈现稳中向好

1．产业结构进一步优化

前三季度三次产业结构比为0.1：21.6：78.3，第二产业增加值增长8.0%，拉动经济增长1.7个百分点；第三产业增加值增长8.2%，拉动经济增长6.3个百分点。第三产业中的高端产业带动作用明显，金融业、租赁与商务服务业、科学研究和技术服务业实现快速增长，分别增长14.8%、12.6%和10.1%，共拉动GDP增长4.1个百分点。

2. 金融业快速发展

随着丰台区经济的较快发展和丽泽金融商务区招商力度加大，金融业资产、收入、税金等指标均实现快速增长，逐步成为我区重要的支柱产业。1-10月，金融业实现营业收入36.5亿元，同比增长23.9%；实现利润总额20.8亿元，同比增长21.0%。

3. 文化创意产业平稳运行

1-10月，全区规模以上文化创意企业实现收入234.0亿元，同比增长2.2%。其中，新闻出版和设计服务两个领域贡献最大，分别增长26.2%和8.8%，拉动文创产业收入增长2.7和2.1个百分点。

4. 高新技术产业企稳回升

1-10月，科技园区实现技工贸总收入2457.3亿元，同比增长2.7%，增速比三季度高0.4个百分点，呈现企稳回升态势；实现利润总额137亿元，同比增长21.5%。其中，生物工程和新医药、电子与信息领域对总收入有较大的拉动作用，拉动总收入增长1.9个百分点。

（三）整体发展突显稳中提质

1. 公共财政预算收入稳步增长

1-10月，丰台区实现公共财政预算收入74.9亿元，同比增长10.7%，保持稳步增长态势。从重点行业看，金融业、科学研究和技术服务业保持较快增长势头，分别增长58.6%和26.1%，共拉动税收增长6.6个百分点。

2. 城乡居民收入增速快于经济增长

城乡居民收入增长始终高于丰台区经济增速。1-10月，城镇居民人均可支配收入33874元，同比增长9.5%。农村居民人均现金收入20287元，同比增长10.6%。

3. 企业盈利能力明显提高

1-10月，丰台区规模以上工业企业累计实现利润总额15.9亿元，同比增长12.3%；第三产业实现利润总额121.1亿元，同比增长28.7%，企业效益状况明显好转。

4. 节能降耗效果明显

随着推进大气治理、节能降耗等各项政策措施的有效落实，我区能源消费总量增速有所降低。三季度丰台区万元地区生产总值能耗下降 6.1%，高于年度目标 2.3 个百分点，经济发展的环境效益日益凸显。

5. 经济活力和创新能力增强

1–10 月，科技园区实现技术收入 196.5 亿元，同比增长 21.1%，比园区技工贸总收入增速高 18.4 个百分点；企业内部用于科技活动的经费支出 34.9 亿元，同比增长 5%；专利授权数 757 件，同比增长 14.9%，创新能力进一步增强。

三、2015 年形势的判断和需要关注的问题

近两年，随着北京市“调结构、转方式”的主动调控，经济发展进入新常态，经济增长速度略有放缓，在新常态下经济结构在持续改善，增长的质量有所提高。2015 年是“十二五”的收官之年，全国经济仍然处于深度调整期，下行压力较大。改革红利的释放及调整转型的效果显现需要一定时间，短期内经济发展中的问题仍需关注。

（一）经济下行压力犹存

国内经济仍然面临下行压力，从全市来看，推进非首都核心功能疏解、治理城市病的任务十分艰巨，工业增长后劲不足、投资拉动力减弱等问题犹存；从丰台区来看，虽然 2014 年以来经济增长呈平稳上升趋势（各季度经济增速 7.2%，7.8%，8.1%），但离年度预期目标还有差距。

（二）投资项目支撑不足

1–10 月，丰台区重点区域投资降幅扩大，完成投资 96 亿元，同比下降 48.3%，降幅比 1–9 月扩大 4.6 个百分点。

（三）消费结构有待进一步优化

从前 10 个月的消费运行特点看，新车销售下降、电子商务发展缓慢和中央政策实施成效是制约消费进一步提速的主要原因。2014 年新车摇号总量下降 40%，汽车车类下拉零售额 2.4 个百分点。

（四）工业生产有待稳固

2014 年以来，我区规模以上工业生产一直保持低位运行。1–10 月，丰

台区规模以上工业实现总产值 252.7 亿元，同比增长 2.3%，比上月回落 2 个百分点。其中，规模以上高技术制造业同比增长 3.6%，比上月回落 1.9 个百分点；现代制造业同比增长 2.4%，比上月回落 2.8 个百分点。

（五）城乡居民增收有待加强

10 月，丰台区城乡居民收入增速虽然增速平稳，但有放缓迹象。工资对收入增长的支撑作用有待加强，仅靠增加转移性收入等政策性增收难以保障收入持续增长。

四、相关对策建议

第一，研究落实相关政策，优化产业结构。一是针对重点支撑行业，如工业、科学研究和技术服务业、租赁和商务服务业、金融业等，进一步落实国家和北京市的相关产业促进政策，推动企业提质增效；二是抓紧研究构建“高精尖”经济结构的相关政策和准入标准，积极引入符合首都功能定位的新项目、新投资。

第二，促进重点项目进度，保障投资增长。一是调度重点项目施工进度，增加实物量投资；二是督促土地项目尽早开工，加快投资建设步伐；三是解决项目资金问题，推进项目施工进度。积极拓宽项目的融资渠道，建立多元化融资体系。

第三，推动商业结构调整，促进消费持续增长。一是积极落实各项促进消费政策，密切关注汽车、家电、家具和信用消费等领域；二是推进线上线下商业资源融合发展，加快形成传统商业与电商互促发展的总部聚集区；三是加快新开业的商业设施推进速度。

第四，关注丰台区工业企业经营状况。一是密切关注全市产业调整、行业疏解的相关政策以及严格控制的新增产业目录，积极帮助企业应对调整；二是加大对主导产业的政策支持力度。

第五，促进城乡居民增收。一方面继续探索落实促进收入增长的长效机制，促进居民收入与经济发展同步增长；另一方面，应加大对困难家庭的帮扶力度，促进低收入家庭再就业。

2014 年石景山区经济运行稳中提质

◆◇谭召辉

内容提要：2014 年 1—11 月，石景山区经济运行总体平稳，增长速度处于合理区间，结构调整、提质增效取得了积极进展，速度与结构质量效益更趋协调。但服务业支撑点单一、高端产业引领作用有待加强和投资增长后劲不足等问题仍需引起关注。机遇挑战并存，下阶段，应在增强战略性新兴产业的支撑作用，完善投资领域制度建设等方面下工夫。

2014 年以来，石景山区认真贯彻落实各项决策部署，围绕建设国家级绿色转型发展示范区的战略目标，着力推动“八个高端体系”建设，结构调整稳中有进，转型升级势头良好，综合经济实力明显增强。

一、对经济运行的基本评价

（一）经济在合理区间稳健运行

据北京市统计局反馈数据显示，前三季度石景山区地区生产总值实现 280.3 亿元，同比增长 7.1%（现价）（见表 1）。

表 1　2014 年前三季度地区生产总值完成情况

指　标	绝对量（亿元）	现价增速（%）	占　比（%）
地区生产总值合计	280.3	7.1	100.0
第二产业	99.1	4.0	35.4
工业	54.0	−2.2	19.3
建筑业	45.0	12.5	16.1
第三产业	181.2	8.8	64.6

1. 投资增势趋缓结构优化

1–11 月，全社会固定资产投资完成 152.6 亿元，同比增长 0.1%，走势趋于平缓。基础设施建设投资是扩大内需政策中非常重要的投资方向，全区 14 个亿元以上重大基础设施项目共完成投资 47.3 亿元，占全社会固定资产投资比重近三成。

2. 消费品市场运行态势良好

1–11 月，石景山区实现社会消费品零售额 209 亿元，同比增长 12.1%，增速在城六区位列第一。其中限额以上企业实现零售额 174.7 亿元，占全区零售总量的 83.6%。

3. 质量效益明显提升

1–11 月，石景山区财政收入在金融业、房地产业拉动下保持较快增长，同比增长 21.8%，增速位于全市第一。1–10 月，全区规模以上工业企业和重点服务业企业分别实现利润总额 49.4 亿元和 114.1 亿元，同比增长 89.5% 和 12.2%。居民收入增速有所加快，1–11 月，全区居民人均可支配收入 38331 元，同比增长 8.5%。就业形势保持稳定，11 月底，全区城镇登记失业率为 2.37%，控制在 2.5%的预期目标内。

二、调结构、转方式过程中的主要亮点

“十二五”以来，石景山区经济经历了三个阶段：第一阶段，2011 年各季度经济增长速度呈现一条以 7.5%–9.2%为区间、8.4%为中线的波动曲线。第二阶段，从 2012 年第一季度起，全区经济有所下滑，总体增速在 4.1%–5.3%的区间波动，进入“换挡期”。第三阶段，2013 年上半年至今，经济开始企稳回升，各季度增速均保持在 7%的平均水平（见图 1）。

随着经济发展步入“新常态”，石景山区在加快构建与国家级绿色转型发展示范区相适应的高端服务业为主导的产业体系的过程中，新的增长点的产生带动经济稳步增长。2014 年前三季度，第三产业对全区 GDP 贡献率为 79.6%。第三产业中对 GDP 增长拉动作用最强劲的是信息传输、计算机服务和软件业，拉动 GDP 增长 1.7 个百分点。此外，贡献率在 10%以上的第三

产业还有教育和金融业，分别都拉动GDP增长了1个百分点（见图2）。

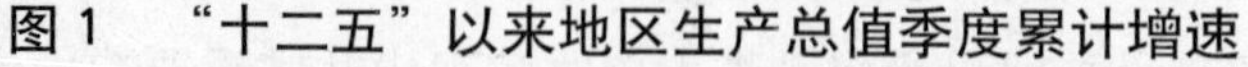

图1 “十二五”以来地区生产总值季度累计增速

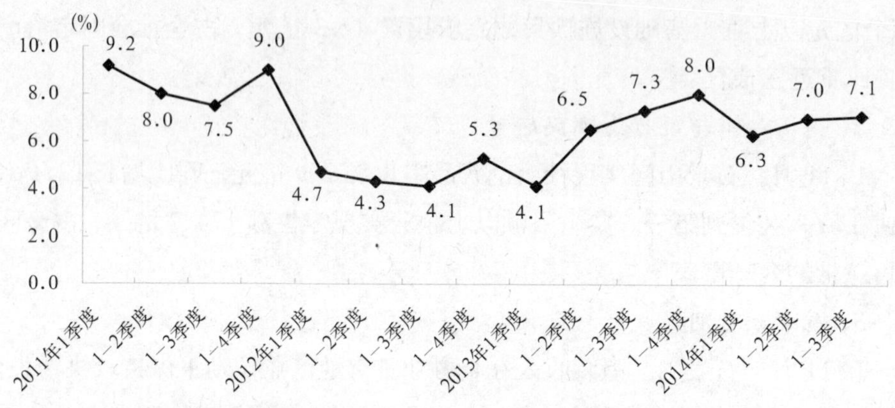

图2 “十一五”以来三次产业比重

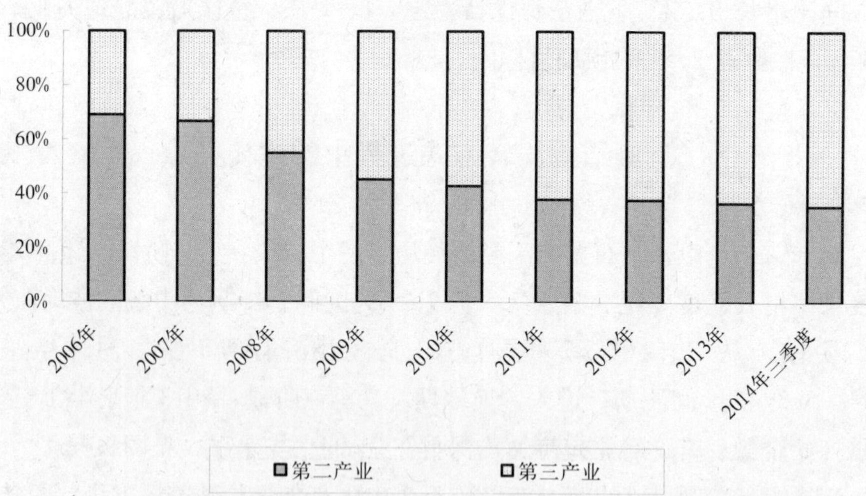

（一）金融业“一轴两翼”蓬勃发展

1—10月，金融业实现收入140.6亿元，同比增长42.6%，在三产中所占比重达到11.7%，拉动第三产业收入增长3.4个百分点。实现利润总额89.2

亿元，同比增长 49.7%，在三产中所占比重为 78.2%，对三产利润的贡献率达 239.2%。初步形成以“长安金轴”带动互联网金融产业基地、北京保险产业园的“一轴两翼”发展特色，成为引领区域经济转型的核心产业。

（二）文化创意产业重点领域优势明显

石景山区文化创意产业以网络游戏、影视动漫、数字媒体为支撑，经济总量持续稳定增长。1-10 月，全区规模以上文化创意产业实现收入 232.4 亿元，同比增长 10.2%；实现利润总额 10.8 亿元，同比下降 62.9%，环比降幅收窄 10.2 个百分点。

（三）汽车零售向中高端品牌延伸，无商铺零售增势强劲

1-11 月，限额以上汽车零售实现零售额 77.9 亿元，同比增长 6%。占全区零售额的 37.3%，拉动全区零售额增长 2.4 个百分点。奥迪、宝马、英菲尼迪、保时捷等高端品牌实现零售额在全区汽车零售企业中均排在前五位，累计共实现零售额 33.1 亿元，同比增长 7.8%，占全区汽车零售额的 42.5%。网络及电视类无店铺零售企业实现零售额 10.8 亿元，占全区零售额的 5.2%，并以其同比增长近一倍的增速，拉动全区零售额增长 2.8 个百分点。

（四）商务服务业、旅游业形势向好

1-10 月，规模以上商务服务业实现利润总额 2 亿元，同比增长 22.1%。前三季度，实现旅游综合收入 30.6 亿元，同比增长 10.3%，增速列全市第三位。

三、经济转型过程中需关注的两个问题

（一）工业高端产业有待加强，服务业产业支撑点单一

低耗能、高附加值的两大新兴产业（高技术产业和现代制造业）是石景山区未来工业发展的重要突破点，但目前来看，两大产业规模效应不显著。前三季度，全区工业高技术产业和现代制造业分别实现产值 5.7 亿元和 27.7 亿元，占工业总产值的比重分别为 3.2%和 15.8%，增速分别同比下降 43.7%和 7%。服务业 13 个行业分类中，除信息传输、计算机服务和软件业，金融

业和教育三个行业外，其余各行业对地区生产总值贡献率都不足 5%。批发零售业占服务业收入的比重为 56.4%。金融业占服务业利润总额的比重达到 78.2%。服务业产业支撑点较为单一，抗风险能力较弱。

（二）固定资产投资后劲不足，工程项目推进缓慢

截至 11 月底，石景山区完成全年投资进度任务的 83.4%，全市区县排名第 13 位。主要原因，一是在 2013 年 1–2 月全社会投资的增速有一个高幅增长，同比增长了 2.8 倍，导致 2013 年投资基数偏高；二是 2014 年 1–11 月，全区重点建设项目开复工率仅为 63.4%，共实现投资 121.4 亿元，占全社会投资比重 79.6%。受各种因素影响，项目推进困难，对全社会投资完成进度有较大影响（见图 3）。

图 3　“十二五”以来全社会固定资产投资

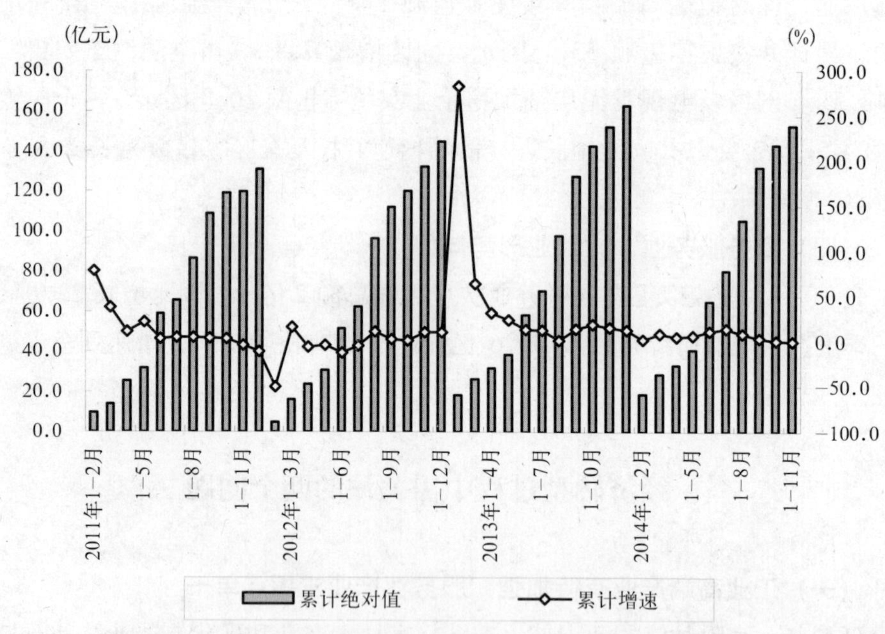

四、促进经济发展的建议

2014 年国家和北京市陆续出台了一系列支持政策，石景山区产业转型升

级、服务业高端发展迎来了前所未有的发展机遇。但国内经济形势“三期”叠加，市场需求增长乏力，仍要注意到产业增长动力不足，商业、服务业等需求支撑作用有待增强等因素。

（一）积极培育战略性新兴产业，推动传统产业转型升级

一方面要大力发展高新技术服务业、养老、医疗、教育等新兴人文服务业；另一方面，要加快产业调整和疏解进程，加快低端污染产业退出，严格控制新增项目落地，淘汰或改造落后技术产能，进而改善经济结构。

（二）完善投资领域制度建设，培养消费热点释放消费潜力

促进投资结构更加合理，完善投资体制，提高行政审批效率，简化审批环节、划清土地权属，拓宽投融资渠道。由政府搭建以企业，特别是龙头企业为主体的开放性创新平台，吸引、整合上下游的产业资源、创新资源，实现市场化的集成。

努力扩大消费需求，不仅要适应消费结构升级的新趋势，还要结合本市产业结构升级的新要求，积极培育消费热点。既要扩大商品消费，又要增加服务消费。既要提高消费能力，又要营造消费环境，释放居民的消费潜力。

2014 年门头沟区经济发展形势及特征

◆◇林爱诺

内容提要：2014 年以来，门头沟区经济社会运行情况良好：经济总量持续平稳增长，受现代制造业大幅增长的带动，增速逐季小幅扩大，经济结构也不断优化调整；从需求方面来看，城市建设力度继续加大，投资保持高位运行，消费市场稳步增长；从产业方面来看，主导产业处于培育过程中，旅游市场发展不快；社会指标方面，居民收入水平继续提高。

2014 年以来，全区紧紧围绕学习贯彻习近平总书记视察北京时的重要讲话和全市经济形势分析会精神，积极完善城乡建设与管理，加大主导产业培育力度，按照生态涵养功能定位，加快招商引资企业的准入和落地，完善基础体系建设，统筹推进经济转型发展，全区经济社会发展保持了良好势头。

一、经济发展平稳有序，结构调整不断深化

2014 年前三季度，全区实现地区生产总值 98.1 亿元，按不变价计算，比上年同期增长 9.9%，其中工业实现增加值 46.9 亿元，占全区地区生产总值的 47.8%，三次产业结构为 0.8：52.8：46.4。在全区大力推进产业培育和加大投资力度的带动下，三次产业及产业内部结构不断调整。

（一）工业结构不断优化

2014 年下半年以来，工业生产快速好转，规模以上工业总产值增速迅速攀升，1–11 月，完成工业总产值 87.3 亿元，同比增速达到 20.3%，一季度和上半年分别为–5.1%和 7.8%。现代制造业企业累计完成工业总产值 44.4 亿元，同比增长 115.7%，拉动工业增长 32.8 个百分点，贡献率达到 161.3%，成为门头沟区工业经济增长的重要引擎，对产业结构调整起到了积极促进作

用。以煤炭开采为主体的资源型工业 1–11 月累计完成工业总产值 27.6 亿元，同比下降 21.2%，产值占工业比重由一季度 48.1%，缩小至二季度 35.8%，三季度降至 33%，1–11 月进一步降至 31.6%。因此尽管煤炭生产和销售仍处于下降通道，但受现代制造业增长的抵消，工业增速仍在持续上升，是地区生产总值增速加快的主要推动力。

（二）投资领域向主导产业倾斜

第三产业投资达到 233 亿元，同比增长 24.5%，占全社会固定资产投资的 96.2%。其中旅游相关投资力度加大，围绕旅游文化休闲这一主导产业，全区着力推进全域景区化建设，扎实开展重大旅游项目建设。1–11 月，完成旅游文化建设投资 10.7 亿元，投资项目达 33 个。重点开展了阳坡园旅游山地度假村项目、北京龙凤祥和旅游文化基地、天门山景区升级改造、南石洋大峡谷等景区建设工程，旅游景区建设加快推进，旅游文化休闲产品吸引力逐步提高。

（三）园区承载能力不断增强

根据全市最新反馈数据，1–10 月，中关村门头沟园区规模以上企业共计实现总收入 71.4 亿元，同比增长 120.5%；期末从业人员 21275 人，同比增长 194.7%。园区高新技术企业实现利润 8.9 亿元，是上年同期的 3.4 倍，园区效益的不断提高为全区结构调整起到重要的推动作用。根据全市最新反馈数据，1–8 月，地均产出率、劳均产出率和产业集中率分别为 28.7 亿元/平方公里、24.9 万元/人、31.2%，分别完成目标值的 137.9%、80.4%、209.6%。

二、投资保持高位运行，消费需求稳步增长

2014 年以来，全区以大项目为抓手，加快推进城市转型发展步伐，1–11 月，全区全社会固定资产投资完成 242.2 亿元，比上年同期增长 14.9%。其中房地产开发项目完成 159.1 亿元，同比增长 72.8%，占全社会投资比重达到 65.7%，比重较上年同期提高 22 个百分点，全社会固定资产投资总量继续保持生态涵养区首位。

（一）大项目拉动作用明显

1–11 月，全区计划投资亿元及以上项目 102 个，同比增加 10 个，完成投资 226.9 亿元，同比增长 21.3%，占全社会固定资产投资总量的比重为 93.7%，其中 10 亿元以上项目 22 个，完成投资 176.4 亿元，同比增长 73.6%，占全社会投资比重 72.8%，较上年同期提高 24.6 个百分点，对固定资产投资增长贡献率达 238.5%，拉动投资总量增长 35.5 个百分点。

（二）零售、消费等增长较快

1–11 月，全区实现社会消费品零售额 48.1 亿元，同比增长 9.2%，增幅逐步小幅扩大，比上月增速提高了 0.2 个百分点。从主要商品类别来看，受城市建设的带动、郊区旅游的发展等因素影响，机动车燃料类零售一直在消费品市场中排名第一，实现零售额 12.9 亿元，同比增长 12.4%，拉动全区零售额增长 3.2 个百分点，是全区零售额增长的主要动力；超级市场类零售近年来一直在全区零售额中占据重要份额，实现零售额 5 亿元，占全区零售额的比重为 10.5%。随着居民消费水平的提升和安置房的集中入住，日用家电设备零售实现了较快增长，实现零售额 2 亿元，同比增长 7.8%。

三、景区收入快速增长，旅游产业仍需发力

旅游景区人次收入实现双增长，A 级及主要景区实现营业收入 9958.7 万元，同比增长 20.8%，接待游客 147.7 万人次，同比增长 10.8%。潭柘寺、爨柏景区和戒台寺增长较快，营业收入分别同比增长 27.3%、23.3%和 14.9%，接待游客人次分别同比增长 15.1%、17.2%和 14.2%。从收入结构来看，实现门票收入 5767.2 万元，占营业收入的 57.9%，同比增长 15.2%，仍然是景区收入的主要来源；以场租、娱乐消费等为主的其他收入增长较快，达到 3988 万元，占营业收入的 40%，同比增长 30.7%，在三项收入构成中增速最快，对全部收入的贡献率为 54.7%，贡献率最大，是今后景区收入挖潜的主要方向。

前三季度实现旅游收入 14.9 亿元，同比增长 6.2%。从前三季度来看，在旅游收入构成的七个部分中，旅游商业、住宿业和旅行社综合收入占

61.9%，其中受消费市场增速同比减弱影响，旅游商业综合收入增幅不高，住宿业受会议接待数量减少的影响收入小幅增长，旅行社单位数量较少，而且由于接待能力有限以及国内组团游减少，旅行社收入大幅减少，同比下降13%，对旅游收入增长产生较大的下拉作用，综合来看，旅游收入完成全年目标存在较大的压力。

四、居民收入稳步提高，生活水平不断改善

2014 年 1–11 月，城镇居民家庭人均可支配收入 34875 元，同比增长 8.9%。转移性收入对总收入增长起到较强的拉动作用，养老金和离退休金逐年上调，加上福利养老金和基础养老金等社会养老金持续增长、城镇居民最低生活保障标准上调等因素带动转移性收入增长，对可支配收入增长起到较强的拉动作用。随着收入的逐步提高，城镇居民对生活品质的追求也越来越高，人均生活消费支出达到 21488 元，同比增长 7%，其中家庭设备用品及服务支出大幅增长，增速达到 36.7%。

农村居民人均现金收入为 18702 元，比去年同期增长 8.3%，农村居民人均现金收入持续平稳增长。在收入结构中，人均家庭经营收入 3680 元，增长较快，增速达到 13.2%，拉动收入增长 2.5 个百分点；人均工资性纯收入 11053 元，同比增长 4.4%，占收入的比重最大，拉动人均现金收入增长 2.7 个百分点。农民人均生活消费支出为 10775 元，同比增长 7.4%。

综上所述，2014 年全区经济保持了平稳增长的态势，投资高位运行，带动建设领域发展提速，对全区经济发展起到了积极的促进作用，但从主要指标完成情况来看，消费市场维持了稳步增长，由于全区消费市场规模较小，而且缺乏新的增长点，增幅进一步扩大存在较大困难。此外主导产业仍在培育当中，旅游产业发展转化为经济效益尚需时间。综合来看，预计全年经济总体仍将保持平稳增长，今后仍需在引入企业落地、培育发展主导产业方面加大力度，促进全区产业结构的调整，实现经济全面快速发展。

2014 年房山区经济运行稳中向好

◆◇吴丞可

内容提要：2014 年以来，在错综复杂的国内外环境中，全市着力“稳增长、促改革、调结构、惠民生”，经济呈现总体平稳、稳中有进、稳步提质的特点。全区经济在延续上半年平稳运行态势的基础上，部分领域出现积极变化，呈现稳中向好态势。从主要领域看，生产领域不断提速，需求领域保持平稳，企业效益持续好转，居民收入稳步增长。但在各项调控政策持续发力、产业转型等因素的影响下，投资增速持续回落、商品房销售下滑等问题仍需引起关注。下阶段应结合全区经济自身特点，抓住产业疏解和升级的机遇，引导经济健康有序发展。

一、经济运行稳中向好

（一）经济总量保持增长，财政收入降幅收窄

2014 年前三季度，全区实现地区生产总值（GDP）344.4 亿元，按不变价计算，比上年同期增长 8.6%，增速比上半年提高 0.9 个百分点。全区财政收入完成 103.4 亿元，同比下降 9.3%，降幅比上半年收窄 6.1 个百分点。全区实现税收 146.5 亿元，同比增长 8%，比上半年提高 5.9 个百分点（见图 1）。总体上看，全区经济呈温和回升态势。

（二）工业生产不断提速，大型企业带动作用明显

2014 年 9 月份全国制造业采购经理指数（PMI）为 50.3%，与上月微升 0.1 个百分点，是自去年 11 月份后首次回升，预示着未来经济平稳增长的态势不会改变。前三季度，全区工业实现产值 878.5 亿，同比增长 20%，增速比上半年扩大 7.6 个百分点，2014 年以来始终保持在两位数的增长，发展势头良好。

图 1 北京市和房山区地区生产总值季度累计增速

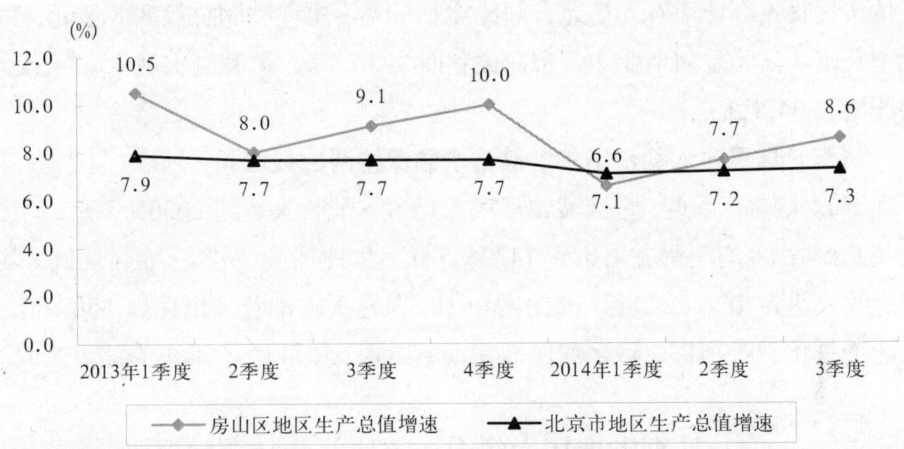

（三）消费市场保持平稳，消费结构逐步优化

2014 年前三季度，全区消费品市场在华冠、奥莱和汽车销售企业的带动下，总体呈现平稳增长态势，社会消费品零售额实现 164.3 亿元，同比增长 10%。

从消费结构来看，以综合零售为主的传统格局正逐步打破，新增长点正培养壮大。前三季度，零售业实现零售额 120.5 亿元，同比增长 13.3%。奥特莱斯零售额同比增长 2.9 倍，拉动全区零售额增长 2.8 个百分点。汽车销售规模持续扩大，实现零售额 18.8 亿元，同比增长 15.5%。高档餐饮消费降温，大众化快餐带动餐饮业回暖，餐饮业实现零售额 23.7 亿元，同比增长 8.3%。其中，大众化快餐实现零售额 1.5 亿元，同比增长 25.4%。

（四）单位效益持续好转，经营压力逐步缓解

2014 年前三季度，全区地税收入中企业所得税收入实现 100.6 亿元，同比增长 53%，增速比上半年提高 7.3 个百分点，企业经营效益持续好转。

工业企业效益向好，从总体来看，盈利额和盈利面扩大。2014 年 1–9 月，全区规模以上工业企业实现主营业务收入 841.5 亿元，同比增长 14.5%；实现利润总额 10.4 亿元，比去年同期减亏 33 亿元。全区规模以上工业盈利企业 105 家，盈利面为 64%。

第三产业收入和利润双增长。截至 9 月底，全区规模以上第三产业法人单位实现收入合计 796.5 亿元，同比增长 11%；实现利润总额 8.8 亿元，同比增长 1.2 倍。盈利企业 247 家，盈利面为 36.7%；盈利额实现 15.1 亿元，同比增长 64.1%。

（五）居民收入稳步增加，储蓄余额保持两位数增长

2014 年前三季度，全区城镇居民人均可支配收入达到 26365.3 元，同比增长 9.5%；人均消费支出达到 14796.5 元，同比增长 2.4%。农村居民人均现金收入达到 16228.7 元，同比增长 10.2%；人均消费支出达到 8507 元，同比增长 8.5%。9 月末，城乡居民储蓄余额达到 651.4 亿元，同比增长 12.9%。

二、转型发展压力较大，需要关注几个问题

（一）项目投资进度放缓，全年任务尚存缺口

随着全市限排治污政策和《北京市新增产业的禁止和限制目录》出台，未通过环评或行业受限的投资项目进展缓慢，一批工业项目，特别是化工项目的落地和推进受到波及，影响了全区投资进度。前三季度，全社会固定资产投资完成 337 亿元，同比增长 3.9%，完成全年进度 505 亿元的 66.7%，落后计划进度目标（72%）的 5.3 个百分点。

从重点项目来看，高端制造业基地全年计划投资 30 亿元，目前仅完成投资 6.3 亿元，占全年计划的 21.1%。同时受环境影响评价管控力度的加大、融资及手续办理的影响，石化新材料基地部分项目开工受到影响，文化硅谷投资进展缓慢。

（二）房地产步入调整期，支撑作用有所减弱

2014 年以来，全区商品房销售面积和销售额持续负增长，前三季度，商品房销售面积为 100.4 万平方米，同比下降 27.8%；商品房销售额实现 150.1 亿元，同比下降 28.3%。销售面积和销售额降幅与上半年基本持平，房地产市场在政策引导和市场自发调节的双重因素下步入调整期。

（三）产业发展限制增加，结构调整任务艰巨

按照北京市出台的《关于下达工业压减燃煤和企业调整退出任务指标的

通知》和《北京市新增产业的禁止和限制目录》要求，全区发挥政府宏观调控职能，严格限制不符合首都城市功能定位的劣势产业发展，坚决杜绝“五小企业”，加快淘汰高污染、高耗能、高耗水企业，腾退一批不符合城市发展新区功能定位的价值链低端企业。

截至9月底，全区累计调整退出污染企业87家，减少能耗19.3万吨标煤，减少主要污染物排放量 2156 吨。高端制造业基地、石化新材料基地部分签约企业或已摘地的项目由于属于北京禁限行列等原因，也面临下马风险，亟待高端、低能耗、无污染产业项目替代。

三、全年走势展望及相关建议

（一）全年走势展望

2014年前三季度，全区经济运行呈现总体平稳回升迹象，不利因素与有利因素并存。一方面，产业增长后劲需要夯实，需求的支撑作用有待提高，完成年度经济增长目标仍有一定难度。另一方面，经济环境趋于改善，企业效益企稳回升，市场信心有所增强，各项改革措施的积极作用也正在显现。总的来看，全区经济有望继续保持稳定增长的态势。

（二）未来工作的相关建议

1. 全力以赴，确保全年目标完成

一是加快推进投资项目，尤其是重大项目，按照时间表做好项目推进，加强对进展缓慢项目的跟踪调研，全区各部门要通力协作，形成合力，“促规划项目落地，促筹建项目开工，促在建项目竣工”，破解拆迁难题，拓展融资渠道，继续保持投资适度规模；二是关注辖区内重点企业的发展，特别是大中型企业的发展，应加强协调和沟通，关注重点企业的生产经营，及时了解企业动态及发展变化情况，做好相应服务工作。

2. 调整结构，科学平衡存量和增量

一方面，优化存量产业。一是及时清理低端业态，稳妥推进对体量大、影响大的企业的调整，严格项目准入制度，把好入口关，实现产业结构优化升级；二是鼓励传统优势行业转型，促进传统生活配套商业、服务业与电商、

移动终端等高效城市服务形式融合发展，打造 “高端、优质、低耗”发展模式。另一方面，要抓紧培育增量。一是搭建平台，以中关村房山园等发展载体为依托，整合区域优势资源，打造一批符合产业导向的科技创新型企业集群，提高产业集约化发展水平，形成辐射力和带动力；二是做好引进，以治理污染，节能减排为契机，优先发展节能环保、文化创意、软件和信息技术服务等相关产业。借助绿地起航社、长阳半岛商业配套、首开熙悦山写字楼等商业地产的建设和崛起，引导优质企业进入，助推房山楼宇经济起步。

2014 年通州区经济运行情况分析

◆◇刘　翀

内容提要：2014 年以来，全区经济运行总体平稳，调结构、转方式的工作取得积极进展，但处于转型期的通州经济，增长点不足的问题也较为突出，部分重点领域走势偏弱，经济运行存在不稳定性，要给予关注。进入四季度，全区经济走势总体平稳，预计全年不会有大的波动，但完成经济增长的预期目标难度较大。

2014 年以来，全区经济在增长趋势上有所放缓，但总体平稳。从主要领域看，工业生产持续低速运行，投资较快增长，消费市场运行平稳，城乡居民收入稳步提高。但由于全区经济正处于转型期，增长点不足的问题也较为突出，如存量企业增势不足，增量企业缺乏，优势产业不突出，支柱产业房地产业走势低迷等，加之后期基数的提高和大环境带来的不利影响，全区经济增长面临的压力较为明显，实现全年预期目标难度较大。

一、经济运行总体情况和特点

（一）总体运行：增长趋势有所放缓，但总体平稳

初步核算，2014 年 1–9 月，全区实现地区生产总值 349.4 亿元，同比现价增长 8.3%，增速比上半年回落 0.1 个百分点，低于一季度 0.4 个百分点。各季增速有所放缓，但波动均没有超过 0.4 个百分点（见图 1）。

图 1　2014 年通州区地区生产总值现价增速图

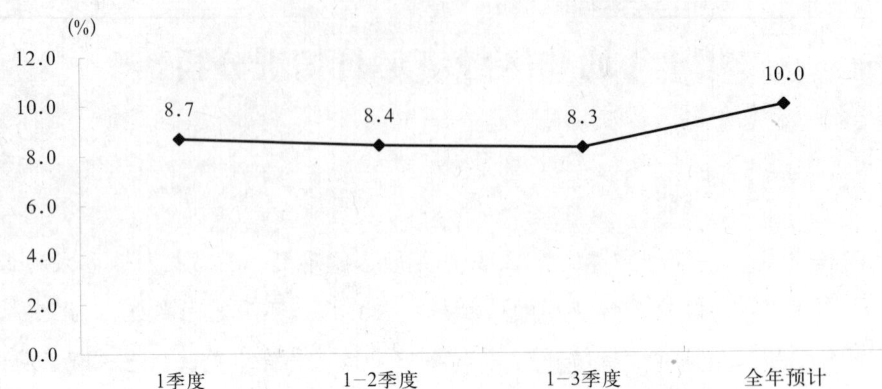

（二）运行效果：财力进一步增强，税收增速平稳，就业和社保有序推进，城乡居民收入稳步提高，二、三产业效益有所提升，全区经济运行的基本面较好

1. 财政收入较快增长，税收增速平稳

1-10 月，全区实现地方财政收入 386.2 亿元，为上年同期的 2.1 倍。其中，公共财政预算收入同比增长 13.2%。全区税收总额达到 164.3 亿元，同比增长 8.8%。其中，国税增长 1.4%；地税增长 15.8%。

2. 城乡居民收入稳步提高

1-10 月，全区农民人均现金收入为 17946 元，同比增长 10.7%，高于全市 0.3 个百分点；全区城镇居民人均可支配收入为 30458.3 元，同比增长 10%，高于全市 0.5 个百分点。

3. 劳动就业和社会保障工作有序推进

1-10 月，全区实现新增就业 1.8 万人，城镇登记失业率控制在 1.98%，低于控制目标 0.52 个百分点。截至 10 月底，城乡各项社会保险制度参保人员 86.55 万人，同比增长 6.4%。

4. 规模以上企业效益提高

工业利润较快增长，1-10 月，规模以上工业企业实现利润总额 38.1 亿元，同比增长 32.4%，较上半年增长 6.9 个百分点。占比较大的行业是医药制造业和汽车制造业，实现利润为 10.3 亿元和 8.6 亿元，分别增长 33% 和 13.9%，两行业占规模以上工业利润的比重达到 49.6%。

在重点行业带动下，第三产业盈利能力提升。1–10 月，规模以上第三产业实现营业利润 20.9 亿元，同比增长 34.7%。其中，批发和零售业为 12 亿元，同比增长 167.2%，占规模以上第三产业的 58.8%，是带动第三产业利润稳定增长的主要行业。租赁和商务服务业，房地产业，交通运输、仓储和邮政业，金融业营业利润下滑，同比分别下降 38.9%、20.1%、47.3%和 11.5%。

（三）重点领域：工业生产低位徘徊，内部结构有所优化；投资和消费领域较快增长

1. 工业生产低位徘徊，结构有所优化

2014 年以来，全区规模以上工业生产走势明显偏弱，进入 4 月，生产增速实现由负转正后一直持续在低位徘徊，1–10 月，实现总产值 541.6 亿元，同比增长 2.2%，增速较 1–9 月回落 0.5 个百分点，与上半年持平（见图 2）。

图 2　2012–2014 年规模以上工业总产值增速

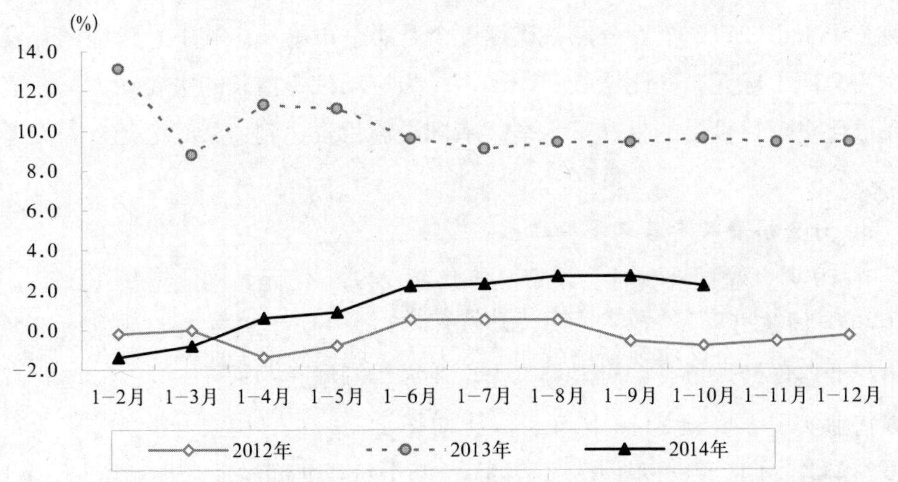

重点行业生产动力不足，1–10 月，全区规模以上工业总产值排前十位的行业生产“六增四降”，累计实现工业产值 410.4 亿元，占全区规模以上

工业总产值的 75.8%，同比增长 3.3%，增速略高于全区水平。其中汽车制造业、烟草制品业是拉动工业生产增长的主要动力，两个行业生产增速分别为 12.7%和 11.1%，对规模以上工业增长的贡献率达 118.8%；全区重点发展的医药制造业生产增速为 3.3%，达到十大行业的平均增速；计算机通信和其他电子设备制造业、化学原料和化学制品制造业、专用设备制造业、金属制品业四个行业产值同比下降,影响规模以上工业生产增长 1.2 个百分点。

高端制造业生产好转，高耗能行业生产增速有所回落。1–10 月，全区规模以上现代制造业实现产值 233.8 亿元，同比增长 4.9%，增幅比 1–9 月提高 0.8 个百分点，高于全区规模以上工业增速 2.7 个百分点；高技术产业产值为 89.1 亿元，同比下降 2.4%，降幅较 1–9 月缩小 0.8 个百分点。

1–10 月，全区高耗能行业实现产值 102.4 亿元，同比增长 4.6%，增幅比一季度、上半年、1–3 季度分别下滑 4.4 个、2.3 个、1.7 个百分点。高耗能行业产值占全区规模以上工业总产值的比重为 18.9%，与上年同期相比下降 0.5 个百分点。

2. 全社会固定资产投资增速领先全市

1–10 月，全区完成全社会固定资产投资 516.7 亿元，同比增长 28.2%，增速高于全市 21.2 个百分点，连续五个月居全市第一。其中，房地产开发投资为 364.1 亿元，同比增长 56.6%，成为拉动投资增长的主要动力。在道路和绿化类项目投资的带动下，全区基础设施投资达到 98.8 亿元，同比增长 19% 。

3. 社会消费品零售额平稳增长

1–10 月，全区实现社会消费品零售额 249.1 亿元，同比增长 13.9%，比 1–9 月回落 0.3 个百分点。从限额以上重点行业看,汽车和日用家电设备零售行业实现较快增长，对限额以上企业零售额增长的贡献率达 95.4%；汽车零售业实现零售额 31.3 亿元，同比增长 20.9%；日用家电设备零售业实现零售额 41.4 亿元，同比增长 67.3%，两个行业共同拉动零售额增长 10.1 个百分点。

二、需要关注的几个方面

（一）工业生产增长面临压力

工业是通州区第一大行业，占全区经济总量的三成以上，2014 年生产动力不足，各期增速均明显低于全市平均水平且有继续下行的迹象。从行业看，规模以上工业生产的增长主要靠汽车制造业和烟草制品业的拉动，两个行业对规模以上工业增长的贡献率达 118.8%，共同拉动规模以上工业总产值增长 2.6 个百分点，随着后期基数的提升，这两个行业的拉动力将有所减弱。目前全区工业缺乏增量企业的支撑，存量企业生产动力明显不足，同时还受到高耗能行业减产的影响，全区工业生产全年要保持增长有一定压力。

（二）房地产业低迷对经济拉动作用减弱

近年来，房地产业一直占据第三产业最大份额，支撑全区第三产业平稳增长。2013 年 1–3 季度房地产业增加值占全区第三产业增加值的 28.6%，对第三产业增长的贡献率为 54.8%，拉动第三产业增长 4.9 个百分点，拉动全区地区生产总值增长 2.4 个百分点。2014 年房地产业受宏观调控政策影响较大，1–10 月，全区商品房销售同比下降 43.6%。1–3 季度增加值同比下降 4.3%，该行业对全区税收增长的贡献率仅 3.6%，低于去年同期 48.2 个百分点，作为主导行业的房地产业走势低迷，成为影响全区经济增长的重要因素，也暴露出当前通州经济以房地产业作为支柱产业的风险性。

（三）全区消费增长点单一，后期增速将有所减缓

从目前情况看，全区消费增长主要依靠汽车和家电零售业的支撑，消费市场亮点少，支撑不足，随着后期基数的提升，社会消费品零售额增速将有所减缓。

三、后期走势展望

总体看，国内外经济环境依然错综复杂，有利因素和不利因素交织作用于转型中的通州经济，从运行态势看，通州经济增速有所回调，但总体平稳。

调结构转方式工作取得一定成效，在投资、消费、城乡居民收入等重点领域，重点指标增速在全市的位次有所提升；在生产领域，高耗能、高污染行业生产减量，高端制造业生产形势好转，效益提高，全区经济稳步发展的基本面较好。因此展望后期，在大的环境下，通州经济仍将延续稳中有进、平缓运行的走势，但完成全年增长 10%的目标任务难度很大。

2014年顺义区经济提质增效低速稳步前进

◆◇杜晓红

内容摘要：2014年1—10月，顺义经济整体运行低速平稳，结构调整稳步有序推进。区内生产、投资、消费三大领域经济特色鲜明：汽车制造业、房地产开发投资在生产、投资领域各领风骚；限额以下企业快速成长，网络销售业成限额以上消费市场增长黑马。居民、财税收入、存贷款余额稳步增长，量质齐升。与此同时，区内经济面临着相应的改革难题。综合各方情况，政府应当协调各方力量，抓住当前改革机遇，巩固现有改革成果，全力投入“稳增长、促改革、调结构、惠民生、防风险”的工作，提升顺义经济发展质量。

一、整体经济运行平稳，结构调整稳步推进

从GDP增速看，截至3季度，全区经济整体运行平稳。2014年1—3季度，全区实现地区生产总值共902.4亿元，同比增长7.3%（现价，下同）。相比2012年全区经济年初高开低走、年底企稳回升，2013年受工业影响，全年高速增长、缓慢回调，2014年全区经济在7.2%左右稳步运行，一、二、三季度增速分别为7.1%、7.4%和7.3%（见图1）。

从产业结构看，总体稳定、略有调整。2014年1—3季度产业结构均呈“三二一”分布，产业结构比分别为55.3：43.1：1.6、55.3：42.5：2.2、56.7：41.0：2.2。数据显示，全区产业结构在平稳的基础上，三产比重逐步提升，二产略有回落，一产相对稳定。从全国当前“稳增长、促改革、调结构、惠民生”的宏观形势来看，2014年顺义经济正逐步迈向“稳增长、调结构”的阶段。

图 1　顺义区 GDP 增速（现价）变动情况

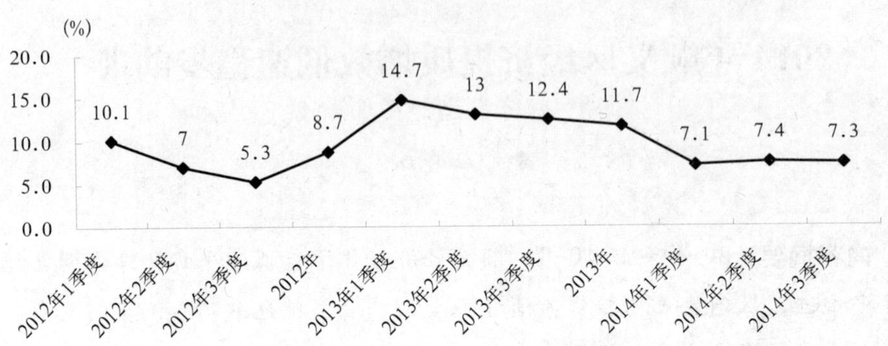

注：2013 年全年数据为初步核算数据。

从重点产业运行情况看，一升一降显结构调整成效。2014 年一季度起，全区重点产业工业和交通运输、仓储和邮政业比重一降一升，产业结构调整成效初显。领航产业工业因龙头企业生产经营饱和影响，增速一直低位运行。1–3 季度，工业增加值增速（现价）分别为 2.3%、4.4%及 3.8%，比重分别为 40.7%、39.9%和 38.4%。另一领航产业交通业呈可喜增势，1–3 季度 GDP 增速分别为 6.2%、8.0%和 10.1%， GDP 比重分别为 23%、27.3%和 29.6%，作为附加值较高的三产行业，不仅增速逐步攀升，经济总量也逐步扩大，这为全区由工业大区向服务业大区转型升级奠定了基础（见图 2）。

图 2　2014 年两大领航产业增速及比重情况

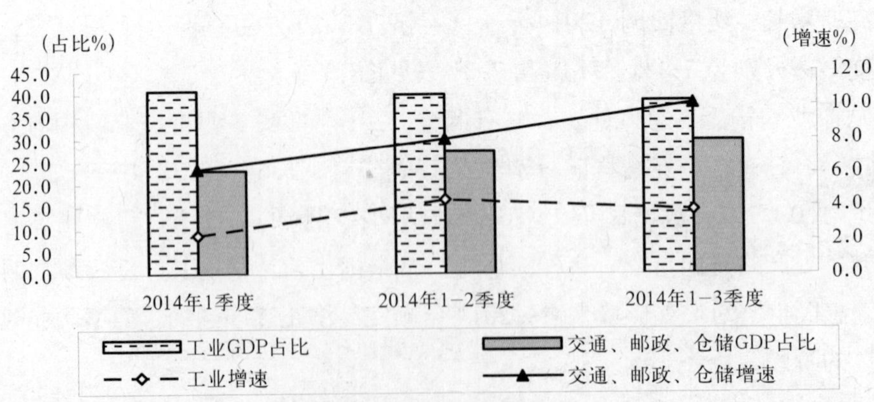

二、生产、投资、消费领域特色鲜明，增长平稳

（一）工业运行低速平稳，汽车制造一枝独秀

工业运行低速平稳，1–10月，全区规模以上工业企业（335家）完成工业总产值2372.4亿元，同比增长3.4%。总量居全市首位，增速居第九，结束了2013年月均20.9%的高速增长，步入4%左右的低速增长，但截至2014年10月，工业增势平稳（见图3）。

图3　顺义区工业总产值增长情况

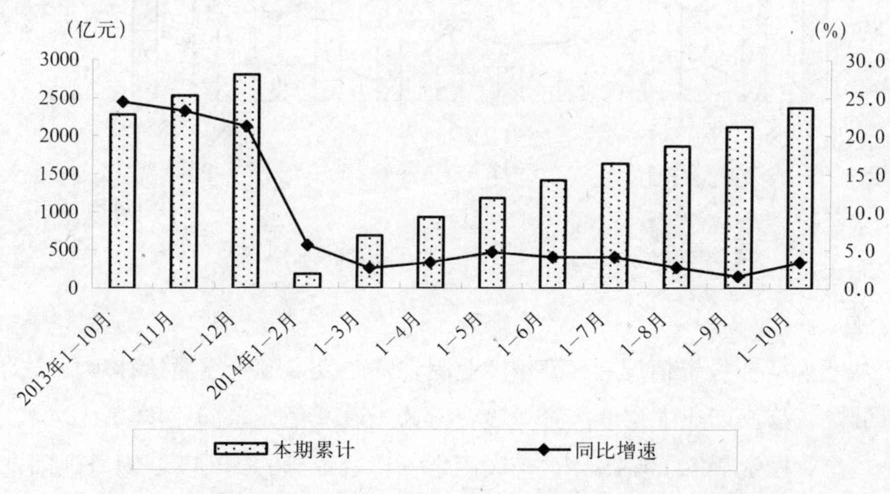

从行业分组看，1–10月工业涉及31个行业大类，汽车制造业一枝独秀，完成工业总产值1444.7亿元，同比增长9.8%，占全区工业总产值的61%，对全区工业增长的拉动点达5.6个百分点。总量居第二位的计算机、通信和其他电子设备制造业，占比达11%，拉动全区工业总产值下降2.4个百分点，主要受该行业龙头企业订单量缩减影响，整个行业工业总产值同比下降了17.1%。

（二）固定资产投资小幅回暖，房地产开发投资成主要拉动点

固定资产投资小幅回暖，1–10月，全社会固定资产投资（按项目建设

地统计）333.4亿元，总量居全市第九；同比增长1.3%，增速增长5个百分点，增速居全市并列第十二位。投资增速在2014年6月出现拐点，由正增长转为负增长，主要是1-5月计划总投资10亿元以上两个重大项目主体投资一个已过90%，另一个完成了50%，6月后没有重大项目开工建设。全区投资在下半年增势相对平稳，1-10月出现小幅回暖（见图4）。

图4 顺义全区固定资产投资完成情况

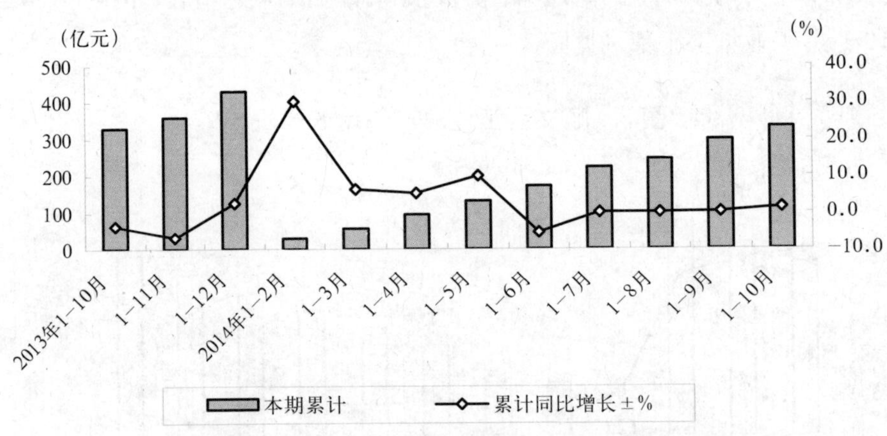

从三次产业投资情况看，第一产业固定资产投资额受平原造林项目拉动增速最快，第三产业中房地产开发投资额为166.9亿元，同比增长12.4%，占第三产业投资额的60.4%，占全区固定资产投资额的50.1%，对全区固定资产投资额增长的贡献率为430.7%，如果扣除房地产开发投资的影响，全区固定资产投资同比下降7.8%（见表1）。

表1 全社会固定资产投资三次产业完成情况（万元）

指标名称	2014年1-10月	2013年1-10月	增长（%）
第一产业	194228.0	144024.0	34.9
第二产业	375872.0	462415.0	-18.7
其中：工业	375872.0	462415.0	-18.7
第三产业（含房地产开发）	2763597.0	2684469.0	2.9

（三）限额以下企业增势强劲，网络销售业态增长迅猛

限额以下企业增势强劲。按限额标准分，限额以上企业完成零售额184.7亿元，同比增长4.9%，市场份额较大，占全区66.9%。而限额以下企业仅占33.1%，但较今年2月占比提高了11.8个百分点，增速由2014年2月的0.7%提高到35.9%，对全区社会消费品零售额增长的拉动点为9.9个百分点，提高了9.7个百分点（见表2）。

表2　按限额标准分全社会消费品零售额完成情况（万元）

指标名称	2014年1–10月	2013年1–10月	增长(%)
总计	2759506	2431993	13.5
限额以上	1847373	1760769	4.9
限额以下	912133	671224	35.9

网络销售业态增长迅猛。以北京顺丰电子商务有限公司为代表的互联网零售企业，1–10月实现零售额3.1亿元，同比增长94.1%，占限上单位零售额的1.7%，虽然比重不大，但其发展速度不容忽视，是限上单位零售业态分组中发展最快的业态。

三、居民、财税收入、存贷款余额稳步增长，有质有量

（一）城乡居民收入稳步增长

据抽样调查资料显示：1–10月，城镇居民人均可支配收入29706元，同比增长9.1%，绝对额居全市第十一位，增速居全市第十位。农村居民人均现金收入22304元，同比增长9.7%，绝对额居全市第三位，增速居全市第八位。

（二）财税收入增势平稳

1–10月，全区实现地方财政收入266.1亿元，同比增长1.4倍，其中公共财政预算收入100.8亿元，同比增长16.0%。各项税收完成415.8亿元，同比增长14.7%，其中国税273.4亿元，同比增长12.8%；地税142.4亿元，

同比增长 18.4%。

（三）各项存贷款余额平稳波动

1–10 月，全区金融机构人民币各项存款余额 1534.3 亿元，同比增长 11.1%，其中，城乡居民储蓄存款余额 687.2 亿元，同比增长 10.5%；各项贷款余额 830.6 亿元，同比增长 12.3%（见图 5）。

图 5 2014 年顺义区财税收入及人民币存贷款余额增速情况

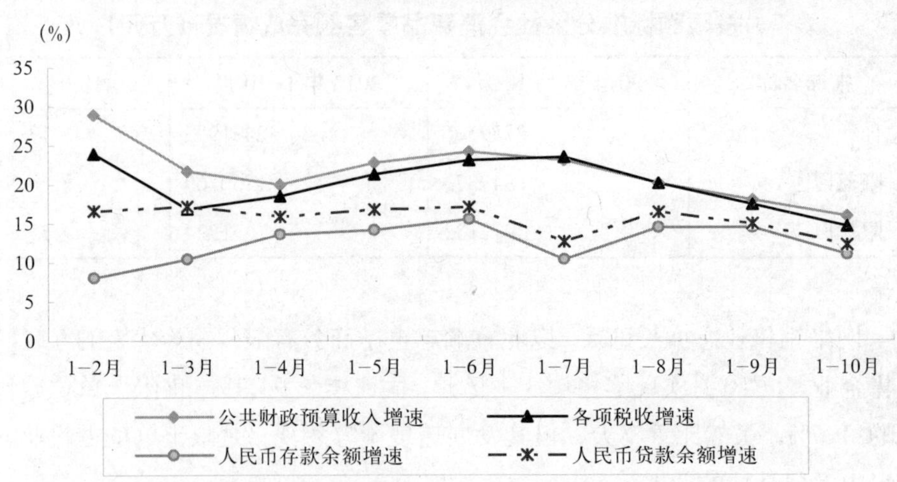

四、区域经济运行需要关注领域及政策建议

全区经济保持低速平稳运行的同时，仍存在诸如产业结构有待进一步优化、产业发展支撑点单一、新兴产业分布格局低端化等问题，需要政府各部门加强关注。

（一）产业结构有待进一步优化

2014 年 1–3 季度，顺义地区生产总值三次产业结构比重为 2.2：41.0：56.7，与十二五规划目标值 1.5：40：58.5 仍有差距，需要扩大第三产业比重。除了要强化区内重点行业交通运输、仓储和邮政业，还需要在批发和零售业、金融业、房地产业及租赁与商务服务业等逐渐兴起的行业加大投入和政策扶持。

（二）产业发展支撑点单一

各领域支撑点单一，经济平稳运行隐忧尚存。工业发展支撑点主要是汽车制造业，且以低端的组装加工业为主，受龙头企业影响严重。2014 年 1–3 季度，工业增加值增长 3.8%，较去年同期增速回落了 14.2 个百分点。工业增长大幅波动主要是受龙头企业产能饱和，基期数据过大影响。在投资领域，固定资产投资在基础设施方面的投资额占比仅为 21.4%，对全区投资拉动力为 4.9 个百分点，比房地产开发投资低 0.7 个百分点。单一的经济增长点，影响全区经济增长稳定性，加大招商引资力度，用优惠的政策吸引更多的大型企业入驻顺义，发展多点支撑的产业发展模式；鼓励企业创新，强化原有企业的市场竞争力，将已有企业做大做强，为顺义经济增长做出贡献。

（三）新兴产业分布格局低端化

随着全区经济结构和产业转型升级的推进，新兴产业的作用越来越不可忽视。全区生产性服务业主要集中在技术含量较低的流通服务领域，收入占生产性服务业总收入的近 70%，而技术含量相对较高的科技服务、信息服务、商务服务及金融服务占比较小。要改善区内新兴产业格局分布低端化的现状，政府应当依托临空经济区、综保区及新城建设，加大基础设施建设，扶持和引进更多的科技、信息及总部金融企业，逐步完善区内第三产业链，为顺义区向服务业大区转型升级做足前期铺垫。

（四）节能降耗工作压力大

根据北京市统计局三季度能源核算确认数据，截至三季度，顺义区不变价万元 GDP 能耗降低 3.54% ，距离全年目标还差 0.49 个百分点。政府应当鼓励区内航空企业大力推进涉及飞行运行全过程的节油技术和措施的应用，积极推进机场建设和地面服务中的节能减排；通过空管部门协调航班，优化空域和航路航线结构，缩短飞行距离，积极研究建立鼓励政策和长效机制。

2014 年昌平区经济运行稳中趋缓

◆◇娄　蕾

内容提要：2014 年 1–11 月，昌平区经济运行呈稳中趋缓态势，部分经济指标运行进度与年度预期存在距离，但运行过程中呈现出了稳中提质的新常态。五个城市发展新区的主要经济指标对比中，昌平的指标完成值排序中等偏上、增速排序相对靠后。

2014 年 1–11 月，昌平区经济运行呈稳中趋缓态势，城乡居民收入、社会消费品零售额平稳增长，工业生产降幅继续加大，投资出现负增长，部分经济指标运行进度与年度预期存在距离。

一、经济运行稳中趋缓

2014 年前三季度，昌平实现地区生产总值 416.4 亿元，同比增长 8.1%，比上半年回落 0.7 个百分点。其中工业增加值占 GDP 比重为 37.7%，目前工业生产持续下行对全区 GDP 的影响进一步加深，实现 GDP 年度增长 8.5% 的目标压力较大（见图 1）。

（一）消费市场保持稳定

2014 年 1–11 月，昌平区消费市场延续平稳增长态势，实现社会消费品零售额 299.2 亿元，同比增长 8.7%，完成年度任务 95%，预计全年增速在 8.7%左右，可顺利实现年度增长目标。

（二）“两个收入”平稳增长

1–11 月，受工资性和转移性收入增长的拉动，昌平区城镇居民人均可支配收入 32505 元，同比增长 9.8%；农村居民人均现金收入 20445 元，同比增长 9.1%。从前 11 个月“两个收入”运行轨迹观察，预计全年可顺利完成预期目标（见图 2）。

图 1　2013—2014 年昌平区各季度 GDP 增速

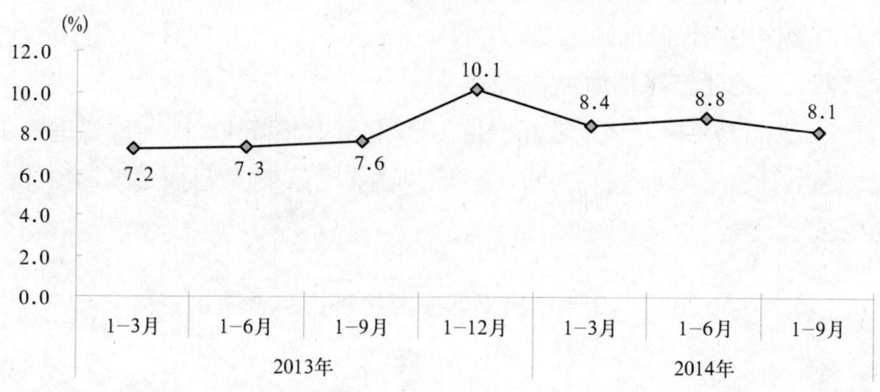

图 2　2014 年昌平区“两个收入”增速

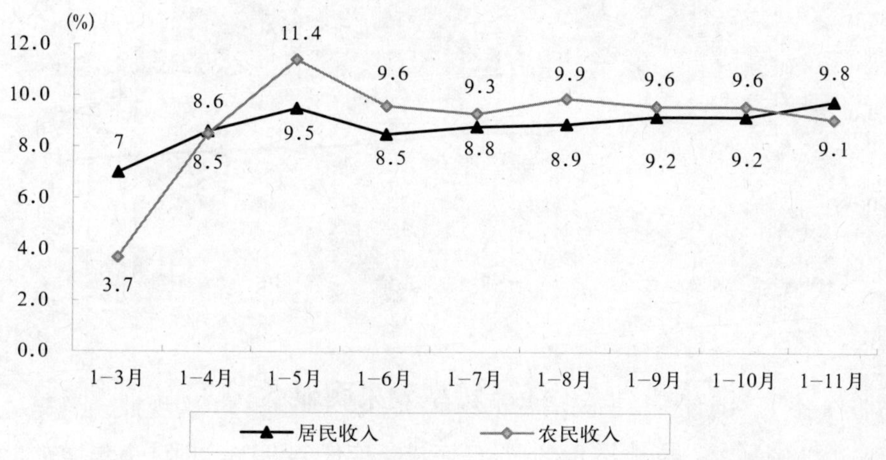

（三）投资出现负增长

1-11 月，昌平区实现固定资产投资 500.3 亿元，同比下降 0.8%，增速较上月下降 5.9 个百分点，低于去年同期 12.4 个百分点。截至 11 月底完成年度任务 82%，欲实现年度目标还需做大量工作。

从构成上看，城镇、农村投资分别下降 0.5%和 5.3%，城镇投资由增转降的主要原因在于房地产开发投资持续放缓，1—11 月，开发投资占全区投资比重为 60.7%，同比仅增长 0.7%，增速环比下降 14.4 个百分点，对城镇投资的拉动作用明显降低。

（四）工业生产降幅加大

1—11 月，昌平区完成工业总产值 1007 亿元，下降 11.1%，降幅进一步扩大，比上月加深 1.4 个百分点，全年工业生产下降趋势已成定局，预计全年降幅在 12.5%左右（见图 3）。

图 3　2014 年昌平区主要经济指标增速

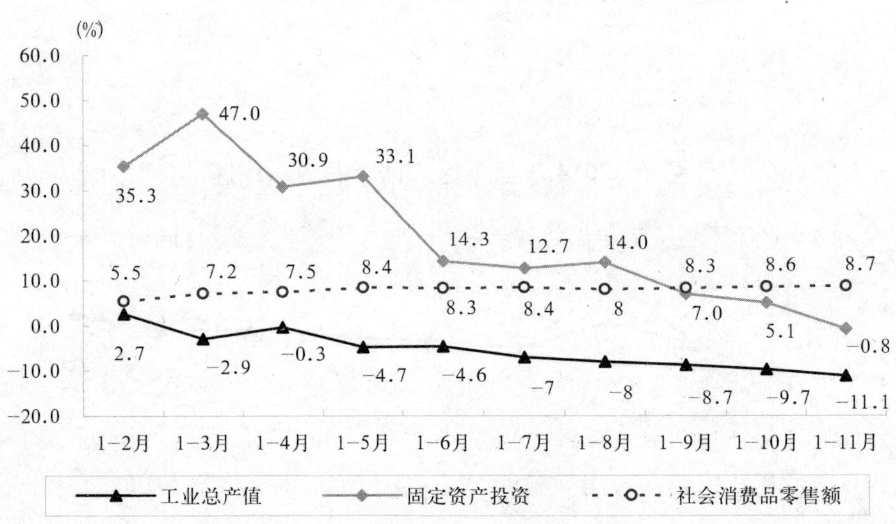

二、经济转型效果明显

全区经济增速虽有所放缓，但运行过程中呈现出稳中提质的新常态。

（一）产业结构不断优化

前三季度，昌平区 GDP 三次产业结构为 1.7：42.2：56.1，第三产业增加值占全区 GDP 的比重为 56.1%，比 2013 年底提高 3.6 个百分点，高于第二产业 13.9 个百分点，第三产业增加值增长 12.1%，高于同期 GDP 和第二产业增速，服务业支撑全区经济作用明显。

（二）园区经济持续向好

1–10 月，中关村昌平园实现总收入 2381.3 亿元，同比增长 12.2%；利润总额 197.3 亿元，同比增长 47.2%；实缴税费 116.6 亿元，同比增长 28.8%；实现技术合同成交额 38.4 亿元，同比增长 1.8 倍。

（三）央企板块作用凸显

1–11 月，央企商品销售额 623.6 亿元，同比增长 9.7%，占全区商品销售总额的 63%；1–10 月央企实现服务业收入 763.7 亿元，占全区服务业收入的 82.2%，同比增长 39.8%，继续保持高速增长。央企当中，中国移动通信集团终端有限公司和中石油管道联合有限公司两家企业对全区经济成果带动作用明显，企业收入占全区三产总收入的 40%。

（四）高端领域运行良好

高技术产业：在全区工业生产持续下行的趋势下，高技术制造业逆势增长，凸显亮点。1–11 月，高技术制造业完成产值 137.8 亿元，同比增长 8.6%。

现代服务业：2014 年 1–10 月实现收入 899.1 亿元，同比增长 18.7%，占第三产业收入的比重达到 50.5%，比上年提升 0.6 个百分点；实现利润总额 68.3 亿元，同比增长 63%；吸纳从业人员 9.6 万人，同比增长 5.1%。

生产性服务业：1–10 月实现收入 1513.7 亿元，同比增长 22.8%。其中，科技服务和流通服务所占比重达 93%，实现收入 1406.2 亿元。生产性服务业在第三产业中收入占比高达 80%以上，对服务业收入增长起着举足轻重的作用。

三、发展新区指标对比

1–11 月，昌平区在五个城市发展新区中：工业总产值总量第三，增速第五；社会消费品零售额总量第二，增速第五；全社会固定资产投资总量第三，增速第四；城镇居民人均可支配收入实现值第四，增速第二；农村居民人均现金收入实现值第三，增速第五（见表 1）。

表 1　2014 年 1–11 月全市及城市发展新区主要指标情况

区县	工业总产值		消费品零售额		固定资产投资		居民收入		农民收入	
	完成额（亿元）	增幅（%）	完成额（亿元）	增幅（%）	完成额（亿元）	增幅（%）	完成额（元）	增幅（%）	完成额（元）	增幅（%）
全市	16190.7	6.1	8206.9	8.6	6645.7	4.3	40115	9.2	21878	10.3
昌平	1007.0	-11.1	299.2	8.7	500.3	-0.8	32505	9.8	20445	9.1
顺义	2630.7	3.3	305.7	13.5	354.3	-1.1	32966	9.2	24838	9.6
大兴	579.3	5.2	239.2	14.2	526.0	9.7	33691	8.7	20744	9.5
通州	601.8	1.5	273.8	12.8	577.2	12.8	33486	9.9	19789	11.1
房山	1035.1	16.7	205.5	10.6	442.5	0.0	32292	9.6	19875	10.0

2014年大兴区经济运行情况分析

◆◇李　丽

内容提要：2014年以来，大兴区经济运行总体平稳，主要指标均保持在合理的增长区间。在经济下行压力较大的情况下，大兴区经济也进入调整换档、提质增效的新通道。下阶段，应紧抓机遇、破解难题，促进经济发展再上新层级。

一、换档提质，经济运行总体平稳

全区“十一五”时期地区生产总值的平均增速为15.2%，区域经济在一个较高的平台上运行。进入“十二五”时期，2011—2013年年均增速为11.4%，2014年经济增长速度呈现进一步放缓的趋势，表明大兴区经济进入调整换挡的通道。“十二五”以来，第三产业比重稳定在55%以上，2014年前三季度产业结构调整为6.1∶37.6∶56.3，第三产业占比在五个城市发展新区中位列第二，仅低于顺义区0.4个百分点，服务经济主导的产业格局日趋稳固，产业结构显露优化调整的积极信号。

2014年前三季度大兴区地区生产总值实现328.2亿元，同比增长8.3%，虽然增速比上半年略缓0.3个百分点，但增速仍高于北京市平均水平。增速在五个城市发展新区中，与通州区并列第一。从重点产业看，第二产业实现123.5亿元，同比增长12.1%；第三产业实现184.7亿元，同比增长6.3%。与上半年相比，第二、第三产业增加值增长速度均波动较小，经济运行总体呈现比较平稳的态势。

二、转型调整，经济运行显露积极变化

（一）需求领域初显发展带动的新生力量

一是民间投资释放活力。2014 年 1–10 月，大兴区累计完成民间固定资产投资 161.9 亿元，同比增长 58.8%，增速远高于全社会固定资产投资增速，民间投资占全社会固定资产投资的比重由上年同期 22.8%提高到 36.2%；二是电子商务零售额发展势头强劲。1–10 月，大兴区电子商务零售额实现 10.2 亿元，同比增长 32.9%，增速高于全区零售额增速 18.6 个百分点。

（二）工业内部结构逐步优化

一是高耗能行业发展得到有效控制。石油加工炼焦和核燃料加工业、非金属矿物制品业等六大高耗能行业产值在 2013 年同比下降的基础上，2014 年 1–10 月降幅又进一步扩大，同比下降 3.8%，占规模以上工业总产值的比重同比下降 1.6 个百分点；二是增加值率高的行业发展态势较好。从全区情况看， 1–10 月，铁路、船舶、航空航天和其他运输设备制造业同比增长一倍，医药制造业同比增长 18.7%，专用设备制造业同比增长 22.8%，三个行业拉动规模工业总产值增长 5.1 个百分点。

（三）重点产业发展势头良好

1–10 月，四大主导产业实现产值 269.7 亿元，同比增长 14.3%，增速快于全区规上工业增速近 9 个百分点。高技术产业、现代制造业增速均在 25%以上，分别实现产值 47.6 亿元和 188 亿元。截至 9 月，文化创意产业实现收入 61.3 亿元，同比增长 25.9%，增速位居全市前列，高于全市平均水平 16.7 个百分点。生产性服务业实现收入 393.8 亿元，同比增长 16.1%，拉动第三产业收入增长 9.1 个百分点。

（四）经济发展质量有所提升

一是财政收入保持两位数增长，1–10 月，大兴区公共财政预算收入实现 54.7 亿元，同比增长 10.7%，增速在十个区县中位居前列；二是城乡居民收入稳步提升，前 10 个月，大兴区城镇居民人均可支配收入 30514 元，同比增长 9.6%；农村居民人均现金收入 18775 元，同比增长 10.2%，两个

收入增速较前三季度相比均有所提升；三是企业效益有所好转，从工业企业看，1–9月，规模以上工业企业实现利润总额2.6亿元，同比增长7%，2014年1月实现由负转正。从服务业企业看，2014年伊始，服务业企业利润以同比下降63.4%的速度开局，直至7月扭亏为盈，同比增长4.8%，1–9月，服务业企业利润总额继续攀升，实现11.7亿元，同比增长13.0%。

（五）劳动用工稳中有升

截至三季度末，大兴区劳动用工总量保持稳中有升的发展态势，法人单位从业人员36.4万人，同比增长3.4%，分别比一季度、上半年增加1.2万人和0.7万人。从全部非私营法人单位数据看，工业吸纳了最多的从业人员，工业吸纳从业人员占非私营法人单位总量近30%。其余吸纳从业人员较多的行业分别为教育、公共管理社会保障和社会组织、建筑业、批发和零售业。

三、紧抓机遇，破解经济发展中存在的问题

（一）挖掘增长潜力，破解经济发展动力的不足

从目前情况看，全区经济发展存在着动力不足的问题。一是全区工业生产逐月下滑，1–10月，全部工业总产值同比增长2.4%，规模工业总产值同比增长 5.6%，增速均处于历史较低水平。二是房地产市场需求明显减弱。商品房销售额同比增长6.1%，增速较一季度回落近60个百分点。与此同时，房地产待售面积 2014 年以来保持较快的增长态势，同比增长 52.9%，显示居民观望的气氛浓厚。三是批发和零售业企业支撑力度较弱。批发和零售业商品销售额同比增长 5.3%，增速较一季度回落 7.1 个百分点。四是财政金融领域初显下行，大兴区公共财政预算收入同比增长10.7%，增速较一季度回落近 3 个百分点；金融机构本外币各项贷款余额 2013 年基本保持两位数增长，2014年以来增速基本维持在个位数，1–10月同比增长8.5%。由此可见，支撑经济增长的动力明显不足。

（二）促进产业升级，破解经济运行存在的结构性问题

近些年，虽然全区的结构调整呈现了一些积极变化，受产业结构不优、发展活力不足等因素影响，全区经济运行仍存在一些深层次的矛盾和问题。

一是工业存在产能过剩的问题，从 2014 年以来各季度的工业企业生产经营及景气状况调查显示，企业主要产品生产能力利用率在 75%左右，表明全区工业存在着产能过剩的现象，全区 29 个行业中，企业生产能力在正常值范围内的只有 10 个行业。有效化解产能过剩、促进产业结构升级是全区工业结构调整应重点思考的问题。二是节能减排与工业生产的矛盾依旧突出。2014 年前三季度，规模以上工业万元产值能耗同比下降 16.5%，较上半年相比下降幅度又扩大 1.7 个百分点，但与此同时，全区规模工业产值增速较上半年也下降了 2.7 个百分点，产值增长与节能减排的矛盾仍显突出。三是投资结构中产业型投资不足。从占比看，全区工业投资占全社会固定资产投资的比重不足 10%。从增速看，2014 年以来工业投资基本是负增长的态势，1–10 月工业投资完成 28.3 亿元，同比下降 11%。就长期来讲，工业投资总量小、速度低，影响工业经济发展的后劲，且现有的投资结构也很难满足经济发展的需要。

（三）提升企业层次，破解重点产业带动作用不强的现状

一是重点产业总量较小，带动作用有限，从前三季度五个城市发展新区的对比看，全区第二产业增加值在五个城市发展新区中总量最小，虽然第三产业占比略低于顺义区，位居第二，但从总量来看，全区第三产业增加值仅相当于顺义区的三分之一，总量仍有待扩张。二是企业竞争力不够。从服务业企业看，收入排名靠前的企业多数以劳动密集型为主，从工业企业看，全区工业的内部结构没有太大的变化，医药制造、电子及通信设备制造等高技术产业比重仍显偏低。三是部分重点产业集聚效应仍未充分发挥。如汽车制造业，企业分别散落在不同的地区，且企业规模相对偏小，没能形成集群企业的合力。

要充分发挥全区重点产业的“骨干”作用，一是要把重点产业做大做强，扩充生物医药、电子信息、汽车制造、文化创意产业等主导产业的规模，使主导产业具备较强的规模优势，从而有效带动上下游产业和周边配套产业发展，充分释放产业集聚集群效应。二是以构建“高精尖”的产业结构为根本出发点，严格落实北京市新增产业的禁止和限制目录，疏解不符合首都战略定位的产业，着力提升企业自身层次，促进产业发展升级。

2014 年平谷区经济运行稳中向好

◆◇陈小丽

内容摘要：2014 年 1—3 季度，平谷区经济运行稳中向好，主要经济指标与上半年相比有积极变化，主要体现在：发展质量逐步好转，生产呈现回升迹象，需求领域符合预期，转型发展释放积极信号。但经济下行压力仍然较大，工业主导行业增长后劲不足、实体经济投资乏力、企业经营效益表现不佳等问题仍需予以重点关注，实现全年经济增长目标难度较大。

一、经济运行稳中向好

初步核算，2014 年 1—3 季度平谷区完成地区生产总值（以下简称 GDP）127.8 亿元，现价同比增长 8.5%，增速高于一季度与上半年 2.5 个、0.7 个百分点。在生态涵养区中总量排位第三，增速排位第二（见图 1）。

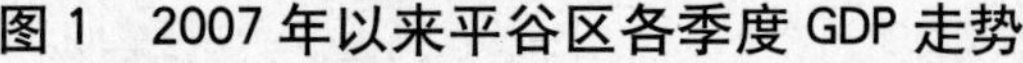

图 1　2007 年以来平谷区各季度 GDP 走势

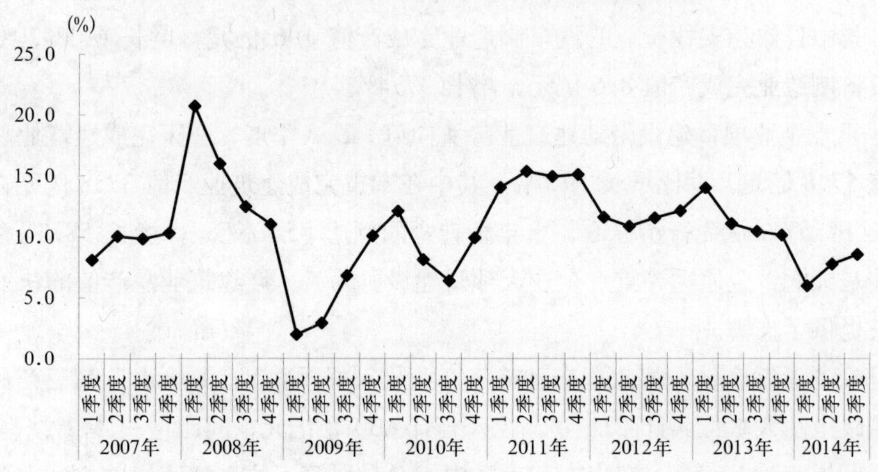

（一）发展质量稳步好转

财政收入持续增加，1–3 季度，全区实现地方公共财政预算收入 19.1 亿元，同比增长 10.7%。其中增值税、营业税、土地增值税和企业所得税四大主体税种共完成收入 11.8 亿元，占地方公共财政预算收入的 61.4%，增长 13.3%。

农村居民收入增速快于城镇居民收入，1–3 季度，农村居民人均现金收入 18030 元，同比增长 11.2%；城镇居民人均可支配收入 26747 元，同比增长 9.4%。农村居民收入增速高于城镇居民收入增速 1.8 个百分点。

就业形势基本稳定，1–3 季度，全区城镇法人单位从业人员期末人数 10.9 万人，同比增长 6.4%。从业人员工资总额 42.3 亿元，同比增长 15.9%。

（二）生产领域呈现回升

果品产量、价格与正大 300 万只蛋鸡带动农业生产由负转正，1–3 季度，全区农林牧渔业总产值 32.1 亿元，同比增长 5.7%，而上半年增速为–3.2%，实现了正增长，总量和增速均居生态涵养区首位。在蔬菜、生猪产值持续下行的不利形势下，得益于果品产量、价格上升，尤其是正大 300 万只蛋鸡项目的拉动，农业生产呈现稳步回升势头。

专用设备制造业、汽车制造业带动工业小幅回暖，1–3 季度，全区完成规模以上工业总产值 185.3 亿元，同比增长 6.6%，增速分别高于一季度和上半年 5.4 个和 2.9 个百分点。在生态涵养区中，总量居第三位，增速居第二位。其中，作为支柱行业的汽车制造业完成产值 106 亿元，增长 6.1%，专用设备制造业完成产值 8.6 亿元，增长 37.4%。

重点企业项目建设带动建筑业势头向好，1–3 季度，全区完成建筑业总产值 57.8 亿元，同比增长 19.7%。其中在本市完成建筑业产值 37.8 亿元，增长 17.5%。从先行指标看，上年结转合同额达 85.1 亿元，增长 58.3%，尤其是天润、金通远等重点企业大项目建设，为三季度建筑业总产值的快速增长提供了支撑。

交通运输仓储和邮政业带动第三产业收入好于同期，1–8 月，第三产业规模以上法人单位共计 231 家，收入合计 130.8 亿元，同比增长 4.2%，上年同期增速为–3.5%。在生态涵养区中，总量居第三位，增速居首位。主要是交通运输仓储和邮政业、租赁和商务服务业与房地产业的带动，分别实现收入 17.7 亿元、4 亿元、4.9 亿元，增速为 37.9%、36.4%、11.8%。第三产业从业人员平均人数 3.2 万人，同比增长 3.5%。

（三）需求领域基本符合预期

房地产开发投资持续发力，1–3 季度，全区完成固定资产投资 129 亿元，完成全年任务进度的 80.6%，同比增长 12.4%。在生态涵养区中，总量居第三位，增速居首位。房地产开发投资是主力，在保障性住房项目的带动下，完成投资总量 78 亿元，同比增长 79.2%，占全区投资的 60.5%。其中，保障性住房投资 21.3 亿元，占房地产开发投资的 27.2%，增长 2.4 倍，如“夏各庄镇五地块”、“白各庄自住型商品房”等项目。

金银珠宝类销售支撑明显，1–3 季度，消费品市场在金银珠宝等商品消费拉动下呈现持续而稳定的增长，实现社会消费品零售总额 62.3 亿元，同比增长 12%，增速比上半年提高 0.5 个百分点。在生态涵养区中，总量排名第四位，增速排名首位。其中金银珠宝类零售额 5.5 亿元，同比增长 68.9%，拉动全区零售总额增长 4 个百分点。

旅游商业、旅游区点保持活跃，1–3 季度，全区实现旅游营业收入 21.9 亿元，同比增长 9.8%，增速比上半年回升 0.8 个百分点。在生态涵养区中，总量排名第四位，增幅排名首位。七项收入中旅游商业 7.4 亿元，占比最大，为 33.8%，同比增长 12%；旅游区点 2.2 亿元，增长 15.4%，增速最快。两项收入合计拉动旅游营业收入增长 5.4 个百分点。

（四）转型发展释放有利信号

农业和旅游业融合发展进一步加深，十八弯沟域经济与都市型现代农业的稳步推进，以及平原造林建设对城市环境的带动，农业和旅游业的联系更加紧密，使得乡村旅游在农业生产乏力、下行压力较大的形势下，仍保持较快发展态势（观光休闲农业总收入一季度、上半年与 1–3 季度的增速分别为 11.1%、12.2%与 11%）。尤其是随着旅游区点配套设施的逐步完善，旅游宣传力度加大，端午龙舟赛、“三夫户外”铁人三项赛等旅游活动密集推出，旅游业的支撑地位更加巩固。

工业生产倾向绿色低碳，工业能源利用率逐步提高。1–3 季度，全区规模以上工业综合能源消费量 12.40 万吨标准煤，同比下降 37.65%；万元产值能耗为 0.07 吨标准煤，同比下降 41.47%。

产业疏解稳步推进，平谷区按照北京市产业疏解工作的有关要求，结合本区发展实际，逐步退出高耗能企业，如金隅水泥、乐天华邦、康祥等企业的停产退出，科顺等高耗能企业的改造升级，为产业结构调整优化扩宽了发展空间。

二、下阶段需重点关注的领域

2014 年以来，全区经济面临下行压力，工业、农业生产与上年同期相比增速较低，GDP 增速同比减少 1.9 个百分点，一季度、上半年与 1–3 季度经济增长均未达到年初确定的目标增速（9%）。

（一）工业重点领域支撑逐步减弱

工业增加值占比达 34%，是全区的支柱行业。从重点行业看，汽车制造业占比 61.1%，其中产值排前二位的星宇车科技、和信的产值增速分别下降 1.4%、3.8%，下拉汽车制造业规模以上工业总产值增长近 1 个百分点。受此影响，以汽车制造业为支撑的兴谷街道完成规模以上工业总产值 133 亿元，仅增长 5.1%，增速同比减少 4.4 个百分点。同时，市场需求持续低迷，外需仍无明显起色，规模以上工业销售产值与出口交货值低速增长，分别为 5.4%、1.8%。后期要重点关注现代汽车市场变化、国Ⅳ排放法规从严实施、汽车反垄断调查及环保政策等因素对汽车制造业的影响。

（二）企业盈利空间缩小

整体经济形势不景气、市场需求不旺，造成企业收入总量收缩。同时经营成本不断上升，用工成本不断走高与招工难、用工难并存，原材料、生产成本增加也对企业生产经营成果产生后续影响。工业收入低位徘徊，利润降幅虽收窄但仍处于下降趋势；1–8 月，农副食品加工企业订单量增加，带动规模以上工业主营业务收入同比增长 6.4%，虽然年内呈现小幅回暖（增速高于 1–7 月与上半年 0.2 个和 0.1 个百分点），但仍远低于上年同期水平（增速为 15.2%）；规模以上工业利润总额仍处于下滑趋势，下降 1.1%。第三产业收入持续回落，利润降幅仍较大。与1–2月、1–5月相比，1–8月第三产业收入合计增速分别减少6.3个、2.8个百分点，其中文化体育和娱乐业，信息传输、软件和信息技术服务业降幅较大，同比分别下降36.8%和35.7%；利润总额3351万元，同比下降45.4%。

（三）实体经济投资乏力

对经济的后期发展支撑不足。1–3季度，建安投资为66.3亿元，同比增长1.3%，低于固定资产投资增速11.1个百分点；基础设施投资21.3亿元，下降9.4%。产业投资尤其是一产、二产增速回落，占比仍有待进一步提高（一产、二产、工业投资占比仅2.5%、7.9%、7.7%，增速分别下降73.3%、31.9%、23.2%），这对调整优化工业乃至产业结构将产生不利影响。

（四）企业退出、新增企业作用逐步减弱短期内拉低经济总量

以工业领域为例，近年来，一方面是高耗能企业陆续退出，如德源化工、康祥、华邦饮料等；另一方面是新建企业逐步减少。2014年仅有1家新建企业，而去年有3家，1–3季度新增企业的工业产值增量同比减少5.8亿元。企业退出、新增企业的减少短期内必将下拉经济总量，而新项目、新企业引进门槛更加严格，与此同时存量企业转型发展、规模以下企业成长培育也不是一蹴而就的。因此，后期需要更加密切关注存量企业发展走势，进一步挖掘经济新增长点。

三、全年经济形势预判及几点建议

从产业发展看，目前，全区正处于调整转型阶段，农业生产受平原造林工程和城乡建设影响，正处于结构调整期；重点行业发展放缓、新兴行业总量尚小，工业生产下行压力依然较大；受2013年同期数走高和后续项目不足影响（1–3季度本年新开工面积121万平方米，下降20.9%），建筑业总产值增速将走低；第三产业发展也面临行业发展不平衡，主要行业支撑作用有待增强，这些将对全区经济发展产生后续影响。

从相关指标看，工业用电量增速由正转负，由2013年12月的上升4.4%，变为2014年1月份的下降6.5%，且降幅逐步扩大，1–3季度下降9.5%，从侧面反映了工业生产疲软，市场需求不旺。但是通胀温和、就业平稳，对全区经济起到良好平抑作用。

综合来看，全年经济有望实现平稳健康发展。但要实现9%的增长目标，还应做到“三确保”，一是确保稳住农业、工业、建筑业的回升势头；二是确保商业、房地产业的较快增速，带动第三产业经营效益向好；三是确保投资消费符合预期，尤其是要优化投资结构，发挥经济转型，投资先行的内生动力。

2014年怀柔区经济社会运行情况分析

◆◇王　戈　王　岩

内容提要：2014年，深化转型、温和增长是怀柔区发展的总基调。从主要领域看，生产领域不容乐观，投资领域稳定增长，消费品市场平稳运行，民生领域保持稳定。但经济发展中仍然存在一些问题，如消费品市场增长乏力，投资后续支撑不足，工业发展面临瓶颈，企业效益降幅明显。展望2015年，全区经济转型期特征将更趋明显，发展面临的困难将更趋突出，应处理好以下三点关系：一是要把握好“聚”与“散”的机遇，突破经济发展瓶颈；二是要处理好“减”与“增”的问题，打造经济增长极；三是要平衡好“量”与“质”的发展，提升经济运行质量。

2014年以来，全区面对错综复杂的经济形势，牢牢把握区域发展的阶段性特征，积极稳增长、调结构、转方式，努力稳定投资、扩大消费、促进城乡居民持续增收，确保了全区经济总体平稳运行，区域经济综合实力进一步增强。在经济平稳增长的同时，调结构、转方式取得积极成效。

一、经济运行基本情况

2014年，深化转型、温和增长是怀柔区发展的总基调。受农业、工业生产领域下行影响，前三季度全区地区生产总值增长8.7%，较上半年下降0.1个百分点，较一季度下降0.3个百分点。四季度，受APEC期间部分工业停产影响，地区生产总值增速预计下降至7.5%左右（见图1）。

图 1　怀柔区地区生产总值季度累计增速

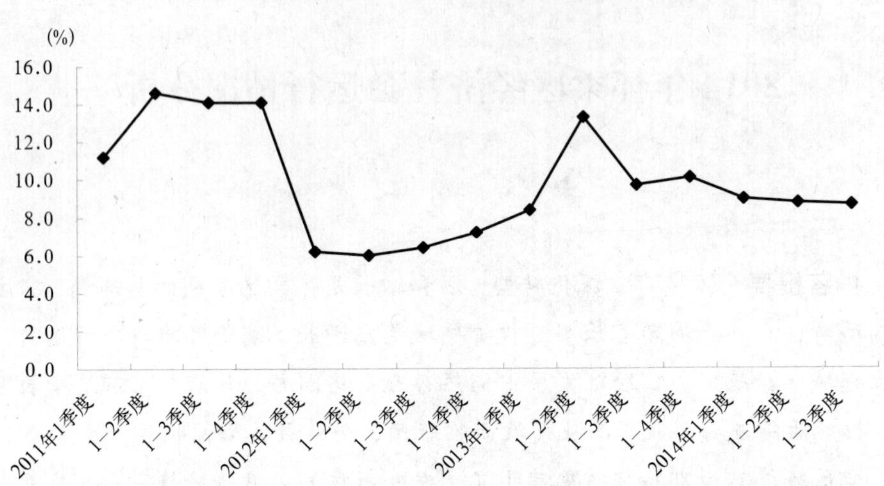

（一）生产领域不容乐观

农业生产由增转降，前三季度，全区实现农林牧渔业总产值 9.9 亿元，同比下降 5.9%，增速较上半年回落 9.9 个百分点。其中，牧业受猪肉价格低位徘徊、禽流感疫情以及养殖规模缩减影响，累计实现产值 4.8 亿元，同比下降 8.1%，影响农林牧渔业总产值下降 4 个百分点（见图 2）。

图 2　怀柔区农林牧渔业总产值累计增速

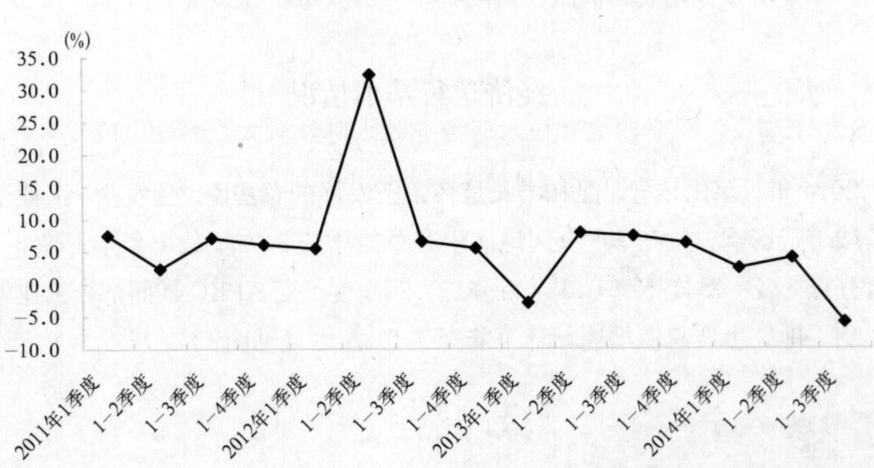

工业生产持续下滑，在市场需求减少、龙头企业产量骤减、新兴生产线外迁以及上年基数逐月走高等因素影响下，全区工业生产增速呈现回落态势。规模以上工业总产值2月份以14.1%的增速开局后持续下行，1-10月，全区规模以上工业实现工业总产值446亿元，同比增长1.2%，增速比前三季度回落0.3个百分点，比上半年回落6.9个百分点（见图3）。

图3　怀柔区规模以上工业总产值累计增速

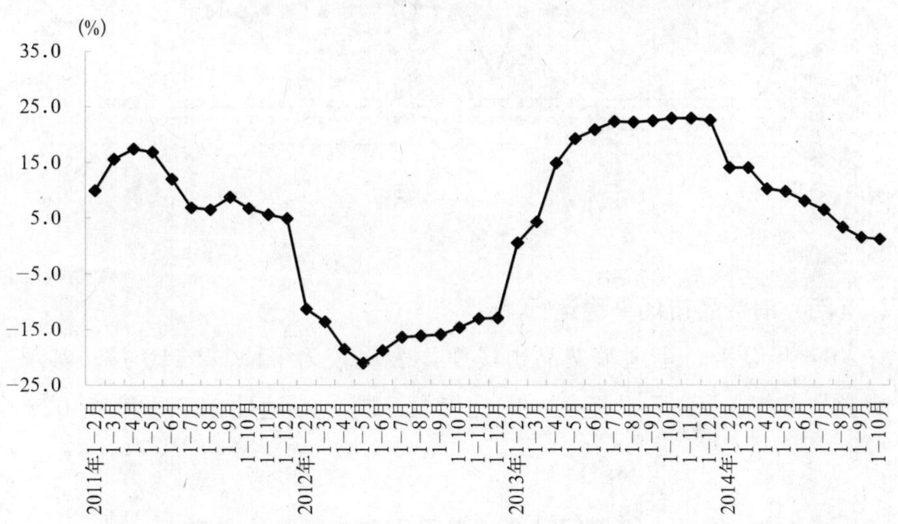

服务业收入小幅下降。前三季度，全区限额以上第三产业单位实现营业收入150.1亿元，同比下降4.3%，增幅比上半年减少7.9个百分点。其中，批发和零售业、科学研究和技术服务业收入降幅较大，分别下降23.1%和30.5%；信息传输、软件和信息技术服务业，房地产业，文化、体育和娱乐业等行业增势较好，收入分别增长54.1%、17.5%和21.7%。

（三）投资领域稳定增长

1-10月，全区完成全社会固定资产投资164.4亿元，同比增长20.3%。其中，房地产开发投资65亿元，同比增长69.6%，拉动全区投资额增长19.5个百分点（见图4）。

图 4　怀柔区全社会固定资产投资累计增速

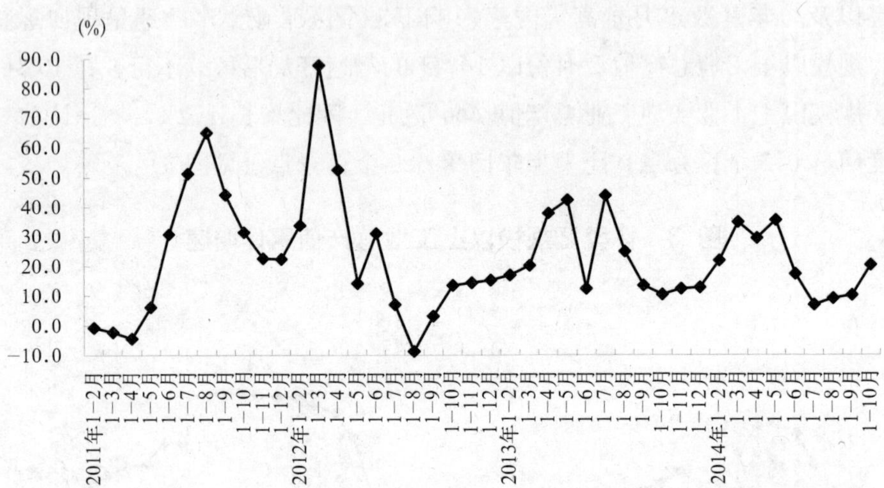

（四）消费品市场平稳运行

2014 年以来，全区消费品市场整体表现较为平稳。1-10 月，实现社会消费品零售总额 92.1 亿元，同比增长 12%，增速比前三季度高 0.2 个百分点。

图 5　怀柔区社会消费品零售总额累计增速

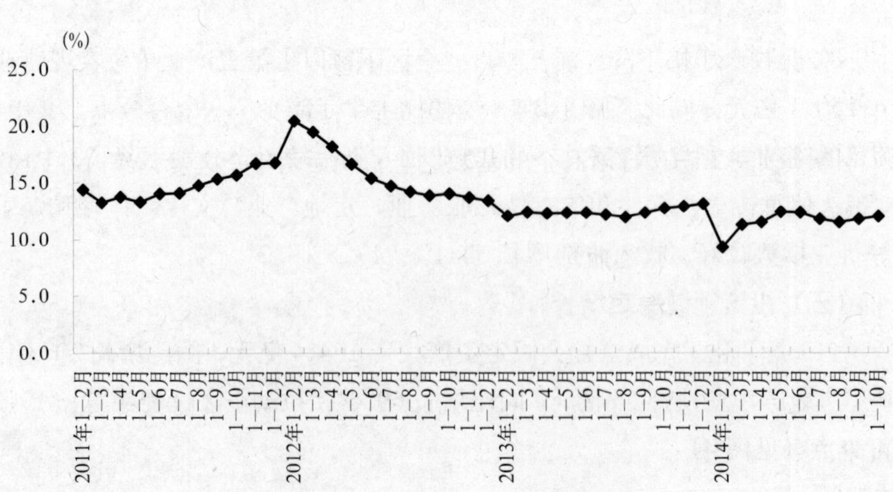

（五）民生领域保持稳定

城乡居民收入稳步增加，2014年以来，全区城乡居民收入总体保持平稳增长态势，1–10月，实现城镇居民人均可支配收入28959.2元，同比增长10.1%；农村居民人均现金收入18288.7元，同比增长10%。

就业领域保持稳定，在总体经济平稳运行的背景下，全区就业形势基本稳定。三季度末，全区法人单位从业人员13.5万人，较上年同期增加0.6万人，同比增长4.4%。

二、经济运行中需要关注的问题

（一）消费品市场增长乏力

目前，怀柔区没有专门从事电子商务的企业，电子商务业务仅限于传统零售业开展的商务业务之上，互联网零售总量占零售额的比重仅为0.02%左右；区内零售业态比较单一，对全区消费刺激拉动作用不强，集购物、餐饮、娱乐为一体的购物中心尚为空白，且新兴增长点减少，全区社会消费品零售总额增长动力不强。

（二）投资后续支撑不足

从需求看，一是土地供应不足、发展空间有限、资金落实难等突出制约投资增长的因素将长期存在，同时全区民间投资渠道单一，仍以房地产投资为主，其他民间投资渠道仍不活跃；二是工业投资受节能环保、环境治理以及负面清单出台等因素影响，整体投资规模有所减少；三是随着示范区及配套项目的陆续完工，在日渐高企的基数之上，明后两年全区要延续以往规模存在很大难度。

（三）工业发展面临瓶颈

2014年以来，以汽车制造业、食品制造业、饮料制造业为代表的传统工业受到了严峻挑战，汽车制造业订单骤减，食品制造业和包装印刷业发展出现瓶颈。北京市新增产业的禁止和限制目录出台后，全区除了中关村怀柔园7.11平方公里以外，其他工业项目不能再新建和扩建，区内原有企业的生产热情减淡，投资意愿减弱。

（四）企业效益降幅明显

2014 年 1–10 月，全区规模以上工业企业实现利润总额 21.9 亿元，比上年同期下降 5%；行业亏损面为 20%，较前三季度扩大 4 个百分点。前三季度，全区规模以上第三产业实现利润总额 8 亿元，同比下降 11%，降幅比上半年扩大 6 个百分点。从比重看，单位数占比仅为 17%的金融业与文化、体育和娱乐业两大行业共实现利润总额 7.7 亿元，占全区规模以上第三产业的 96.6%。从利润总额减少量看，批发和零售业，水利、环境和公共设施管理业盈利明显减少。

三、后期走势及相关建议

展望后期，在复杂多变的国内经济形势下，全区经济转型期特征在 2015 年将表现得更趋明显，发展面临的困难将更趋突出。现阶段，应紧紧围绕区域功能定位，以产业调整为着力点，在高度重视经济下行压力加大等困难和风险的同时，处理好以下三个关系。

（一）要把握好“聚”与“散”的机遇，突破经济发展瓶颈

在加强生态环境的保护与建设的前提下，引导人口相对集聚，发展生态友好型产业，包括具有资质的建筑业，尤其是承接工程能力较强的一级资质建筑业企业，国内外知名的综合购物中心，具有一定影响力的展览业承办机构，以及具有一定医疗权威的综合性医疗机构。

（二）要处理好“减”与“增”的问题，打造经济增长极

一方面，要在稳增长的前提下进行产业调整，稳妥做好“减法”。产业调整要分类、分批、分级地向就地淘汰、转移疏解、技改升级三个方向有序推进。过程中密切关注本区经济发展动态，适当调整疏解节奏，确保区域经济稳定增长。另一方面，要做到存量提升和增量发展并举，积极做好“加法”。存量提升，要通过更新改造、提升技术、建立品牌、加强研发、有序转移，推动全区传统优势产业由生产加工为主向生产加工、品牌营销、研发设计并重的产业发展，提升“怀柔制造”的层次。增量发展，要充分利用现有经济基础，大力发展发展符合全区区域功能定位，具有高端引领、创新驱动、绿

色低碳的特征的金融保险、信息服务、文化创意、研发设计、休闲旅游等现代服务业，打造怀柔经济升级版。

（三）要平衡好“量”与“质”的发展，提升经济运行质量

一方面，应结合区域发展实际，适度调整部分指标的增速，如地区生产总值的增速和固定资产投资增速。另一方面，应在关注主要指标增长的同时，实现“五可”的质量目标，即“就业可充分、企业可盈利、财政可增收、民生可改善、资源环境可持续”。

2014 年密云县经济运行简况

◆◇张春革　曹莉茹

内容提要：2014 年 1—11 月主要经济数据显示：密云县实现地方公共财政收入 23.9 亿元，同比增长 4.7%；实现社会消费品零售额 113.6 亿元，增长 8.2%；完成全社会固定资产投资 150.6 亿元，下降 4.5%；全县规模以上工业能耗下降 2.83%；城镇居民人均可支配收入 32746 元，增长 9.7%；农村居民人均现金收入 18926 元，增长 10.2%。

总体看，2014 年 1—11 月密云县经济发展呈现“结构调整稳中有进、第三产业增长好于一二产业、经济先行指标保持增长、节能降耗明显、城乡居民收入增速快于经济增长”等主要特点。受经济大环境的影响，加之经济结构调整处于阵痛期，全县经济下行压力依存。

一、生产领域放缓，调整提质有进展

（一）调农业保生态，通过平原造林、有序控制畜牧业发展等提升生态环境措施，农业调整不断深入

1—11 月，密云县累计完成农林牧渔业总产值 36.4 亿元，同比下降 6.5%。主要农牧产品产量同比下降，其中，肉牛、肉羊、家禽出栏量同比分别下降 47.1%、13.7%和 41.9%。另一方面，全县平原造林工程顺利完成，共完成平原造林 1.1 万亩，两年来累计完成近 3.6 万亩。

（二）调结构促转型，突出体现在现代制造业保持较快增长，资源型、耗能型行业同比下降

1—11 月，密云县规模以上工业企业完成总产值 273.8 亿元，同比增长 1.8%，增幅较上月回落 3.1 个百分点。从主要行业看，现代制造业保持较快

增长，以汽车制造业、医药制造业等为代表的现代制造业累计完成工业产值132.2亿元，同比增长13%，对全县工业经济增长的贡献率达309.4%。同时，黑色金属矿采选业、纺织服装服饰业、化学原料和化学制品制造业、黑色金属冶炼和压延加工业等附加值较低能耗大的行业累计完成产值 31.6 亿元，同比下降22.4%。此外，电器机械和器材制造业受产品订单减少和项目结算滞后双重因素影响，产值同比下降29.8%，回拉全县规模以上工业产值增速2.2个百分点。

（三）建筑业产值较快增长

1-11 月，密云县完成建筑业总产值 115.4 亿元，同比增长 24.4%；房屋施工面积450万平方米，同比增长17.2%。从施工地区看，密云县建筑业企业在县外完成产值 82.4 亿元，同比增长 29.8%，对全县建筑业总产值增长的贡献率达83.6%；施工面积317.6万平方米，增长28.2%。

二、第三产业发展总体好于一、二产业

（一）消费市场平稳增长

1-11 月，密云县累计实现社会消费品零售额 113.6 亿元，同比增长8.2%。从企业规模看，限额以上商业企业零售规模同比小幅下滑，限额以下及个体经营户表现活跃。从增长点看，密云县消费品零售额主要依靠粮油食品、餐饮、成品油和新增单位拉动。

（二）房地产市场趋于平稳

从销售情况看，1-11月，密云县累计销售商品房36.2万平方米，同比下降39%，降幅与上月基本持平；实现销售额45.5亿元，同比下降26.1%；从竣工情况看，全县房屋竣工面积28.9万平方米，同比下降62.4%。

（三）旅游、交通业快速平稳增长

2014 年以来，在古北水镇的带动下，密云县景区接待表现活跃。1-11月，全县 A 级及主要旅游景区（点）共接待游人 176.7 万人次，同比增长83%，其中古北水镇景区的贡献率达 85.2%；实现营业收入 2.2 亿元，是上年同期的3.2倍，古北水镇景区的贡献率达 89.3%；密云县客货运实现营业

收入 11.8 亿元，同比增长 15.1%。

三、经济增长的先行指标保持增长态势

（一）金融信贷较快增加

11 月末，密云县金融机构人民币贷款余额为 165.7 亿元，同比增加 21.5 亿元，增长 15%。其中，个人消费贷款 50.8 亿元，同比增长 22.1%；个人经营性贷款 12.3 亿元，增长 48.6%。11 月末，全县金融机构人民币存款余额 403.7 亿元，同比增加 31.3 亿元，增长 8.4%。其中，储蓄存款 250.5 亿元，增长 10%。

（二）工业投资保持增长

1–11 月，密云县累计完成全社会固定资产投资 150.6 亿元，同比下降 4.5%。分产业看，第一产业完成投资 12.3 亿元，同比下降 8.3%；第二产业投资 18.5 亿元，同比增长 4.8%，其中工业投资增长 9.4%；第三产业投资 119.9 亿元，同比下降 5.4%，其中房地产开发投资 53.2 亿元，增长 54.7%。

四、能源和节能降耗显著

1–11 月，密云县全社会用电量 13.82 亿千瓦时，同比增长 4.2%，其中各产业用电量 11.07 亿千瓦时，增长 3.4%，其中，工业用电量增长 2.1%；全县规模以上工业综合能源消费量为 20.25 万吨标准煤，同比下降 2.86%。前三季度，密云县能源消费总量为 87.13 万吨标准煤，同比增长 2.83%，低于经济增长速度；单位 GDP 能耗同比下降 4.83%。这也反映结构调整取得明显成效，经济增长的质量进一步提高。

五、城乡居民收入较快增长

（一）财税收入平稳增加

1–11 月，密云县实现各项税收 58 亿元，同比增长 3.1%。其中，第二

产业实现 23.6 亿元，同比增长 19.6%；第三产业实现 34.3 亿元，同比下降 5.8%；全县实现地方公共财政收入 23.9 亿元，同比增长 4.7%。从主要税种看，增值税 1.8 亿元，同比增长 14.8%；营业税 5.5 亿元，增长 4.6%；企业所得税 2.8 亿元，下降 3.8%。

（二）农村居民收入增速快于城镇

1–11 月，密云县城镇居民人均可支配收入 32746 元，同比增加 3379 元，增长 9.7%。从收入构成看，工资性收入和转移性收入是促进城镇居民增收的主要因素，对居民总收入增长的贡献率合计达 91.4%。密云县农村居民人均现金收入 18926 元，同比增加 1755 元，增长 10.2%。其中，家庭经营收入拉动作用显著，人均达 11460 元，同比增加 1123 元，对总收入增长的贡献率达 64%，其快速增长的主要原因是密云县镇村积极开展赏花、采摘、农事等主题活动，拓宽了农民增收渠道。

我们认为，当前全县经济主要受产业需求变化和内生动力增长影响。随着中国经济告别高增长阶段转向“新常态”，未来经济将继续呈现趋势性的放缓，经济增长下行压力会有所加大。

2014 年延庆县经济发展稳中有进，结构调整持续推进

◆◇王鸿雁

内容提要：2014 年延庆县经济稳中有进。从主要领域看，农业产值增速放缓，工业生产平稳增长，消费品市场弱势向好，旅游市场平稳运行，固定资产投资增长乏力，城乡居民收入稳步提高。从转方式调结构中的积极变化看，2014 年，延庆县一产积极构建现代有机农业，二产注重绿色发展，三产注重提升旅游业服务品质。在此基础上，进一步分析了如何加快巩固生产领域基础，如何激发需求领域活力等经济发展中存在的问题。

2014 年以来，延庆县经济走势呈现稳中有进的运行态势，各领域改革持续推进，但生产领域中存在的不确定性与需求领域的弱势增长，也成为后期经济发展中的潜在压力。初步核算 1–3 季度全县实现地区生产总值 65.7 亿元，同比增长 7.9%，增速比一季度回落 0.6 个百分点、比上半年回落 0.1 个百分点，但比上年同期提高 0.7 个百分点，预计全年经济运行将呈现比较平稳的态势。

一、主要经济领域运行基本情况

（一）农业产值增速放缓，自然灾害影响农业产量

2014 年 1–3 季度，全县实现农林牧渔业总产值 16.0 亿元，比上年同期增长 3.2%，增幅比上半年下降 5.7 个百分点，增速比上年同期下降 1.1 个百分点。自然灾害较多和蔬菜等农产品价格下降是导致农业产值增速放缓的主要原因。

（二）工业生产平稳增长，新能源环保产业加速布局

1–10 月，全县规模以上工业完成总产值 51.7 亿元，同比增长 3.2%，增速比 1–3 季度下降 2.4 个百分点，增速由去年同期的下降 4%转为正增长，工业生产运行较为平稳。

延庆县新能源产业受国家政策推动对工业支撑作用显著。受风电政策刺激风电需求增长影响，非金属矿物制品业增势良好，1–10 月完成工业总产值 10.6 亿元，比上年同期增长 38.9%，拉动规模以上工业总产值增长 5.9 个百分点，成为拉动工业增长的主要动力；受国家光伏产业政策刺激，电气机械和器材制造业完成工业总产值 4.7 亿元，比上年同期增长 19.2%，拉动规模以上工业总产值增长 1.5 个百分点。受技术改进与设计创新带动，纺织服装、服饰业完成工业总产值 11.8 亿元，比上年同期增长 6.6%，拉动规模以上工业总产值增长 1.5 个百分点（见图 1）。

图 1　规模以上工业增加值累计增速

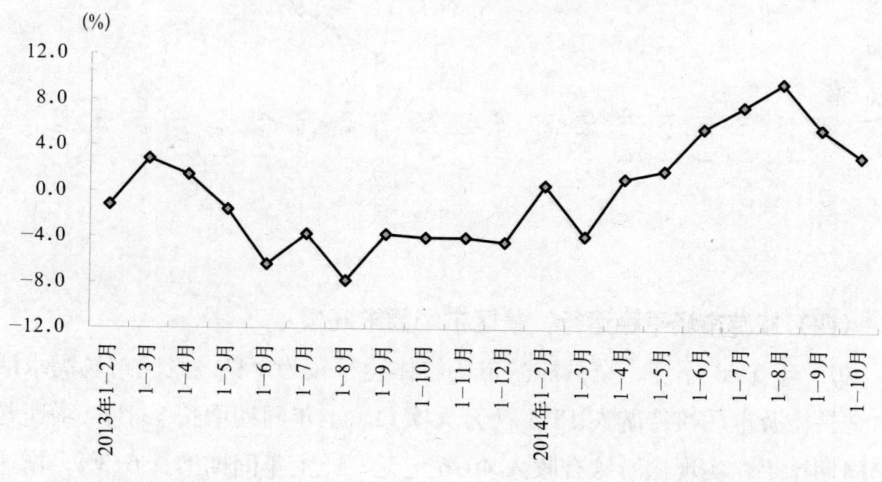

（三）消费品市场弱势向好，举办赛事等活动的带动作用显著

1–10 月，全县实现社会消费品零售额 81.3 亿元，同比增长 6.8%，增速比 1–3 季度提高 0.3 个百分点，呈现弱势向好发展态势。其中，限额以上单位实现零售额 14.9 亿元，同比下降 7.4%；限额以下企业及个体实现零售

额 66.4 亿元，增长 10.6%。亿元商品交易市场实现成交额 12 亿元，同比增长 6.5%。

2014 年,公款消费进一步收紧,社会消费品零售额增速比上年继续下降。为推动消费需求，延庆县政府持续努力，今年以来，延庆县举办了世界葡萄大会、全国公路自行车锦标赛、探戈坞森林音乐节、北京围棋段位赛、世界房车露营大会、国际马球公开赛等多种活动，吸引了大量客人，一定程度上稳定了消费需求（见图 2）。

图 2　延庆县社会消费品零售额累计增速

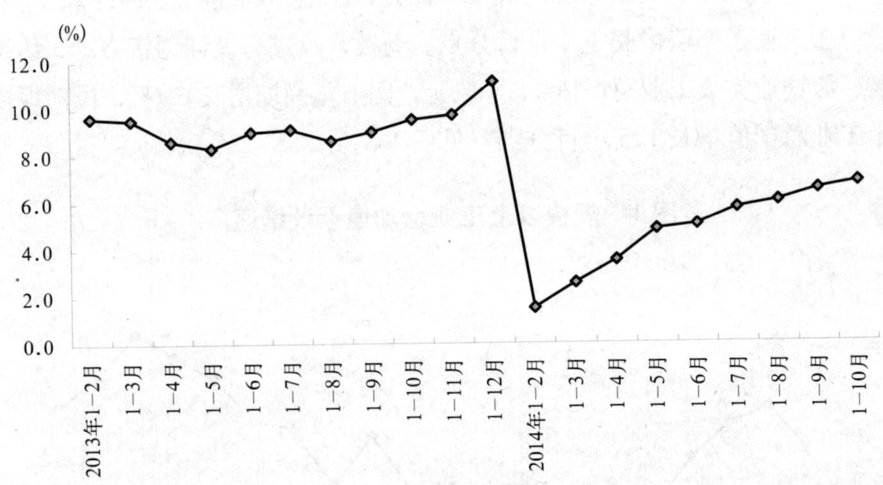

（四）旅游市场平稳运行，景区市场需求旺盛

2014 年 1–3 季度，全县旅游市场整体运行较为平稳，景区市场需求活跃，全县旅游市场接待游人 1511.7 万人次，比上年同期增长 5.4%，增速与上年同期持平；实现旅游综合收入 40.6 亿元，比上年同期增长 6.3%，增速比上年同期提高 1.1 个百分点。其中，全县旅游景区接待游人 1116.1 万人次，比上年同期增长 9.7%；实现收入 12.1 亿元，比上年同期增长 12.7%。

（五）固定资产投资增长乏力，大项目拉动作用不足

2014 年 1–10 月，全县完成全社会固定资产投资 52.9 亿元,同比下降 3.1%。其中，城镇固定资产完成投资 17.5 亿元，同比下降 45%；受平原造林和葡萄大会项目带动，农村固定资产投资完成 35.4 亿元，增长 55.6%。城镇固定资产投资中房地产开发投资完成 5 亿元，同比下降 8%。2014 年，延庆县固定资产投资增速放缓，但投资结构性转向明显，今年延庆县投资主要集中在旅游基础设施建设与新能源环保产业上，房地产投资的支撑作用弱化（见图 3）。

图 3　延庆县固定资产投资累计增速

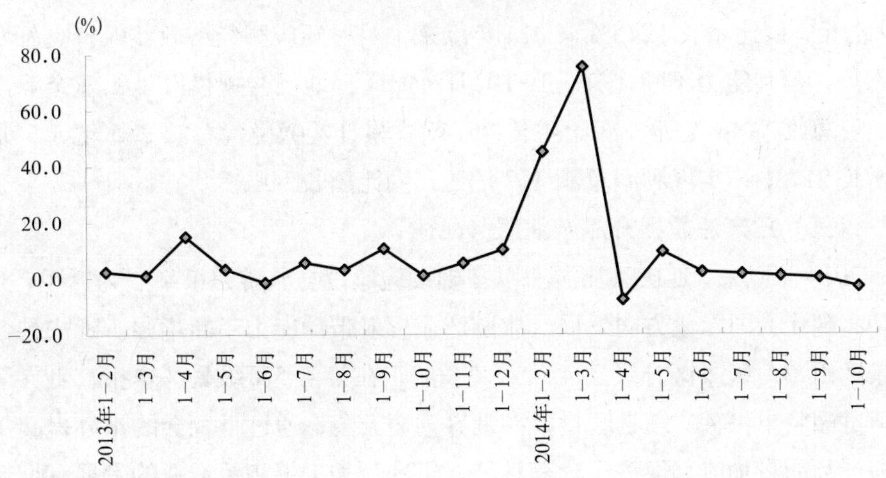

（六）城乡居民收入稳步提高

1−10 月，全县城镇居民人均可支配收入 28071 元，同比增长 8.2%；农村居民人均现金收入 16465 元，增长 9.1%。

二、转方式、调结构中的积极变化

2014 年，延庆县产业结构调整更加注重科学布局与提质增效，产业结构调整在定位生态发展的基础上努力向“高、精、尖”转型。

（一）一产注重现代有机农业构建

为提升延庆县农产品品质，提高农产品产出效益，促进延庆县农产品的市场竞争力，2014 年延庆县加大农产品检测力度，着力推动农产品“三品”

认证，即无公害农产品、绿色食品、有机食品认证，使得延庆县农产品品质上新台阶。同时，延庆县推动农业企业绿色发展，2014 年，延庆县有机生产企业新增 6 家，达到 56 家。

（二）二产注重绿色科技发展

延庆县工业加快新能源环保产业、生物、信息技术产业等战略新兴产业发展，立足科技创新促进产业结构升级。1−10 月，战略新兴产业产值达到 20.7 亿元，同比增长 13.3%；收入 31.1 亿元，同比增长 20.9%；利润到达 9.9 亿元，同比增长 12.5%。2014 年以来中关村延庆园经济效益保持良好发展态势，盈利能力不断提升，1−10 月，园区在地经营规模以上工业企业累计实现总收入 44 亿元，同比增长 25.4%；累计实缴税费总额 2.5 亿元，同比增长 21.8%；实现利润总额 3.7 亿元，同比增长 50%。

（三）三产注重提升旅游业服务品质

2014 年以来，延庆县旅游业以基础设施建设与旅游大事举办为抓手，努力朝高端化、国际化方向发展，旅游产业辐射带动能力不断增强。延庆县松山景区由 3A 级景区升级到 4A,水关长城正在筹备 5A 级景区申报，世界葡萄博览园将申报 4A 级景区；举办世界葡萄大会，通过世葡会的举办提高了葡萄产品的附加值，促进了葡萄种植、研发、加工等相关产业的发展，推动了生态旅游、民俗旅游、旅游会展等相关产业融合；举办世界房车露营大会，把房车的商务交易展示与休闲露营相结合，推动了商务服务业与休闲旅游业融合发展。

三、经济发展中的问题及建议

展望经济发展后期，世界经济复苏疲弱，国内经济步入中速发展新常态；北京下调十二五经济增长目标。在上述宏观背景之下，延庆县经济应结合自身发展中的问题与特点，通过改革创新为生产与需求领域注入新活力，以促进经济发展提质不减速。

（一）生产领域增长基础尚不稳固

2014 年受风电、光伏等国家产业扶持政策刺激，带动延庆县工业产值增长，为全年工业产值计划目标完成奠定了较好基础，但政策性能否从短期刺激向长期提质增效转变，还需进一步努力。

延庆县应抓紧国家新能源环保产业政策扶植黄金时期，加强政府服务，鼓励推动新能源环保企业技术改进，提升延庆县工业产品技术附加值，增强企业市场竞争力；加强新能源环保产业招商力度，立足现有新能源环保产业，加快相关产业链条与产业集群建设；加强引导生产企业与电子商务互联网企业跨界融合。

（二）需求领域仍显不足

目前延庆县新消费增长点缺乏，消费需求增长动力略显不足。2014 年延庆县举办的大事活动较多，一定程度稳定了延庆县消费市场，但活动结束之后，延庆县消费市场缺少新的持续性消费增长点。

投资需求领域前景不明，民间投资意愿不强。在北京市城市功能定位发生新变化的背景下，延庆县投资结构转型也稳步推进，但由于部分政府鼓励的创新性投资、绿色转型投资的市场初期投资较大，资金回收时间较长，因此民间投资意愿不强。

因此，消费需求领域需引导市场加强旅游娱乐设施建设力度，提升旅游项目的可参与性，继续举办创性赛事活动，提升现有场馆设施的利用效率；投资需求领域应密切关注京津冀一体化发展中的重点项目，引进符合区位发展的优质项目，加强部门间、地区间沟通协调，提高项目推进速度。

2014 年北京经济技术开发区经济运行情况

◆◇冯　露

内容提要：2014 年，面对国内外错综复杂的经济形势和经济下行的压力，开发区下大力气调结构、转方式、促改革，向产业提质要增量、在转型升级谋发展，全年区域经济整体稳中有进、发展质量不断提升，并形成了一批“高精尖”产业亮点，但是在发展中暴露出的一些问题仍需引起关注。进入 2015 年，开发区经济积极与消极因素将继续并存，仍需切实加强经济监测，随时发现并解决经济运行中出现的问题，确保“十二五”顺利收官。

一、经济运行主要特点

（一）运行表现稳中有进

1. 经济增速逐季加快

2014 年一季度，在上年较高的同期数基础上，开发区经济平稳开局，实现地区生产总值 222.9 亿元，同比增速（现价，下同）4.1%；二季度经济增速缓和回升，前两季度实现地区生产总值 456.8 亿元，增速 6.8%；进入下半年，开发区经济回暖态势进一步稳固，1–3 季度，经济增速提高到 8.9%，实现地区生产总值 721.8 亿元。

从经济增长动力来看，工业承担了经济增长“稳定器”的作用，工业增速稳步提升，奠定了经济稳中有进的基础，1–3 季度，工业对开发区经济增长的贡献率超过 50%（见表 1）。

2. 生产回暖趋势明显

2014 年 1–11 月，开发区规模以上工业企业实现工业总产值 2145.3 亿元，同比增长 2.9%，增速较年初回升 5 个百分点；1–9 月，实现建筑业总产值 147 亿元，比上年同期下降 12.6%，降幅比一季度大幅收窄 14.1 个百分点；规模以上服务业企业1–10月实现营业收入2064.5亿元，同比增长27%，增速比年初提高13.8个百分点（见图1）。

表1　2014年分季度开发区地区生产总值

指　标	1季度		1–2季度		1–3季度	
	绝对量（亿元）	增速（%）	绝对量（亿元）	增速（%）	绝对量（亿元）	增速（%）
地区生产总值	222.9	4.1	456.8	6.8	721.8	8.9
第二产业	120.9	6.6	272.9	7.1	450.2	7.5
其中：工业	114.7	7.0	264.1	7.2	434.7	7.5
第三产业	102.0	1.2	184.0	6.3	271.5	11.2

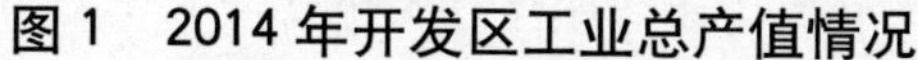
图1　2014年开发区工业总产值情况

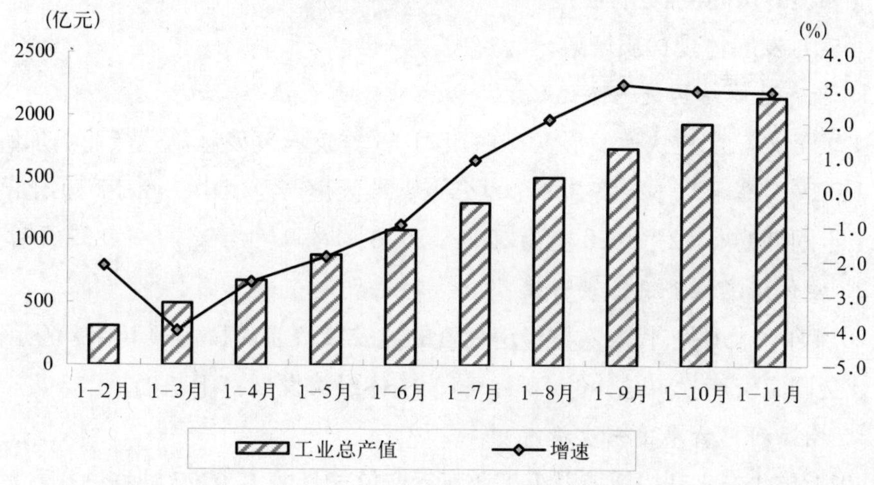

3. 内需基础持续稳固

一是固定资产投资稳步推进，2014年1–11月，开发区完成固定资产投资367.7亿元，同比增长8%，已完成全年任务量的94.8%；二是消费市场稳定繁荣，1–11月，开发区实现社会消费品零售额313.8亿元，同比增长

13.4%，社会消费品零售额已连续 23 个月两位数增长。

4. 就业状况继续向好

在经济回暖的大背景下，就业形势继续稳中有增，2014 年三季度末，开发区从业人员 28.4 万人，比上年同期增加 1.5 万人，增长 5.6%，增速比前两季度末分别提高 2.7 和 0.5 个百分点。

5. 财政收入增势平稳

2014 年 1–11 月，开发区实现公共财政预算收入 113.4 亿元，同比增长 21.1%，今年以来，开发区公共财政收入增速均在 20%以上。占比前三的主体税种为企业所得税、增值税、营业税，分别完成 36.1 亿元、25.4 亿元和 14.1 亿元，其中企业所得税同比增速达 44%。

6. 招商引资成果丰硕

2014 年 1–11 月，开发区批准企业投资总额（含增资）110.1 亿美元，同比增长 27.7%，投资总额完成年度任务的 1.9 倍，显示出企业主体对开发区投资环境的认同度有所提升。

（二）发展体现提质增效

1. 经济总体结构进一步优化

主要是第三产业快速发展，2014 年 1–3 季度，开发区第三产业增加值增速 11.2%，高于整体经济 2.3 个百分点。地区生产总值中二、三产业比例也由上年同期的 63.2：36.8 变为 62.4：37.6。

2. 实体经济投资进一步增强

2014 年 1–11 月，代表实体经济投资的建安投资完成投资额 180.5 亿元，占全社会固定资产投资总体的 50%，将为实体经济发展打下基础。

3. 能源利用效率进一步提高

2014 年 1–11 月，规模以上工业万元产值能耗为 0.0277 吨标准煤，同比下降 1.77%。随着重点工业企业产能扩大，能源利用效率水平得到提高，此外，部分企业引进光伏发电、风力发电和地源热泵等新能源项目，进一步压缩了能源消费量。

4. 内资企业活力进一步释放

2014 年 3 月，注册资本登记制度改革全面实施，从 4 月开始，开发区新批内资企业数和新批内资企业注册资本增速分别保持在 60%和 90%以上。1-11 月，开发区新批内资企业 2418 家，同比增长 94.5%，新批内资企业注册资本 198.5 亿元，是上年同期的 2.2 倍。

（三）结构显现“高精尖”化

1. 工业结构不断优化

2014 年以来，开发区四大主导产业中，增加值率较高的生物工程和医药、汽车及交通设备两大产业比重不断提高，带动工业增加值率比上年提高 1 个百分点（1-3 季度）。1-11 月，生物工程和医药、汽车及交通设备产业分别完成产值 253.3 亿元、527.9 亿元，同比增速分别为 20.7%、23.8%，占工业总量比重分别为 11.8%、24.6%，占比分别比上年同期提高 1.7 和 4.2 个百分点（见表 2）。

表 2　1-11 月开发区四大主导产业工业产值情况

产业分类	工业产值（亿元）	同比增速（%）	占工业总量比重（%）
四大主导产业合计	1899.5	2.6	88.5
电子信息产业	726.5	-9.8	33.9
装备制造产业	391.8	-4.1	18.3
生物工程和医药产业	253.3	20.7	11.8
汽车及交通设备产业	527.9	23.8	24.6

2. 新兴产业不断发展

2014 年 1-10 月，开发区生产性服务业和文化创意产业分别完成收入 1241.2 亿元、434 亿元，增速分别为 36%、142.3%，增速分别高于服务业总体 9 个和 115.3 个百分点，其中，文化创意产业增速位居全市第一；作为首批国家级电子商务示范基地，1-11 月，开发区电子商务企业实现营业收入 698.7 亿元，占批发和零售业营业收入比重超过 1/3。

3. 民间投资不断发力

2014 年 1-11 月，开发区完成民间投资 174.9 亿元，同比增长 8.2%，占全社会固定资产投资的比重接近一半，占比比上年有所提升。

二、需要关注的问题

（一）工业增长基础仍不稳固

一是工业投资下降，2014 年 1–11 月，开发区工业完成固定资产投资 134.6 亿元，同比下降 9.1%；二是先行指数回落，11 月中国制造业采购经理指数（PMI）为 50.3%，较上月回落 0.5 个百分点，显示出基本面恢复仍不稳定；三是产能利用率较低。根据三季度景气调查结果，开发区规模以上工业企业的平均产能利用率不足 75%，在产能未充分发挥的企业中，46.5% 的企业认为原因是“产品需求减少、订单不足”；四是库存有所增加，1–10 月，规模以上工业产成品存货同比增长 13.4%，而主营业务收入同比增速仅为 2.2%，显示出工业库存来自销售乏力的积压，预示后期生产将放缓。

（二）转型升级任务仍然艰巨

现代制造业、高技术制造业占工业总量比重分别比上年下降 1.3 和 4 个百分点，2014 年 1–11 月，工业总产值增速分别低于工业整体 1.6 和 7.8 个百分点；1–10 月，现代服务业收入同比增速仅为 0.7%，增速低于服务业整体 26.3 个百分点。

（三）企业效益下降趋势仍未扭转

开发区规模以上工业企业利润总额 2014 年一直呈下降走势，降幅从年初的 9.3%，先扩大至 4 月的 13.9%，在年中迅速收窄至 3.2%，而至 2014 年 1–10 月又扩大为 7.8%；年初以来，规模以上服务业企业利润总额从两位数增速迅速滑落，1–10 月同比下降 45.3%。

三、2015 年展望

当前，开发区经济运行中的有利因素和不利因素同时积累，将共同影响 2015 年经济走势。

（一）有利因素

一是产业升级将释放经济新活力。当前开发区着力打造“4+4”高精尖产业体系，发展工业四大主导产业的非制造环节和四大新兴产业，这将有利于开发区产业附加值的提升、对经济产生长期深远的利好；二是京津冀协同发展将为开发区带来经济新亮点。当前，开发区正打造京津冀一体化协同发展“桥头堡”，通过协作机制创新、科研资源共享等机制，将为开发区产业转移升级带来新机遇、新亮点。

（二）不利因素

一是资源制约不断显现，开发区土地资源稀缺程度逐渐加深，将影响产业布局和实体经济做大做强；二是要素价格不断提高，主要是用工成本快速提升，规模以上工业企业从业人员占开发区所有规模以上企业从业人员的比重超过 50%，前三季度的数据显示，规模以上工业企业从业人员平均工资涨幅超过 10%，在一定程度上为企业增加了经营压力。